Ida y vuelta

Ida y vuelta

La vida de Jorge Semprún

SOLEDAD MAURA

Prólogo de
Paul Preston

Traducción de
María Serrano

DEBATE

Penguin Random House Grupo Editorial

Segunda edición: noviembre de 2023

Printed in Spain – Impreso en España

ISBN: 978-84-19642-03-5
Depósito legal: B-15.651-2023

Compuesto en Anglofort, S. A.
Impreso en Black Print CPI Ibérica
Sant Andreu de la Barca (Barcelona)

C 6 4 2 0 3 5

A mi madre

Índice

Nota preliminar 11
Prólogo, *por Paul Preston* 17
Introducción 25

1. Orígenes 33
2. Exilio, 1936-1945 57
3. Buchenwald 99
4. Regreso a Francia: posguerra, 1945-1952 145
5. Federico Sánchez: los años comunistas españoles, 1952-1963 167
6. Ha nacido una estrella, 1963-1988 213
7. El regreso del hijo pródigo, 1988-1993 259
8. Ministro de Cultura 277
9. *Paris encore* 295
10. Biriatou-Garentreville 309

Agradecimientos 317
Notas 321
Bibliografía 341
Índice alfabético 349

Nota preliminar

Es una alegría volver a publicar la biografía de Jorge Semprún al cumplirse el centenario de su nacimiento.

Desde que publiqué la versión original en 2016 en España, seguida de traducciones publicadas en Francia, Inglaterra y Estados Unidos, he tenido la oportunidad de leer reseñas de mi libro en varias lenguas y he tomado nota de nuevos artículos sobre Semprún y de ediciones de su obra, como su *Teatro completo*, publicado por la editorial Renacimiento en 2021. Sé que habrá celebraciones y homenajes tanto oficiales como privados. Algunos llegan tarde, pero mejor tarde que nunca. En estos años también he podido repasar mi texto original y hacer retoques que me parecían necesarios.

He tratado la vida de Jorge Semprún con gran curiosidad, admiración y discreción. A lo largo de las entrevistas que realicé descubrí cosas sobre Semprún que no me parecían apropiadas para un estudio serio, y no las incluí entonces ni lo he hecho ahora. No he retratado a una persona de «luces y sombras» (esto se puede decir de cualquier ser humano), frase que tanto gusta a algunos críticos. Es un estudio de una vida muy complicada, y las personas cercanas a Semprún desde que era muy joven saben que es una biografía equilibrada. Florence Malraux, su amiga durante décadas, me escribió lo siguiente tras leer la edición francesa:

> He leído tu libro, y lo he leído muy bien, y lo encuentro excepcional. Qué maravilloso trabajo de investigación, que nadie había hecho antes que tú. Un retrato de Jorge, pero también de una época ya lejana. Tu selección de citas, de sus libros y de otros es rica, significa-

> tiva y justa. Esclareces ciertas zonas en la sombra con valentía y delicadeza, ya que hay cosas que nunca sabremos. Es un libro que permanece en las alturas, algo que es cada vez más raro, un libro donde no hay ningún cotilleo malicioso, y que refleja una cultura auténtica.[1]

Si vuelvo a publicar el libro ahora es por el espíritu de estas palabras de alguien que de verdad conocía a Jorge Semprún, que también llegó a ser amiga mía y que me ayudó a navegar aguas difíciles con cariño y generosidad, y que desgraciadamente falleció en el 2018. Por otra parte, el sobrino carnal de Semprún (hijo único de su hermana Maribel), el historiador francés Georges-Henri Soutou, ha dado varias conferencias sobre la vida de su tío en las que ha destacado el valor de esta biografía, y me ha encargado el ensayo biográfico sobre Jorge Semprún para la página web de France Mémoire del Institut de France. Soutou conoció a su tío desde 1945 hasta su muerte. Naturalmente valoro muchísimo su visión de mi libro. El ensayo para France Mémoire se ha publicado en francés y en castellano, reflejando el biculturalismo de Semprún.[2]

Desde 1987 la obra de Semprún me había interesado mucho. Escribir sobre él obliga a tratar la historia de una familia republicana, la Guerra Civil, el exilio, la Resistencia francesa, la deportación a Buchenwald, el París de la posguerra, el franquismo y el Partido Comunista español, la novela autobiográfica, el cine político y de autor, la transición a la democracia, los primeros años del PSOE, el compromiso con Europa, así como la memoria del fascismo y del antifascismo. Publiqué mi primer artículo sobre él en 2003. Aunque no sea especialista en todos los temas que abordo (nadie lo es), he investigado y publicado sobre casi todos, y decidí hacer lo posible porque el autor me ha gustado siempre y el proyecto me parecía fascinante e importante. Como investigadora que suele trabajar entre Estados Unidos y España, y en Inglaterra y Francia, puedo decir que estos temas son, en su totalidad, infraconocidos más que para un grupo muy pequeño de especialistas académicos. El nombre de Semprún puede sonar, pero su voz nunca ha tenido el reconocimiento que merece, y él mismo lo decía. Salvo *La literatura y la vida*, no estamos hablando de un autor superventas.

A veces investigamos en bibliotecas o casas con fondos fantásticos donde disponemos de todo el archivo personal y familiar (o gran parte de él) que una persona dejó atrás, pero en el caso de Semprún no fue así, así que tuve que encontrar formas de llenar esos huecos. Las fuentes estaban desparramadas: París, Madrid, Estados Unidos, Buchenwald, Moscú.

Contacté a familiares y amistades. Me comprometí a hacer la investigación más completa posible, contando con entrevistas y fuentes de varios países y archivos. Empecé muy poco después de su fallecimiento. No fue una época fácil, pero en el momento pensé que más valía el *carpe diem*, y me lancé a encontrar huecos para viajar e indagar. Conocí a muchas personas muy valiosas, algunas de las cuales ya no viven. Tras pasar lo peor de la pandemia, en 2020, y sus consecuencias, me parece que hice bien en seguir adelante cuando pude.

El parentesco con Semprún que se me ha atribuido es verdadero, pero lejano en el tiempo y el espacio. Mi abuelo y su madre eran primos hermanos, vecinos, y mantuvieron una relación estrecha. Cuando la madre de Semprún murió en 1932, y cuando vino la guerra, la cercanía entre estas dos ramas de la familia se deterioró, y para mi generación ya no quedaban más que vagos recuerdos de aquellas personas. Yo conocí a Jorge Semprún gracias a unos amigos comunes en París, no a través de mi familia. Lo que sí es cierto es que mi madre, de pequeña, en Madrid, oía a sus tías hablar de un primo Jorge que ganaba premios de filosofía en Francia, y le debió fascinar lo que decían de él. Desde que yo recuerdo hemos tenido todos sus libros en casa, así que siempre le he considerado un escritor importante, con un lugar especial y extrañamente familiar.

Los agradecimientos originales al final del libro son más completos, pero aquí quiero dar las gracias a la editorial Debate por la oportunidad de introducirme en esta hazaña, a mi universidad, Williams College, y a mi madre, por apoyarme en todo momento. También a Jubi Bustamente, Florence Malraux y Plácido Arango por creer en mí, y al Oxford Center for Life Writing por contar conmigo y alentar mi interés en escribir biografías, a pesar de los retos que casi siempre conlleva este género. Georges-Henri Soutou y Diego Semprún, sobrinos de Jorge, también me han apoyado hasta la fecha, y se lo agradezco. Quiero dar las gracias a Ignasi Ruiz, editor técnico de Debate y Taurus. Sin su ayuda y detallismo ni siquiera habría podido empezar a hacer todas las revisiones que he llevado a cabo sobre el texto.

Según Carole Angier, autora de una gran obra sobre W.S. Sebald, escribir una biografía de un autor como él implica explorar la inestabilidad de la memoria, la desaparición de los testigos y el papel dudoso de los narradores. Lo mismo se podría decir de Semprún.

Muchas de las obras de Semprún son ficciones basadas en la realidad. No son novelas de corte clásico, porque los paralelos con su experiencia vivida crean una voz narrativa hiperrealista. Parecen testimonio. Semprún, como Sebald, seduce a los lectores con un «yo», aunque la narración sea a veces en tercera persona, que parece auténtico. Pero su obra es ficción, porque como él mismo dijo tantas veces, creía firmemente que solo esta podía expresar las verdades que se habían vivido en el exilio, en la guerra, en las prisiones de la Gestapo, en los campos y en el Partido Comunista español.

Al contrastar sus obras con datos y hechos históricos, una obligación como biógrafa, su faceta novelada destaca más, y es necesario resaltar alguna de sus estrategias narrativas. Este es el trabajo de los biógrafos, aunque muchos escritores no los quieren, pero a mí me parecen más atractivos y más resistentes los escritores humanizados que los idealizados. Las biografías perpetúan la memoria de las personas, y espero que esta ayude a seguir manteniendo viva la de Semprún mucho más allá de este centenario.

Creo haber cumplido mi trabajo como investigadora, y a la vez haber rendido homenaje a un escritor cuya voz me enamoró con pasajes como este de *Veinte años y un día*, que describe la vuelta de «un tal» Federico Sánchez a Madrid en 1953, tras años de exilio en Francia:

> Anochecía, fue andando a largas zancadas hasta el barrio de Salamanca, fue recorriendo las calles de la infancia, todo era igual, todo... todo era idéntico a las imágenes de su memoria, y sin embargo fue adueñándose de su espíritu un incomprensible sentimiento de extrañeza, de confuso desasosiego: nunca se había sentido tan extranjero como aquella noche, al regresar al conocido paisaje de la infancia. Desorientado, desanimado, fue recorriendo las calles del barrio, buscando un punto de referencia, de permanencia, de arraigo, de continuidad tranquilizadora. Lo encontró finalmente por azar. Estaba en Se-

rrano, por donde había circulado en tiempos el tranvía número 11... estaba allí, desconcertado, angustiado por la extrañeza radical de lo más antiguo, originario, de su propia memoria, cuando vio de pronto, en la acera de enfrente, el escaparate iluminado de una mercería, La Gloria de las Medias... ¡La Gloria de las Medias! Súbitamente, al aparecer aquel rótulo de antaño, aquel nombre enternecedor, grandilocuente, pareció que todo el torbellino de sentimientos, de angustias, de preguntas, volvía a serenarse, que la riada de una memoria desbordada volvía a su cauce, se amansaba en el remanso de la evidencia. La Gloria de las Medias era el símbolo, a la vez insignificante, doméstico, pero patético, de un transcurrir del tiempo denso y homogéneo: desde la infancia hasta el día de hoy, a pesar de tanta mudanza, tanta muerte, tanto éxodo y exilio, un hilo rojo de idéntica sangre viva recorría los vericuetos de su vida.[3]

Prólogo

Escribo el prólogo a esta espléndida biografía con enorme placer y una cierta tristeza. Conocí a Jorge Semprún durante los últimos treinta y cinco años de su vida. Nos unían muchas cosas, entre ellas la amistad que compartíamos con José Martínez Guerricabeitia, el fundador cascarrabias de la gran editorial antifranquista en el exilio, Éditions Ruedo Ibérico, y con el novelista Manuel Vázquez Montalbán, así como el ardiente interés por la historia del Partido Comunista de España (PCE). Recuerdo de manera vívida las conversaciones que en Roma sostuve con Jorge y Rossana Rossanda sobre este tema, así como cuando ambos jugábamos al fútbol en la playa de Pals, que Semprún recreó con gracia en su novela de 1981 *La algarabía*. Pero lo más presente en mi memoria es la amabilidad y seriedad con la que este autor y guionista de renombre internacional trató a un joven académico; eso y que cuando nos encontrábamos o hablábamos por teléfono me preguntara cómo le iba al Everton.

No han sido pocas las cosas que he podido rememorar al leer este libro evocador, pero me ha enseñado mucho más, algo que no me resulta extraño, pues se trata de la primera biografía completa publicada en cualquier idioma que incluye tanto lo bueno como aquello que no lo es tanto. Uno de los logros más notables de Soledad Maura es haber superado las dificultades que entraña escribir sobre la vida de un novelista cuyos libros son, en cierta medida, autobiográficos y, sin embargo, no todos tratan del mismo Jorge Semprún. Aportar el contexto más amplio que hay detrás de la obra del escritor, a la que se ha denominado «autoficción», ha requerido cinco años de meticulosa investigación, en la que se han realizado más de cincuenta entrevistas a familiares, amigos, políticos, escritores, cineastas e historiadores de Francia, España, Estados Unidos y Reino Unido. Junto con la lectura atenta de las novelas, de los ensayos, de los guiones de cine y de la película *Las dos memorias* de Semprún, ese minucioso proceso de investigación ha permitido a la autora ofrecer una visión perspicaz y en ocasiones inesperada mientras se adentra cuidadosamente entre las líneas para encontrar, en la medida de lo posible, al verdadero Jorge Semprún.

El libro abarca con elegancia las múltiples vidas de un hombre extraordinario que fue republicano durante la Guerra Civil, que combatió en la resistencia francesa, que sobrevivió al campo de concentración nazi de Buchenwald y que fue un agente comunista en la oposición clandestina a la dictadura de Franco, así como uno de los novelistas más distinguidos de Europa y un pensador relevante que incluso estuvo nominado al Oscar. Al igual que André Malraux, con quien se le ha comparado a menudo, llegó a ser ministro, en su caso de Cultura, entre 1988 y 1991 durante el Gobierno socialista de Felipe González. No obstante, para la doctora Maura, «El regreso permanente a España, tan soñado, nunca lo consiguió». A pesar de sus considerables logros en cuanto al patrimonio artístico español, la temporada que pasó en la alta política no acabó bien debido a sus críticas al Gobierno, en particular a las actividades corruptas del hermano de Alfonso Guerra, vicepresidente del Gobierno y supuesto intelectual del Partido Socialista. Soledad Maura califica de «relato de venganza» lo que Semprún plasmó sin reservas en *Federico Sánchez se despide de ustedes* (1993), sus memorias como ministro de Cultura y a la vez un salvaje ataque contra Alfonso Guerra. Federico Sánchez era el seudónimo con el que se conocía a Semprún en el PCE.

Su experiencia como ministro fue completamente diferente a la que vivió el Jorge Semprún que se había unido a la resistencia francesa y que había luchado con el nombre de guerra de Gérard Sorel. La Gestapo lo capturó en septiembre de 1943, y fue torturado y después enviado a Buchenwald. Ese viaje aterrador hasta el campo de concentración constituyó la base de su primera novela, *El largo viaje* (1963), y el trauma psicológico que lo acompañó durante años fue el eje de la segunda, *El desvanecimiento* (1967). De hecho, todos los libros de Semprún han sido más o menos manifiestamente autobiográficos y se han apoyado en la historia de una vida que es digna de ser contada.

Como muchos otros, Semprún no consideraba que la supervivencia y la liberación en 1945 significaran el fin de la lucha antifascista, por lo que se afilió al Partido Comunista español y desempeñó un papel importante en la lucha contra Franco. Ascendió dentro del partido, primero como mensajero y luego como enlace con la intelectualidad y los estudiantes universitarios del interior, razón por la cual debía cambiar a menudo de nombre de guerra. Se le conocía como Jacques Grador, Federico Artigas, Rafael Bustamante, Federico Sánchez y Agustín Larrea, aunque Federico Sánchez fue el seudónimo con el que publicó sus artículos teóricos y con el que trabajó como intrépido jefe de la red secreta comunista en España. Llevó a cabo esa labor clandestina con garbo, valentía e inteligencia, y llegó a ser cooptado para formar parte del politburó del partido. Sin embargo, las crecientes dudas suscitadas por las revelaciones de 1956 sobre Stalin, que quedaron confirmadas por la persistencia de hábitos y métodos estalinistas dentro del partido español, provocaron un enfrentamiento abierto con el líder del PCE, Santiago Carrillo, que acabaría por costarle la expulsión.

Lo echaron del partido en abril de 1965 junto con su amigo, el pensador Fernando Claudín, decisión de la que se enteraron al leer una noticia en el periódico *Mundo Obrero*. Esa fue, en muchos aspectos, una experiencia aún más devastadora que la de Buchenwald; al fin y al cabo, cuando estuvo en el campo de concentración, ser miembro del partido le había proporcionado un sustento tanto físico como espiritual. A partir de entonces, Semprún se dedicó a la literatura y al cine. En su novela de 1969 *La segunda muerte de Ramón Mercader* abordó de forma oblicua su experiencia en el partido, y en ella se puede discernir una alegoría en la que se presenta a sí mismo como Trotski frente a Stalin, Carrillo. Sin embargo, no fue hasta el restablecimiento de la democracia en España cuando rompió el silencio que se había autoimpuesto para iniciar la lucha contra el estalinismo en el seno del PCE. Para disgusto de los propagandistas del Partido Comunista, en 1977 publicó *Autobiografía de Federico Sánchez*, en la que argumentaba de manera mordaz que Carrillo solo podría forjar credenciales democráticas para el partido falsificando su historia. El libro vendió casi doscientos mil ejemplares en menos de un año, y suscitó la sospecha generalizada de que si no se podía creer a Carrillo sobre el pasado del PCE, como mínimo tendrían que ponerse en duda sus afirmaciones sobre su compromiso con un futuro democrático.

Es comprensible que el libro de Semprún no destacara por su objetividad académica. En España se promocionó como novela, estrategia contra la que él protestó. No era una novela, a pesar de que tuviera muchas de las cualidades de una buena obra de ese género, sino que se trataba más bien de una exploración de sus recuerdos basada en hechos. Semprún utilizó sus experiencias como organizador clandestino del partido a modo de vehículo para analizar el funcionamiento de su propia memoria y de la distorsión deliberada de la memoria colectiva del PCE. La técnica que utilizó evocaba la de sus novelas: un conjunto de recuerdos que abren otro como si fueran muñecas rusas. El tema central del libro es la creciente toma de conciencia de Federico Sánchez acerca de la distancia entre las realidades del pujante desarrollo económico de la España de finales de la década de 1950 y una línea de partido que pronosticaba con optimismo el inminente derrocamiento de Franco sobre la base de una presunta ruina económica. Junto con Fernando Claudín, Semprún se había visto impulsado a iniciar un examen del estado de la democracia interna del partido, un esfuerzo que les costó la expulsión.

El resentimiento de Semprún por el trato recibido a manos de Carrillo y su posterior examen del gulag quedaron ampliamente expresados en ese libro, a menudo emotivo. Además de retratar con claridad su vida en la clandestinidad, esta autobiografía refleja la tendencia del escritor a dejarse cautivar por el peligro. Sin embargo, se reservó el lenguaje más fuerte para expresar el encono que guardaba hacia el liderazgo autoritario de Carrillo. No es de extrañar que le faltara simpatía por la difícil situación en la que las críticas de Claudín y Semprún sobre la línea del partido pusieron a su líder. No habría sido fácil explicar a los militantes que, tras veinticinco años de lucha contra Franco, la dictadura disfrutaba de la clase de auge que podría perpetuarla otros veinticinco años. Podría argumentarse que Carrillo silenció a Claudín y a Semprún para evitar las divisiones que la adopción de sus análisis quizá habría provocado, pero eso no justificaría la supresión del debate ni las mentiras que contó sobre ambos, y menos aún los esfuerzos del partido por destruir a Claudín y a su familia.

A diferencia de su amigo y colaborador en la denuncia de la rigidez estalinista del PCE, Semprún pudo esquivar la venganza del partido. La existencia creativa de un escritor de éxito sustituyó a la vida de la militancia omnipresente en el partido. Se convirtió en una estrella muy solicitada del firmamento intelectual parisino, y el éxito de sus guiones cinematográficos le permitió entrar en el mundo del cine. Como intelectual público, elegante y muy atractivo, entabló una estrecha amistad con Yves Montand, quien a su vez se convirtió en su alter ego cinematográfico, e interpretó a Semprún en la película autobiográfica *La guerra ha terminado*, dirigida por Alain Resnais. También escribió los guiones de los thrillers políticos de Constantin Costa-Gavras, *Z* (nominado al Oscar), *La confesión* y *Sección especial*.

Al igual que sus primeras incursiones en la ficción, *El largo viaje* y *El desvanecimiento* abordaban la traumática experiencia del cautiverio nazi, por lo que no resulta sorprendente que tratara la destrucción de su segunda vida en los siguientes capítulos de su interminable autobiografía. Es curioso que en 1980, cuando publicó *Aquel domingo*, Semprún lograra reunir las experiencias *a priori* incompatibles de Gérard Sorel y Federico Sánchez. Aunque ambas épocas estaban vinculadas por la militancia comunista, hasta entonces las había tratado por separado. Sin embargo, inspirado por la lectura de Aleksandr Solzhenitsyn y Varlam Shalámov y motivado por su propia indignación ante los crímenes del estalinismo, unió ambas experiencias en una vituperación compartida.

En privado, describió la novela como «otro episodio de mi interminable autobiografía», aunque era mucho más que eso. Ciertamente, Semprún estaba obsesionado consigo mismo, pero esa obra demostró que su terrible historia vital era justificación más que suficiente. En cierta medida, era una respuesta a la forma en que los acontecimientos posteriores y la lectura de los escritos de las víctimas del gulag como Solzhenitsyn, Shalámov y Gustaw Herling-Grudziński habían hecho que *El largo viaje* perdiera veracidad, pues estaba escrito desde el punto de vista de un comunista comprometido con la noción de una sociedad sin clases en la que no podían existir campos de concentración. En 1980, Semprún escribía como alguien que había reconocido dolorosamente que cuando los nazis iniciaron su sistema de campos de concentración, los bolcheviques llevaban quince años trabajando en el suyo.

El resultado fue un libro sutil y provocador, amargo pero conmovedor, escrito con belleza y construido con ingenio, y del que podría decirse que es su obra maestra. La vinculación que hizo Semprún de las atrocidades nazis y comunistas no es el fácil relato de la prensa de derechas, sino más bien una triste conclusión basada en los recuerdos de compañeros prisioneros. Si bien no fue tan ingenuo como para identificar de manera directa al nazismo y al comunismo soviético, las capas de la memoria dejan clara la implicación. Algunos compañeros de Buchenwald fueron más tarde víctimas de las purgas: Josef Frank murió tras los juicios de Slánský; Ladislav Holdoš sobrevivió tras años de encarcelamiento. Otros, como los comunistas alemanes Willi Seifert y Herbert Weidlich, fueron figuras importantes de la Stasi de la Alemania del Este. Si la conexión entre la degradación moral que había detrás de los campos nazis y del gulag soviético no estaba del todo clara, los lamentables esfuerzos del Partido Comunista francés por excusar a los campos rusos la pusieron de manifiesto. Con el aire de alguien que sabe, Semprún calificó a los comunistas franceses de ser «sin duda los más necios, hipócritas y siniestros de todos los marxistas».

A pesar de no tener tapujos, no fue un agresivo tratado anticomunista, sino también un sutil examen de la naturaleza de la memoria. En *Autobiografía de Federico Sánchez*, Semprún presentaba la memoria como una serie de muñecas rusas, cada una de las cuales se abría para revelar otra. En *Aquel domingo* la aborda como una serie de volutas que flotan en torno al pilar central del libro: «Este puto domingo de mierda». Este «día en la vida de Federico Sánchez» es un domingo de finales de diciembre de 1944, en Buchenwald. Un bonito día de invierno en el que la blanca quietud de la colina de Ettersberg, donde Goethe paseó con Eckermann, solo se ve interrumpida por la fina columna de humo que se eleva desde el crematorio del campo y por las noticias en radios ocultas de que el ejército británico está machacando a la izquierda griega. Los recuerdos de aquel día se contraponen a los de encuentros posteriores con camaradas del campo. Poco a poco, los estratos de la memoria construyen una imagen creíble de la transición del joven revolucionario de veintiún años de 1944 al novelista resentido de 1980. Jugando con los recuerdos de Jorge Semprún, de Gérard Sorel y de Federico Sánchez, *Aquel domingo* ofrece un retrato fragmentario pero convincente de aquella experiencia. Su propósito era, sin embargo, más intrincado.

Todo esto y mucho más queda retratado en el elegante y perspicaz relato de Soledad Maura. A pesar de la admiración generalizada por sus novelas y sus guiones cinematográficos, y de una avalancha de elogios y premios, la importancia de Semprún nunca ha sido del todo reconocida ni en Reino Unido ni en Estados Unidos. Esta vibrante biografía recrea e interpreta la notable vida y obra del escritor, tan reconocida en Francia, y, al hacerlo, alerta al público de habla castellana e inglesa sobre su importancia. Se retrata con naturalidad una vida que abarcó la Guerra Civil, la resistencia francesa, el universo de los campos de concentración nazis, las luchas clandestinas del Partido Comunista de España contra la dictadura franquista, los círculos literarios y cinematográficos europeos de las décadas de 1960 y 1970 y la transición de España a la democracia. Fue un hombre cuya muerte, como demuestra Soledad Maura, «supuso la desaparición de un testigo clave del siglo XX y de una figura que se había convertido en sinónimo del pasado y del presente de Europa».

PAUL PRESTON

Introducción

> Los secretos no cambian nada. Cambian si haces una biografía de verdad, pero mejor hacerla cuando el biografiado haya muerto.[1]
>
> Jorge Semprún

Hace doce años ya, una tarde calurosa de julio de 2011 en el Museo del Prado, el filósofo francés Bernard-Henri Lévy tomaba la palabra ante un auditorio atestado. Era un acto de homenaje póstumo. El público asistente estaba salpicado de políticos, intelectuales y empresarios que habían venido a despedir al homenajeado.

Parecía que Lévy estaba rindiendo honores a varias personas distintas: un republicano español, un superviviente de Buchenwald, un intrépido agente clandestino, un escritor famoso, un candidato al Oscar y un gran pensador europeo. Pero estaba, simplemente, describiendo y señalando las múltiples facetas de una sola persona: Jorge Semprún.

Semprún había fallecido unas semanas antes en París, y los principales homenajes conmemorativos habían tenido lugar en Francia, su patria adoptiva. Pero había algo especialmente conmovedor en la reunión de dignatarios y pensadores en el Museo del Prado, a tan solo unas pocas manzanas del lugar donde Jorge Semprún —y su madre antes que él— se habían criado en un entorno acogedor y lleno de facilidades. Entonces ignoraban felizmente el violento siglo que les esperaba. Ochenta y siete años más tarde, en el paseo del Prado se alineaban los mismos árboles, y los balcones de la antigua casa de los Semprún se asomaban, impertérritos, a las tranquilas calles en el atardecer.

Si Jorge Semprún hubiera sido pintor, quizá París le habría dedicado un museo en alguno de los antiguos palacetes del barrio de Saint-Germain-des-Prés. Como Picasso, Semprún fue una figura española internacional que hizo de Francia su país adoptivo. Los franceses, que no siempre han sido los más pluralistas, recibieron a Semprún con entusiasmo y durante décadas le colmaron de oportunidades y premios. Se convirtió en una de las estrellas residentes de la intelectualidad parisina, un escritor, un héroe y un superviviente de un campo de concentración nazi. Le buscaban estrellas de cine como Yves Montand y políticos como el primer ministro Dominique de Villepin. Su legado en Francia y España está siendo longevo. En este 2023 se cumple el centenario de su nacimiento, y en Francia se inaugura la celebración de su cumpleaños, el 10 de diciembre, como fiesta nacional. En ambos países se preparan múltiples actos de homenaje.

Poco después del estallido de la Guerra Civil en el verano de 1936, la familia de Semprún, republicana, huyó a Francia. En el exilio, aún adolescente, Jorge aprendió francés a la fuerza. Fue un brillante estudiante de Filosofía. En 1939, la Guerra Civil había terminado con la victoria de Franco y la derrota de la República, y la Segunda Guerra Mundial estaba destrozando Europa. Semprún se unió a la resistencia francesa tan pronto como pudo, confiando en que el fin del fascismo liberaría también a España. En octubre de 1943 fue detenido por la Gestapo y deportado a Buchenwald, donde permaneció hasta que el ejército estadounidense liberó el campo en abril de 1945.

Su experiencia como deportado fortaleció aún más su identidad política y su solidaridad con el Partido Comunista. Se convirtió en un militante activo y con el tiempo llegó a ser uno de los líderes del Partido Comunista de España (PCE). Durante años fue un agente clandestino valiente y leal, y organizó en secreto a la juventud de la España de Franco, pero en 1963, tras expresar su decepción con la estrategia del partido, fue expulsado del mismo. Una vez liberado del anonimato forzoso al que le obligaban sus actividades clandestinas, se reinventó como novelista y publicó su primer libro, sobre la deportación a Buchenwald, *El largo viaje*. Seguirían más de una docena de obras autobiográficas y guiones de cine; la mayoría de ellas, memorias noveladas que aluden a sus experiencias en Buchenwald. Casi todas fueron publicadas originalmente en Francia por la prestigiosa editorial Gallimard y traducidas posteriormente a muchos otros idiomas. Solo dos de sus libros fueron escritos originalmente en castellano.

A través de sus textos, y de los cientos de entrevistas y conferencias que dio, Semprún se forjó una reputación internacional como escritor, superviviente y autoridad moral. Era alguien que conocía a fondo los sistemas fascista y comunista, y que tenía la formación, el tiempo y el interés necesarios para reflexionar sobre las crisis del siglo XX. Explotando sus propios recuerdos, contribuyó reiteradamente a la lucha colectiva contra el olvido del Holocausto, y gracias a su obra y a su actividad política fue galardonado con el Premio Jerusalén, nombrado miembro de la Academia Goncourt y distinguido con el Premio de la Paz de los Libreros Alemanes, entre otros honores. Felipe González, el primer presidente del Gobierno socialista que tuvo España tras la muerte de Franco, nombró a Semprún ministro de Cultura durante su segundo mandato. Hoy se reconoce ampliamente a Semprún como una de las principales figuras intelectuales y políticas europeas del siglo pasado y comienzos de este, y como un testigo elocuente y lúcido de los horrores de la Segunda Guerra Mundial y los regímenes totalitarios.

Las duras experiencias que vivió tenían como contrapunto un toque de glamour que a menudo le rodeaba. Jorge Semprún, o Georges, como se le conoce cariñosamente en Francia, era atractivo y podría haber sido galán de cine, como se lo había propuesto Marguerite Duras. No quiso ser actor, pero fue candidato al Oscar por el guion del *thriller* político dirigido por Konstantinos Costa-Gavras, *Z*. No le hacía falta ser estrella de cine cuando su amigo Yves Montand estaba dispuesto a encarnar a sus protagonistas, empezando con su película autobiográfica *La guerra ha terminado* (1966), dirigida por Alain Resnais.

Como escritor, Semprún transformó su vida. Dejó de preparar informes secretos para el partido, en español, y optó por la escritura de libros en francés que se convirtieron en imprescindibles de los escaparates de La Hune y otras librerías emblemáticas de París. Todos estos factores se juntaron para hacer del autor un héroe a la medida del París de la posguerra y de la Guerra Fría: un hombre atractivo, de palabra y de acción que había cambiado los pasaportes falsos y las maletas de doble fondo de su época clandestina en la España franquista por los cafés de los bulevares parisinos, Les Deux Magots y el Flore. Gracias a los programas literarios de televisión como *Apostrophes* y *Bouillon de culture*, de Bernard Pivot, el nombre de Semprún se hizo famoso en Francia. En Alemania también se le veneraba. Con su formación de filósofo y su alemán impecable, dio muchas conferencias en el país germano. A los alemanes les fascinaba que este superviviente de un campo nazi les explicase la historia del siglo XX, el bien y el mal, con tanta pasión y elocuencia. Escribía en francés y vivía en París, pero era español y no era judío. Su punto de vista era único.

Los biógrafos ya no se dedican exclusivamente a redactar crónicas del nacimiento, el matrimonio, el divorcio (o matrimonios y divorcios) y la muerte del sujeto biografiado. Por lo general, toda esta información puede encontrarse, con más o menos errores, en la Wikipedia u otras fuentes en internet. Este libro presenta algunos datos básicos, pero pretende interpretar, más que resumir, la información hasta ahora disponible, y añadir facetas nuevas gracias a documentos de archivo no accesibles hasta ahora. Actualmente, no existe ningún estudio que contraste en profundidad la experiencia real de Semprún con su obra literaria, que examine los enigmas y paradojas que conformaron su vida. ¿Qué impulsos le guiaban?

Semprún fue un maestro de la autobiografía y tanto sus admiradores como los críticos han tomado las versiones que él presenta de su propia vida como hechos reales. Esta biografía intenta ampliar los contextos que el autobiografiado nos ofrece. Discurre cronológicamente y se construye sobre material inédito de archivo, entrevistas con familiares, amigos íntimos, políticos, escritores, cineastas e historiadores de Francia, España, Estados Unidos y Reino Unido. También contrasta la vida y la obra de otros deportados y comunistas, y la obra de Semprún: sus novelas, sus textos de no ficción, sus guiones y su película *Las dos memorias*. Se señalan las disparidades entre los hechos históricos y su autoimagen literaria. Se incluyen fuentes orales, impresas y fotográficas procedentes de colecciones públicas y privadas de varios países; entre ellos, Rusia.

Semprún afirmaba ser un exiliado desarraigado que se había inventado a sí mismo desde cero. Solía decir que lo único que había heredado de su familia era un ejemplar de *El Capital* de Marx, propiedad de su padre. Sin duda, este libro fue primordial en su destino político, pero, si atamos cabos, también heredó la profunda vocación política de su padre, su abuelo, su tío materno y su cuñado. Como dice Juan Goytisolo, «dentro de su gen, había un gen político, por decirlo de alguna manera».[2] Otra parte de su legado familiar fue una educación de primera, un enorme privilegio del que se vieron privados sus hermanos menores. Solo teniendo en cuenta su historia familiar es posible empezar a entender su relación con la política. Esta biografía presta especial atención a algunos aspectos personales de su vida que no se han valorado lo suficiente. Se pone en cuestión la idea imperante de que la identidad de Semprún se forjó a partir de 1936 (el estallido de la Guerra Civil española) en adelante. Esa fecha resulta un gancho atractivo para cualquier narración, pero el molde de Jorge Semprún se había fundido mucho antes. Pondré en contexto, por primera vez, su infancia y sus orígenes políticos, y rastrearé sus antecedentes familiares para señalar algunos paralelismos sorprendentes entre la vida de Semprún y la de su abuelo Antonio Maura, hombre de origen mallorquín que, gracias a su gran determinación e inteligencia, llegó a ser presidente del Gobierno de España varias veces, a lo largo de dos décadas. Al igual que su abuelo, Semprún tuvo una trayectoria política importante, tanto en su papel de revolucionario profesional como en el de ministro de Cultura. E, igual que su abuelo, nunca quiso comprometer sus ideales.

Lo que resulta excepcional en la vida de Semprún no es que coincidiera con un gran número de convulsiones históricas que definieron su época, sino que se implicara tan asiduamente en ellas. Su sentido altamente personal de la integridad le llevó a romper relaciones tanto con aliados políticos como con miembros de su familia. Sobrevivió a varias rupturas definitivas y dolorosas: con el Partido Comunista de España (PCE) y con el Partido Socialista Obrero Español (PSOE), así como con su padre, con el que fuera su hermano favorito, Carlos, y con su único hijo, Jaime. ¿Cuál fue el coste personal de estas rupturas? ¿Era Semprún un camaleón político? ¿Estaba satisfecho con su trayectoria, o vivía con frustraciones a cuestas? ¿Cuál era su relación con el poder?

Hay algunos temas que definen su personalidad a lo largo de las diferentes etapas de su vida. En cada uno de los contextos en los que se encontró, Semprún buscó una forma de destacar por encima de quienes le rodeaban. De sus siete hermanos, es él, afirma, a quien su madre y su padre designaron como futuro escritor y político: era el hijo elegido. En París, a finales de la década de 1930 fue un estudiante de Filosofía excepcional; en Buchenwald (1943-1945), su capacidad para hablar alemán con fluidez y su trabajo de oficinista, relativamente cómodo, le confirieron enormes ventajas sobre otros prisioneros. Dentro del PCE (1952-1962), su sofisticación y su nivel cultural le llevaron a convertirse en el mítico Federico Sánchez, el agente encargado de seducir a los estudiantes universitarios burgueses y transformarlos en activistas antifranquistas. Siendo el hombre más buscado de España, Semprún/Sánchez se escondió a plena luz en un Madrid repleto de policías. Durante diez años desarrolló sus actividades «clandestinas» con impunidad torera, vestido con elegancia parisina (para despistar a la policia) y viajando en coches de lujo. Sin ninguna duda, estas actividades entrañaban cierto riesgo, pero también le concedieron el papel más glamuroso dentro del partido, y encajaban perfectamente con su lado más aventurero. Nunca fue detenido.

Mientras sus compañeros comunistas españoles exiliados en París vivían en apartamentos de la periferia de la ciudad, Semprún vivía con gran comodidad y estilo en el centro. Tras dejar el partido, desde 1963 y hasta su muerte en 2011, se convirtió en un renombrado y galardonado novelista/memorialista/guionista candidato a un Oscar. En 1988, cuando ya se podría haber jubilado, se lanzó a una nueva aventura política: Felipe González le invitó a ser ministro de Cultura de España, cargo que aceptó y ocupó hasta 1991.

Entre todos los elogios y las muestras de admiración por sus logros y su valentía, existen algunas voces aisladas que han cuestionado el carácter de sus actividades en Buchenwald, su grado de honestidad al escribir sobre el campo y su papel en el PCE. Dado el alcance de su éxito, es posible que algunos de sus detractores hayan estado motivados simplemente por la envidia.

Hay respuestas en sus textos, pero los relatos de la compleja obra autobiográfica de Semprún no pueden tomarse como hechos históricos puros, ni tampoco como mera ficción. Sus obras son una mezcla de experiencias vestidas de literatura, un tapiz de ficción y recuerdos. Al analizarlas, hay que proceder cuidadosamente, sobre todo si pretende establecerse algún contexto histórico y separar los hechos de la fantasía. Semprún fue uno de los grandes seductores del siglo XX y resulta tentador creerse todo aquello que escribió. Se convirtió en un experto del camuflaje, aprendió a sobrevivir en condiciones terribles, cambiando tranquilamente de identidad y de nombre cada vez que sabía que su vida pendía de un hilo. ¿Cuál fue su relación personal con el trauma, la memoria y el olvido?

También hay que tener en cuenta el grado de autocensura que resulta natural para alguien que se encuentra como en casa en el mundo clandestino. Sus versiones de los hechos a menudo dan la impresión de ser relatos personales, íntimos, pero son muy selectivos y omiten una y otra vez elementos biográficos clave. Sus narradores hablan casi siempre en primera persona y apenas mencionan ningún tipo de vida familiar: siempre es «yo». Sin embargo, Semprún fue hermano, marido, padre y abuelo. ¿Qué otros aspectos de su vida habrá mantenido fuera?

Las preguntas que vertebran esta biografía giran en torno a los enigmas que Semprún nos dejó después de su muerte. ¿Qué le llevó realmente a unirse a la Resistencia? ¿Qué papel desempeñó dentro de la organización comunista en Buchenwald? ¿Hasta qué punto están basados sus libros en sus recuerdos personales, o en información histórica sobre los campos de concentración nazis? ¿Cuál es su papel dentro de la cultura del Holocausto, como no judío y como escritor cuyas obras, como él siempre dijo, están pasadas? ¿Qué cualidades de su obra y de su personalidad le ayudaron a forjar un papel tan único en la historia literaria y política europea? ¿Qué ofreció al discurso europeo? ¿Cuál es su legado ahora, que habría cumplido cien años?

1

Orígenes

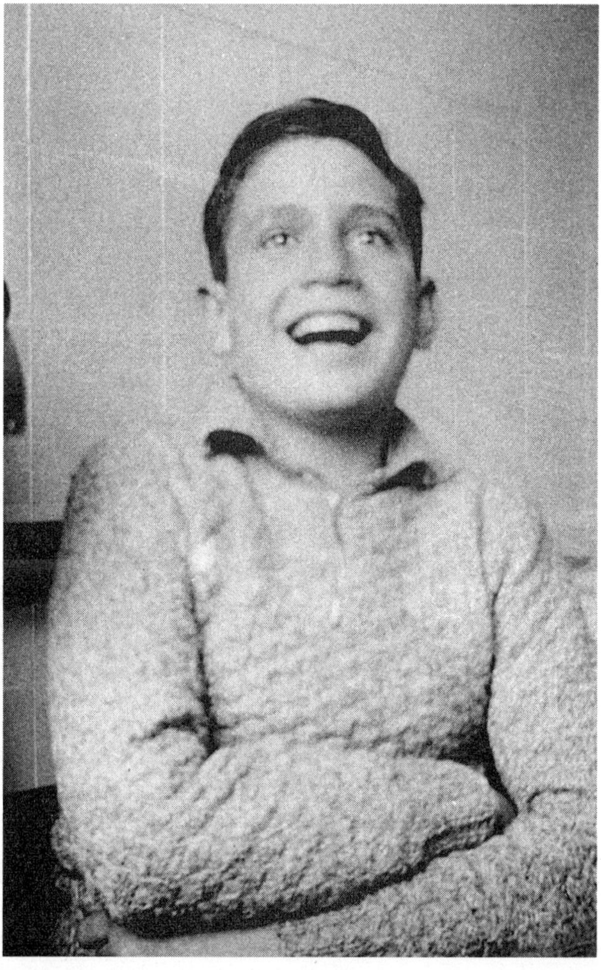

¿Qué es lo que hace que Jorge Semprún sea un tema de estudio interesante en la actualidad? Según la perspectiva que se adopte, hay muchas respuestas posibles. Para algunos puede ser el hecho de que fuera miembro de la Resistencia, superviviente de un campo de concentración nazi o agente comunista clandestino en España. Otros quizá estén interesados en su polifacético talento como escritor. Muchas personas lo consideran un emblemático literato francés, o «europeo». Puede que algunos españoles piensen en él como un autor «extranjero» en el exilio. Todas estas visiones de Semprún son ciertas; ninguna de ellas es completa. La mayor parte de los relatos sobre su vida comienzan ya durante su adolescencia, en el exilio, en Francia, pero pasó sus primeros trece años en Madrid.

Sus lazos con su país de origen fueron tan profundos que durante casi veinte años arriesgó la vida para intentar restablecer la democracia en España. La muerte prematura de su madre, la Guerra Civil, el exilio y la Segunda Guerra Mundial dispersaron a su familia. Sin embargo, antes de que dieran comienzo las catástrofes, Jorge Semprún tuvo una infancia cómoda en Madrid. La suya no era una familia típica, pero aun siendo parte de una élite, se trataba de la élite española, no de la europea. Por desgracia, como ocurre con las divisas, el estatus social de su familia era válido solo en España, y esa España estaba a punto de desaparecer.

La infancia de Jorge Semprún estaba llena de referencias políticas. Su primer recuerdo (él mismo pone en duda si era inventado o real) corresponde a una visita que hizo a su abuelo, Antonio Maura. La casa del político, ubicada en una calle próxima al Museo del Prado que más tarde llevaría su nombre, era a la vez el hogar familiar y la sede del Gobierno español. Décadas más tarde, Semprún recordaría aquel mundo con nostalgia proustiana:

> Durante mucho tiempo creí que mi primer recuerdo no era tal. Que lo había, si no inventado, al menos reconstruido y recompuesto —coloreado, embellecido— hasta el punto de volverlo irreal. Durante mucho tiempo pensé que mi primer recuerdo era el de una visita a mi abuelo materno, Antonio Maura, en el palacete que este poseía en la calle de la Lealtad —que actualmente ostenta su nombre—, a unas decenas de metros del Museo del Prado y de una de las entradas monumentales del parque del Retiro... Mi madre vestía a sus hijos mayores para tan solemne expedición. Insistía, con cierta vehemencia, en que prometiéramos observar una actitud tranquila y respetuosa... Por fin llegamos al despacho-biblioteca del abuelo Maura, situado en la planta baja del palacete. Mi abuelo estaba sentado, en la penumbra de la estancia. Su barba blanca, cortada en punta, destacaba sobre su traje oscuro. Se había echado una manta encima de las rodillas.[1]

También trata de su abuelo materno el primer texto «firmado» por Jorge Semprún (que no había cumplido ni dos años) del que se tiene noticia, una carta que envió a su abuelo durante las vacaciones del verano de 1925:

> Querido abuelito:
>
> ¿Como estás? Seguro que mui molesto por [lo] de la juelga. Mando recuerdos a todos. Tú me tienes que contestar esta carta fea. Mi papá i mi mamá manda recuerdos a ti i a la Señora. Un beso de tu nito Jorge.
>
> Recuerdos de abuelita.[2]

Es posible que su institutriz alemana o algún hermano le escribiera esta nota simple y llena de errores. En cualquier caso, tanto esta carta como su primer recuerdo establecen una conexión temprana y fundamental con su familia materna, con la política y con el poder. Antonio Maura tenía un pequeño feudo en la zona más bonita de Madrid. En este barrio toda su extensa familia se había congregado en torno a él, ocupando pisos y casas, como cortesanos en torno a un rey. Allí fue donde Jorge Semprún pasó la infancia. Para un niño, debía de parecer que su abuelo era omnipotente y que su casa llevaba allí desde siempre majestuosa y firme, como las montañas que se levantaban en la sierra a las afueras de Madrid. Pero, de hecho, el poder de Maura era reciente. La suya era una improbable historia de éxito española, la de un inmigrante llegado a la capital desde una isla mediterránea. Maura era un hombre hecho a sí mismo y su experiencia arroja algo de luz sobre la familia en la que nació Jorge Semprún, y también parece presagiar la propia historia de su nieto más famoso: su propio proceso de reinvención en una nueva ciudad y su lucha por el poder.

Las primeras líneas de la novela *La marcha Radetzky*, de Joseph Roth, relatan el espectacular auge y caída de la familia Trotta. Los Trotta ascienden de la nada, triunfan sensacionalmente y vuelven a la nada, como si nunca hubieran existido. Los Maura fueron, en muchos sentidos, el análogo español de los Trotta. El patriarca, Antonio Maura, era también un provinciano, procedente de la entonces remota isla de Mallorca. Gracias a su singular ascenso —fue cinco veces presidente del Gobierno bajo el reinado de Alfonso XIII—, el rey le ofreció el título de duque de Maura, que don Antonio rechazó.

Tras los gobiernos de Maura se inició una sucesión de ciclos, de décadas de duración, de represión política y agitación: hubo la dictadura de Primo de Rivera (1923-1930) y la llegada de la República (1931-1936); este último sistema político fue brutalmente destruido por la Guerra Civil (1936-1939) y el régimen de Franco (1939-1975), hasta que, muerto ya el dictador, se instauró la democracia durante la Transición (1975-1982). En España, el recuerdo de Antonio Maura resulta hoy tan lejano como el del caballero de la familia Trotta en la Europa del Este. Se conoce más la calle que aún lleva su nombre que a la figura histórica.

La calle Antonio Maura es muy diferente de la calle Calatrava de Palma de Mallorca, donde nació Maura. Calatrava es una callecita estrecha y sinuosa pegada a la antigua muralla de piedra que protege la ciudad del mar. Palma es la capital de la isla más grande de las Baleares, islas que permanecieron relativamente desconocidas en el ámbito internacional hasta que George Sand y Chopin pasaron una temporada en la Real Cartuja de Valldemossa entre 1838 y 1839. Sobre aquella experiencia, Sand escribió un famoso libro titulado *Un invierno en Mallorca* en el que pinta la isla como un lugar primitivo, con siglos de retraso respecto del resto de Europa, y en el que da rienda suelta a su desprecio hacia los mallorquines que trabajan el campo:

> En ninguna parte he visto trabajar la tierra con tanta paciencia y tanto cariño. Las máquinas, aun las más sencillas, son desconocidas; los brazos del hombre, brazos muy descarnados y débiles, en comparación con los nuestros, son suficientes para todo; pero trabajan con una lentitud nunca vista. [...] Nada hay tan triste y tan pobre en el mundo como este campesino que no sabe más que orar, cantar, trabajar, y que no piensa nunca.[3]

A pesar de sus críticas, Sand se muestra encantada con el paisaje y el clima, y su libro sobre la isla se convirtió en un clásico. Sand inspiró a muchos viajeros internacionales —el pintor John Singer Sargent y el escritor Jorge Luis Borges, entre ellos— a seguir sus pasos en busca de las cálidas temperaturas, las aguas color turquesa y los paisajes mallorquines salpicados de palmeras, enebros y cipreses.

A partir de la década de 1950, los billetes de avión a precios asequibles y la proliferación de hoteles económicos en primera línea de playa transformaron la isla en destino de turismo de masas. A lo largo de las últimas décadas, las élites internacionales han ido adquiriendo las fincas rurales de la isla y reemplazando las construcciones agrícolas y los campos de cultivo por inmensas casas modernas. Es posible que hoy la lengua que más se oiga en la isla sea el alemán, con el inglés en segundo lugar y el castellano en una lejana tercera posición.

Pero érase una vez que Mallorca era exclusivamente una provincia agraria mediterránea apartada de la península española. Mallorca tenía un carácter propio y sus tradiciones, su gastronomía y su lengua —el mallorquín— eran distintas de las de cualquier otra región española. Dado que para llegar a cualquier puerto importante era necesario realizar un largo viaje por mar, los cambios llegaban a la isla con mucho retraso. Como en la vida siciliana que describe Giuseppe Tomasi di Lampedusa en la novela *El Gatopardo*, el ritmo de vida mallorquín era lento, estacional y ritualista. La jerarquía social dependía de los terratenientes. El año estaba marcado por las cosechas y la matanza, y las familias y los agricultores se reunían durante la misa, las comidas y para rezar el rosario. Mallorca no era entonces un destino turístico, sino un hogar para sus lugareños, el hogar también de sus antepasados: «Mallorquín era la lengua que se hablaba. Un extranjero era un ser extraño curiosamente mirado y comentado».[4]

Esta era la Mallorca de la generación de Antonio Maura, que nació en Palma el 2 de mayo de 1853. Sus padres fueron Bartolomé Maura y Gelabert y Margarita Montaner Llampayes. La familia era propietaria de una tenería que ocupaba la planta baja de la casa de la calle Calatrava, donde sigue hoy. Aunque el lugar en el que se realizaba el proceso de curtido estaba separado de las estancias en las que la familia vivía, el continuo tráfico de pieles de animales no debía de resultar nada agradable, y en los meses de verano el calor volvía insoportable el hedor de la descomposición y de los productos químicos.

Antonio tenía nueve hermanos —eran cinco chicas y cinco chicos— y perdió a su padre cuando tenía trece años. Su madre tuvo que sacar adelante y educar ella sola a sus muchos hijos, todo un reto en una sociedad completamente patriarcal y aislada. Para los estándares de la cultura en la que vivían, Maura y sus hermanos eran huérfanos, y como tales tenían ante sí un futuro incierto.

El hermano mayor de Antonio, Gabriel, soñaba con convertirse en escritor mallorquín, pero tuvo que hacerse cargo del negocio de curtidos para que su hermano Antonio, que tenía entonces quince años, pudiera trasladarse a Madrid para estudiar ciencias, campo en el que había destacado en la escuela local. Para que Antonio pudiera probar suerte en la Península, toda la familia tuvo que hacer sacrificios personales y económicos. Estudiar en la capital suponía una oportunidad excepcional que también presentaría desafíos para el joven isleño.

Antonio Maura no estaba familiarizado ni con la vida urbana ni con la lengua castellana. Igual que muchos jóvenes estudiantes llegados de fuera, se alojó primero en una pensión en el centro de la ciudad, La Señoruca, situada en lo que fue la antigua calle del Carbón.[5] Poco después de su llegada a Madrid en septiembre de 1868, estalló una revolución que puso fin al reinado de Isabel II y abrió un largo ciclo de caos político e inestabilidad. Desde la ventana de su cuarto alquilado, Antonio observaba el caos, la violencia callejera y los grandes desórdenes que ocurrían a su alrededor. Era mucho más de lo que el adolescente mallorquín había podido imaginar. No conocía a nadie en la ciudad y llegaba equipado únicamente con sus cinco años de educación mallorquina. La única «carta de presentación» con la que contaba no iba dirigida ni a un duque ni a un empresario, sino a un modesto empleado de la oficina de Correos.

Madrid supuso un contraste brutal con Palma. En casa estaban su familia, sus amigos y el puerto, que le encantaba explorar. Madrid era una capital extraña para él, pues carecía de salida al mar, y era una ciudad polvorienta y bulliciosa donde la gente hablaba castellano a toda velocidad. Los madrileños no tardaban en ridiculizar a los inmigrantes provincianos que intentaban comunicarse en un idioma nuevo.

La revolución de 1868 afectó a Maura directamente. Una de las reformas que trajo casi de inmediato fue el establecimiento de un plan de estudios de vía rápida que permitía obtener la licenciatura de Derecho en tres años. Maura vio enseguida el potencial que ofrecía el derecho, más que la ciencia, como carrera profesional y rehízo sus planes. Hacerse abogado era lo habitual para todo aquel que tuviera la intención de mejorar su fortuna, y su madre viuda y sus hermanos habían invertido todo en él. Sin embargo, un abogado debía poder hablar con aplomo y confianza, y esto no sería tan fácil.

El poeta inglés Robert Graves, que vivió durante décadas en Deià, un pueblo de la costa noroeste de Mallorca, dijo una vez que la lengua de los mallorquines «es tan antigua como el inglés; y más pura que el catalán o el provenzal, sus parientes más cercanos».[6] Por desgracia, esta visión del mallorquín no la compartían los burlones estudiantes madrileños de Derecho con los que Maura se encontró en la Universidad de Madrid, y allí se sintió inferior y excluido. César Silió, amigo íntimo, compañero político y biógrafo de Maura, escribió lo siguiente de esta época:

> Vive al principio receloso, aturdido por el medio que le rodea, un poco acobardado en su aislamiento, añorando su rincón insular, aquellas calles de Palma y aquel puerto, que él conocía como su propia casa, en que todos le conocían también. En la universidad no halla amigos con quienes departir, como en el instituto balear; se siente extraño a todos. Hasta el idioma contribuye a acentuar la soledad. Maura chapurrea el castellano con detestable pronunciación y desconcertada sintaxis. Algunas veces se le ríen. Teme siempre que se le rían los compañeros.[7]

Maura era el único de toda su clase que no hablaba el castellano desde niño. Entre jóvenes burgueses y aristócratas, él era un humilde isleño. En su habitación, estudiaba con suma atención libros de gramática y se pasaba las noches leyendo a Cervantes, a Quevedo y a otros clásicos españoles, luchando por dominar su lengua hostil.[8] Según Silió, algunas de las experiencias significativas que determinaron que Maura acabara por convertirse en un estadista y gran orador tuvieron lugar durante este primer período.

Uno de esos momentos determinantes se produjo durante una clase de lengua. Como todos los estudiantes del castellano, Maura se veía desconcertado por la abundancia de haches mudas, sin pistas auditivas que le indicaran cuándo era necesario escribir la letra y cuándo no. Igual que la hache caída en el inglés británico hablado, el mal uso de la hache en el español escrito es un síntoma revelador del nivel educativo de una persona y, en la España de finales del siglo XIX, de su clase social.

El profesor mandó un dictado que incluía la palabra «oír». Maura vaciló, ¿con hache o sin hache? Finalmente, lo escribió correctamente, «oír», pero se dejó ganar por su inseguridad, miró por encima del hombro al cuaderno de uno de sus compañeros de clase, que había escrito «hoír», y cambió su respuesta. Como resultado directo del nerviosismo que le había llevado a copiar, puso una respuesta incorrecta y sacó una mala nota. Pero, paradójicamente, este incidente le aportó una nueva confianza en sí mismo y una sensación de autosuficiencia.

Estaba claro que, si confiaba en su instinto y en su capacidad para trabajar duro, le iría mejor que copiando a cualquier aristócrata holgazán. Estos no tenían necesidad de obtener buenas calificaciones ni de superar los exámenes con éxito, sino que simplemente estaban pasando un trámite para convertirse en abogados.

Cuando hablaba en clase, a menudo lo silenciaban las risas estruendosas de sus compañeros, cuyas burlas se convertían después de clase, en los pasillos, en un agresivo acoso.[9] Años después, Maura recordaría sus difíciles comienzos con un sentimiento de compasión por el muchacho torpe que había sido:

> En un principio no desperté sino el desprecio a mi alrededor. Imaginaos un muchacho absurdamente vestido, sin blanca, en tierra de oradores mudo a la fuerza, medroso y sin amistad. Imaginaos la universidad en esa época, no resignada a regularizarse, a aburguesarse... Yo notaba cómo se iban tramando la mofa colectiva, el ataque, la brutalidad del atropello... ¡Y allá en Mallorca que pensaban que yo era poco menos que un rey! Llegó la rechifla temida. Yo me preparé a defenderme a puñetazos, animándome con voces y gritos de mi dialecto. Una corteza de naranja derriba mi sombrero. La horda lanza una carcajada. Nuevos insultos, el círculo se estrecha, me amenaza, me rinde... En esto destacáronse dos estudiantes señoritos, célebres en todos los cursos. Apostrofaron a los bárbaros, me recogieron, sacáronme del patio y su motín, escapamos, fuimos no sé dónde. En ese momento comenzó Madrid a sonreírme con su proverbial seductora hospitalidad.[10]

Los «dos estudiantes señoritos» que le rescataron eran los hermanos Honorio y Trifino Gamazo. Le trataron con amabilidad y le instaron a hacer caso omiso de los pueriles acosadores. Su relación con los dos hermanos le cambiaría la vida. Los Gamazo también eran de provincias, de Valladolid, pero pertenecían a una antigua y poderosa familia. El hermano mayor de la familia Gamazo, Germán, tenía un bufete de abogados en Madrid y un brillante futuro político por delante. Germán Gamazo contrató a Maura tan pronto como este terminó los estudios, y las familias quedaron unidas definitivamente cuando Maura se casó con una hermana de los Gamazo, Constancia.

El matrimonio tuvo diez hijos; la menor, Susana, sería la madre de Jorge Semprún.

A medida que Maura fue ascendiendo en la escala social y política de la capital, siguió puliendo diligentemente su español hablado y escrito, y tras sus esfuerzos llegaría a ser el orador más admirado y renombrado de su época, y presidente de la Real Academia Española.

A lo largo de toda su carrera, Maura consiguió esquivar a sus enemigos. Fue objeto de varios intentos de asesinato y, curiosamente, también de agresiones antisemitas, cosa que resulta sorprendente dado que Maura y su familia eran, a todas luces, católicos devotos. Su hermano Miguel era sacerdote, llegó a ser rector del Seminario de Palma y fundó una orden de monjas, las Hermanas Celadoras del Culto Eucarístico. Pero los contrincantes políticos de Antonio Maura aseguraban que sus antepasados eran chuetas, judíos mallorquines, y él un converso que ocultaba su verdadero origen. Incluso se pusieron a la venta unas populares tarjetas postales que mostraban una caricatura de Maura con una nariz ganchuda exageradamente grande. ¿Tenía de verdad la familia raíces judías? Casi un siglo después, su nieto Carlos, hermano de Jorge Semprún, exploraría estas acusaciones:

> Fue leyendo *El laberinto español* de Gerald Brenan, traducido y publicado por Ruedo Ibérico (París, 1962), como me enteré de que era judío. Escribe el autor: «Maura era sin embargo un hombre de honor e íntegro, que en ciertos aspectos descuella sobre todos los demás políticos del reinado de Alfonso XIII [...] a pesar de su origen judío (era por su familia un chueta de las islas Baleares) fue el único español a quien el rey no trataba de tú» (p. 26). Otros historiadores, como Hugh Thomas, coinciden o repiten esta afirmación: los Maura son de origen judío, o «chueta» de Mallorca, y hasta Valle-Inclán, en una de sus obras de teatro, *Luces de bohemia*, si mal no recuerdo, le insulta a mi abuelo materno como reaccionario y chueta. Los hay, claro, que lo niegan, sobre todo en la familia Maura, declarando que es un infundio malévolo, un insulto facilón, de sus enemigos políticos. Porque los términos de «chueta» y más universalmente «judío» han sido términos insultantes desde hace siglos y hoy lo vuelven a ser, tal vez más que nunca. Para terminar con esta historia familiar, de un interés muy relativo, hubo evidentes cruces, y la madre de mi madre Susana,

> hija menor de don Antonio, era una Gamazo, familia perfectamente «goy», por lo visto. Estos cruces son frecuentes en España y la «sangre pura» es difícil de demostrar científicamente.[11]

Antonio Maura mantuvo siempre un vínculo estrecho con Mallorca. En el verano de 1906, estando en el momento álgido de su gloria política, alquiló una casa llamada Can Mossenya para que su familia al completo, incluidos sus hermanos, pasara las vacaciones en Valldemossa. Temiendo que las condiciones de la isla no fueran satisfactorias, meses antes de su llegada reequipó la casa al completo para garantizar que la situación de higiene y confort estuviera a la altura de las necesidades de su esposa e hijos. Constancia, su mujer, era de constitución frágil, y Maura quiso asegurarse de que pudiera restablecerse durante el verano con total comodidad. El responsable de acondicionar la vivienda fue su hermano Gabriel, el escritor que se había quedado a cargo de la tenería. Para satisfacer las demandas de su hermano menor, Gabriel viajó desde Palma a la casa de Valldemossa nada menos que cuarenta y nueve veces. El siguiente fragmento de una carta a Gabriel deja ver con claridad el alcance de la preocupación de don Antonio por que todo estuviera impecable antes de su llegada. La fanática atención que prestaba a los detalles de los asuntos domésticos, desde las sábanas hasta la fontanería, indica el afán de la familia por la modernidad y la salud.

> «De la ropa blanca como tenemos necesidad indefinida... Deseo que se instale donde se pueda y lo más a mano de los dormitorios, el medio de calentar agua para baños y lavatorios. Una hornilla provisional que empalme con alguna subida de humos y una caldera de chapa galvanizada. Que haya agua caliente y baño nuevo y alguna vasija o bargueño menor». «Que ponga hornillo de carbón mineral pues con los de vegetal será difícil que se arregle el cocinero, siendo muchos los parroquianos». «Parece necesario instalar la bomba y los depósitos altos para el baño, retrete, fregadero... Es muy difícil de prescindir del inodoro y deseo que se instale donde menos mal caiga [el agua]. No debe haber tubo que comunique la casa y las aguas sin un sifón que lo interrumpa. Mándalo instalar. Lo demás es meter el tifus a domicilio». Por esta preocupación insiste en la necesidad de limpie-

za: «Si hay que arreglar, limpiar o blanquear algo, no repares en gastos. Que la casa esté limpia sobre todo».[12]

Otro de sus hermanos, el pintor Francisco Maura, se burlaba con cariño de los arreglos complicados y obsesivos de don Antonio. Francisco afirmaba que cuando los diez hijos, los hermanos, las hermanas y los primos se subieron al tren y a los barcos, los jóvenes los tomaron por una compañía de zarzuela a la que le había tocado la lotería. Se refería al clan familiar como «la tribu». Aquel verano en Valldemossa fue la última reunión de la familia Maura en la isla. Resultó todo un éxito y Antonio quedó muy satisfecho, y la salud de su esposa muy mejorada. Al año siguiente hubieran querido volver, pero al poco tiempo falleció Gabriel y sin su ayuda parecía imposible organizar de nuevo un viaje tan engorroso.

Susana Maura y Gamazo, la madre de Jorge Semprún, nació en 1894. En el momento del referido viaje veraniego a Valldemossa era solo una niña de doce años. Susana era la hija menor y estuvo muy protegida y mimada por sus padres, Antonio y Constancia.

Se educó en los colegios católicos de niñas de élite de Madrid, y, dada su condición de hija del presidente del Gobierno, estaba en posición de casarse bien. Llevaba una vida típica de una chica de la alta sociedad; aparecía en los diarios inaugurando un sanatorio infantil antituberculoso en Zaragoza, o en un baile para recaudar dinero para los desempleados.[13] Un columnista anónimo habla de las jóvenes presentes en estos actos con palabras como «cautivadoras», «bellas» o «encantadoras». Pero a Susana Maura la describe como «arrogante». ¿Era en realidad arrogante Susana o se trata solo de que el periodista no era precisamente admirador de su padre? Tal vez no siempre resultaba fácil ser hija de un hombre poderoso.

A los veinticuatro años, Susana conoció a José María de Semprún y Gurrea, un año mayor que ella. Era de Valladolid, ciudad natal de la madre de Susana, y los presentaron en una fiesta de verano celebrada en el jardín de la casa de los Gamazo en Boecillo. José María Semprún era abogado y miembro del grupo de jóvenes partidarios de Antonio

Maura conocido como los *Jóvenes Mauristas*. Los Semprún eran una familia noble, con poder tanto en el ámbito local como en el nacional. El tío de José María fue alcalde de Valladolid y también, durante un año en 1927, de Madrid. José María Semprún era un buen partido, aunque no llegase a la altura de la familia de su prometida. Estos eran mucho más poderosos, y tenían mayor fortuna. En realidad, no fue un intercambio equilibrado y el novio salió ganando.

La boda se celebró en San Jerónimo el Real, la iglesia madrileña donde se celebraban las bodas de sociedad. Fue un acto discreto. Tal vez la salud de su padre ya no era lo suficientemente buena para una gran celebración, o quizá la familia prefirió que pasara desapercibido el hecho de que Susana ya no tenía una edad casadera para la época o que su marido no era el partido que se merecía. Del compromiso y de la boda dio noticia el diario *ABC*:

> El próximo sábado será pedida la mano de la señorita Susana Maura y Gamazo, hija menor del ex presidente del Consejo, D. Antonio, para el distinguido abogado D. José María de Semprún y Gurrea.[14]

> En la iglesia de San Jerónimo el Real se celebró la ceremonia nupcial de la bella señorita Susana Maura y Gamazo, hija del ilustre ex presidente del Consejo, D. Antonio, con D. José María de Semprún y Gurrea. Realzaba la belleza de la desposada el elegante traje de raso blanco, adornado con encajes y flores de azahar. Apadrinaron la unión la señorita Mercedes de Semprún, hermana del novio, y don Antonio Maura. Los testigos, por parte de ella, fueron su hermano, el conde de la Mortera, y sus tíos D. Francisco Maura y D. Trifino Gamazo, y por parte de él, D. José María y D. Mariano de Semprún y D. Antonio Jalón. Solo asistieron a la ceremonia las personas de la familia y algunos amigos de la intimidad.[15]

El matrimonio tuvo siete hijos en rápida sucesión: Susana (1920), María Isabel (1921), Gonzalo (1922), Jorge (1923), Álvaro (1924), Carlos (1926) y Francisco (1928). Vivían cerca de su familia, y dependían del padre de Susana para que les prestara ayuda económica y de su hermano Miguel Maura, político como su padre, que ayudó a José María Semprún en el terreno profesional. El marido de Susana no era muy trabajador, y cuando hacía falta pedía ayuda a su suegro para que su hija menor y sus nietos pudieran mantener el estilo de vida al que ella estaba acostumbrada. Entre las pocas huellas documentales que quedan de su vida doméstica, se encuentran unas cartas manuscritas en las que José María escribe a don Antonio pidiéndole dinero. Las cartas están dirigidas a «papá» y firmadas «su hijo», aunque en ellas se dirige a su suegro de «usted». En 1924 le pidió 1.750 pesetas para costear las vacaciones de verano de la familia: «Se trata de que para acabar de liquidar los gastos del veraneo se necesitan unas 1.750 Pts. Que hubiera estado sobradamente en mi poder si no se hubiesen demorado, por uno u otro motivo, varios ingresos profesionales».[16] Afirma que una empresa estadounidense le debe 950 pesetas; otras 400 pesetas, unos «viejos y buenos clientes» de La Rioja, y que estaba al llegar otra «importante suma» tan pronto como cerrara un caso para otros «viejos clientes». Le cuenta que podría darle muchos otros ejemplos, entre ellos uno en el que se le deben miles de «duros», pero que no quiere aburrirle alargándose con demasiadas explicaciones.

En otra misiva, José María se disculpa por no recurrir a su propio padre, pero afirma que tal cosa le resultaría imposible, pues este ya le había prestado ayuda en «repetidas ocasiones análogas» con sumas mucho mayores.

En esta carta, de seis páginas, José María defiende bien su caso, pero al hacerlo desvela la verdad: que estaba constantemente sin dinero y que recurría a su padre y a su suegro cada vez que lo necesitaba, para que le sacaran de lo que en realidad era una desastrosa rutina económica. Al día siguiente envió otra carta, con más disculpas, pidiendo a su suegro una respuesta urgente. En abril de 1925, agradece a don Antonio un préstamo de mil pesetas.

José María Semprún era abogado de profesión, profesor de Filosofía del Derecho en la Universidad de Madrid, católico devoto y poeta aficionado. Solo ejerció de abogado unos pocos meses, pues afirmaba que no podía soportar tener que defender a personas que eran culpables.[17] Su quizá inesperada carrera política despegó durante la República (1931-1936), cuando su cuñado, Miguel Maura, hizo que le nombraran gobernador civil de Toledo y, más tarde, de Santander.

A José María le gustaba escribir poesía y se autoeditó un par de libros que él mismo distribuyó, con dedicatorias manuscritas, entre sus amigos y familiares. José María asistía a tertulias literarias con figuras como Federico García Lorca. En ese ambiente había numerosos poetas aficionados, mejores y peores que él, y a menudo imitaban a algún maestro de renombre. José María parece haber sido seguidor de Rubén Darío:

Sonrisas que tú reíste,
lágrimas que yo lloré;
¡y aquella rosa de té,
que, sin saberse por qué,
daba un aroma tan triste![18]

En algunas de sus obras literarias, Jorge Semprún habla de su padre como su principal influencia política y literaria. Recuerda con cariño su biblioteca, su carrera política y las visitas dominicales que ambos hacían al Museo del Prado, inolvidables para Semprún. Sin embargo, en la vida real, pronto buscaría otras figuras paternas más poderosas y heroicas.

Cuando escribe sobre su madre, Jorge Semprún habla con adoración. En sus recuerdos, la figura materna está íntimamente vinculada a los ideales del Gobierno republicano que con tanto ardor defendía. En las elecciones municipales de 1931, cuando Semprún tenía ocho años, los partidos republicanos obtuvieron un respaldo mayoritario. El rey se vio obligado a partir al exilio y los republicanos españoles celebraron el amanecer de una nueva era de modernidad. Miguel, el hermano de Susana Maura, fue un importante político republicano, y a ella le entusiasmaba poder criar a sus hijos en un momento tan emocionante para España. Según Jorge Semprún, su madre supo desde el principio que él sería escritor o político:

> La única alternativa a esa vocación de escritor que se me había asignado, y que también formaba parte de la herencia familiar, la formulaba a veces mi madre con ternura irónica. O, cuando menos, divertida. «¡Escritor o presidente de la República!», proclamaba. Eso decía, en Santander, en el jardín de la casa de verano, donde florecían

> macizos de hortensias. Como sea que una de esas vocaciones o destinos me fue vedada, no me quedó más remedio, tras no pocas peripecias, que hacerme escritor.[19]

Aun antes de que los republicanos llegaran al poder, Susana había sido defensora de la educación moderna y quiso ser para sus hijos tanto una madre como una maestra. Convirtió una de las habitaciones de la casa en un aula de estudios, equipada con una pizarra, y enseñó a los niños mayores a leer y escribir. Tenían un horario propio y se les permitía pasar el resto del día en el parque mientras los demás niños madrileños permanecían encerrados en la escuela.[20] Según la moda de la época, cuando los niños fueron un poco mayores continuaron educándose en casa con institutrices alemanas. El modelo educativo de Susana seguía los ideales de la Institución Libre de Enseñanza dirigida por Francisco Giner de los Ríos. Este enfoque tenía una fuerte influencia del filósofo alemán Karl Christian Friedrich Kraus, quien creía que la educación debía estar libre de dogmas y que los estudiantes debían poder pasar todo el tiempo posible al aire libre, en la naturaleza. El «krausismo», como se llamaba en España y en América Latina, donde también se extendió, se consideraba el epítome del progreso y de la salud. En España se pensaba que estudiar alemán era indispensable para la adquisición de estos ideales, y numerosas familias progresistas acaudaladas españolas contrataron a *fräuleins* alemanas internas para dar a sus hijos una educación bilingüe. No deja de ser trágicamente irónico que la cultura y lengua alemanas, que parecían encerrar el secreto de la libertad y un futuro progresista, estaban a punto de ser tomadas por Hitler para destrozar estos ideales. Estas ideas fueron especialmente populares de 1931 en adelante, y a Susana le encantaba formar parte de esta nueva generación. Abría las ventanas de par en par para que el barrio entero oyera el himno republicano que sonaba en su tocadiscos. También colgó del balcón una bandera tricolor republicana en todo su esplendor rojo, gualda y morado para escandalizar a sus vecinos monárquicos.

En 1929, Susana contrajo una infección contra la que luchó durante tres años. Su dormitorio se transformó poco a poco en una habitación de hospital, y sus hijos vivían en un estado de preocupación constante. Cuando murió, el 26 de enero de 1932, Jorge Semprún tenía nueve años y en su recuerdo la inmortalizaría como «esa madre tan joven y bellísima». Más tarde se lamentaría de que la penicilina, disponible poco después, no llegara a tiempo para salvar su vida.

La causa de la muerte no se da a conocer en su obituario, que reza simplemente: «Ayer ha fallecido en Madrid, víctima de rápida enfermedad, la señora doña Susana Maura de Semprún, hija menor del inolvidable hombre público D. Antonio Maura. La señora de Semprún, que era muy estimada en sociedad, estaba casada con don José Semprún y Gurrea, que ha sido gobernador civil últimamente, al advenimiento de la República, de las provincias de Toledo y Santander».[21] Su funeral se celebró en las Hermanas Eucarísticas de Mallorca (la orden fundada por su tío Miguel Maura Montaner), y la misa del primer aniversario de su muerte, en la iglesia de San Jerónimo, donde se había casado tan solo doce años antes. Susana sobrevivió a sus padres por pocos años: don Antonio había fallecido en 1925 y su mujer, Constancia, un año después.

Para los niños Semprún, esta fue la primera fase de la pérdida del paraíso, y fue decisiva. Jorge Semprún guardaría unos recuerdos entrañables de su último verano juntos antes de la muerte de su madre, el último verano de seguridad, rutina y amor maternal.

> Evidentemente, dado que los últimos recuerdos de mi madre, antes de la septicemia que acabó con ella, están arraigados en aquel paisaje de Santander, este —no solo en el propio chalet, sino los alrededores: las playas, la roca de Piquío, el club de tenis de La Magdalena y más lejos aún, las calles del casco viejo, el valle de Cabuéniga, todo el interior— ocupa un espacio privilegiado en mi memoria.[22]

Mientras Susana Maura vivió, se dedicó a criar a sus hijos según los altos estándares de su propio padre y podían vivir sin preocuparse por el presente ni por el futuro. En el momento de la muerte de Susana, la *fräulein* de los niños era Annette Litschi, una suiza de veinticinco años conocida por su mal genio y por tratar a los niños Semprún con una disciplina sádica. Para desgracia de los niños, Annette tenía a José María Semprún seducido y dominado, y, casi inmediatamente después de la muerte de Susana, se casó con ella. En su nuevo papel de madrastra, Annette tenía derecho legal a tratar a los niños como quisiera. Despidió a todos los criados que habían sido leales a su antigua señora y que podrían haberse interpuesto ante su trato cruel a los niños. La muerte de Susana lo cambió todo y dejó a los siete niños y niñas sumidos en una lucha dickensiana. Con la desaparición de Susana, la seguridad y la estabilidad económica se veían amenazadas. Su muerte supuso un golpe terrible para los niños, que, junto con el dolor por la pérdida de su madre, tuvieron que soportar también a una madrastra triunfal y tiránica digna de cualquier cuento de hadas gótico. Tras la muerte de Susana, la familia se vio también en dificultades financieras. Para los Maura fue un escándalo que José María se volviera a casar con tanta rapidez y, encima, con la *fräulein*. Semprún defendió su decisión de casarse con la joven institutriz asegurando que resultaba muy conveniente tanto para sus hijos como para él.

Jorge Semprún se referiría posteriormente a Annette como «la Suiza», lo que tiene un cierto matiz despectivo. Annette tenía todo un catálogo de castigos para los niños y Semprún recuerda, en particular, cuando los obligaba a copiar infinitas veces la misma frase, «Ich soll gehorchen» («Debo portarme bien»). Aunque los hermanos mayores tenían más maña para esquivar su crueldad, Annette gozaba de absoluta libertad para torturar a los más pequeños, Carlos y Paco. En sus memorias, Carlos describe las palizas y otras humillaciones de Annette. Y cuenta que en una ocasión el hermano de su padre, Íñigo Semprún, fue expulsado de la casa por haber insultado a Annette al insinuar que su padre y ella habían empezado su idilio antes de que Susana muriera:

> Del hermano menor de mi padre, tío Íñigo, sé pocas cosas... Luego [...] me enteré de que vivía con nosotros en el piso de la calle Alfonso XI, número 12, y de que un día sorprendió a Annette, aún *fräulein* pero ya *novia*, practicando el escobazo contra nosotros. Yo, que obtuve el campeonato del mundo del escobazo por parte de Annette Litschi, no recuerdo aquel, tal vez fuera demasiado peque. El caso es que Íñigo, por lo visto, o lo oído —por lo que recuerdo, en todo caso,

> de posteriores conversaciones familiares—, le dijo a su hermano mayor, don José María, o Pepe, que esa señorita era monstruosa, que no solo se instalaba en el lecho de nuestra madre apenas muerta, sino que martirizaba a sus hijos. Mi padre le echó de casa.[23]

José María siguió beneficiándose de su relación con su cuñado, Miguel Maura, que era unos años mayor que él. Miguel, que por su parte era padre de cinco hijos, quería asegurarse de que a los siete hijos de su hermana menor no les faltara nada.

Miguel tuvo una carrera política importante, aunque accidentada. Había comenzado en el bando monárquico, igual que su padre, pero en 1923 España cayó en manos del dictador aristocrático Primo de Rivera, y la alianza de este con el rey ensombreció la imagen de la monarquía. Miguel apoyó entonces la República porque pensaba que era la única solución para el futuro de la política española. Cuando se proclamó la Segunda República, Miguel colocó a su cuñado José María y trabajaron juntos hasta 1936, cuando la República fue derribada por el golpe militar que dio comienzo a la Guerra Civil. Miguel estaba acostumbrado a apoyar a su cuñado, y había ayudado a José María a conseguir puestos como gobernador civil de Toledo y de Santander.

A menudo, los historiadores han pintado la Guerra Civil española como una lucha dramática entre la extrema derecha y la extrema izquierda, entre el fascismo y el comunismo. En esta versión, que se debe mayormente a la propaganda franquista, los polos opuestos son muy básicos: a la derecha los militares, la Iglesia católica y la aristocracia; a la izquierda, la clase obrera, los campesinos y los intelectuales progresistas anticatólicos. Tal simplificación no corresponde a la realidad de la época. Miguel Maura y José María Semprún son ejemplos de que muchos de la clase política republicana desafiaban estas categorías estrechas. Ambos eran republicanos y a la vez católicos, políticamente conservadores y moderados.

El estallido de la Guerra Civil, en pleno verano, sorprendió a muchos líderes políticos de vacaciones en remotas zonas montañosas o costeras. Miguel Maura se encontraba en La Granja, un lugar de veraneo en la sierra de Segovia. Su posición como liberal conservador había sido firme durante los cinco años inestables de la República y se había creado enemigos en todos los bandos. Tras el golpe militar de julio de 1936, recibió amenazas de muerte y no tardó en abandonar el país. En la España de 1936, las amenazas de muerte no se tomaban a la ligera y Miguel tenía motivos para preocuparse. Su propio hermano, Honorio Maura, un destacado activista promonárquico, había sido detenido por los anarquistas y fusilado al inicio de la guerra. Miguel Maura y su familia salieron de España en un vuelo organizado para ellos por el ministro de Defensa de la República, Indalecio Prieto. Muchos simpatizantes de la República huyeron y los que no salieron a tiempo se jugaban la vida, entre ellos el poeta Federico García Lorca, que fue asesinado en Granada, donde había buscado refugio a las pocas semanas de empezar la guerra.

Aunque el número de republicanos ejecutados superó con creces las bajas sufridas por los partidarios del golpe militar, nadie estaba a salvo, y de pronto no se sabía en quién se podía confiar. El ambiente estaba tenso y lleno de recelos. Tras tres años de arresto domiciliario, la familia de los García Lorca pudo huir a Nueva York, pero Estados Unidos se mostraba remiso a aceptar refugiados republicanos españoles y solo a unos pocos se les permitió entrar en el país. Otros llegaron a México, que bajo el Gobierno del presidente Lázaro Cárdenas simpatizaba con la difícil situación de la República española. Pero la mayoría de los republicanos, si es que conseguían salir de España, solo podían llegar hasta Francia. Allí permanecerían durante años, en muchos casos para siempre. Los franceses confinaron a miles de refugiados españoles en campos de concentración y los llamaban despectivamente «rouges espagnoles». Estos exiliados lucharon por sobrevivir en Francia hasta el final de la Guerra Civil, solo para descubrir, finalmente, que Franco había ganado la contienda y que nunca podrían volver a casa. Aquellos que habían sobrevivido a los campos franceses no tenían adónde ir. Cuando los nazis ocuparon Francia en 1940, la situación fue de mal en peor.

Nadie de la familia Semprún estaba preparado para lo que llegaría en el verano de 1936. El golpe militar encabezado por el general Francisco Franco, y apoyado por Hitler y Mussolini, tenía como objetivo derrocar al Gobierno republicano de España en un movimiento rápido, pero al cabo de un mes el país se hallaba sumido en el caos y la violencia. En el momento de la sublevación, José María y su familia se encontraban pasando el verano en una casa alquilada cerca del mar en la localidad pesquera vasca de Lekeitio. En el mundo político, José María era una figura mucho menos importante que su cuñado Miguel Maura, pero había ocupado cargos públicos durante la República y podría tener enemigos. Tan pronto como pudo, huyó con Annette y con sus hijos fuera de España. Tenían buenos contactos y, por tanto, no se vieron obligados a vivir en los temibles campos franceses de refugiados, pero tuvieron que dejarlo todo atrás e, igual que los demás exiliados, ignoraban lo que ocurriría después. En cuestión de días, abandonaron España y se convirtieron en refugiados sin hogar, esperando contra todo pronóstico que aquello fuera solo un bache y que al cabo de poco volverían a una España republicana.[24]

Para agosto de 1936 ya estaba toda la familia en Francia. La fecha tiene importancia porque muchos republicanos no pudieron o no quisieron salir de España tan temprano. Sin embargo, no permanecieron en España para resistir a los franquistas, hasta la caída de Madrid en 1939; sin duda una versión mucho más romántica. La periodista Barbara Probst Solomon, que conoció personalmente a Jorge Semprún y está familiarizada con su obra, cuenta: «Su vida estuvo llena de tremendas pérdidas entrelazadas con glamour y aventuras épicas. Su adorada madre murió siendo él aún un niño. La perdió a ella, su amor acogedor, su país y su idioma. Cuando cayó Madrid, la familia se trasladó a París».[25] Ese, quizá, era el mito, pero, en realidad, la familia había salido de España casi tres años antes de la caída de Madrid y no se trasladó a París hasta 1939.

Según cuenta Susana Semprún Maura, la hermana del escritor,[26] su partida al exilio en 1936, a sus dieciocho años, fue repentina y dolorosa:

> Silencio. No hables. Y si lo haces, que sea bajito. Angustia y oscuridad. El mar. ¿Dónde vamos? Habla bajito. Verano del 36. Julio del 36. La madrugada cae sobre la costa de Lekeitio. Desde el barco Susana contemplaría el perfil del país que abandonaba. En la nave, que

sale como de quedito, su padre, su segunda mujer y sus hermanos se instalan nerviosos. Los Semprún huyen a Francia. Jorge rondaría los trece años. Para Susana, su hermano es un chico díscolo, independiente e inteligente. Susana es mayor. Tiene otro mundo, otros intereses... Ya son dieciocho los que le caen en la mirada que se fija en el mar. El alzamiento los coge de imprevisto de veraneo en el País Vasco. Lejos de la casa de Madrid. Donde no volverían... ¿Por qué huían? José María Semprún, profesor de Derecho en Madrid y prolífico escritor, era republicano. Su cuñado, Miguel Maura, que fue ministro de Gobernación de la República, le facilitó un puesto de gobernador civil. Asumió este cargo tanto en Santander como en Toledo y, posteriormente, trabajó como ministro del gobierno de la República en el exilio. José María tenía miedo. Por eso partía. Por eso nunca volvió.[27]

2

Exilio, 1936-1945

> El exilio es algo curiosamente cautivador para el pensamiento, pero terrible de experimentar. Es la grieta imposible de cicatrizar impuesta entre un ser humano y su lugar natal, entre el yo y su verdadero hogar: nunca se puede superar esta triste división. Y aunque es cierto que la literatura y la historia contienen episodios heroicos, románticos, gloriosos e incluso triunfantes de la vida de un exiliado, todos ellos no son más que esfuerzos encaminados a vencer el agobiante pesar del enajenamiento.[1]
>
> EDWARD SAID

> Todos los demás nos hallábamos dispersos aquí y allá, al viento del exilio y del azar, que fue, en definitiva, más bien benévolo con nosotros. Quiero decir que hemos sobrevivido. ¿Al precio de qué angustia, de qué desgarro interno? Eso habría que preguntárselo a todos, ellos y ellas. A los que siguen vivos, claro está. No estoy seguro que contestaran. Yo, en cualquier caso, no diré nada.[2]
>
> JORGE SEMPRÚN

En febrero de 1939 había en Francia medio millón de refugiados republicanos españoles. Miles de ellos vivían en campamentos improvisados en los que escaseaban la comida, el agua y las instalaciones sanitarias. Algunos de estos campamentos se levantaban en las playas, y sus residentes estaban obligados a permanecer en ellos durante los gélidos meses de invierno. En realidad eran prisioneros, pues no había ninguna alternativa. Desde la España de Franco llegaban propagandistas que trataban de convencer a la gente para cruzar la frontera y volver «a casa», prometiendo falsamente una amnistía total; pero la mayoría sabían que regresar a España significaría su encarcelamiento o su ejecución.

> Los vencidos rabiaban en su encierro tras el alambre de espino. Muchos podían escurrirse entre las barreras para buscar comida o refugio en los hogares de franceses amables, y así lo hacían... Civiles y militares tendrían que preocuparse por los problemas de estar viviendo prácticamente en condiciones carcelarias, por la amenaza de la repatriación forzosa a España y, más adelante, por decidir si era mejor permanecer en Francia o intentar emigrar a otros países.[3]

En comparación con la mayor parte de los exiliados españoles, la familia Semprún tuvo un exilio más bien holgado, dentro de la incertidumbre y las incomodidades que vivieron. Pudieron salir de España al principio de la guerra y tenían contactos que los ayudaron a encontrar alojamiento y comida. En lo referente a su bienestar material, sus circunstancias no pueden compararse con las de quienes sobrevivieron, o murieron, en los campos de refugiados franceses. Sin embargo, la familia no resistiría la desestabilización, la inseguridad y las dificultades que atravesó. Fueron tiempos amargos, difíciles de recordar. Jorge Semprún realmente no abordó esta época en sus escritos hasta 1998. Tuvieron que pasar sesenta años para que pudiera enfrentarse a los recuerdos de este período.

Entre 1936 y 1939 los Semprún vivieron en numerosos alojamientos temporales en tres países: Francia, Suiza y Holanda. Cuando José María Semprún decidió dejar España con su familia, consiguió cruzar la frontera gracias a sus conexiones con la revista católica francesa *Esprit*, en la que había publicado varios artículos. *Esprit*, que se sigue publicando hoy en día, era la plataforma de los católicos franceses en esa época progresista y decididamente antifascista. Sus colaboradores estaban dispuestos a ayudar a los republicanos españoles a huir de Franco. El encargado de la familia era Jean-Marie Soutou, un joven socio de *Esprit* que la organización envió a España en agosto de 1936 para ayudarlos. Soutou recordaría:

> Al comienzo de la Guerra Civil española conocí al corresponsal español de *Esprit*, José María de Semprún y Gurrea, que estaba de vacaciones en la pequeña localidad vasca de Lekeitio... Yo había ido a ayudarlos a organizar su huida a Francia... Como hacía mucho senderismo y solía pasar mis vacaciones en territorio español en compañía de montañeses y pastores españoles, conocía perfectamente la región... También conocía la situación que vivía España [...] En julio de 1936 no tuve las dudas de Bernanos o del mismo Mounier, y dije: «¡Hay que estar con la República, no podemos aceptar el golpe de Estado!».[4]

Soutou tenía veinticuatro años y era de Lestelle-Bétharram, un pueblo de los Pirineos. Cuando los Semprún pasaron la frontera y llegaron a Bayona, en un barco llamado *Galerna*, su familia los acogió en su casa. Para Jorge Semprún el impacto que supuso la llegada a Bayona cuando tenía trece años fue tremendo:

> Quizá debo decir que el exilio comienza en realidad en Bayona, al llegar al puerto [...] Después de Bayona, por ser a la vez fiel a los hechos y respetar el orden cronológico, vino Lestelle-Bétharram. Este pueblecillo bearnés era un centro de peregrinaje. Había una colegiata, un calvario, varios edificios religiosos; colegio, convento, y todas esas cosas. [...] Carecíamos de todo, al llegar del exilio, y la familia Soutou nos acogió. Jean-Marie era el benjamín de la familia Soutou. Estaba afiliado al movimiento Esprit, al igual que mi padre, que era su representante en España. [...] Era un muchacho jovencísimo con acento cantarín y áspero, como el rumor de los torrentes pirenaicos deslizándose sobre los guijarros pulidos por siglos de agua lustral, descendiendo montañas abajo hacia Ardour y el Garona. El acento se le ha pasado con el tiempo, pero no el ardor bearnés de sus veinte años. Comoquiera que fuera, al llegar a Bayona, desprovistos de todo, y contemplando un poco atontados el espectáculo de la paz francesa, el quiosco de música, los macizos abigarrados, los escaparates de las pastelerías, las mocitas, recurrimos a Jean-Marie Soutou. Apareció inmediatamente y se hizo cargo de la situación. La etapa de Lestelle-

> Bétharram fue bastante larga. Mis hermanos y yo recorríamos carreteras y caminos, y las lagartijas se calentaban al sol del otoño, en los muros de piedra seca. Un día, en una cañada que bordeaba el torrente, nos interpeló uno de los padres del convento de Bétharram. Nos había visto en la iglesia, nos decía a mis hermanos y a mí, nos reconocía. Como nos había visto en la iglesia, estaba convencido de que éramos nacionalistas. [...] Nos felicitó por ser españoles, por pertenecer al bizarro pueblo que se había levantado en defensa de la fe, en una cruzada contra el infiel marxista. [...] Nos tenía aterrorizados, no nos atrevíamos a replicarle. [...] Más tarde, nos lo reprochamos. Nos avergonzamos de nuestro infantil terror ante aquel personaje profético...[5]

Desde los Pirineos, los Semprún se embarcaron hacia la siguiente etapa de su exilio, a Ferney-Voltaire, donde la familia fue acogida por el periodista estadounidense Gouverneur Paulding y por su familia. Paulding era otro de los contactos de la red católica de *Esprit*. Jorge Semprún recordaría después las animadas conversaciones que tenían lugar durante las comidas en su casa —con invitados como George Santayana— y los deliciosos platos que servía la familia norteamericana.[6] Años más tarde, Paulding contaría: «[...] los Semprún, una familia republicana, abandonaron el País Vasco español e hicieron el camino por mar a Francia. Cuando llegaron a Bayona, los veraneantes de Biarritz, la ciudad de moda, los miraban boquiabiertos. Eran "rojos españoles" y, como tales, despertaban curiosidad, vergüenza y la incómoda sensación de que podían traer con ellos, como si de una enfermedad contagiosa se tratara, el desastre que les había sobrevenido en su país».[7]

La siguiente parada fue Ginebra, donde los contactos de *Esprit* siguieron proporcionando cobijo a aquella familia más bien grande de refugiados: José María, su mujer suiza y los siete niños. Allí las chicas fueron enviadas a un internado católico y los más pequeños fueron recogidos por Le Foyer, un hogar benéfico católico para niños al cargo del cual estaba mademoiselle Hélène Reymond.

Jorge Semprún y sus hermanos entraron en el Collège Calvin y descubrieron que las tensiones políticas que se vivían en Europa se reproducían hasta en los colegios. En el patio del recreo los niños

Semprún eran objeto de burlas de otros compañeros que despreciaban a los «rojos españoles». Los chicos suizos alzaban la mano haciendo el saludo fascista y coreaban consignas en honor al líder de su cantón suizo, Oltramare. Jorge Semprún dejó pronto de ir a la escuela debido a un «problema de corazón». Más tarde resumiría su impresión de esta época con una sola palabra: «brutal».[8]

La famosa fotografía en la que se ve a los cinco hermanos puño en alto, desafiantes, es de este período. Detrás de ellos se ve a una niña con gafas, Elsa Grobéty. Elsa, a quien todos conocían como Pom, también vivía en Le Foyer, y se convirtió en la mejor amiga de los niños Semprún en Ginebra. Casi ochenta años después de que fuera tomada la imagen, Elsa recordaba con gran afecto a toda la familia, especialmente a Jorge Semprún, que fue muy cariñoso con ella. Elsa era cuatro años mayor que él y estaban siempre juntos, paseando de la mano por Ginebra. Maribel también fue como una hermana para Elsa. Álvaro, uno de los hermanos Semprún, que sufría una depresión severa, también fue adoptado por mademoiselle Reymond y pasó la mayor parte de su vida en Le Foyer. Álvaro quería contraer matrimonio con Pom, pero ella no llegó a casarse nunca, aunque permaneció junto a Álvaro y le acompañó hasta su muerte. Elsa también tenía una hermana, Yvonne, de quien Jorge decía que era «su favorita».[9]

Quizá para los niños Semprún este interludio suizo en 1936 parecía un paréntesis hasta poder volver a Madrid,[10] pero sería todo lo contrario, según Jorge Semprún: «En Ginebra empezó para mí la noche sin sueño del exilio, a fines de 1936. Una noche que aún no ha terminado, no obstante las apariencias. Que sin duda no terminará nunca».[11]

Entre 1936 y 1939, José María Semprún fue una figura moderadamente conocida entre las filas de la intelectualidad republicana en el exilio. Siguió beneficiándose de la protección de su cuñado Miguel Maura, miembro con un rango mucho más alto dentro del mismo grupo, y de sus nuevos amigos de *Esprit*, que se ocupaban de él.

El 1 de noviembre de 1936, José María Semprún escribió un artículo para *Esprit*, que después, el 3 de febrero de 1937, fue traducido al inglés y publicado por la embajada española en Londres como un panfleto con el título de «A Catholic Looks at Spain». Ya el propio título deja claro que José María quería demostrar que los católicos debían apoyar a la República española. Desde que se firmó el acuerdo internacional de no intervención en agosto de 1936, los republicanos trataban desesperadamente de conseguir el apoyo de las naciones democráticas. Estados Unidos, Gran Bretaña y Francia tenían abundantes motivos económicos y estratégicos para no intervenir y, para poner las cosas aún más difíciles, los titulares de la prensa mundial presentaban a los republicanos como terroristas anticatólicos. En Inglaterra y Estados Unidos, la imagen anticatólica de la República se extendió como un reguero de pólvora. A pesar de los enormes esfuerzos diplomáticos que se hicieron para contrarrestar estas acusaciones, en 1938 *The New York Times* citaba al obispo John Mark Gannon, de Erie, Pennsylvania, y pregonaba sus afirmaciones en grandes titulares: «16.000 sacerdotes asesinados» y «20.000 iglesias saqueadas».[12]

El texto de José María Semprún constituye uno de los primeros intentos de modificar la imagen de la República en el exterior y de atraer el apoyo extranjero para el Gobierno español. Está claro que José María creía que su punto de vista como católico y republicano español podría cambiar las ideas sobre la República en el extranjero. Y esperaba que su templanza y elocuencia podían ayudar a revocar la política de no intervención de Roosevelt. El empeño no tuvo éxito. Ni José María ni, por supuesto, nadie más lograron cambiar la política de las democracias hacia la República española. Sin embargo, estos esfuerzos nos dan una imagen de un hombre preocupado, frustrado y que aún no puede sospechar que su Gobierno habría de perder la guerra y que él no volvería a poner un pie en su país. Su texto resulta lógico, pero su lenguaje, el español de un profesor de Filosofía del Derecho, suena distante en medio de una guerra totalmente moderna en la que no quedaba tiempo para abstracciones.

Frente a los ataques militares a civiles en España, como los bombardeos de la Legión Cóndor, los argumentos eran una contraofensiva débil. José María esperaba demostrar su lealtad a la República ofreciéndose como portavoz internacional de la democracia española. Tenía cuarenta y tres años cuando comenzó la guerra, y la verdad es que le pegaba mucho más escribir y hablar de política que participar en la resistencia armada. Su hijo, Jorge Semprún, pondría mucho empeño en una distancia entre su destino y el de su padre.

Pero las circunstancias eran difíciles, y José María Semprún se esforzó por sobrevivir a la guerra con la dignidad intacta, y consiguió alojar y alimentar a sus muchos hijos, donde y como fuera posible, sobre la marcha. Como exgobernador republicano, asistió a las reuniones de la Sociedad de Naciones en Ginebra y retomó el contacto con el ministro de Estado de la República, Julio Álvarez del Vayo. Semprún solicitó un puesto diplomático y Álvarez del Vayo se lo dio. La siguiente parada para toda la familia Semprún, a finales de 1936, fue La Haya, donde José María fue destinado como agregado de negocios de la embajada de la República española, un puesto cómodo, teniendo en cuenta la época y las alternativas. Así, la familia pudo reunirse de nuevo en una casa espaciosa, donde se celebraban recepciones y otras actividades. José María contrató a Soutou como secretario. El papel de valeroso salvador debió de conferir a Soutou un gran atractivo, pues las dos chicas Semprún, Susana y Maribel, se enamoraron de él. Soutou se casó con Maribel en 1942, y Susana, con el corazón roto, tomó la decisión radical de regresar a la España de Franco. Nunca volvió a ver a su hermana.[13] Fue la única de los hermanos que regresó definitivamente a España.

Décadas más tarde, en su *Autobiografía de Federico Sánchez* —escrita en una curiosa narrativa en segunda persona— Jorge Semprún recordaría sus años de exilio en La Haya. Entre los recuerdos más curiosos, está el de la primera esposa de Pablo Neruda y su misteriosa presencia en la embajada:

> En 1937, en La Haya, trabajaba en la cancillería de la legación de la República española, siendo tu padre encargado de negocios durante la Guerra Civil, una criolla holandesa de Java o de Sumatra que había sido mujer de Pablo Neruda. Y solo un poeta podía tener una mujer así, tan desmesurada, tan parecida a una suave jirafa soñolienta.[14]

Curiosamente, María Antonieta Hagenaar trabajaba también en la embajada española en La Haya y los Semprún la veían a diario. Igual que ellos, había encontrado en La Haya un refugio seguro para ella y para su hija, Malva Marina, que sufría de hidrocefalia. Con el exiguo sueldo que cobraba en la embajada, Hagenaar era apenas capaz de pagar una residencia para su hija y una habitación para ella en una pensión cercana.

Hagenaar era, como recordaba Semprún, originaria de Java, extraordinariamente bella e insólitamente alta. El estallido de la Segunda Guerra Mundial la había sorprendido lejos de su hogar, y su marido, el poeta chileno Pablo Neruda, la había abandonado poco antes de que su hija cumpliera dos años.

Neruda la había conocido durante una de sus estancias consulares en el Pacífico y, pese a las barreras de comunicación (él no hablaba holandés, ella no hablaba español), no tardaron en casarse. Mientras Hagenaar permanecía en La Haya, Neruda había obtenido en México el divorcio sin su conocimiento y se había vuelto a casar con Delia del Carril. Hagenaar escribió repetidamente a Neruda instándole a que le enviara dinero para cuidar de Malva e intentó obtener un visado para viajar a Chile, donde ambas podrían estar más cerca de él. Neruda, que era también diplomático y tenía poderosos contactos en el Gobierno, vetó su solicitud de visado y no volvió a ver a su hija ni a María Antonieta nunca más. Malva murió en 1942.[15]

Jorge Semprún es una de las pocas personas que ha «memorializado» a Hagenaar, quien parece haber desaparecido de la historia. Su difícil circunstancia y la de su hija dan un sesgo algo siniestro a la imagen de Neruda. El famoso poeta antifascista, campeón de la Europa asediada, impidió que su primera esposa y su hija salieran de la Holanda ocupada por los nazis, mientras él se embarcaba en una nueva vida y un nuevo matrimonio en Chile. En todo caso, esta es una de las incontables referencias que hace Semprún, casi de pasada, a personajes e historias fascinantes que vale la pena descubrir.

Con catorce años, Semprún necesitaba una figura paterna, y José María no era el modelo que buscaba. Además, al casarse con la temible institutriz había traicionado la memoria de su madre. Jean-Marie Soutou era el héroe que los había salvado, y este fue la primera de una serie de personas que influirían a Jorge Semprún en la adolescencia. Soutou también era un intelectual católico, pero era un hombre joven, culto, bien relacionado, literato y valiente. Tenía amigos en la resistencia antifascista clandestina y sabía mover los hilos para ayudar a los demás. Se aseguró de que la familia Semprún llegara a Francia sana y salva, y, gracias a él, Semprún descubrió la literatura francesa. Durante la época de La Haya, el Jorge Semprún adolescente escuchó a su futuro cuñado recitar a Baudelaire y se adueñó de su ejemplar de *Las flores del mal*, que llegaría a aprenderse de memoria.[16] Soutou tenía todas las cualidades que el joven admiraba, y el respeto que sentía crecería a lo largo de la Segunda Guerra Mundial, al ver cómo su cuñado se lanzaba a las empresas más peligrosas y heroicas. Soutou fundó, junto con el abad Alexandre Glasberg, judío ucraniano convertido al catolicismo, la Amitié Judéochrétienne de France (AJCF), una organización con sede en Lyon dedicada a salvar niños judíos.

En 1998, cincuenta y dos años después de su primer encuentro, Jorge Semprún dedicó su libro de memorias *Adiós, luz de veranos* a «Jean-Marie Soutou, por su amistad, vigilante y fraterna, de toda una vida». En el libro, el autor retrata a Soutou con cariño. Curiosamente, en las memorias de Soutou no aparece mencionado, salvo en una nota al pie en la introducción escrita por el hijo de Soutou y Maribel, Georges-Henri.[17] Las memorias de Soutou son mucho menos personales que las de Semprún, pero aun así es una ausencia llamativa, y sorprende que no hable ni una sola vez de su cuñado, escritor famoso y superviviente de Buchenwald.

En febrero de 1939, Jorge y Gonzalo Semprún, su hermano mayor, empezaron a estudiar en el liceo Henri IV de París. Jean-Marie Soutou había sido alumno de la prestigiosa escuela y sin duda intervino para asegurar que fueran admitidos. La victoria de Franco significó el fin definitivo de la España que los Semprún habían conocido y La Haya fue el último lugar en el que los siete hermanos estuvieron juntos.[18] José María Semprún, su mujer y el resto de sus hijos permanecieron allí hasta que la República española perdió oficialmente la guerra, el 1 de abril de 1939. En ese momento, todas las embajadas y oficinas consulares del Gobierno republicano fueron clausuradas y reemplazadas en todo el mundo por diplomáticos de la España de Franco. Nadie sabía por cuánto tiempo.

José María Semprún se trasladó con su familia a Saint-Prix, una ciudad vieja rodeada de grandes fincas, situada sobre una colina cerca del bosque de Montmorency, al norte de París.[19] Desde su nuevo hogar, José María Semprún siguió enfrentándose a las dificultades de la vida en el exilio. Tenía que preocuparse de Annette, mucho más joven que él, y sus siete hijos. No era fácil cambiar su manera de ser: era un *bon vivant*, un señorito literato y un católico devoto. Durante su primer matrimonio, su suegro le había protegido. Tenía la dote de su mujer y, gracias a su cuñado, había sido nombrado gobernador civil de dos ciudades españolas importantes. En Francia era un don nadie y se lo debía todo a la ayuda de Jean-Marie Soutou, a *Esprit* y a Miguel Maura. De no haber sido por los recursos del grupo católico que publicaba la revista *Esprit*, los Semprún lo habrían pasado mucho peor. La vivienda en la que José María, Annette y los niños más pequeños se instalaron en Saint-Prix también se la había conseguido la organización.

Los Semprún decidieron quedarse en Francia, pero muchos otros republicanos españoles optaron por huir a México. Durante la presidencia de Lázaro Cárdenas, el Gobierno mexicano acogió a los refugiados republicanos españoles más generosamente que cualquier otro país. A pesar de la lejanía, para la mayoría de los exiliados españoles las condiciones eran allí infinitamente mejores que en cualquier lugar de Europa, y la lengua común, el clima templado y la rica cultura mexicana hacían que el viaje valiera la pena. El filósofo católico José Bergamín, amigo de José María, se había asentado con su familia en Ciudad de México e insistió en que José María se trasladara allí con la suya. La respuesta de José María deja ver lo desesperado que estaba:

> Si para no morirme de hambre hay que embarcarse, quizá me embarcaré. Pero aquí o en América o en China ya no puedo ser —ni quiero ser— más que un superviviente. Y no deseo más que meterme en el nicho que corresponde a mi estado de cadáver-ambulante.[20]

Aunque en muchas de sus obras Jorge dibuja una imagen un tanto romántica de su padre, en *Adiós, luz de veranos* (1998) emerge, finalmente, un retrato más crítico de un hombre hundido. En uno de los pasajes, recuerda el comportamiento de su padre en una reunión de *Esprit* que tuvo lugar en Jouy-en-Josas:

> «¡Pretenden que duerma en la misma habitación que otras personas!», se quejó. La perspectiva le parecía intolerable. Balbució unas palabras sobre la improcedencia de esa promiscuidad y la imposibilidad de dormir en tales condiciones. Tan incómodas, casi humillantes. Cierto que mi padre no había conocido los barracones de los cuarteles, pues no había hecho el servicio militar. Como la mayoría de los jóvenes de familias burguesas [...] mi padre había pagado a un sustituto para que recibiera instrucción militar en su lugar [...] Pero aquella vez, en Jouy-en-Josas, me mostré insensible a su desazón.[21]

José María no se veía en la obligación de compartir a menudo habitación con desconocidos, pero en el día a día también sufría por su propia inflexibilidad e incapacidad de adaptarse. A veces daba la impresión de vivir en otro siglo, esperando que alguien se ocupara de todo. En realidad, era un refugiado atrapado en plena tormenta de la Segunda Guerra Mundial. Jorge sentía, alternativamente, compasión y frustración por la actitud de su padre:

> Incapaz de la más mínima actividad práctica que pudiera realizar para él un criado, mi padre solo hacía una excepción a esta regla, gustaba de conducir sus coches, que solían ser potentes y americanos... De haber sido aficionado al deporte, tal vez habría jugado al golf... de haber sido cazador, tal vez habría participado en los concursos de tiro al pichón... Era un intelectual burgués que lo había apostado todo —y perdido todo— por defender sus ideas liberales, de justicia social, pero incapaz de franquear una carta o echarla al buzón, o de apañárselas en un negociado de la administración francesa... El exilio y la derrota lo habían convertido en una especie de proletario, o de desclasado de la *intelligentsia*, arrojado a un desamparo casi total.[22]

Otro recuerdo doloroso de aquella época data de principios de junio de 1940. Jorge acompañó a su padre a la oficina de inmigración de la jefatura de policía de París para solicitar la ciudadanía francesa. No podrían haber elegido peor momento, ya que los alemanes estaban apoderándose de Francia. Jorge cuenta que su padre se presentó al funcionario de turno, recitando sus títulos y honores —diplomático de la República española, profesor de Filosofía del Derecho de la Universidad de Madrid, oficial de la Legión de Honor—, y le dijo que quería compartir el destino de Francia. Su solicitud fue recibida entre risas por un funcionario que le comunicó que tomaría nota de la petición, y se puso a hacer el paripé de redactarla. En esta escena, José María, visto a través de los ojos y las palabras de su hijo, parece una figura quijotesca: alto, delgado, elegante y completamente ajeno a la realidad del mundo en el que vivía.[23]

Observar la humillante escena en la que su padre, refugiado español, era objeto de las burlas del funcionario francés y el modo en que se le negaba hasta la posibilidad de solicitar la ciudadanía francesa, lo indignó, y contribuyó a que intentara forjar su propio sentido de identidad y de nacionalidad. A la muerte de su madre, la huida de España y la vida de exiliado, se unía la impotencia de su padre. Todos estos factores contribuyeron a que adoptara la determinación de destacar en los ámbitos en los que su progenitor había fracasado: intelectual, política y económicamente. Pero en su comportamiento quedaría alguna huella del modelo paterno. A Jorge Semprún tampoco se le dieron bien las pequeñas tareas domésticas y prácticas. Cuando se unió a la Resistencia esperaba que alguna camarada le preparara el café. Cuando en 2007 murió su esposa, Colette, tuvo que hacerse por primera vez con una llave para su piso. Ella se había ocupado de todo y a él, como a su padre, nunca le habían interesado demasiado los detalles. Semprún recordaba que su origen, como el de su padre, era católico, burgués y patriarcal.

En el congreso de *Esprit* en Jouy-en-Josas de 1939, conoció a otra figura paterna, un hombre al que nombra únicamente como «Édouard-Auguste F.». Habitualmente, Semprún da nombres y apellidos completos, por lo que el lector no puede más que preguntarse por qué oculta el apellido de este hombre. El hecho de que solo se indique la inicial insinúa cierta ambivalencia por parte del autor hacia este personaje mayor, y sugiere que puede estar ofreciéndonos solo un retrato parcial de él y de la relación que mantuvieron. Al parecer, el apellido del hombre en cuestión era Frick, y formaba parte del grupo católico de los Amis de Esprit. Era amigo del tutor del liceo Henri IV, Pierre-Aimé Touchard. Sin duda había oído hablar bien del estudiante precoz y brillante de dieciséis años y sabía de la precaria situación en la que se encontraba su familia en Francia.

Nacido en Suiza y criado en Rusia, Édouard-Auguste Frick era un católico acaudalado y un hombre influyente en los círculos internacionales. Fue el responsable de la creación de los pasaportes Nansen, que permitieron a los refugiados de la Primera Guerra Mundial cruzar fronteras y rehacer sus vidas. Jorge y Álvaro Semprún, que entre semana estaban internos en el liceo Henri IV, empezaron a quedarse durante los fines de semana en la lujosa casa parisina que Frick tenía en Montparnasse, en la rue Blaise-Desgoffe.

En sus memorias, Carlos Semprún le pone nombre y apellido, Édouard-Auguste Frick, y afirma que a Frick le gustaban los jovencitos y que, en la época en la que vivió y trabajó en la granja de Frick en Bouzon-Gellenave (Gers), intentó, sin éxito, acosarle.[24] La granja, que producía armañac, era uno de los muchos negocios gestionados por Frick, propiedad de un rico empresario griego cuyo nombre no conocemos.

Gracias a los contactos de *Esprit*, Frick terminó dando alojamiento, alimento y buen vino, tanto en su casa de la ciudad como en la del campo, a los tres jóvenes y muy guapos hermanos. Así, José María y Annette tenían tres bocas menos que alimentar. Durante el verano de 1939, nada más conocerlos, Frick llevó a Jorge y a Carlos de viaje algunos fines de semana al bonito hotel Roches Noires de Trouville. Al rememorar estos viajes, muchos años después, Carlos Semprún concluía: «El viejo verde de Normandía no me gustó nada».

Jorge Semprún solo habla de Frick en el libro de memorias *Adiós, luz de veranos*, centrado en su adolescencia parisina. En él describe la época que pasó viviendo con él. Cuenta que durante unas vacaciones en Biriatou, en los Pirineos, se alojaron en casa del traficante de armas griego para el que Frick trabajaba. La mujer del griego, una bella joven llamada Hélène, le preguntó por qué él y Frick dormían en habitaciones tan alejadas. Entendió de inmediato lo que insinuaba: que él era el joven protegido y amante de Frick, y se puso furioso. Más tarde abordaría el tema directamente poniendo los puntos sobre las íes, para que quedara claro que la relación era inocente:

> Pero nunca, durante los dos meses y medio de mi estancia en la calle Blaise-Degoffe, había [Frick] esbozado el menor gesto o pronunciado la más mínima palabra que pudieran ser interpretados de manera equívoca. Nada me permitía imaginar que su afición por la *paideia* griega pudiera ser el origen o la consecuencia de una pederastia latente.[25]

El autor asegura que sedujo a Hélène solo para demostrarle que estaba equivocada, y cuenta que mantuvieron su coqueteo delante de todos los demás, cosa que sin duda debió de entrañar cierto riesgo, al estar al otro lado de la mesa los ojos vigilantes del magnate griego y de Frick. Si sedujo, como afirma, a la mujer del jefe de Frick, también puso en peligro su relación con Frick, de la que dependían el lujoso alojamiento, la manutención y la matrícula escolar. Por otra parte, Semprún también asegura, un tanto a la defensiva, que no era homófobo, y en varias ocasiones habla de la amistad de su padre con Federico García Lorca, como si, por asociación, fuera una prueba de su tolerancia respecto al tema.

Carlos y Jorge mantuvieron un debate intertextual y una batalla de recuerdos sobre Frick, y otras muchas cuestiones, a lo largo de los años. Las memorias de Carlos se publicaron el mismo año que el relato de Jorge Semprún sobre las vacaciones en Biriatou, en 1998, sesenta años después de que el viaje en cuestión tuviera lugar. Esta batalla de palabras respondía siempre al mismo patrón: Carlos hacía público algún detalle vergonzoso del pasado familiar, y Jorge —sin replicar directamente a la acusación de Carlos— abordaba el tema restándole importancia o revisando los recuerdos a veces poco halagadores de su hermano. Si Carlos no hubiera escrito sobre Frick, quizá Jorge nunca habría sacado el asunto. Su tándem narrativo se asemeja un poco al de don Quijote y Sancho Panza: Jorge Semprún como el líder culto e idealista, y su hermano pequeño como el compinche tosco, chistoso y a veces gratamente realista. Es el hermano menor que se dedica a cuestionar y a burlarse del mayor, el héroe don perfecto, y a comentar, como si se tratase de un coro griego, sus historias y afirmaciones. Este diálogo se prolongó durante décadas, hasta su muerte. Como bien analizó Mateo Macía en su ensayo comparativo de los dos, «El libro de Carlos comienza y termina como ajuste de cuentas —incluso consigo mismo—, con lo que cumple otra de las funciones clásicas de las memorias. El de Jorge indaga sobre el yo, pero no pasa facturas ni zahiere a diestro y siniestro».[26]

Si José María Semprún hubiera sido un padre diferente y si Annette Litschi no hubiera sido una madrastra malvada, quizá los niños Semprún no habrían terminado viviendo con benefactores católicos, mayores, solteros y adinerados. A lo largo de los años, los hijos varones vivieron en varios internados y con distintas familias, pero Frick parece haber dejado huella en Jorge Semprún, pues este solo tiene elogios entusiastas para la educación que le proporcionó Frick, y parece claro que disfrutó del lujoso estilo de vida de su «padrino». La época que pasó con Frick, junto con sus experiencias en el prestigioso liceo Henri IV, le ayudaron a adquirir el barniz parisino que le faltaba como joven refugiado español. Se estaba convirtiendo rápidamente en un escritor y un pensador. Se pasaba el tiempo leyendo filosofía y literatura francesas, y observando la vida parisina. Seguía siendo extranjero, pero sin duda iba evolucionando. Ahora que hablaba su lengua, veía que los franceses, al fin y al cabo, no eran tan difíciles de calar. Pasar los fines de semana en el esplendor parisino de Frick era infinitamente mejor que irse de la escuela los viernes hasta el sombrío Saint-Prix para convivir con su padre y su madrastra. En su casa tampoco había cariño, así que la elección era clara.

> [...] mi padre y mi madrastra vivían con mis dos hermanos más pequeños, Carlos y Francisco (Paco), que sufrieron lo suyo bajo la obtusa y arbitraria férula de «la Suiza».[27]

Durante la ocupación su padre apenas consiguió malvivir. Sus únicos ingresos provenían de las clases que impartía en una escuela religiosa cercana.[28]

En el liceo, y fuera de él, el joven Semprún ya estaba dando pasos importantes que lo distanciaban de su familia: desarrollaba su nueva identidad híbrida francoespañola, exploraba el ambiente político y social y se abría un camino propio y singular.

Para 1939 tenía claro que París era su destino y que su lengua era el francés. En Francia, gracias en parte a Frick, al liceo Henri IV y a su propia voluntad, estaba a mil leguas de sus hermanos y de su padre. Frick tenía grandes expectativas para su alumno, que había triunfado en todo. El joven refugiado español sobresalía en todos los aspectos por encima de la media de los adolescentes parisinos. Era trilingüe en español, alemán y francés, y ganó un importante premio de filosofía. También se había convertido en un muchacho llamativamente guapo. Tenía los pómulos y la mandíbula marcados, el pelo castaño oscuro y una mirada profunda e inteligente. Era alto para su generación y tenía la constitución fuerte y delgada de un corredor de larga distancia. Frick lo había animado a convertirse en atleta y también destacó en este terreno. Su belleza natural, combinada con su rápido ingenio y con la necesidad de sobrevivir, hicieron de él un seductor experto. Sabía leer con astucia a los demás y cómo cautivar. Este poder de seducción era un talento extremadamente valioso para un joven exiliado cuyas finanzas familiares se habían desvanecido.

Cuando se oye a quienes conocieron a Jorge hablar de su magnetismo, cualquiera pensaría que están describiendo a una estrella de rock. Aquellos que lo trataron destacan siempre su belleza, su encanto personal y un aura irresistible por encima de cualquier otra cualidad. Claro que hablan también de su capacidad intelectual, su inmensa cultura, su talento y su valentía, pero su atractivo físico sigue muy presente en la memoria de aquellos que lo conocieron.

Para Frick el físico no bastaba, y siempre le mandaba tareas escritas adicionales para mantenerle intelectualmente en forma:

> [...] el sistema pedagógico de Édouard-Auguste F. era una combinación de la *paideia* clásica y del método Montessori. O tal vez fuera su trato con la buena sociedad calvinista ginebrina lo que le insufló ese rigor contable: todo se paga, nada es de balde. Tenía que merecer su generosidad. Me alojaba, me alimentaba, me daba dinero de bolsillo, pero tenía que escribir cada semana una redacción sobre una lectura, cuya elección y resultado discutía con él.[29]

Era fundamental tener estos gastos cubiertos: la matrícula escolar, los gastos y el alojamiento; parecía un arreglo estupendo. Pero el arreglo acabó pronto y mal. Justo antes de su último año en el instituto (sexto de bachillerato), el acuerdo con Frick llegó a un final terrible. Por razones desconocidas, y de forma inesperada, Frick le cortó el grifo, le echó de casa y tuvo que regresar a Saint-Prix. Continuó asistiendo al liceo Henri IV, pero el espléndido apartamento de Frick dejó de ser su base.[30] Se acabaron las comidas de los domingos en los restaurantes más caros de París y las glamurosas vacaciones mediterráneas. ¿Quién le ayudaría durante los años de universidad?

El joven Semprún no tenía tendencia a la autocompasión, pero que Frick le abandonara fue claramente un golpe desagradable. Su vida había llegado a ser como la de un personaje de novela picaresca, que pasa de amo en amo. El hecho de que el autor cuente la historia de su vida censurando algunos detalles por el camino también recuerda al héroe más famoso de la picaresca española, el Lazarillo de Tormes.

En junio de 1941 obtuvo su título de bachillerato y fue galardonado con el segundo premio del *concours général* de filosofía. Tenía dieciocho años. Varios factores clave lo separarían de sus estudios y lo impulsarían a desempeñar un papel activo en la guerra. La pérdida de su benefactor fue uno de ellos, y explicó luego que la generosidad de Frick tenía límites:

> Tras concluir la Philo, provisto del título de bachillerato y de las múltiples enseñanzas cosechadas junto a Édouard-Auguste F., fui lanzado a la vida antes de cumplir los dieciocho años. Porque F., con ser un incondicional de la *paideia*,[31] se oponía a toda clase de férula, siquiera fuese bajo la forma de un nido protector. Así pues, tuve que ganarme la vida. Bastante penosamente, merced a toda suerte de trabajillos y clases particulares. Me vi obligado además a abandonar el *hypokhâgne*, el curso preparatorio para ingresar en la École Normale Supérieure (ENS), iniciado en el Henri IV, del que no guardo curiosamente ningún recuerdo.[32]

Era muy buen estudiante, pero su situación personal y económica le imponía límites. Debió de ser una experiencia dura verse obligado a abandonar la prestigiosa ENS, que seguramente le hubiera garantizado una brillante carrera como filósofo. Pero las clases eran a tiempo completo y Semprún tenía que compaginar los estudios con algún trabajo. Además, ni a él ni a sus hermanos, por lo menos ni a Paco ni a Carlos, les hacía mucha gracia eso de tener que «ganarse la vida». En cualquier caso, el momento elegido por Frick no podría haber sido peor.

Francia estaba en estado de sitio y el 14 de junio de 1940, mientras preparaba su *baccalauréat*, los alemanes ocuparon París. En noviembre, Jorge Semprún participó en algunas manifestaciones en la place de l'Étoile. Estas fueron algunas de las primeras actividades de resistencia organizadas por los estudiantes y terminaron con numerosas detenciones y heridos y con el cierre de la Universidad de París a partir del 20 de diciembre.[33] Para entonces, era ya un parisino de pleno derecho, habitual del Flore y de otros cafés de Saint-Germain-des Prés. El Flore, famoso por tener entre su clientela a Simone de Beauvoir y Jean-Paul Sartre, era también el único café que tenía buena calefacción durante la ocupación.[34]

> El Flore era un lugar simbólico y un punto de encuentro habitual para los alumnos de *philo* del Henri IV y del Louis-le-Grand después de las clases preparatorias del *hypokhâgne* y del *khâgne*. Es este ambiente el que me ha hecho ser *rive gauche* desde siempre. Cuando teníamos diecisiete años, antes de que la Resistencia arrastrara a la mayor parte de los grupos de mi entorno hacia la acción verdaderamente militante y militar, nuestra vida se desarrollaba allí...[35]

Felipe González cree que la rebeldía del autor arranca precisamente en la época del Henri IV:

> Creo que su rebeldía moral empieza en el instituto. ¿Cuál es el proceso? Lo digo porque, en parte, me identifico con el proceso, y es así: lo único que tengo claro es que moralmente me resulta insoportable esta dictadura. Eso es lo único que, como joven o adolescente, tengo claro. Por lo tanto, si tengo claro eso, mi decisión es luchar en su contra. Una vez tomada la decisión de comprometerme, empiezo a ver qué opciones tengo para luchar de la manera más eficaz posible. Él no nace comunista ni es un comunista de familia, todo lo contrario, pero tiene esa rebeldía moral. Siendo un joven que toma su aven-

> tura, con la gente que le influye, y cuando tiene que optar por batallar, en un momento tan duro como el de la Resistencia, cree que el instrumento más eficaz para pelear es la disciplina y la estructura comunistas. Y se compromete con el Partido Comunista en cuanto el Partido Comunista se identifica como parte de la Resistencia en contra de lo que él identificaba como «el enemigo de España». Y tenía razón: contra el nazismo, contra la ocupación alemana, etc.[36]

Jorge Semprún se vio arrastrado por sus amigos y por los acontecimientos políticos, y encontró una manera de dar vida a sus sueños intelectuales. Había empezado a leer a Emmanuel Lévinas, Husserl, Marx y Lukács. Ya era un fan rendido de André Malraux, uno de esos excepcionales hombres de letras y de acción que Semprún aspiraba fervientemente a ser. Malraux había escrito también la deslumbrante novela *La esperanza*, en torno al derribo de un avión republicano. Jorge Semprún dejó claro que se sabía *La esperanza* de memoria y que llevaba el libro en la mochila cuando luchaba con el maquis del Tabou, y dijo que si no hubiera leído a Malraux en su momento nunca se habría hecho comunista.[37] El escritor francés también era piloto y había pasado a España aviones de contrabando para armar a la República en su lucha contra Franco y contra la fuerza aérea nazi. *La esperanza* se consideraba la novela más importante sobre la Guerra Civil. Él leyó primero algunos extractos cuando la obra apareció serializada en *La Nouvelle Revue Française*, entre 1937 y 1938. Su despertar político puede atribuirse a su experiencia personal como exiliado republicano, a su educación, a su entorno parisino y —aunque esto no lo dice— a su futuro incierto.

A los diecinueve años, en 1942, fue reclutado por la Resistencia a través de los contactos de Soutou y Maribel, y se unió al grupo Jean-Marie Action, que formaba parte de la organización resistente Main d'Oeuvre Immigrée (MOI). Se le asignó una nueva identidad para evitar que fuera detenido con sus documentos de identidad reales. Su alias era Gérard Sorel y su supuesta profesión, jardinero. Su misión principal consistía en recoger las armas que se lanzaban en paracaídas durante la noche; estas se utilizaban para sabotear comunicaciones, canales y líneas ferroviarias.[38]

A partir de junio de 1940, Jorge Semprún se fue alejando de su familia. Maribel vivía con Soutou en Lyon. Su padre, por su parte, huyó de la ofensiva de las tropas nazis y abandonó Saint-Prix con su mujer y sus hijos Paco, Carlos y Susana (que pronto se marcharía a España para siempre) para vivir una aventura bastante peculiar. La familia terminó en San Juan de Luz, donde fueron acogidos por la embajada de China en España, que continuaba operando en el exilio porque Chiang Kai-Chek se había negado a reconocer la victoria de Franco. José María había conocido al embajador Liu en La Haya, y gracias a esta amistad la familia pudo pasar el verano en la costa vasca, pero en otoño regresó a Saint-Prix.[39] En aquel momento, Annette sacó a Carlos del liceo y desde entonces estuvo obligado a trabajar a tiempo completo, en la granja o haciendo recados. Annette convirtió la adolescencia de Carlos y Paco en una época sombría. Ambos habían pasado de ser unos niños bien madrileños a convertirse en unos Oliver Twist del norte de París.

Los dos hermanos odiaban vivir en Saint-Prix con su padre y su madrastra, a la que Carlos llamaba «la perra». A los dos hermanos les parecía que el mundo les había abandonado. A medida que la Segunda Guerra Mundial seguía su curso, recibían cada vez menos visitas. No había nadie más que Annette, su padre y el sacerdote del vecindario que acudía a su casa a cenar una vez por semana y mantenía interminables conversaciones con José María. Gracias al trabajo del joven en la granja, había comida para todos, y el padre, la madrastra y los dos hijos menores pudieron salir adelante. Vivían a base de colinabos y patacas (que entonces solo comían los animales). Una vez al mes, Annette mataba y cocinaba un pollo o un conejo y, cuando podía, Carlos llevaba verduras de otras granjas en las que trabajaba.[40]

Era la pobreza, más aun que la política, lo que dominaba sus vidas. Carlos y Paco eran chicos jóvenes y guapos, deseosos de conocer a chicas, y se avergonzaban de dejarse ver con la misma ropa que llevaban usando desde 1936. Los únicos zapatos disponibles entonces eran zuecos con suela de madera, y el día en que Carlos encontró en la basura un viejo par de zapatos de cuero, le pareció que le había tocado la lotería. Las suelas estaban llenas de agujeros, pero los forró con papel de periódico para poder ponérselos lloviera o nevase, y más tarde aseguraría que todos los resfriados que había cogido merecieron la pena.[41]

Miles de jóvenes deseaban unirse a la Resistencia. A Carlos, que siempre quiso emular a su hermano Jorge, le dio envidia cuando descubrió que este había sido reclutado, y le rogó que se lo llevara con él, pero era demasiado joven.[42] Carlos y Paco se tuvieron que conformar con unirse a la Cruz Roja local. Lucían orgullosos el brazalete oficial de la organización, pero en la zona de Saint-Prix no hubo heridos, y no pudieron ayudar a nadie.

¿Por qué se unió Jorge Semprún a la Resistencia? ¿Por motivos ideológicos, políticos y morales? Está claro que quería contribuir a la derrota de los nazis, aliados de la Francia de Vichy, y con toda seguridad esperaba que ello debilitara la dictadura en España. No hay duda de que André Malraux y Jean-Marie Soutou fueron fuentes de inspiración. ¿Y por qué no vivir una aventura heroica? Por tanto, ¿por qué no unirse a la Resistencia? Su familia se había desintegrado, y su oportunidad de obtener una educación superior prestigiosa en la École Normale Supérieure, que se había ganado a base de su talento y trabajo, se había desvanecido cuando Frick le retiró su apoyo financiero. Con diecinueve años, no tenía plan ni alternativas. Unirse a la Resistencia era una manera de hacer algo importante y de no tener que preocuparse por el futuro durante un tiempo.

Las semillas de la Resistencia fueron sembradas en la imaginación de Jorge Semprún ya en el liceo Henri IV, que tenía inclinaciones izquierdistas y era decididamente antinazi, aunque no comunista:

> [...] en el Henri IV se hablaba. Había una disidencia patriótica, francesa, la manifestación de noviembre de 1940 se organizó en Henri IV, fuimos a la Concordia y hacia los Campos Elíseos, era una manifestación patriótica. Éramos varios cientos al final, sobre todo al final. Yo iba como antinazi, no como patriota francés, recuerdo de la guerra de España. Pero había policía francesa, empezó a detener el paso, y a detener a porrazos, se disolvió la manifestación y no llegamos hasta

L'Étoile, que era el punto, y por la avenida George V había una tropa SS armada. Empezaron a desplegarse, y conseguí con un amigo forzar una cadena de policía y escaparnos en el metro. Pero algunos amigos fueron detenidos... Era lo que se empezaba a decir, Francia no está vencida. Francia sigue existiendo, no ha sido derrotada.

Pasamos de una resistencia espiritual a una de recoger información, y de una de sabotaje industrial o de comunicaciones a una más intensa de los maquis. Pero esto solo es posible a partir del 42, cuando la Alemania nazi y la Francia de Vichy decretan el servicio de trabajo obligatorio. En ese momento todos los muchachos de dieciocho-veinte años tenían la obligación de ir a trabajar a Alemania, y centenares de ellos se negaron a hacerlo, y allí hubo la masa con la cual se formaron los maquis. La tropa solo existe a partir del trabajo obligatorio. Antes solo había grupos, redes, individuos, sabotaje individual, los trabajadores del ferrocarril, que sabotean ellos mismos los trenes. Y luego los ingleses empiezan a lanzar bombas lapa que [...] se ponen bajo la locomotora. La resistencia intensa, eso empieza más tarde.[43]

Su hermana Maribel y su amigo Michel Herr influyeron también en su decisión. Este último era hijo de Lucien Herr (1864-1926), un destacado intelectual parisino, bibliotecario, que había sido alumno de la École Normale Supérieure. Michel Herr fue reclutado para unirse a la Resistencia por Soutou, y en mayo de 1943 comenzó a trabajar con la red Jean-Marie Action, que estaba dirigida por la Special Operations Executive (SOE) británica. La SOE enviaba armas desde Inglaterra a Francia y Jean-Marie Action, bajo el mando de Henri Frager, veterano de la Primera Guerra Mundial, se aseguraba de que las armas llegaran a las fuerzas de la Resistencia francesa.

Maribel le pidió a Michel Herr que «se pusiera en contacto» con Semprún,[44] lo que parece significar que ella y su marido estaban de acuerdo para reclutar a su hermano. El encuentro entre Herr y Jorge Semprún tuvo lugar en casa de Lucien Herr, en el número 39 del boulevard du Port-Royal.[45]

Para un muchacho de diecinueve años, la idea de unirse a la Resistencia no carecía de atractivo. ¿Quién querría subsistir malamente ganándose a duras penas la vida dando clases particulares a niños ricos en la Francia ocupada? La vida como «Jorge Semprún» había empezado bien, pero rápidamente se había complicado. Tal como «Gérard Sorel», el «jardinero» y contrabandista de armas, tendría más suerte.

Recibió entrenamiento en Yonne, bajo la supervisión de Michel Herr. Nombrado su segundo de a bordo, fue puesto a cargo de la organización de operaciones antinazis de sabotaje. Su unidad se encargaba de volar las trilladoras para asegurarse de que los alemanes no pusieran las manos sobre el trigo francés, y organizó ataques a trenes, ayuntamientos y comisarías de policía. Robaban cartillas de racionamiento, coordinaban la recepción y distribución de armas, y las ocultaban en lugares secretos. Semprún trabajó a menudo con el maquis del Tabou, con base en Pothières. Al principio, la suerte parecía estar de su lado, pero no duró mucho tiempo. Dos de sus hombres fueron arrestados por volar un tren de municiones en Pontigny y la policía alemana puso de inmediato en marcha una gran redada.[46]

El 8 de octubre de 1943, Jorge estaba escondido en casa de Irène Chiot, compañera de la Resistencia. Estaba dormido cuando la Gestapo asaltó la casa y los detuvo a todos:

> La casa [...] era una antigua granja, con varios edificios en torno a un patio cubierto de hierba. Era más o menos mediodía. La noche anterior habíamos hecho saltar por los aires un tren de municiones de la Wehrmacht en Pontigny, y uno de los chicos de nuestro equipo [Georges V] había desaparecido... Determinados indicios nos hacían creer que había sido arrestado. De vuelta en Épizy, al alba, tras una noche en blanco, había dormitado unas horas en la habitación que ocupaba habitualmente... Así que ya era mediodía, más o menos, cuando me desperté con la boca pastosa. Cruzando el patio me dirigí hacia el edificio donde se encontraba la cocina: necesitaba que Irène me hiciera un café. Pero vaya: teníamos visita de la Gestapo. Vi a un tipo... delante de mí, vestido con una gabardina... me volví hacia él mientras trataba de sacar rápidamente el revólver que había ocultado bajo el cinturón... pero el maldito revólver con el que iba armado ese día no era mi 11.45[47] habitual. Era un revólver canadiense del que nos acababan de enviar varias decenas en paracaídas, y que justo quería probar por primera vez. Pero ese maldito revólver tenía un tambor

> más voluminoso y menos liso que mi Smith and Wesson habitual. No pude sacarlo, al empuñarlo, el tambor se me enganchó en el cinturón de cuero.[48]

El oficial de la Gestapo le golpeó con fuerza en la cabeza con su arma automática. Irène Chiot fue detenida y torturada en una celda del hospital psiquiátrico de Auxerre, frente a la prisión. Fue trasladada de Auxerre a Compiègne y, más tarde, deportada a Ravensbrück, donde murió.[49] Henri Frager, el jefe de la red, también fue detenido, torturado y deportado a Buchenwald, donde fue ejecutado.

Semprún estuvo en la prisión de Auxerre durante cuatro meses. En su libro *Exercices de survie*, publicado póstumamente, describe por primera vez las técnicas de interrogatorio a las que fue sometido durante el tiempo que estuvo detenido en una casa que la Gestapo había requisado cerca de la prisión. Le colgaban boca abajo, le golpeaban y le aplicaban la técnica de tortura conocida como el «submarino». Quien estaba a cargo de los interrogatorios era un tal Hass, jefe de la Gestapo local. Según la descripción del autor, tenía la boca llena de dientes de oro, igual que un villano de película de James Bond. Su ayudante era un hombre más joven que él, al que retrata de este modo: «Los gestos un poco blandos, afeminados, de los más jóvenes de los torturadores, también el más perverso».[50] También cuenta que, después de un cierto tiempo, los alemanes se dieron cuenta de que no podrían sonsacarle nada y lo dejaron en paz. Lo que nunca sabremos es si es verdad que se dieron por vencidos o si intervino en su defensa el embajador español en Vichy. Como pronto veremos, poco después de su detención, los alemanes ya sabían que Semprún estaba muy bien relacionado y debía ser tratado con especial consideración, pero si llegaron a respetar esas órdenes o cuándo lo hicieron es todavía un misterio.

De Auxerre fue trasladado a un campo de tránsito en Compiègne. Esta era una mala señal, pues significaba la última parada antes de ser deportado en tren a un campo de concentración. Allí cumplió veinte años, el 10 de diciembre de 1943. Si albergaba cualquier esperanza de escapar milagrosamente a su sentencia, la perdió en el momento en que llegó a Compiègne. El viaje a Buchenwald fue el tema de su primera novela autobiográfica, *El largo viaje*, que ganó el prestigioso Premio Formentor, superando por muy poco al primer libro de Mario Vargas Llosa, *La ciudad y los perros*. En el canon relativamente pequeño de la literatura de los campos de concentración y el Holocausto anterior a 1962, su relato resulta innovador porque toda la narración se centra en el viaje, brutal y aparentemente interminable, al campo y no en el día a día de la vida en Buchenwald. Los prisioneros —muchos de los cuales llegaron a su destino moribundos o muertos— fueron hacinados en vagones de ganado como sardinas en lata. Estos vagones ya habían sido descritos por Elie Wiesel en su obra *La noche*, publicada en 1958, pero escribir un libro entero sobre el viaje mismo era un enfoque literario insólito.

Al llegar a Buchenwald, Jorge fue interrogado sobre sus antecedentes y su educación. Cuando le dijo al funcionario a cargo del interrogatorio que no era más que un estudiante, este le respondió que más le valía inventarse una profesión más apropiada para las circunstancias:

> [...] el tipo me explicó que en Buchenwald era preferible tener un oficio manual. ¿No sabía nada de electricidad, por ejemplo? [...] ¿Y de carpintería, sabía algo que guardara relación con la carpintería? ¿Por lo menos sabría sujetar un cepillo, no? El tipo casi se enfadaba. Daba la impresión de que quería descubrir a cualquier precio alguna capacidad manual en aquel estudiante de veinte años que decía a todo que no con la cabeza como un tonto. Pensó entonces Gérard[51] que el único trabajo manual cuyos rudimentos dominaba era el de terrorista. Las armas, al menos las armas ligeras, incluso el fusil ametrallador del ejército francés, las conocía. Manejarlas, desmontarlas, limpiarlas, volverlas a montar. Y conocía el plástico, los explosivos en general, todo lo necesario para organizar los descarrilamientos... Pero no dije nada y el tipo hubo de resignarse a inscribirme como estudiante. Así que en Buchenwald ya no soy jardinero. [...] El día de mi detención, en Épizy, en el faubourg de Joigny, llevaba conmigo mi auténtica documentación española. Tenía que ir a París, aquella misma noche, para reunirme con «Paul»,[52] el jefe de mi red. Y en París, mi carnet de jardinero del Yonne hubiera resultado sospechoso. [...] De modo que, por aquel azar, me detuvieron con mi nombre auténtico.[53]

Así que al final fue detenido con su verdadero nombre, y no fue hasta aquel momento cuando la educación que había recibido de niño en España alcanzó toda su relevancia. Jorge Semprún había pasado los primeros años de su vida bajo la tutela de dos niñeras alemanas, anteriores a la llegada de Annette, y gracias a estas *fräuleins* hablaba alemán con perfecta fluidez.

> De todos los deportados españoles, yo era el único que hablaba alemán. ¡Mi agradecimiento, dicho sea de paso, a *fräulein* Grabner y *fräulein* Kaltenbach, ayas germánicas de una infancia mimada! De modo que la organización del partido español pidió a los comunistas alemanes que se me asignase un puesto en el *Arbeitsstatistik*, para tener una representación allí.[54]

Mientras tanto, su familia estaba aterrada por su detención. ¿Los pondría en peligro? Después de todo, no eran más que unos refugiados en Francia. Su hermano Carlos cuenta que se enteraron de la noticia por Michel Herr:

> No sé por qué Michel Herr ha desaparecido de la abundante literatura autobiográfica de Jorge Semprún. Fue, sin embargo, un hombre importante en sus mocedades. Fue él quien le arrastró a la resistencia antinazi, allá bajo la ocupación alemana de Francia. El caso es que un día de finales de 1943, Michel Herr se presentó en nuestra casa de Saint-Prix —la primera— anunciando que Jorge había sido detenido por los alemanes. No recuerdo si ya nos habían avisado oficialmente o no. También nos contó que él, como en una película del Oeste, solo y con una pistola, había intentado liberarle de la comisaría o más bien de la *Feldkommandantur*, en donde estaba detenido. Evidentemente fracasó en su intento, le detuvieron también, pero, por ya no recuerdo qué milagro, logró escapar y se pasó por Saint-Prix, para informar a nuestro padre. El bueno de José María de Semprún y Gurrea se puso verde al escuchar tales noticias. La peor de todas, es de suponer, sobre todo si no la conocía, era que le hubieran detenido a Jorge, pero la locura de ese Michel Herr, que ya habíamos visto, era muy de paso, le hacía temer a nuestro padre, imagino hoy, que se hubiera traído toda la Gestapo de Francia y de Navarra detrás de él. No ocurrió así. En realidad, no nos ocurrió nada.[55]

Que el joven Semprún fuera detenido con su verdadero nombre fue positivo para él. Esto les facilitó seguir el rastro de su paradero a quienes trataban de ayudarlo. Desde el primer día, su detención causó un gran revuelo en los círculos diplomáticos hispanogermanos. Su padre, su tío Miguel y su cuñado Jean-Marie Soutou intentaron reunir las fuerzas necesarias para liberarlo o, al menos, para mejorar las condiciones de su reclusión.

Hitler y Franco habían sido aliados al menos desde 1936, así que la detención por las autoridades alemanas de un español de familia prestigiosa era noticia. Al fin y al cabo, no dejaba de ser nieto de uno de los políticos más importantes de la historia reciente de España. La policía de Vichy envió de inmediato un cable a las autoridades de Madrid:

> Hace unos días, ha sido detenido, por las autoridades alemanas, el súbdito español JORGE SEMPRÚN Y MAURA, joven de diecinueve años, que vivía con sus padres, en el pueblo de Saint-Prix (Seine et Oise). La detención, efectuada el 8 del actual, se efectuó cuando el citado Semprún se dirigía a una reunión de terroristas, en la región donde residía. Le fue incautado un revólver, Colt, pesado. Y pudo averiguarse que pertenecía a la banda de terroristas franceses detenidos en el Departamento de Yonne, desde hacía algunos meses, habiéndose dedicado, desde entonces, al transporte de armas y explosivos, sirviendo, al mismo tiempo, de enlace entre unos terroristas de Yonne y otros de Seine et Oise. Ha sido trasladado a la cárcel de Auxerre (Yonne), donde se encuentra actualmente a disposición del tribunal militar competente.[56]

Los diplomáticos de Franco destinados en Francia, y especialmente el embajador, José Félix de Lequerica, consiguieron arrebatar a algunos prisioneros españoles de las manos de los nazis, entre ellos algunos judíos españoles. Sin duda podrían mover algunos hilos para conseguir la liberación del joven Jorge Semprún.

Su hermano Carlos recuerda las visitas semanales al piso de Miguel Maura en París. Maura era, además de hermano de su madre, padrino de Carlos, e hizo todo lo que pudo para que lo liberasen.

Miguel seguía siendo una persona muy relevante para la República derrotada. Intentaba organizar al Gobierno republicano español en el exilio. Como muchos otros españoles, esperaba que, una vez que los Aliados ganaran la guerra, marcharían a través de los Pirineos, detendrían a Franco y restablecerían la democracia en España. El piso que ocupaba Maura en Elysée Reclus había sido requisado durante el Gobierno provisional de De Gaulle. Su propietaria había sido detenida, acusada de mantener relaciones con un oficial alemán. Maura residió allí solo temporalmente porque la mujer en cuestión fue pronto liberada y reclamó su vivienda. Comparado con el «cuchitril» de Saint-Prix, Carlos describe el piso requisado de Miguel Maura como algo sacado de *Las mil y una noches*.[57]

Tanto él como otros republicanos en el exilio estaban trazando los planes necesarios para su regreso al poder en España en cuanto los Aliados ganaran la Segunda Guerra Mundial. Miguel Maura intentaba negociar con los embajadores de Franco, José Antonio de Sangróniz y José Félix de Lequerica, y el cónsul en París, Alfonso Fiscowich, un cambio pacífico de gobierno. Se hizo llegar a Franco el mensaje de Maura: lleguemos a un acuerdo para desarrollar una transición suave desde la dictadura a una nueva República. Pero Franco no aceptó la sugerencia que le hacía Miguel Maura ni respondió jamás a su mensaje.

> En esta misma época, el señor Miguel Maura, instalado en Francia después de varios años, se encontraba igualmente en París, a donde había llegado a tomar contacto con los emigrados republicanos. Un año antes, don Miguel Maura había tenido con el señor Lequerica, entonces embajador ante el gobierno de Vichy, una entrevista en el curso de la cual el señor Maura, basándose en la derrota, para él indudable desde ese momento, del Eje, había expuesto las razones que, a su juicio, exigían el fin de la dictadura en España. Parece que el señor Sangróniz había recibido el encargo del señor Lequerica de reunirse con don Miguel Maura. El pasado 15 de noviembre, el señor Sangróniz recibió a don Miguel Maura en la embajada de España y un comunicado a la prensa precisa que en el curso de la entrevista don Miguel Maura, hablando en nombre de los republicanos, socialistas y sindicalistas, y de las agrupaciones de catalanes y vascos, había hecho un requerimiento de algún tipo para que negociara con él las condiciones en las cuales la

> dictadura podría dar paso pacíficamente a la República. El señor Sangróniz acepta transmitir a Madrid la proposición del señor Maura... Y la tentativa realizada por el señor Miguel Maura de dar una solución pacífica a la crisis encalla irremediablemente... Don Miguel Maura se ha visto obligado, pues, a renunciar a buscar una solución pacífica a la crisis española mediante negociaciones con el general.[58]

Mientras Jorge Semprún estaba todavía en la prisión de Auxerre, su padre abordó a Lequerica en un intento de salvarlo. Carlos Semprún cuenta que acompañó a su padre en esta misión para rogar al embajador español que se pusiera en contacto con las autoridades alemanas e intercediera en su favor. Merecía la pena pedir ayuda a Lequerica, que era poderoso y amigo de siempre de la familia Maura, y en ningún caso querría tener la muerte de uno de sus hijos sobre su conciencia. Lequerica había comenzado su carrera como pasante en el bufete de abogados de don Antonio y había coincidido en el despacho con Miguel Maura, y se convirtieron en aliados y compañeros. Su experiencia con Antonio Maura, y con Miguel, cimentó el éxito de Lequerica.

José María Semprún deseaba salvar a su hijo. Quizá se llevara a Carlos a la reunión para ir acompañado, pero también es posible que pensase que, al ver al hermano más pequeño, Lequerica se conmovería y actuaría con mayor rapidez. Dice Carlos:

> Durante el mismo período en el que Jorge estaba en la cárcel de Auxerre, antes de ser deportado a Buchenwald, mi padre, entre muchas otras gestiones inútiles —pero debía de pensar que algo tenía que hacer, a menos que pensara que había que intentarlo todo, para sacar a su hijo de chirona—, me llevó con él a la embajada de España, para una entrevista con Félix de Lequerica, entonces embajador. Fue una escena totalmente absurda, ionesquiana. Todavía veo a Lequerica cruzando unos salones, hasta la antecámara donde esperábamos... con un extraño bigotito retorcido, los brazos en cruz, exclamándose: «¡Don José María, qué desastre! ¡Qué catástrofe! ¡Me dicen que su hijo es un terrorista! ¡Dinamita trenes! ¡Mata a soldados alemanes!», y mi padre, muy serio, afirma: «Imposible. No es verdad. Es imposible. Un hijo mío ¡no puede hacer esas cosas! ¡Es un error!».[59]

El embajador fue amable, le dijo que indagaría y le insinuó que no era tarde para cambiar de bando y apoyar a Franco. Carlos Semprún se preguntó si su aparente amabilidad podría deberse en realidad a que Lequerica temiera que Franco no duraría tras una victoria aliada, y que él mismo pudiera verse pronto pidiendo la merced de su padre y otros republicanos. Nadie sabía con seguridad cómo saldrían las apuestas políticas.

De la respuesta que Lequerica les dio, Carlos dedujo que no se podía hacer nada por su hermano, pero, a pesar de su desconfianza, Lequerica sí que movió ficha en el asunto. De hecho, se dirigió directamente a Otto Abetz, el embajador de Hitler en Vichy. Abetz recibía numerosas peticiones de ayuda de familiares y amigos de las personas arrestadas en Francia por la Gestapo. La autora Irène Nemirovsky, que durante la guerra escribió su gran obra *Suite francesa* (publicada póstumamente en 2004), fue arrestada en Issey en 1942. Su marido, Michel Epstein, escribió también directamente a Abetz, «subrayando la aversión que sentía Irène hacia el régimen bolchevique».[60] En el caso de Nemirovsky, todas las súplicas fueron infructuosas y murió un mes después en Auschwitz, víctima de tifus. Cuando el poeta Max Jacob, que era amigo íntimo de Picasso, fue detenido, Jean Cocteau intercedió en su defensa. Gerhard Heller, jefe de la Propaganda Staffel nazi en París, cuenta que Cocteau «intercedió ante el embajador Abetz y el servicio secreto alemán y finalmente obtuvo una orden para la liberación de Jacob. Pero el poeta murió de bronconeumonía en Drancy el 6 de marzo antes de que pudiera ser rescatado».[61] Así que Abetz era capaz de liberar a algunas personas de las garras de la Gestapo. A veces. Como concluye Alan Riding: «Si se podía contar con el embajador Abetz o no, sigue siendo discutible, pero él hablaba francés, su mujer era francesa, y probablemente ayudó a sacar a algunos escritores de la cárcel».[62]

Lequerica no tenía nada que perder contactando con Abetz, puesto que «no hay ninguna duda acerca de las cordiales relaciones de las que disfrutaban la Francia de Vichy y la España de Franco. Pétain y Franco se encontraron en Montpellier el 13 de febrero de 1941, para abordar cuestiones pendientes entre los dos países, y desde el principio Francia cooperó plenamente con su vecino del sur».[63]

El embajador español no había dudado en preparar una lista de ochocientos «delincuentes» españoles (es decir, opositores al régimen de Franco) que se encontraban residiendo en Francia para que los detuvieran los oficiales de la Gestapo y de Vichy,[64] así que no dudó en confiar el problema a Abetz, y quizá creyó que su intermediación podría al menos salvarle la vida a Jorge Semprún. ¿Se la salvó? Vayamos por partes. Parece que fue el cónsul español en París, Alfonso Fiscowich, quien intercedió por él en primer lugar. Adjuntó también el informe de Lequerica y el 30 de octubre de 1943 escribió a su compañero Pedro Urraca, el inspector de policía español de París.

> Querido Urraca: Con relación a la indicación que le he formulado, referente a la detención del joven Semprún, adjunto le remito un escrito en francés y alemán, por si pudiera servir a las autoridades ocupantes para suavizar en lo posible la situación de dicha persona. Le saluda con todo afecto, Fiscowich.[65]

Por desgracia, el «escrito», o informe, que menciona Fiscowich es ilocalizable, pero probablemente se tratara de la carta que Lequerica le escribió relatando el caso del joven Semprún.

Lequerica mandó una carta muy larga a Abetz, escrita en Vichy el 15 de diciembre de 1943, que fue recibida y leída con suma atención. La carta está subrayada por Abetz, o por uno de sus secretarios, alternando lápices de color rojo y azul. A continuación, algunos extractos clave de Lequerica a Abetz:

> Me permito someter a su benévola atención el caso del español, M. Jorge SEMPRÚN Y MAURA, detenido en la sección alemana del centro de detención de Auxerre desde el pasado 8 de octubre. Se trata de un joven de unos veinte años, sin antecedentes políticos. Es un estudiante sobresaliente, de temperamento emocional e influenciable. Su formación es puramente intelectual.
>
> ¿Qué le ha pasado? Lo ignoro, pero a título personal me atrevo a dirigirme a usted bajo esta circunstancia porque el interesado es nieto del más eminente estadista español de los primeros veinticinco años de este siglo, don Antonio Maura, que fue el gran campeón de la lucha española contra la francmasonería universal y el judaísmo. En 1909,

> Ferrer fue ejecutado siendo Maura jefe de gobierno,[66] desatando una verdadera cruzada antiespañola y demagógica contra él. Víctima de atentados por tres veces, escapó milagrosamente de la muerte, y desapareció rodeado de la consideración de todos los patriotas españoles.
>
> En 1921, cuando era un joven miembro del Parlamento, fui su subsecretario en la presidencia del Consejo durante el último gobierno que presidió poco antes de su muerte. Le recuerdo con gran cariño, y por ello me permito por una vez llamar vuestra atención y la de las autoridades de la ocupación acerca de la suerte de un joven que ha podido ser víctima de amenazas o de las maquinaciones de agitadores profesionales y para el que le pido, en nombre de los servicios prestados por su ilustre antepasado, un interés especial y todos los medios de atenuación posibles y compatibles con los grandes deberes que incumben a las fuerzas ocupantes en Francia.[67]

Lequerica, que tenía unos cincuenta años, y muchas tablas como diplomático, decidió sin duda que el mejor modo de llamar la atención de Abetz era representar a Antonio Maura, el abuelo del prisionero, como un ilustre protofascista. Resulta irónico que el nombre de Maura, denostado en tiempos por la prensa española como un chueta judío, fuera ahora utilizado como sinónimo de antisemitismo.

Lo más seguro es que Abetz no hubiera oído nunca hablar de Maura, pero captó que había sido alguien importante, tomó nota de la petición y respondió con cordialidad a su homólogo español:

> Me ha conmovido su interés por el joven Semprún, nieto del señor Maura, acerca del cual ya le he contestado. También he recibido los nuevos detalles sobre el caso que me ha enviado. Por mi parte, espero que no haya participado en ninguna agitación grave, y que su situación pueda ser resuelta rápidamente.[68]

Pero a esta respuesta no le siguieron más noticias, y el 5 de enero de 1944 Lequerica escribió de nuevo a Abetz para insistir y rogarle que hiciera algo para ayudar a Jorge Semprún. Esta vez Lequerica ofrecía devolver al joven a España. Así podría asegurar que no daría más problemas a los alemanes en Francia.

Me permito llamar de nuevo su atención sobre el caso del joven Jorge Semprún y Maura, el nieto de ex presidente del Consejo de Ministros español Maura, de quien le hablé en mi carta del pasado 15 de diciembre, para indicarle que acabo de recibir algunas comunicaciones más favorables de su familia en lo tocante a su situación.

El padre del joven Semprún y Maura sugiere, como posible solución a este penoso asunto, el traslado de su hijo a España, donde, libre de las malas influencias de determinado ambiente francés, podría, en su propio país, continuar los estudios para los que parece estar muy bien dotado. Me resisto a creer que el nieto del hombre a cargo de la gran lucha contra la revolución masónica en España, que fue herido en varias ocasiones en atentados contra su vida por anarquistas, y víctima del más poderoso movimiento judeomasónico anterior a la guerra del 14 [...] haya podido intervenir en operación violenta y contraria al orden social alguna. Le pido disculpas por molestarle de nuevo, y por haberme tomado la libertad de comunicarle esta sugerencia. Le expreso de antemano mi más sincero agradecimiento por todo lo que esté a su alcance.[69]

Esta carta también está subrayada con lápiz. En la parte superior izquierda se ha añadido a mano la anotación «Jorge Semprún y Maura» y debajo, en grandes letras y subrayada, está escrita la palabra «Eilt» («urgente»). También aparece el apellido de Klingenfuss garabateado en el margen izquierdo.

La correspondencia interna posterior (entre febrero y marzo de 1944) entre el Sicherheitspolizei (la policía de seguridad nazi), el Sicherheitsdienst (el SD, el servicio de seguridad alemán encargado de rastrear a los judíos y a los combatientes de la Resistencia en Francia) y Abetz parece concluir que las actividades de Semprún constituían delitos graves y que no podían retirarse los cargos. No era posible dejar a «Maura» en libertad provisional:[70]

Embajada de Alemania en París
París, 16 de febrero de 1944

En cuanto a la detención del ciudadano de nacionalidad española... Maura...

A causa de esta persona, el embajador español nos ha interpuesto de nuevo sus quejas. Con referencia a la carta del embajador de fecha del 18 de enero, se ha interesado de nuevo por el procedimiento en relación con los hechos del caso, el informe y las decisiones relevantes.

---

17 de marzo de 1944

Para la embajada alemana en París
Concerniente a la detención del ciudadano de nacionalidad española...
Archivo: misiva de Klingenfuss del 18 de enero de 1944

El caso del preso Maura se refiere a la comisión de actividades subversivas y por tanto es imposible su puesta en libertad.

---

28 de marzo de 1944

Desde hace un tiempo el embajador español ha recurrido al embajador Abetz pidiendo la liberación de... Maura. Con acuerdo a los informes del jefe de la policía de seguridad y del SD acerca de las actividades subversivas del mencionado sujeto, este ha sido puesto bajo custodia y no será, por el momento, liberado.

PFEIFFER

Lequerica hizo todo lo posible para que Jorge Semprún quedara en libertad. Estas tentativas, que nunca antes han sido documentadas, se deben probablemente a su amistad con Miguel Maura y a su afecto sincero por el recuerdo de Antonio Maura. Pero sus comunicaciones urgentes no consiguieron proteger al joven de su destino y, en enero de 1944, fue trasladado a Buchenwald.

¿Influyeron de algún modo en su situación los esfuerzos del embajador español? Más tarde Miguel Maura llegaría a afirmar que tanto él mismo como Semprún debían sus vidas a Lequerica, que les había salvado. Según dijo, Lequerica era ambicioso, pero no era un extremista ni un franquista fanático. Una vez Maura le tomó el pelo por haberse convertido en un «carlista»[71] y Lequerica bromeó diciendo que en lo que se había convertido era en «carguista», es decir, un arribista que solo estaba interesado en sus nuevos cargos.[72] En cualquier caso, Lequerica ejerció como franquista convencido, pero esto no le impidió intentar proteger a la familia que tanto le había ayudado en su juventud.

Miguel Maura pasó gran parte de la Segunda Guerra Mundial en distintos lugares de los Alpes marítimos. Estaba constantemente vigilado por las autoridades de Vichy y las españolas, bajo sospecha de estar trabajando por la restauración de la monarquía en España. Se veía obligado a trasladarse de un lugar a otro de manera frecuente, simplemente para despistar a la policía y sobrevivir. Cuando los alemanes ampliaron sus fronteras y Niza quedó incluida en la zona de ocupación, Miguel Maura fue detenido e interrogado en la nueva *Kommandantur* de la ciudad. Como cuenta su nieto, Joaquín Romero Maura:

> No bien iniciada la retahíla de preguntas, con ademán imperioso, se niega Miguel a satisfacer la curiosidad impertinente del jefe local, y le dice que, si quiere saber más de él, vaya a preguntarle al embajador de Franco en Vichy. Eso puso fin a la entrevista.[73]

Así que Miguel sabía que Lequerica le protegería, y así fue. Más tarde, Miguel Maura contó que, según había descubierto, Lequerica intervino definitivamente para protegerles a él y a Semprún, y que su intervención en favor de su sobrino le había salvado la vida. Romero Maura prosigue:

> Además, había recurrido Miguel a él una vez antes, y con éxito, ocupando ya Lequerica su puesto de entonces: para salvar a un allegado suyo de muerte segura a manos alemanas... Más adelante, todavía antes de terminar la guerra... pudo contarle a Lequerica en París aquello de la *Kommandantur*: «¡Ah!, sí, me preguntaron por ti. Yo les dije: "¡A mi Miguel no le toquéis!"». Y pasaron a otra cosa. Miguel siempre pensó después que también a Lequerica le debía la vida.[74]

El «allegado» no nombrado en el texto era Jorge Semprún, según me confirmó Romero Maura en una entrevista telefónica.[75]

Desde su nuevo puesto como secretario de prensa de la embajada francesa en Berna, Suiza, Jean-Marie Soutou también hizo lo posible para rescatar a Jorge Semprún. En concreto, intentó presionar a Juan Schwartz, jefe de la legación española en Berna. Si había alguien en la familia que pudiera imaginar lo que el joven estaba pasando, era Soutou. Él también había sido detenido por la Gestapo, en Lyon, e interrogado por el infame Klaus Barbie, conocido como el Carnicero de Lyon. Soutou utilizó sus contactos de la red católica y por fin consiguió ser liberado gracias a la intervención del cardenal Gerlier, entonces arzobispo de Lyon. Maribel y él huyeron entonces a Suiza, donde siguieron trabajando para la Resistencia y colaboraron con la Oficina del Servicio Secreto de la Agencia de Inteligencia de Estados Unidos.[76] No hay duda de que Soutou estaba bien conectado internacionalmente:

> Parece que su colaboración con el servicio secreto estadounidense tenía que ver en gran medida con su actividad dentro del movimiento Témoignage Chrétien. Los archivos estadounidenses guardan la correspondencia entre el general Davet («René»), el jefe de la delegación de la Resistencia suiza, y unos llamados «chers amis», que en 1943 incluye una transferencia de dinero a J. M. Soutou y Témoignage Chrétien. Otros documentos muestran que Soutou había organizado un servicio de mensajes entre Lyon y Turín, apodado «Servicio Chris».[77]
>
> El hecho de que fuera miembro importante de la familia Esprit ayudó a que tuviera todo tipo de contactos y facilidades en Suiza, donde Emmanuel Mounier era muy admirado en los círculos intelectuales suizos, así como por los políticos e intelectuales que se habían refugiado en la Confederación. A partir de 1943 Soutou, bajo el seudónimo de «Béraud», se convirtió en el agregado de prensa de la delegación suiza de los Mouvements Unis de la Résistance (MUR). Estuvo a cargo de la edición del boletín de noticias de los MUR en Suiza, que se enviaba a la agencia de prensa suiza, a Reuters y a United Press. Tenía una doble misión: informar a los miembros de la Resistencia de lo que ocurría en el ámbito internacional y presentarle al mundo exterior una imagen verídica de Francia. Soutou pidió a Jean Laloy, a quien había conocido en *Esprit*, que le ayudara en su misión. Tradujo los documentos federalistas de Ventitene en Milán y los distri-

buyó en Francia. Su nombre en código en la OSS era «Pierre». En 1945, Soutou fue nombrado secretario adjunto de la embajada de Francia en Belgrado, y más tarde se convirtió en secretario general del Quai d'Orsay.[78]

En enero de 1945, Soutou y Maribel consultaron de nuevo a Juan Schwartz. Parece que mantenían una relación cordial con el diplomático español y Schwartz escribió a Soutou el 30 de enero, para comunicarle que «tras hablarle a mi ministro, se han puesto en marcha acciones urgentes para intentar dar a usted completa satisfacción».[79] El «ministro» al que se refiere no es otro que Lequerica, que para entonces había sido ascendido de embajador español a ministro de Asuntos Exteriores de España (sustituyendo al propio cuñado de Franco, Ramón Serrano Suñer). La única otra carta de Schwartz tiene fecha del 22 de mayo de 1945, después de que Buchenwald fuera liberado por el ejército de Estados Unidos. En ella deja claro cuáles eran esas «acciones urgentes», y se disculpa por no haber podido cumplir su promesa:

> Ya comprenderá con cuánto placer recibo su carta del 18 del actual y la alegría que me produjo el saber que su cuñado [Jorge] ha podido, por fin, regresar a París. Lo único que siento es que no haya sido posible abreviar su estancia en Alemania que era tanto el deseo del ministro como el mío. Ahora, en vista de las nuevas disposiciones adoptadas por el gobierno español, su cuñado podrá, sin ninguna dificultad si lo desea, volver a España donde, gracias a Dios, la tranquilidad y prosperidad son completas. Con mucho gusto, y si le interesa, podré comunicarle copia de esas disposiciones.[80]

Como Lequerica, Schwartz era compasivo, y también había movido los hilos para intentar que Jorge Semprún fuera liberado de Buchenwald, pero tampoco pudo influir en los nazis para que le dejasen salir del campo.

Dado que todos estos esfuerzos para ayudar a Jorge no se han explorado antes, merece la pena revisarlos en conjunto: entre octubre de 1943 y enero de 1945, Miguel Maura, José María Semprún, Soutou, Lequerica, Fiscowich y Schwartz intentaron usar sus contactos en favor de Jorge Semprún. Apelaron a figuras de alto rango en Vichy: Pedro Urraca y Otto Abetz. Dadas las circunstancias —la detención de un joven estudiante exiliado de una familia bien relacionada—, es lógico que quisieran ayudarle. ¿Quién no querría intentar liberar a su hijo, cuñado o sobrino de una prisión o campo de concentración nazi? Lo más interesante sobre la campaña que se montó en su favor es que él no la menciona jamás en ninguna de sus muchas obras autobiográficas sobre los campos. Ni en las entrevistas que dio sobre el tema. ¿Acaso su familia nunca se lo contó: «Estamos haciendo, o hicimos, todo lo que se pudo por ti»? ¿Es posible que no supiera nada de los intercambios de correspondencia y las reuniones que tuvieron lugar para ayudarle? Sin las intervenciones de Lequerica, según dice Miguel Maura, parece que Jorge Semprún podría haber acabado en circunstancias aún peores que la Arbeitsstatistik de Buchenwald. Georges-Henri Soutou, el hijo de Maribel y Jean-Marie, también cree que las intervenciones en su favor mejoraron de alguna forma su situación y que quizá impidieron que fuera mandado a un campo aún más brutal: Mauthausen.[81] Lequerica solo aparece mencionado en una de las muchas novelas de Semprún. En *Viviré con su nombre, morirá con el mío*, el narrador es un comunista español, de nombre Jorge Semprún, que está preso en Buchenwald. Sus compañeros se inquietan cuando se sabe que la Politische Abteilung ha recibido un mensaje solicitando información sobre él. Este tipo de comunicaciones precedían, por lo general, la deportación a un campo de exterminio. Como el suceso ocurre en la víspera de un fin de semana, acuerdan esperar hasta el lunes para hacer más averiguaciones. Mientras tanto, organizan «el muerto necesario»:[82] localizan a un preso joven que está en su lecho de muerte y realizan los preparativos para intercambiar su identidad por la de Jorge Semprún en caso de que se confirmen sus sospechas. Pero el lunes descubren que el mensaje era una inocente carta del embajador español en Vichy para interesarse por el bienestar de Semprún. Se da a entender que el embajador, viejo amigo de la familia del preso, quería noticias para tranquilizar al padre y a los hermanos de este. Debido a este trato privilegiado, sus camaradas sospechan de inmediato que Jorge está compinchado con el enemigo, y él se ve obligado a explicar que no ha tenido nada que ver con todo el asunto. Lo único que reconoce es que el embajador y su padre se conocían desde antes de la guerra. Esta situación es muy incómoda para el protagonista y demuestra lo importante que era «ser como los demás» dentro de su subgrupo en el campo. También pone en primer plano las actividades de sus camaradas comunistas de la Arbeitsstatistik, la oficina en la que trabajaba el español. La prioridad de la organización comunista era proteger a los suyos a toda costa. Para salvar las vidas de los compañeros, deportaban a otros prisioneros moribundos. Era tan sencillo como borrar un nombre de una lista y sustituirlo por otro.

Viviré con su nombre, morirá con el mío es el único libro en el que el autor plantea estos dos temas espinosos: las actividades que desarrollaban en la Arbeitsstatistik de Buchenwald y, de forma tangencial, los esfuerzos que se habían hecho para conseguir su liberación o para «suavizar la situación». Esta novela, su decimoquinta obra publicada, vio la luz en 2001. Es interesante el hecho de que por fin abordara estos temas que llevaba tanto tiempo evitando. El motivo quizá responda a un nuevo caso de *cherchez le frère*. En 1998, Carlos Semprún había publicado su libro de memorias, *El exilio fue una fiesta*, en la editorial Planeta. Es en este libro donde cuenta la escena de la visita a Lequerica con su padre para intentar ayudarle, y donde habla de los acercamientos de Frick. ¿Fue *Viviré con su nombre, morirá con el mío* una contraofensiva que respondía a las filtraciones de Carlos Semprún sobre temas que para él habían sido tabú? ¿Era acaso su manera de decir: «Mira para lo que sirvió recurrir a Lequerica, para nada»? Es posible que el hermano menor estuviera cumpliendo una vez más el papel de coro griego, incitando al mayor a sacar los esqueletos del armario. Jorge Semprún respondió escribiendo novelas, en las que los temas se volvían abordables de una forma que él podía controlar. Si por culpa de Carlos no podía mantener sus secretos a salvo, al menos podía darles el giro que quisiera.

3

Buchenwald

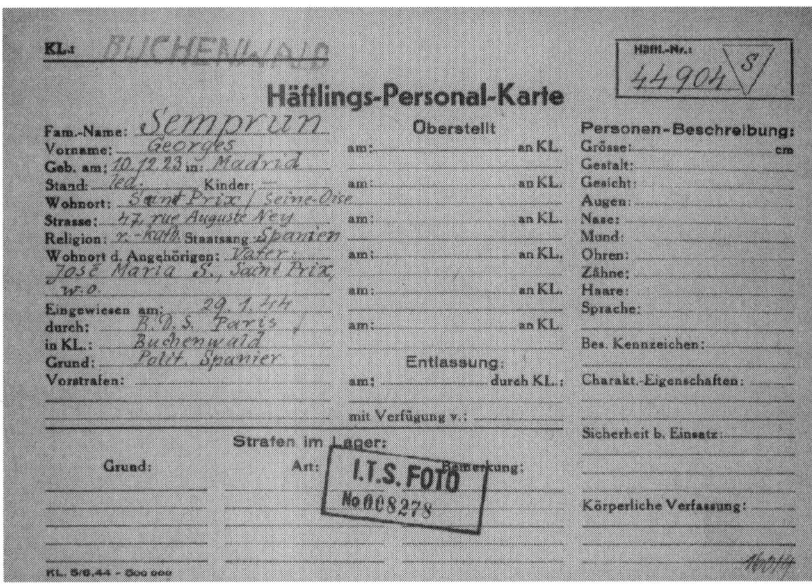

KL.: BUCHENWALD

Häftl.-Nr.: 44904 S

Häftlings-Personal-Karte

Fam.-Name: Semprun

Vorname: Georges

Geb. am: 10.12.23 in: Madrid

Stand: led. Kinder: —

Wohnort: Saint Prix / Seine-Oise

Strasse: 47, rue Auguste Ney

Religion: r.-kath. Staatsang.: Spanien

Wohnort d. Angehörigen: Vater: José Maria S., Saint Prix, w.o.

Eingewiesen am: 29.1.44

durch: B.d.S. Paris

in KL.: Buchenwald

Grund: Polit. Spanier

Vorstrafen:

Oberstellt

am: an KL.

am: an KL.

am: an KL.

am: an KL.

am: an KL.

am: an KL.

Entlassung:

am: durch KL.:

mit Verfügung v.:

Personen-Beschreibung:

Grösse: cm

Gestalt:

Gesicht:

Augen:

Nase:

Mund:

Ohren:

Zähne:

Haare:

Sprache:

Bes. Kennzeichen:

Charakt.-Eigenschaften:

Sicherheit b. Einsatz:

Körperliche Verfassung:

Strafen im Lager:

Grund:	Art:	Bemerkung:

I.T.S. FOTO No 008278

KL. 5/6.44 - 500 000

A lo largo de las décadas nos han llegado imágenes de los campos de concentración nazis en forma de documentales, fotografías, películas, testimonios y obras literarias. Lo que cada uno relaciona con la idea de un campo de concentración se ha ido moldeando a partir de estas fuentes. Nuevas interpretaciones van nutriendo, a su vez, el discurso general siempre que se escribe o se habla sobre el tema. Como superviviente, testigo y escritor, Jorge Semprún desempeñó un importante papel en la historiografía de los campos alemanes.

Semprún escribió tanto, y tan a menudo, sobre su experiencia en Buchenwald que la vivencia se convirtió en su marca de identidad. A menudo, afirmaba que él no era ni español ni francés, sino sencillamente «un deportado de Buchenwald».

Las muchas versiones que ofrece de su vida en el campo nunca se han contextualizado con la información documental disponible. Relacionar ciertos aspectos de su obra con otros textos y datos nos deja interpretar sus novelas de forma más matizada y apreciar la licencia artística que tomaba, y de la cual estaba orgulloso. No hay que olvidar que aunque fuera testigo del campo, Semprún fue novelista.

Semprún basó su carrera literaria en un ingenioso entramado de realidad y ficción, pero cuando se trata de los campos de concentración nazis —cuya existencia niegan aún hoy algunas personas—, merece la pena tener en cuenta los datos históricos. Entender cómo Semprún reestructura en su obra su experiencia en el campo permite identificar recurrencias temáticas y claves que se van presentando a lo largo de su vida, y que van forjando su imagen como escritor.

Desde su primer libro, *El largo viaje*, podemos detectar ecos de sus ídolos literarios (Malraux, Hemingway) y entrever el talento de un incipiente guionista. Sus diálogos son secos y minimalistas como los de Humphrey Bogart en *Casablanca*; sus escenas son claramente literarias y cinematográficas. Hace gala de una imaginación laberíntica y de amplias referencias universales, tanto literarias como filosóficas.

A Semprún se le ha clasificado erróneamente como un autor testimonial, cuando lo que en realidad escribe es una sofisticada ficción autobiográfica más próxima a la picaresca. Como pícaro, el personaje de Semprún en tanto protagonista/narrador/autor se inscribe a sí mismo en un género profundamente español. Como su antecedente literario, el Lazarillo de Tormes, va relatando su vida de manera selectiva y no exenta de artificio, añadiendo y quitando elementos para ganarse la simpatía o la admiración del lector. Y, como el pícaro clásico, está siempre varios pasos por delante del lector. Sin amor ni amparo, ha tenido que vivir en un mundo brutal, en el que la única regla es el sálvese quien pueda, y aprender a valerse por sí mismo. Los héroes de la picaresca quedan huérfanos a una edad temprana y se ven obligados a buscar la protección de una sucesión de amos crueles, a menudo figuras clericales, a través de los que ven las entrañas más sórdidas de la sociedad. La existencia del pícaro es episódica y azarosa, nada que ver con la estructura que suele vertebrar los géneros más nobles, hasta que tiene la oportunidad de contar su propia historia y reformular su vida para dotarla de sentido y respetabilidad. En la picaresca, la lección más importante que aprende el héroe de sus amos hipócritas es el arte de la defensa propia a través de la ocultación. Mediante un ingenioso proceso de construcción del propio personaje, y gracias al relato que hace del sufrimiento y las tribulaciones personales, el pícaro llega a adquirir el estatus social que siempre le ha eludido. El pícaro es el hombre hecho a sí mismo por excelencia, hecho no a base de trabajo en el sentido capitalista, sino a través del ingenio literario.

Está claro que Semprún tiene mucho más en común con el autor anónimo y culto del *Lazarillo* que con el protagonista, y que sus novelas no son grotescas ni cómicas. Pero la analogía tiene su fondo, aunque Semprún es un neopícaro en un contexto histórico mucho más trágico, y un escritor con un abanico de influencias mucho mas recientes. Semprún reconocía y defendía el uso de las herramientas de la ficción a las que recurrió: «Desde *El largo viaje* he utilizado siempre la ficción, a veces a modo de atajo, a veces para dotar a las cosas de un punto mayor de intensidad, y otras veces porque simplemente no había otra opción».[1]

De hecho, Semprún pensaba que la ficción era más poderosa que la historia como medio para narrar atrocidades. Tal como afirma Lilah Azem Zanganeh: «Semprún admite que el testimonio es vital para los historiadores, pero también señala que ese tipo de relatos no siempre son del todo fiables y que los historiadores, por desgracia, no son tan eficaces como los novelistas a la hora de transmitir la esencia de una experiencia. "El horror es muy repetitivo —dice—; sin elaboración literaria, uno no puede ser ni oído ni comprendido, sencillamente." Por lo tanto, argumenta: "La única manera de hacer palpable el horror es construir una serie de obras de ficción"». Así pues, solía asegurar que la ficción no era solo la mejor sino la única forma posible de representar los campos de concentración nazis:

> Siempre defenderé la legitimidad de la ficción literaria para desvelar las verdades históricas. En el caso de las deportaciones, tanto de judíos como de no judíos, es simplemente imposible decir, o escribir, la verdad. La verdad que nosotros experimentamos no es creíble y ese es un hecho que fue aprovechado por los nazis de cara a proyectar su propio legado, a ojos de las generaciones sucesivas. Si contamos la verdad cruda y desnuda, nadie nos creerá... Era necesario dotarla de forma humana, una forma real. Ahí es donde comienza la literatura: la narración, el artificio, el arte... lo que Primo Levi llama «la verdad filtrada». Y creo fervientemente que la memoria real, no la memoria histórica y documental, sino la memoria viva, solo se podrá perpetuar a través de la literatura. Porque la literatura por sí sola puede reinventar y regenerar la verdad.[2]

Podríamos decir que todos los estudios sobre su vida y obra, incluido este, hacen exactamente lo que él esperaba: recurrir a su producción literaria como herramienta que permite mantener viva la memoria tanto del autor, de los campos de concentración nazis como, en general, de las violentas crisis que atravesó el siglo XX europeo. Al hacerlo, tendremos también en cuenta cuestiones sobre su interpretación personal de esa «verdad filtrada». ¿Cómo responden los lectores a las ficciones creadas en honor a esa verdad? ¿Por qué la mayor parte de los lectores confunden a sus héroes de ficción con el Jorge Semprún autor? ¿Son fiables sus narradores? Cuando hablan parecen sinceros, aunque también sabemos que nos ocultan cosas e inventan otras.

A pesar de que Semprún defendió con firme convicción la concepción de su obra como ficción, algunos pasajes de sus libros se citan como si fueran textos históricos. Sus descripciones noveladas de Buchenwald aparecen incluso entre los materiales utilizados para la guía de la exposición permanente del centro dedicado a la memoria histórica de Buchenwald.

> Todo en Buchenwald está administrado, clasificado, registrado, inventariado y rubricado: el dinero de los reclusos, el número de artículos producidos en las fábricas, el número de horas de trabajo y de ocio, los vivos y los muertos, el coste del funcionamiento del crematorio, los homosexuales y los gitanos, los relojes y el pelo de los recién llegados, la cualificación profesional y los estudios de los deportados, las compras de cerveza y *machorka* en la cantina, incluso las «visitas» al burdel. El orden burocrático imperaba en el reino de las SS.[3]

No porque sea ficción quiere decir que no sea verdad, pero habría que distinguir, así como se debe diferenciar entre una novela de Hemingway sobre la Guerra Civil española y los hechos históricos de la contienda. Sin embargo, Semprún se estableció como voz testimonial de los campos de concentración. Aunque se inventara determinadas cosas, su condición de testigo transformaba todo lo que dijera en Historia.

Pero lo contrario también es cierto: aunque fuese testigo, su obra, como él mismo dice, es ficción. ¿No deberíamos tener en cuenta sus afirmaciones sobre el poder de la invención? Después de todo, escribir una buena historia no es sencillo. Pero ¿acaso no debería prevenirse el lector ante un escritor seductor experto en falsas identidades y en pasar desapercibido? ¿Cómo casan sus textos con la información que tenemos sobre su vida? ¿Cuáles son los retazos de vida real que apuntalan el magistral relato autobiográfico de Semprún? ¿Qué verdad está representando Semprún en sus textos? ¿La suya o la de un colectivo de deportados? ¿Acaso no era su experiencia como prisionero bastante única, como él mismo señala en repetidas ocasiones, en virtud de su peculiar procedencia: exiliado español de familia de la alta burguesía, educado en la élite, que hablaba un alemán casi nativo, y con una vocación filosófica y literaria? Por supuesto, no hubo dos prisioneros que vivieran la misma experiencia, pero Jorge Semprún está colmado de circunstancias excepcionales.

Veamos algunos aspectos que dan originalidad y valor a la obra de Semprún, como, por ejemplo, los temas de la clase social y la camaradería que reaparecen en sus escritos. Durante la Segunda Guerra Mundial, en el ámbito de la política europea, la clase, la política, la raza y la religión se entrecruzaban de maneras muy complejas. En los campos, y particularmente en el caso de Semprún, también eran palpables los estigmas y los privilegios de cada uno, aunque el autor afirma que los lazos fraternales desafiaban las diferencias socioeconómicas, y que su compromiso con la causa comunista española se consolidó gracias a la convivencia con sus camaradas en el campo de concentración.

Semprún escribió largo y tendido sobre esa época en las tres obras fundamentales en las que habla de Buchenwald: *El largo viaje*, *Aquel domingo* y *La escritura o la vida*. Estos libros, redactados originalmente en francés, se han traducido al español, al inglés, al alemán y a muchas otras lenguas.

Las preguntas fundamentales que suscitan son: ¿qué factores condicionaron la época que pasó Jorge Semprún en Buchenwald y en qué medida determinó esta experiencia su futuro? Hay respuestas en sus propios relatos, pero también en los documentos históricos y en los testimonios de otros prisioneros de Buchenwald.

Semprún fue arrestado por la Gestapo el 8 de octubre de 1943 y retenido en la Maison d'Arrêt de Auxerre. Su delito consistía en ser miembro del maquis Tabou. Tenía diecinueve años cuando lo detuvieron y cumplió veinte el 10 de diciembre de 1943 en una prisión de Francia. Cuenta que antes de su deportación a Buchenwald tuvo que soportar meses de tortura, incluida la práctica de lo que hoy conocemos como *waterboarding*, o el submarino. Estas torturas que padeció solo las relató en su totalidad en la obra póstuma *Exercices de survie*.[4] Tardó casi setenta años en hacerlo.

Pero en su primer libro, *El largo viaje*, de 1963, no cuenta esa historia. El único comentario sobre su encarcelamiento en Francia es el siguiente: «A menudo me he dicho a mí mismo que terminaría escribiendo esta historia de la prisión de Auxerre. Una historia muy sencilla: la hora del paseo, el sol de octubre y esta larga conversación, a base de frases sueltas, cada uno de un lado de la reja. [...] Y he aquí que se presenta la ocasión de escribir esa historia y no puedo escribirla. No es el momento, mi propósito es este viaje...».[5] En esta primera novela, el autor se centra, como sugiere el título, en el angustioso viaje desde Francia hasta Buchenwald en un vagón de ganado.

Semprún era joven y valiente, y gozaba de buena salud. En ninguno de sus libros habla del miedo. ¿Qué pensaba cuando llegó a Buchenwald? ¿Cuán peor podría ser el campo que la prisión de la Gestapo en Francia? ¿Podía acaso ser más insoportable que el viaje en tren a Buchenwald, los días y noches interminables amontonados en un espacio cerrado sin ventanas ni aire, rodeado de gente que gritaba y se moría? ¿Cuánto tiempo iba a pasar atrapado en aquella pesadilla? ¿Cuándo y cómo terminaría la guerra?

Su único consuelo, como dice el protagonista en *El largo viaje*, era que su adhesión a la Resistencia había sido por decisión propia. Como laureado estudiante de Filosofía, se enorgullecía de su capacidad de razonar. Había elegido su propio camino gracias a su fuerza de voluntad y su lucidez. No era una víctima, sino un luchador. Había hecho lo que el momento pedía. Había intentado sabotear las operaciones militares nazis en Francia con la esperanza de que eso ayudase a socavar el régimen de Franco en España. Había luchado por la justicia, según el lema antifranquista que se repetía a menudo durante la Guerra Civil: «Mejor morir de pie que vivir de rodillas».

> He sido libre para ir a donde tenía que ir, y era preciso que yo fuera en este tren... Era libre para ir en este tren, completamente libre, y aproveché mi libertad. Ya estoy en este tren. Estoy en él libremente, pues hubiera podido no estar.[6]

Había elegido libremente, pero ahora se dirigía a un *Lager* nazi, rodeado de alambre de espino, lleno de nieve sucia y enfermedad, humillación y muerte. ¿Al final moriría de rodillas? ¿Acaso había cometido un grave error?

Para cualquiera que haya leído sus libros, repasar los documentos de archivo de su ingreso en el campo resulta impactante. A veces los documentos históricos impresionan más que la ficción. Su obra consigue construir un universo tan convincente, y nos parece que conocemos tan bien a sus héroes de ficción —desde *El largo viaje*, *Viviré con su nombre, morirá con el mío*, *La escritura o la vida* o *Aquel domingo*— que resulta muy inquietante acercarse a los documentos en los que se registra la *verdadera* detención del Jorge Semprún de carne y hueso. Antes de convertirse en una leyenda o en un personaje literario, no era más que un joven detenido, cuyos datos aparecen en una ficha de ingreso en un campo de concentración nazi. La tarjeta amarillenta, con esa siniestra grafía gótica, tiene claramente un aire mortuorio. El 29 de enero de 1944 fue inscrito en Buchenwald como el preso 44.904. Los alemanes daban mucha importancia a los números, más aún en los campos, donde el espacio era muy limitado. El campo de concentración de Buchenwald se había construido para albergar a una mera fracción de los 250.000 presos que acabarían allí durante la guerra.

Gracias a la minuciosa anotación de datos por parte de los alemanes, se conocen detalles de la llegada de Semprún a Buchenwald. Entre los efectos personales que se vio obligado a entregar a las autoridades a su llegada al campo, figuraban un abrigo, dos jerséis y ropa interior.

Está anotado el nombre de su padre, la dirección de la casa de este en Saint-Prix, su religión (católica romana), así como su clasificación: preso político español, y su nuevo nombre: 44.904. Su identidad había cambiado ya varias veces en los primeros veinte años de su vida: Semprún Maura en Madrid, Georges Semprún en el exilio, Gérard

Sorel el jardinero/combatiente de la Resistencia, y ahora el prisionero número 44.904. En dos fichas preimpresas de apariencia muy oficial, se indica que de profesión es «estudiante», pero en otra tarjeta hecha a mano figuran tan solo su nombre, número y profesión, y en ella se indica que es *stutakeur* («estucador») en lugar de estudiante. Esta misteriosa tarjeta añade aún otra identidad. Está sellada «Paris BDG» (Befehlshaber des Gendarmerie, «Comandancia de la Policía Local») el 29 de enero de 1944. ¿Dónde y cuándo se rellenó esta ficha? ¿Y quién lo hizo y por qué?

Según Semprún:

> Así se presentaba mi ficha personal establecida la noche de mi llegada a Buchenwald. Impreso de antemano, 44.904 era el número que me estaba destinado. Quiero decir: que estaba destinado al deportado, fuera quien fuera, que hubiera llegado en aquel momento preciso delante del hombre encargado de rellenar la ficha. Por casualidad, era yo. El mero hecho de haber sido registrado como «estucador» probablemente me salvó de los transportes hacia Dora, masivos en aquella época... No supe todo hasta más adelante, por supuesto... Tenía razón el comunista anónimo que trataba de hacerme comprender esta realidad: para sobrevivir en Buchenwald, más valía ser obrero cualificado, *Facharbeiter*.[7]

Cuando Semprún vio esta ficha cincuenta años más tarde, a su regreso a Buchenwald con sus nietos Mathieu y Thomas Landman, concluyó que «posiblemente» esta mentira le había salvado la vida.[8] En el campo, según él, un estudiante habría sido considerado inútil y se le habría enviado a Dora u otro campo peor, donde la muerte estaba casi garantizada. Pero un estucador podía ser de utilidad y por lo tanto era más probable que se mantuviera con vida. Semprún comentó que había tenido suerte y que este burócrata anónimo del campo, que llegó a reescribir su destino con una sola palabra, era un veterano comunista alemán, de espíritu fraternal. No le había tocado un inmaduro advenedizo del partido al que pudiera molestar la «arrogancia intelectual» de aquel prisionero burgués, joven y guapo. Muchos de los comunistas que trabajaban en la administración de Buchenwald ya llevaban años allí, y Semprún afirma que podía adivinar con facilidad «hasta qué punto la historia de la organización del KPD, del Partido Comunista Alemán, fue compleja en Buchenwald [...] sórdida y heroica, sangrienta y generosa, mortífera y moral».[9]

David Wingeate Pike, experto en campos de concentración alemanes, ha resumido muy bien las ventajas que Semprún sabía que tenía:

> Semprún, superviviente de Buchenwald, define el secreto de su supervivencia en función de tres factores: un conocimiento suficiente de la lengua alemana, destreza práctica en algún (o la apariencia de tenerla) oficio y suerte.[10]

Sin duda, él tuvo más suerte que el prisionero con el que compartía la ficha de inscripción, cuya información se detallaba en la otra cara. Como todo escaseaba en tiempos de guerra, las fichas de los prisioneros se reciclaban y la de Semprún tenía del otro lado los datos de Boris Matwejew, preso político número 29.664. La llegada de Matwejew se había inscrito el 18 de octubre de 1941. Ese día se incorporaron sus datos a la ficha, pero en algún momento se había añadido un trazo diagonal en lápiz rojo con un sello que reza «Verstorben» («Dado por muerto»). La fecha de su muerte, o al menos la que figura en su tarjeta, aparece estampada en la esquina inferior derecha: 4 de julio de 1942. Matwejew era mecánico de automóviles (*Autoschlosser*), oficio que seguramente habría resultado útil para los alemanes, si el hecho de resultar útil de verdad contaba para algo. Este mecánico no sobrevivió ni siquiera nueve meses, o quizá, dadas las circunstancias, fuera excepcional que alcanzara a sobrevivir ese tiempo. Lo que cuenta Semprún es que él solo llegó a ver una fotocopia de una de las caras de su ficha, por lo que tal vez nunca supo a quién había correspondido la tarjeta que heredó, ni que él mismo fue la cara B del destino cara A de Boris Matwejew. ¿Por qué tuvo Semprún más suerte que Boris Matwejew? ¿Fue la suerte la que lo destinó a Buchenwald y no a otro campo?

A partir de 1940, hubo tres tipos de campos de concentración nazis: «Los de categoría I (campos de trabajo) eran la versión más leve. La categoría II implicaba condiciones más duras de vida y trabajo.

Bajo la categoría III figuraban los "campos de exterminio". Al principio Buchenwald fue de categoría II, pero posteriormente pasó a categoría I».[11] Sin embargo, Buchenwald también era, en la práctica, una fábrica de muerte, aunque no fuera, como dice Semprún en *El largo viaje*, un *campo de exterminio*.

Allí murieron miles de prisioneros por las condiciones de vida tan inhumanas y la dureza de los trabajos forzados en la cantera. Fue considerado el campo de trabajo más duro de la Alemania nazi. Sin embargo, si a Semprún lo hubieran enviado a Mauthausen, como a muchos de sus compatriotas españoles, sus probabilidades de sobrevivir habrían sido menores. Con todo, Buchenwald tampoco era un destino mucho mejor: murieron más de cincuenta mil prisioneros, y quienes sobrevivieron sabían que había sido de puro milagro. Aparte de las enfermedades y de las condiciones tan duras de trabajo físico, cada día en el campo surgían muchas situaciones en que se corría el riesgo de perder la vida. Tan solo mirar a alguien inoportunamente o andar demasiado despacio en una fila podían causar la muerte. Por Buchenwald pasaron 636 prisioneros españoles, de los que murieron 133 y desaparecieron 126.

¿Cómo encaja Buchenwald en la trayectoria de Jorge Semprún? Más allá de sus ambiciones literarias, Semprún siempre había imaginado para sí un gran destino. Con un distanciamiento narrativo que recuerda a Hemingway, *El largo viaje* es una brillante reconstrucción de su propio personaje como un héroe reacio; el narrador es el hombre de acción y letras que Semprún siempre había querido ser desde que había leído a Malraux. Se esforzó por contar su deportación con dignidad, no quería ser un joven pillado tontamente en un momento y un lugar tan inoportunos, inútilmente armado y apresado por la Gestapo sin poder defenderse. Su familia, y en especial su temeroso padre, así como su severa madrastra germanosuiza, debieron de maldecirlo por tan desvergonzada imprudencia. ¿Qué clase de hijo era capaz de cometer semejante locura?

Hay dos imágenes recurrentes, quizá opuestas, que surgen tras la lectura de los libros de Semprún sobre Buchenwald y que nos permiten enmarcar su experiencia en el campo entre los polos opuestos de la cultura y la belleza de su imaginación, y la cotidiana brutalidad y suciedad de la experiencia física. Uno es la de una hermosa haya conocida como «el árbol de Goethe». En el otro extremo del espectro están las letrinas pestilentes y plagadas de infecciones que tenían que usar los prisioneros.

> *Gärtnerei*, el trabajo de la jardinería, por eufemismo, ya que sin duda era el peor de todos. Consistía en llevar, de dos en dos (y las parejas de portadores, si uno no era rápido y espabilado, las hacían los *kapos*, generalmente viejos reclusos, desencantados, por lo tanto sádicos, que se las ingeniaban para obligar a trabajar juntos a los deportados de complexión más dispar) [...] pues, al paso ligero, bajo una lluvia de golpes, pesadas cubas de madera colgando de unas especies de pértigas y llenas hasta los bordes de abonos naturales —de ahí la apelación corriente de «trabajo de la mierda»— destinadas a los cultivos hortícolas de las SS.[12]

En la historia de la familia Semprún, las letrinas comunes del campo funcionan como un llamativo contrapunto a la impecable instalación de higiénicas y modernas tuberías, que Antonio Maura había exigido para el veraneo de su familia. Maura tenía fobia a las bacterias y estaba obsesionado con la salud. Tuvo, quizá, la suerte de no llegar a ver que las bacterias serían lo último por lo que se preocuparían sus descendientes. ¿Quién tenía tiempo para pensar en la higiene cuando mandaba la Gestapo? Uno de sus hijos, Honorio, había sido ejecutado en 1936 y otro —así como muchos de sus nietos— huyó al exilio para acabar aterrizando en la Francia ocupada por los nazis. En una generación, parte de la familia había pasado de ser poderosa y española a ser impotente y apátrida. La lengua alemana que los niños Semprún habían aprendido de pequeños en Madrid —el idioma del progreso, la lógica y la ilustración— le sirvió a Jorge Semprún en Buchenwald, paradójicamente, para sobrevivir. Las vacaciones de verano, los cuartos de baño privados y los derechos más básicos eran lujos perdidos. En la maquinaria del campo, los excrementos de los presos eran el estiércol con el que se abonaban los huertos de los nazis.

Para construir Buchenwald, en 1937, se arrasó un hayedo. El único árbol que quedó en pie en el perímetro del campo fue un haya, absuelta porque supuestamente había sido el árbol favorito de Goethe en esa zona. Según la leyenda, sentado a la sombra de este árbol, Goethe había escrito algunos pasajes de *Fausto* y el poema «Wandrers Nachtlied». Tal vez se tratara de verdad del árbol de Goethe, pero también podía ser que se escogiera un árbol al azar para dar al campo un toque sentimental, un aire de alta cultura y de esencia alemana. ¿Qué sería más genuinamente alemán después de todo, el eterno Goethe o ese campo provisional? Es discutible si aquel «árbol de Goethe» lo era de verdad o si fue más bien una leyenda apócrifa fabricada por la maquinaria de propaganda nazi. Al parecer, el escritor tenía un gran número de árboles preferidos por toda Alemania. En cualquier caso, sí que pasó algunos veranos en la zona donde se construyó el campo, y a Jorge Semprún le atraía la conexión imaginada con el autor alemán.

> En Buchenwald, veinticinco años atrás, a veces había soñado que Goethe, inmortal y olímpico, goethiano en una palabra, seguía paseándose por la colina del Ettersberg, en compañía de Eckermann, aquel tonto distinguido. Me había complacido, no sin cierta perversidad intelectual, en imaginar las conversaciones de Goethe y Eckermann acerca del campo de Buchenwald. ¿Qué habría dicho Goethe, un domingo de diciembre, por ejemplo, paseándose a lo largo de la avenida de las Águilas, si hubiese reparado en la inscripción forjada en el hierro de la puerta monumental del campo, *Jedem das Seine*?[13]

La verja de Buchenwald se menciona repetidas veces en *El largo viaje*, y de hecho hay un *crescendo* de referencias hasta la liberación del campo, cuando la inscripción es finalmente revelada e impresa en la página en letras mayúsculas:

> Enseño mi salvoconducto al centinela americano y miro la inscripción en grandes letras de hierro forjado que está encima de la verja. ARBEIT MACHT FREI. Es una hermosa máxima paternalista, nos encerraron aquí por nuestro bien, nos enseñaron la libertad por los trabajos forzados.[14]

La verja tiene una gran relevancia en el relato del campo de concentración de Jorge Semprún, pero curiosamente «Arbeit macht frei» no era la inscripción de las verjas de entrada a Buchenwald. Era la de otro campo, donde él no estuvo nunca: Auschwitz. En las puertas de Buchenwald estaban inscritas las palabras «Jedem das Seine», que puede traducirse como «a cada cual lo suyo» o «a cada uno le toca lo que se merece».

Es difícil imaginar que Semprún se equivocara con una cuestión de tanta envergadura histórica como la inscripción de la puerta de Buchenwald, por lo que debemos considerar otros posibles factores para entender por qué utiliza la inscripción —mucho más conocida— de otro campo en una obra de autoficción.

Hay que tener en cuenta que, cuando Semprún comenzó a escribir sobre sus experiencias en el campo, hacia 1960 o 1962, Primo Levi y Elie Wiesel ya habían inmortalizado las verjas de Auschwitz en sus respectivas novelas, *Si esto es un hombre* (edición original italiana publicada en 1947 con el título de *Se questo è un uomo*) y *La noche* (publicada por primera vez en francés como *La nuit* en 1958).

La inscripción de las puertas de Auschwitz aparece tres veces en *Si esto es un hombre*. Al final del segundo capítulo, «El deshielo», se relata la primera y caótica etapa de liberación del campo, y la inscripción en ese contexto se reducía a unas palabras dislocadas:

> [...] por última vez se presentaban ante mis ojos las barracas donde había sufrido y madurado, la plaza donde se pasaba lista, y donde la horca y el inmenso árbol de Navidad gigante aún se alzaban uno al lado del otro, y la puerta a la esclavitud, en la que aún se podían leer las tres palabras burlonas, ahora sin sentido: «Arbeit macht frei», «El trabajo os hará libres».[15]

A esas palabras también se les adjudica un lugar destacado en *La noche* de Elie Wiesel:

> Pero apenas caminamos unos instantes, percibimos las alambradas de otro campo. Una puerta de hierro y sobre ella esta inscripción: «¡El trabajo es la libertad!». Auschwitz.[16]

El cortometraje documental de 1955 *Nuit et brouillard* (*Noche y niebla*), de Alain Resnais, fue la primera película que utilizó imágenes y material de archivo de los campos de concentración. El proyecto de Resnais fue revolucionario, y François Truffaut dijo que era la mejor película de la historia. En el documental, retransmitido por la televisión francesa y visto por innumerables familias solo diez años después del fin de la guerra y la ocupación, una de las secuencias más inolvidables es la de los prisioneros entrando por las verjas de Auschwitz, bajo las siniestras palabras «Arbeit macht frei».

Cuesta creer que Semprún, que hablaba alemán perfectamente y era escritor, se equivocara al recordar la inscripción de Buchenwald. Pero es posible que eligiera deliberadamente el «Arbeit macht frei» porque la expresión, gracias a Levi, a Wiesel y al cineasta Alain Resnais, ya tenía cierta resonancia en el discurso de la cultura del Holocausto.

Sería natural que Semprún, que inició su carrera como escritor relativamente tarde —tenía cuarenta años cuando se publicó *El largo viaje*—, quisiera vincular intertextualmente su obra a las representaciones más conocidas sobre la barbarie nazi. Igual que un músico *samplea* las notas más famosas interpretadas por sus maestros, el autor se inscribe a sí mismo en el canon de la literatura del Holocausto, vinculándose con la inscripción más famosa de las puertas de los campos de concentración y no con la del suyo. También hay que señalar que Semprún se refiere a Buchenwald como un campo de exterminio. Cuando el protagonista de *El largo viaje* describe el centro de repatriación instalado en un hotel de Eisenbach, donde se reunió a los prisioneros tras la liberación, dice: «Cada cual cumplía su papel. [...] Y nosotros, con el de supervivientes de los campos *de la muerte*».[17] En Buchenwald, como ya se ha dicho, murieron miles de personas, pero no era un campo de la muerte o de exterminio como Auschwitz. Es quizá en estas distinciones, posiblemente menos claras en 1963, en las que la mezcla de literatura, vida y memoria es llamativa para los lectores actuales.

Dieciséis años después de *El largo viaje*, Semprún publicó *Aquel domingo* (1980), su segunda gran novela autobiográfica sobre Buchenwald. En este libro reaparece la inscripción de la verja, pero esta vez es la verdadera, «Jedem das Seine». No hay referencia alguna a la inscripción de Auschwitz que con tanta frecuencia se menciona en *El largo viaje*. No se sabe si es una corrección discreta o un deseo de dar una coherencia más personal y real a su narración.

En *Aquel domingo* el narrador imagina a un Goethe que camina por la avenida de las Águilas de Buchenwald y observa la inscripción del campo:

> [...] en 1944... yo imaginaba con placer bastante perverso las elucubraciones de Goethe acerca de aquella inscripción de Buchenwald, «A cada cual lo suyo», expresión cínicamente igualitaria...[18]

El narrador de *Aquel domingo* insiste bastante en la importancia de la inscripción y afirma que la leyenda de ese lema infame había viajado incluso hasta la URSS, donde fue inmortalizada por el escritor ruso Varlam Shalámov, prisionero de un gulag soviético, con estas palabras: «Dicen que en la puerta de los campos de concentración alemanes figuraba una cita de Nietzsche: CADA CUAL PARA SÍ».[19]

El narrador de *Aquel domingo* reprende a los rusos por deformar la mítica inscripción con una mala traducción y amonesta igualmente a Shalámov por relacionar las palabras con Nietzsche:

> *Jedem das Seine* había acabado convirtiéndose en *Jeder fur Sich*, «A cada cual lo suyo», que se había convertido en «Cada cual para sí». Cosa que no guarda absolutamente ninguna relación con lo anterior, como creo que es evidente... *Cada cual para sí*, con una frase de Nietzsche. ¿Por qué Nietzsche? Aún me lo pregunto.[20]

Es desconcertante que Semprún termine dando vueltas obsesivamente a la exactitud de las palabras y del significado de una inscripción que él mismo no utilizó hasta 1980. De hecho, los *Relatos de Kolymá* de Shalámov (quien tardó muchos años en escribirlos) se publicaron por fin en 1978. ¿Fue la obra de Shalámov lo que finalmente hizo recordar a Semprún las palabras de la inscripción de las verjas de Buchenwald (y no las de Auschwitz)? Aunque en *Aquel domingo* el narrador se horrorice de la interpretación que hace Shalámov, el propio Semprún era un admirador entusiasta de la obra del ruso, incluso hasta el punto de preferirlo a Primo Levi, al que juzgaba «anticuado», o de recomendar la publicación de Shalámov en Mondadori, la editorial española donde apareció una selección de *Kolymá*.[21] En una entrevista concedida en 2010, un año antes de su muerte, Semprún elogió a Shalámov:

> En cualquier caso, el libro más espectacular sobre la memoria de la deportación es la obra rusa *Relatos de Kolymá*, de Varlam Shalámov. La gente cita a menudo libros escritos por los antiguos deportados de los campos nazis, como el maravilloso libro de Primo Levi, pero nadie habla de Shalámov, porque su historia no forma parte de nuestra memoria colectiva europea.[22]

El tema de la inscripción de la verja de entrada de Buchenwald es solo un ejemplo de las cuestiones relacionadas con la memoria, la licencia poética y la intertextualidad que rodean la obra de Semprún. Si nuestro narrador/escritor cambia la inscripción de una verja —tan física e incontrovertible en su materialidad de hierro forjado— por otra distinta, de otro campo, ¿cómo podemos confiar en él con respecto a lo demás? Parece improbable que su falta de fiabilidad como narrador tenga origen en la dejadez o en el ser olvidadizo. Quizá se trate sencillamente de un proceso de evolución creativo e histórico en el que Semprún va encontrándose consigo mismo y con datos históricos, a la vez que va leyendo y asimilando otras obras de literatura con temas comunes.

Las verjas de entrada de los campos nazis, con sus inscripciones, nunca han perdido su terrible poder simbólico. La de Dachau, que tenía la misma inscripción que Auschwitz, «Arbeit macht frei», fue robada en noviembre de 2014. El lema de la puerta de Buchenwald, «Jedem das Seine», llegaría a ser tan célebre como el «Arbeit macht frei»: en 2009, la compañía Esso desató una polémica al anunciar el café Tchibo Espresso en setecientas gasolineras con el lema «Jedem das Seine». Todas las vallas publicitarias de esta campaña tuvieron que ser retiradas por orden de la ley alemana.[23]

Parece ser que el dominio del alemán por parte de Jorge Semprún fue clave para conseguir un trabajo de oficinista en la llamada red «comunista clandestina» que estaba a cargo de la administración del campo. «Clandestina» resulta aquí un término ambiguo: si bien es verdad que los miembros de la organización eran prisioneros de los nazis, sus captores confiaban en ellos lo bastante como para dejar en sus manos la mayor parte de las operaciones del campo. Los prisioneros estaban divididos en *kommandos*, escuadrones de trabajo, y cada sección tenía un *kapo*, o jefe, que se encargaba de que las cosas discurrieran al gusto de la Gestapo. Por un lado, estos presos trabajaban estrechamente con los nazis, pero, por otro, tampoco tenían otra opción y algunos de ellos lograron usar su poder para sabotear en secreto operaciones alemanas.

El hecho de haber tenido un trabajo de oficinista entre los prisioneros comunistas de alto rango de Buchenwald pudo haber sido, para Semprún, el factor clave que aumentó sus probabilidades de supervivencia. La diferencia entre trabajar al aire libre o en el interior, en un entorno de crudísimos inviernos, era abismal. Pero ¿por qué, siendo un veinteañero sano y deportista, se le asignó un trabajo como aquel? ¿Qué podía saber un estudiante de Filosofía hispanofrancés de las funciones que se desarrollaban en una oficina donde se procesaban datos estadísticos del trabajo realizado en un campo de concentración nazi? ¿Era solo por haber pertenecido a la Resistencia? De ser así, ¿cómo pudo ser que él sobreviviera y que Henri Frager, el jefe del grupo Jean-Marie Action, al que había pertenecido Semprún, fuera asesinado en Buchenwald, o que Irène Chiot, propietaria de la casa donde los detuvieron, fuera enviada a los campos de exterminio de Bergen-Belsen y Ravensbrück? ¿Fue tan solo el azar? ¿Quizá porque hablaba alemán? ¿Gozaba Semprún de un rango preferencial gracias a la intermediación conjunta llevada a cabo por su tío, Miguel Maura, por Lequerica —embajador de España en Vichy—, por Otto Abetz —embajador nazi en Vichy— o por su cuñado Soutou? ¿Alguien había avisado a los nazis y a los comunistas españoles de Buchenwald de que llegaba un español al que tenían que proteger porque era alguien cuyo destino suscitaba interés fuera del campo, en círculos importantes? Quizá los comunistas no lo acogieron porque fuera «uno de los nuestros», sino porque, a cambio de proteger a este prisionero relativamente privilegiado y bien relacionado, tendrían algún apoyo o compensación.

Según cuenta Felipe Nieto:

> A los tres días de la llegada, [Semprún] recibe la visita sorpresa de Falcó, un comunista español no conocido de un Semprún que siempre se ha maravillado de que fuera detectado su origen español tan velozmente. El camarada le interroga, le examina discretamente en nombre del partido. Semprún se deja acoger por el manto de la organización en esos momentos de desvalimiento: «Ser comunista abría las puertas...».[24]

Semprún cuenta que fue elegido para ese puesto, relativamente envidiable dadas las alternativas, porque era español, hablaba alemán y fue identificado como un camarada fiel. No obstante, es curioso que fuera examinado tan rápidamente por el núcleo duro de la clandestinidad comunista de Buchenwald. Era joven y bastante inexperto, y sus credenciales comunistas eran prácticamente nulas: después de todo, la red de la Resistencia a la que se había unido, Jean-Marie Action, no era en realidad ni francesa ni comunista, sino que dependía directamente de Londres, del Gobierno británico. Por otro lado, como señala Nieto, no queda claro si Semprún pide el ingreso en el Partido Comunista de España (PCE) en 1942 o 1943, ni cuándo se produjo efectivamente tal ingreso.[25]

Poco antes de su muerte, Jorge Semprún tuvo que enfrentarse con algunas preguntas incómodas, referidas tanto a su papel en la Resistencia como a su trabajo en Buchenwald, sobre cuestiones poco claras. Cuando el escritor Jean Lacoutoure le preguntó con insistencia acerca de los motivos por los que se había unido a la Resistencia a través de una unidad británica, Semprún respondió con elocuencia pero a la defensiva:

> Soy el candidato perfecto para someterme a un proceso estalinista en Francia. En efecto, siguiendo los consejos, o mejor dicho las órdenes, del Partido Comunista Francés, trabajé para una red británica. Comunistas o no, era necesario trabajar con ellos para hacer llegar las armas a los que luchaban. No hay prueba escrita alguna de todo esto. Si hubiera existido en Francia un proceso como los que se desarrollaron en los países del Este, yo habría sido acusado de ser un agente del

> Intelligence Service. ¿Cómo puede probarse que fue el Partido Comunista Francés quien me pidió que trabajara con los ingleses?[26]

En cualquier caso, sigue siendo misterioso que, inmediatamente, fuera designado miembro de alto rango de la clandestinidad del campo. Semprún cuenta que fue en parte gracias a un integrante (sin nombre) del grupo Franc-Tireurs et Partisans (FTP) de la Resistencia, al que había conocido en Yonne. Esta persona avisó a los miembros españoles de la organización comunista de Buchenwald, por lo que, al parecer, los españoles estaban esperando su llegada, listos para separarlo del resto y protegerlo.[27] ¿Sería gracias a la intervención de Soutou, con su amplia red de contactos en la Resistencia? Fue gracias a este aviso que un superior comunista entrevistó a Semprún poco después de su llegada al campo, determinó que sus «referencias eran legítimas» y así fue registrado como estucador. Tras esa conversación, reunió a los comunistas clandestinos españoles y se convirtió enseguida en un VIP del campo. Por su conocimiento del alemán fue elegido para representar a los comunistas españoles en la Arbeitsstatistik y formó parte de la *nomenklatura* de Buchenwald.[28] Las paradojas relativas a aquella situación suya eran múltiples, y Semprún pasaría el resto de su vida desentrañándolas: un español de la alta burguesía en un campo de concentración nazi dirigido en realidad por prisioneros comunistas.

El departamento, que ostentaba un nombre tan oscuro y burocrático como «Oficina de Estadísticas del Trabajo», desarrollaba una labor importante. La mayor parte de las tareas consistían en organizar escuadrones de trabajo (*kommandos*) de hasta tres mil prisioneros, o incluso más numerosos, a los que destinaban a lugares como Dora, donde les esperaban trabajos forzados y una muerte segura. Gestionaban largas listas de nombres escritas a lápiz y tenían la potestad de cambiar el destino de cualquier prisionero con una simple goma de borrar.

En su historia de Buchenwald, André Sellier, historiador y exprisionero de este campo, describe la oficina en la que trabajaban Semprún y otros veinticinco hombres:

> La otra organización era la Arbeitsstatistik, con base en el campo y gestionada de verdad por los prisioneros, al menos en Buchenwald.

Su función era la de asignar trabajo a todo el mundo. A algunos les tocaban tareas administrativas tranquilas. En otros *kommandos*, como los que trabajaban en la cantera, la labor era especialmente dura. A los trabajadores cualificados que conseguían puestos en las fábricas que dependían del campo les iba mejor que a los que realizaban trabajos manuales pesados. Así, la Arbeitsstatistik tenía un poder considerable, sobre todo a la hora de elaborar las listas de «transporte» para los *kommandos* externos. Tal era el caso, por ejemplo, cada vez que había que abastecer a las SS con los 500 prisioneros que necesitaban en una fecha concreta en Dora, Langenstein u Ohrdruf. [...] Incluso en los puestos subalternos, los burócratas del campo eran unos privilegiados. Una vez incorporado a la Arbeitsstatistik, Birin pasó a dormir en un bloque dividido en dormitorios separados, con ocho camas individuales por habitación. La comida, además, no era tan mala. Nos daban las raciones en la propia oficina y a menudo había suplementos que podíamos compartir con muchos de nuestros camaradas.[29]

El héroe de guerra francés Pierre Julitte también fue deportado a Buchenwald. En su novela autobiográfica *L'arbre de Goethe*, publicada en 1965, describe las condiciones de vida más favorables de los pocos prisioneros que tenían el privilegio de trabajar en el interior:

También es cierto que, en algunos de los *kommandos* del propio campo, el trabajo era ligero y se realizaba en el interior. Era el caso del *kommando* encargado de la fabricación y reparación de calcetines y del asignado a la sastrería. El trabajo de estos deportados consistía únicamente en zurcir, coser y remendar. Pasaban los días sentados bajo techo, protegidos de las inclemencias del tiempo. Incluso se afirma que les servían una ración suplementaria de sopa al mediodía y que pasaban el recuento nocturno en sus talleres en lugar de tener que permanecer durante horas al aire libre, pasando frío. Pero el total de integrantes de estos *kommandos* de interior era muy reducido. Todo el mundo tenía claro que estos grupos estaban reservados para determinados individuos privilegiados, protegidos desde las altas esferas. Se citaba como prueba de ello el hecho de que un diputado de la Asamblea Nacional francesa fuera empleado en el *kommando* de los calcetines. Sin embargo, uno de sus compañeros diputados trabajaba en la cantera, a pesar de que pertenecían al mismo partido político y habían llegado al campo a la vez.[30]

La figura de Julitte, un apuesto héroe de la Resistencia, trece años mayor que Semprún y también exalumno del selecto liceo Henri IV, sirve de interesante contrapunto. Julitte era, además, ingeniero, y por tanto tenía habilidades que hubieran sido valiosas para los alemanes. Pero Julitte, junto con los demás combatientes de la Resistencia con los que fue detenido, fue enviado a un *kommando* en el que padeció las duras condiciones de trabajo al aire libre. Julitte no hablaba alemán. ¿Radicó ahí la diferencia fundamental entre sus respectivos destinos? Julitte, a pesar de ser inferior a Jorge Semprún en el campo y tener que soportar la tortura diaria de los trabajos forzados, se convirtió en un auténtico héroe de Buchenwald. Siguió desarrollando clandestinamente su trabajo de resistencia desde el interior del campo y, cuando descubrió la Mibau, una fábrica alemana de misiles en los terrenos de Buchenwald, se las arregló para comunicárselo a los Aliados. Los alemanes estaban construyendo allí el cohete V-2 con el que esperaban ganar la guerra, y, gracias a Julitte, las fuerzas aliadas bombardearon la Mibau y dieron al traste con aquellos planes. De paso, acabaron también con el árbol de Goethe, que fue bombardeado y ardió durante toda la noche.

El relato de Julitte nos aporta asimismo detalles vívidos sobre el funcionamiento interno de la Arbeitsstatistik, donde trabajó Semprún:

> Cuando había que preparar un convoy para Dora, la Arbeitsstatistik reclutaba a los efectivos necesarios de entre los *kommandos* de la cantera. Al aparecer, el equipo de reclutamiento hacía cundir el terror entre los deportados y estos se dispersaban en todas direcciones. Pero las tropas de las SS los reunían de nuevo con porras, con armas si era necesario. Los hacinaban en un rincón de la cantera y anotaban los números de los más saludables. Al día siguiente se llevaban a estos hombres y nunca más se volvía a saber de ellos.[31]

Uno de los personajes de *L'arbre de Goethe* y amigo cercano del narrador, Charlie, es un joven sano y fuerte, ideal para ser transportado en uno de los convoyes a Dora. Con el objetivo de disuadir a las SS de elegirlo, se hace un corte en la pierna con una piedra y deambula por el campo sangrando y cojeando. No podía haber imaginado que, en vez de compasión, la herida solo iba a provocar risas y excitación entre los que le rodeaban, puesto que, según Julitte, «el jefe de la Arbeitsstatistik era un homosexual a quien la visión de la sangre le provocaba un histérico orgasmo de placer».[32]

Charlie, que hablaba bien el alemán, esperaba conseguir un trabajo de intérprete o, al menos, ser destinado a un *kommando* que no trabajase en la cantera. Uno de los *kapos* que estaba a cargo de un pequeño *kommando* informó a Charlie de que, para conseguir una buena colocación, tendría que entregarle el chocolate y los cigarrillos que llegaban en sus paquetes de ayuda humanitaria. Charlie, como muchos otros prisioneros, ignoraba si el *kapo* cumpliría o no su parte del trato.

Lo que Julitte deja claro en su libro es que nadie era destinado a uno de los *kommandos* preferidos del interior de las dependencias —y sobre todo no a la todopoderosa Arbeitsstatistik— a no ser que tuviera amigos importantes en las altas esferas o alguna habilidad especial. ¿Contaba Semprún con alguna de estas dos bazas? ¿Obtuvo un trato especial gracias al camarada del FTP de Yonne que intercedió por él, gracias a Lequerica y a Otto Abetz? ¿Le dijo algún funcionario alemán a Lequerica: «No podemos soltarlo, pero estará protegido»? Si acaso sucedió algo de esto, y si Semprún supo de dichos acuerdos, no los menciona. Le pregunté directamente a su sobrino, Georges-Henri Soutou, si creía que su tío era consciente de los esfuerzos que se habían hecho para ayudarle, y si lo habían hablado alguna vez. Me contestó:

> Soy incapaz de contestar a esa pregunta. Supongo que era lo suficientemente inteligente y que estaba bastante informado como para habérselo planteado... Pero es muy complicado por varias razones. Primero, psicológicamente no le pegaba nada hablar de estas cosas. Era muy púdico. Nunca hablamos de aquello... Yo solo le pregunté por el campo una vez, cuando publicó *El largo viaje*. También hay que tener en cuenta que el ambiente familiar no era fácil, había mucha tensión... Cuando le pregunté a Jorge sobre el campo, esa única vez, estábamos con Paco. Jorge empezó a hacerme una especie de informe: «Pues verás, el campo fue diseñado para 10.000 personas. Éramos unos 50.000». Paco le interrumpió y dijo: «¡Pobres alemanes! ¡Esta-

rían desbordados!». Con eso se acabó la conversación, ni Jorge ni yo dijimos otra palabra.[33]

Sí reconoce que su día a día era más llevadero que el de la mayor parte de los prisioneros. Willi Seifert era el *kapo* de la Arbeitsstatistik y no hay duda de que Semprún mantenía con él una relación muy cordial. Tales amistades tenían un valor inestimable, pues nadie se iba a meter con un protegido de un *kapo* tan importante.

> Willi Seifert me ofrece el mismo tipo de cigarrillo, cuando me convoca a su despacho de la Arbeitsstatistik para conversar a solas. La hierba de *machorka* rusa, liada con papel de periódico, no es para ellos, es para la plebe de Buchenwald. Hace sol, le doy una calada a este cigarillo de privilegiado. Por lo que respecta al tabaco, a las comidas, formo parte de la plebe, ciertamente... Y me alimento exclusivamente de las raciones del campo...[34]

Un día típico transcurría de este modo:

> Al despertar, a las cuatro y media de la mañana, antes de que se reúnan los *kommandos* de trabajo, el *Studbendiest*, el servicio del dormitorio, primer peldaño de la administración interior asegurada por los propios detenidos, distribuye entre nosostros un vaso de una bebida caliente y negruzca que denominan «café» para abreviar y que lo comprenda todo el mundo. Al mismo tiempo nos toca la ración de pan y margarina de la jornada, a la que, de modo irregular, se acompaña de una loncha de sucedáneo de salchichón, de una consistencia extrañamente esponjosa, cierto, mas prodigiosamente apetecible: se hace la boca agua, esas mañanas.[35]

Cuenta que una de las principales tareas que conllevaba su trabajo era leer los periódicos alemanes, hacer un resumen de la prensa nazi y traducirlo al español para los jefes del Partido Comunista de España.[36] Muchos de sus camaradas de la Arbeitsstatistik eran mayores que Semprún y tenían mucha más experiencia política que él. Algunos de sus compañeros llevaban años en los campos alemanes. Willi Seifert era un comunista de pura cepa; a los doce años ya era activista político y después de la guerra llegaría a ser ministro del Interior de la República Democrática Alemana. Es evidente que Semprún aprendió algunos trucos de estos camaradas veteranos. Él mismo reconoce que en la oficina se respiraban el prestigio y el poder. Aquellas personas se encargaban de determinar el destino de la gran mayoría de los prisioneros. Ser destinado al *kommando* Dora era ser condenado a una muerte brutal y segura. Las SS oficialmente regían el campo, pero el personal de la Arbeitsstatistik tenía la libertad de decidir quiénes eran enviados a Dora, y a quiénes se les asignaba un trabajo seguro y en una oficina con calefacción, en la lavandería, la enfermería o la tienda de víveres.

Trabajar en la *Arbeit*, como se la denominaba, convirtió a Semprún en una especie de aristócrata dentro de la jerarquía del campo. Él mismo lo cuenta así:

> Puedo hablar de igual a igual a los jefes del *block* o *kapos*. Saben que estoy en la *Arbeit*, me habrán visto ya con Seifert o con Weidlich, su adjunto. Escucharán mis peticiones, sean las que sean. No tendrán en cuenta mi número de matrícula, que prueba que soy un recién llegado, que tengo solo un año de campo a mis espaldas. No se extrañarán de ver la «S» de *Spanier*, «español», impresa en negro sobre mi triángulo rojo, justo encima del corazón. Los que mandan aquí son sobre todo los alemanes o los checos del protectorado de Bohemia-Moravia, pero a pesar de mis veinte años, a pesar de mi número reciente, a pesar de la «S» negra sobre el triángulo rojo, me escucharán. Serán atentos, serviciales, hasta refinados, dentro de los límites de su rudeza habitual, por supuesto. Porque, para empezar, les hablo en alemán. Y luego, porque saben que formo parte de la Arbeitsstatistik. Una suerte de funcionario de autoridad, en suma.[37]

Eugen Kogon, historiador, político y superviviente de Buchenwald, describe la importancia de la Arbeitsstatistik y confirma el relato que hace Semprún sobre el poder de la oficina:

> La llamada Arbeitsstatistik se encargaba de las relaciones entre el jefe del servicio y la distribución de trabajo y los prisioneros. Registraba la mano de obra del campo en fichas con categorías profesio-

> nales y contabilizaba las horas trabajadas. La unidad fue haciéndose cada vez más importante conforme avanzaba el tiempo, a medida que el jefe del reparto de trabajo dejaba de dar abasto a la hora de completar las plazas para los transportes para los subcomandos. Aquí, de nuevo, los prisioneros tuvieron una influencia decisiva, en parte beneficiosa y en parte fatal, dado el gran alcance de su posición clave en el campo. Cientos de personas valiosas podían salvar la vida exclusivamente gracias a la ayuda de la Arbeitsstatistik, a veces al ser eliminados sus nombres subrepticiamente de las listas de los transportes que los conducían a una muerte segura, y a veces siendo destinados clandestinamente a los subcomandos cuando sus vidas corrían peligro en el campo principal. Por otro lado, muchos de los compañeros del campo fueron a su vez destinados a lugares de dentro y de fuera de los campos donde resultaron gravemente heridos o perecieron, como consecuencia de oscuras actividades y maquinaciones de la Arbeitsstatistik. La tarea que desarrollaba esta unidad —podía ocurrir que tuvieran que entregar a miles de presos en el plazo de solo dos horas— era complicada y nada gratificante. Algunos de los compañeros que trabajaron allí prestaron un servicio extraordinario.[38]

Kogon plantea la ambigüedad moral del papel que desempeñaban quienes se encargaban de la asignación de destinos entre sus compañeros. Los críticos de Semprún dicen que su trabajo y el de sus compañeros en la Arbeitsstatistik los comprometía moralmente. ¿Cómo se decidía a quién salvar? ¿Qué se sentía al tener el poder de eliminar un nombre de una lista para los sucesivos transportes, simplemente borrándolo, y de sustituirlo por otro? ¿Cuántos prisioneros no comunistas fueron enviados a una muerte segura a fin de salvar las vidas de los más «valiosos» del partido? En las décadas posteriores a la liberación, ¿cómo evolucionó la visión de Semprún acerca de su papel en el campo?

Semprún trataba a menudo de eludir las preguntas difíciles sobre aquel desempeño de funciones, sobre todo cuando fue acusado, incluso por su propio hermano Carlos, de trabajar como *kapo*,[39] o jefe, en Buchenwald, y de haber enviado a muchas personas a una muerte casi segura. Él siempre negó con vehemencia haber sido un *kapo*. El verdadero *kapo* de la Arbeitsstatistik era, como ya se ha dicho, Willi

Seifert, un veterano comunista alemán que le doblaba la edad. En su defensa, hay que decir que Semprún no contaba ni con la experiencia ni con el rango necesario para ser un *kapo* en la organización alemana de Buchenwald. Pero, aun así, esto no significa que no se moviera en una zona de moralidad dudosa. Los comunistas justificaban su colaboración con la administración del campo nazi asegurando que esto les permitió salvar y proteger a algunos de sus hombres y sabotear los planes nazis; de no haber tenido ellos el control, los habría sustituido alguien peor. A este razonamiento fiel al partido, Semprún añadió más tarde una línea defensiva que refleja, quizá, la combinación de su origen católico y su formación en filosofía, o que tal vez sea un homenaje al pensamiento de Jacques Maritain, vinculado a la revista *Esprit*:

> En un campo de concentración, y también en circunstancias muy excepcionales, como es la oposición clandestina en un régimen de ocupación, numerosas cuestiones, que por su naturaleza moral en la vida civilizada habitual serían consideradas engaño, crimen o maldad, ya no caen bajo esas definiciones, y, por su naturaleza moral, son actos objetivamente justificados, éticos.[40]

Resulta esta una desconcertante racionalización de los campos de concentración como contextos que imponen una serie de circunstancias que redefinen la moral y la ética. Es difícil no leer este argumento como un esfuerzo por otorgar al superviviente, y sobre todo al superviviente privilegiado, carta blanca retroactiva. Aun veinte años más tarde, después de haber leído el relato de Aleksandr Solzhenitsyn sobre el gulag, Semprún se absolvía a sí mismo. En este caso, el perdón es gracias a la juventud, quizá más que a las circunstancias:

> ¿Había sangre en mi memoria?... No había sangre en mi memoria. Entendámonos: mi memoria estaba llena de sangre. En la medida que mi memoria coincidía con la historia de este siglo, estaba llena de sangre... no había motivo para sentirse especialmente orgulloso. Quizá solo era cuestión de edad. Quizá lo que ocurría era sencillamente que me faltaban los cinco o diez años que se requerían para tener la edad de la sangre en las manos, de la sangre en la memoria.[41]

La realidad es que, en Buchenwald, Semprún era un privilegiado, y los pudientes que le arropaban garantizaron su supervivencia. No sobrevivió porque las oficinas de la Arbeitsstatistik tuvieran calentadores eléctricos para el café, aunque cualquier ayuda contaba. Como ocurre en cualquier prisión, los prisioneros de Buchenwald estaban divididos en facciones rivales. Las SS no eran la única presencia temible; los presos se agrupaban en pandillas. Semprún estaba protegido de todos estos peligros por la Arbeitsstatistik, y en particular por Willi Seifert. Era como si sobre su «S» de *Spanier* hubiera llevado una advertencia: «No tocar». Pero hay que recordar que era un joven veinteañero, y que aunque protegido, no tenía un papel siniestro.

Aunque las «memorias de los campos» se agrupan a menudo en una sola categoría, la experiencia de un preso político, miembro de la resistencia clandestina comunista, era sin duda muy distinta de la de los demás presos y, en concreto, de la de los prisioneros judíos que estaban apartados en el «campo pequeño» de Buchenwald. Elie Wiesel, quien, de niño, sobrevivió a este campo pequeño en el que murió su padre, consideró, al escribir sus memorias, que había que insistir en esta distinción:

> Han pasado años, años luz, y evoco con Jorge Semprún nuestros recuerdos de Buchenwald: él estaba en el campo grande. Trabajaba en la *Schreibstube* [«oficina»] y no tuvo que pasar hambre y frío. Conocía el campo pequeño, ¿cómo decirlo?, de lejos. ¿Por qué negarlo? La suerte de los judíos nada tenía que ver con la de los no judíos. Y eso que estábamos muy cerca los unos de los otros... pero no era lo mismo.[42]

Otra indicación de que Semprún disfrutaba de una situación de relativo privilegio en Buchenwald es el hecho de que recibiera paquetes especiales. Estos paquetes eran una especie de seguro de vida, ya que contenían productos extremadamente valiosos para el prisionero, que le servían tanto para fortalecerse como para utilizarlos a cambio de favores. No aparecen mencionados en ninguno de sus libros, lo que resulta curioso, pues los paquetes demuestran que su familia se preocupaba por él y estaba, posiblemente, arriesgándose al enviarle suministros vitales para subsistir en el campo. En plena guerra podía ser peligroso revelar que un familiar era prisionero. Demuestran también que contaba, al menos de vez en cuando, con más recursos para sobrevivir que el prisionero medio, y que la Cruz Roja estaba haciendo un trabajo importante en tiempos aciagos, intentando prolongar y salvar las vidas de los prisioneros de los campos de concentración nazis:

> La Cruz Roja también trató de ayudar a los que estaban en los campos de concentración. Los resultados fueron desiguales. Los intentos por obtener los nombres de los prisioneros en los campos a veces fracasaban. En 1943 los nazis permitieron que la Cruz Roja enviara paquetes a los campos de concentración a nombre de prisioneros específicos, con la condición de que estos no fueran de nacionalidad alemana. De alguna forma, la Cruz Roja se las ingenió para hacerse con algunos nombres y hacerles llegar paquetes con alimentos. Los recibos firmados de estos envíos se devolvían a Ginebra, a veces había hasta una decena de nombres en cada recibo. Este método permitió a la Cruz Roja reunir cada vez más nombres. Cuando terminó la guerra, la organización disponía de una lista de 105.000 nombres de personas recluidas en los campos de concentración y había enviado más de un millón de paquetes, incluso a los campos de exterminio de Polonia. Al final de la guerra, un delegado de la Cruz Roja permaneció en cada campo de concentración para observar lo que allí sucedía.[43]

Según los registros del Comité Internacional de la Cruz Roja (ICRC), Semprún recibió varios paquetes:

> Semprún recibió paquetes del ICRC seis veces y una vez, un paquete doble. En general, eran paquetes estándar (señalados por un número 3 en la última columna de la derecha) que contenían productos alimentarios, pero llegó a recibir también un paquete que contenía vitaminas (indicado con el número 7).[44]

Es cierto que muchos presos nunca recibieron sus paquetes porque los robos eran corrientes, pero parece que a él le llegaron varios, pues en los archivos del Comité Internacional de la Cruz Roja en

Ginebra guardan siete recibos firmados por Semprún. El chocolate, los cigarrillos, la comida y las vitaminas que contenían los envíos no eran lujos en el campo, sino la moneda de cambio para la supervivencia.

Los recibos muestran que los remitentes de los paquetes fueron «D. Semprún» y «G. Semprún» desde el número 17 de la rue de Candolle de Ginebra. La «G.» podría corresponder a Gonzalo, pero no existe un «D. Semprún». En esa dirección vivían su hermana Maribel y Jean-Marie Soutou,[45] por lo que parece ser que era Maribel quien se encargaba de enviarle los paquetes. ¿Estaba ocultando su nombre, o bien ocurrió simplemente que el apellido completo «De Semprún» se transformó en una «D.» inicial en algún momento del proceso burocrático? Es posible que, en plena Segunda Guerra Mundial, Maribel quisiera ser discreta sobre el hecho de tener a un hermano encerrado en un campo alemán.

El escritor no habla de estos paquetes, pero sí deja claro que no tuvo que andar renqueando con los zuecos de madera que llevaban los prisioneros del campo, porque también le habían enviado unas botas. Estas botas aparecen más de una vez en sus relatos, y eran claramente un factor importante para un joven prisionero en un clima gélido. Cuando los estadounidenses liberaron el campo, Semprún sintió vergüenza de los harapos que llevaba, pero orgullo de calzar botas y de ir armado, un detalle fundamental que menciona en varias ocasiones:

> ¿Mi atuendo entonces? Sin duda resulta de lo más intrigante: unos trapos estrafalarios. Pero calzo unas botas rusas, de cuero flexible. Llevo una metralleta alemana cruzada al pecho, signo evidente de autoridad en los tiempos que corren.[46]

Sus relatos del campo evitan, por lo general, cualquier tipo de autorretrato que lo represente como víctima. Por el contrario, conserva una relación sorprendentemente sana con la vanidad, el humor y la sexualidad, y también hace gala de una especie de oportunismo literario que otros supervivientes han considerado irritante. El uso de la inscripción más conocida de la puerta de Auschwitz, y no la de

Buchenwald, en su autoficción podría ser un ejemplo de una apropiación en aras del impacto narrativo. Por otra parte, sus salaces descripciones del gusto de Ilse Koch —la infame, lasciva y sádica esposa del comandante del campo, Karl Otto Koch— por los presos jóvenes y fuertes con tatuajes han resultado ofensivas para algunos lectores, entre ellos el escritor húngaro, superviviente del Holocausto y premio Nobel de Literatura, Imre Kertész.

A Ilse Koch, que posteriormente fue juzgada y encarcelada, se la conoce también como la legendaria «Bruja de Buchenwald» o «la perra», dependiendo de las fuentes. Su vida se convirtió en tema de películas de serie B y en leyenda macabra. En los siguientes extractos, Kertész analiza la presencia de Koch en *El largo viaje*. En la primera parte de la cita que sigue a continuación se reproduce el pasaje discordante, según Kertész; en la segunda se analiza:

> Yo estaba leyendo entonces una novela publicada con el título de *El largo viaje* y en ella apareció Sigrid, la bella modelo rubia que, según leí, estaba «[...] ahí solo para hacernos olvidar el cuerpo y la cara de Ilse Koch, aquel cuerpo recto, robusto, plantado firmemente en aquellas piernas robustas y rectas, aquel rostro afilado, duro, indiscutiblemente alemán [...] Los ojos de Ilse Koch fijos en el torso desnudo, en los brazos desnudos del deportado que ha escogido como amante solo unas horas antes, sus ojos rajando ya esa piel blanca y enfermiza siguiendo las líneas punteadas del tatuaje que le había llamado la atención, su mirada apreciando ya el bonito efecto de aquellas líneas azuladas, aquellas flores o buques, aquellas serpientes, las algas, el cabello largo de una mujer. Aquellas rosas de viento, aquellas olas marinas y los barcos de vela, desplegados en exhibición como gritos de gaviotas, el hermoso efecto sobre la piel apergaminada —que por algún proceso químico ha adquirido un tono de marfil— en las pantallas de cada una de las lámparas de su sala de estar, donde, en la oscuridad, ella había sonreído cuando el deportado que le habían traído primero como instrumento de placer, un placer doble, primero el acto de placer en sí y luego el placer mucho más duradero de su apergaminada piel [...] surcada por el tatuaje de líneas azuladas daba a las pantallas de las lámparas su sello inimitable, reclinada en un sofá, reunió a los oficiales de las Waffen-SS de su marido, el comandante del cam-

po, para oír a uno de ellos tocar una melodía romántica al piano, o algo grave del repertorio, un concierto de Beethoven quizá...».[47]

Dejé de leer. Allí estaba, la sangre, la lujuria, y el demonio encapsulado en una sola figura, de hecho, una sola frase. Incluso a medida que iba leyendo, se me ofrecían formas definitivas: las puedo encajar sin dificultad en el repertorio preexistente de mi imaginación histórica. La Lucrecia Borgia de Buchenwald; una gran pecadora, digna de la pluma de Dostoievski, instalándose con Dios; un ejemplo femenino de la horda de Nietzsche de espléndidas bestias rubias, rondando en busca de botín y la victoria, que se remontan a la conciencia inocente de la bestia de presa... Sí, por supuesto que sí, nuestros pensamientos siguen cautivos por los delirios de intelectuales con conciencia de paloma, una visión ingenua más equilibrada de la audaz grandeza de la depravación, a pesar de que nunca prestan la atención necesaria a los detalles. Hay aquí algún tipo de discrepancia insalvable: por un lado, himnos alcohólicos a la primera visión del amanecer, una revalorización de todos los valores y una inmoralidad sublime, y por otro, un tren lleno de carga humana que tiene que ser eliminada tan rápidamente —y quizá tan limpiamente— como sea posible en cámaras de gas que nunca tienen la capacidad suficiente.[48]

Kertész considera que, con la figura de Ilse Koch, Semprún explota una imagen *kitsch* del nazi malvado. No considera quién era esta mujer en realidad, su carácter mundano y el papel gris que desempeñó en una maquinaria mortal de la que ella era apenas una pequeña pieza. El Nobel húngaro parece molesto por lo que entiende como el oportunismo literario de Semprún:

Mientras yo trabajaba en *Sin destino*, se publicó en Budapest *El largo viaje* de Semprún. El libro fue muy celebrado y, sin embargo, Semprún había escogido la técnica equivocada, narraba solo lo más espectacular de los acontecimientos y en el proceso tergiversaba la temporalidad. Es un método espectacular, pero no es veraz. Si, por ejemplo, cuentas la historia de un niño, has de concebir una temporalidad que sea apropiada, porque un niño carece de control sobre su propia existencia y no tiene más remedio que soportarlo todo en bloque. De modo que, como el libro de Semprún estaba cosechando tantos elogios, me pareció evidente que, si yo quería ser fiel a la histo-

> ria que tenía que contar, tendría que describir de principio a fin cada situación —cualquier situación— en la que se encontrara mi protagonista, en lugar de escoger solo los momentos espectaculares. Pensemos, por ejemplo, en los famosos veinte minutos que se tardaba en descargar los trenes en Auschwitz. Es exactamente eso lo que se tardaba, y en estos veinte minutos pasaban muchas cosas.[49]

Que Semprún haga destacar y demonice la figura de Ilse Koch como rostro de la crueldad nazi resulta intrigante, teniendo en cuenta que en el tiempo que pasó en el campo mantuvo muy poco contacto con mujeres y, en cambio, sí había gran cantidad de hombres. La solidaridad masculina es un tema recurrente en toda su obra, que suele relegar a las mujeres a papeles marginales, casi de caricatura. Los retratos femeninos a veces son idealizados, o pueden ser pura denigración, como en el caso de Koch, pero casi siempre resultan unidimensionales.

En *Viviré con su nombre, morirá con el mío* (2001) Semprún vuelve a la experiencia en Buchenwald, y allí parece insinuar que recordaba personalmente a Ilse Koch y que muy bien pudo haber sido seducido por ella. Cuenta Semprún que a Koch le gustaban los prisioneros guapos, y él, sin duda, lo era. ¿Se trata de una confesión de la verdad o de una sugerente insinuación erótica para aderezar la ficción? El pronombre impersonal francés de tercera persona «on» autoriza una ambigüedad típica del autor, pero lo que queda claro es que Semprún se deleita en la historia de aquella nazi perversa:

> A Ilse, se puede recordar [«on peut s'en souvenir», en el original], le gustaban los detenidos guapos; los desnudaba primero en su cama, para disfrutar contemplándolos, en su caso, sus tatuajes.[50]

Ilse Koch es un claro eco, por supuesto en un contexto sociopolítico totalmente distinto, de la mujer del poderoso magnate griego que seduce al joven Semprún en *Adiós, luz de veranos*. Su presencia en ambos relatos sirve para ilustrar el deseo femenino, pero también la virilidad y el atractivo de los jóvenes prisioneros. Semprún parece querer dejar claro que, aun en el campo, seguía siendo guapo y atractivo, que *podría* haber sido seducido por Ilse Koch si hubiese querido.

Lo cierto es que jamás se cruzó con Ilse Koch ni con su marido. En 1941 —dos años antes de que Semprún se uniera a la Resistencia—, Karl e Ilse Koch fueron destinados al campo de concentración de Majdanek, en la Polonia ocupada. La moraleja de esta historia es que las narraciones de Semprún son mezclas de fábula y realidad. El novelista tiene más peso que el testigo, lo cual está bien siempre y cuando el lector no olvide que es literatura. El arte tiene sus propias reglas, y Picasso no tuvo que ver con sus propios ojos el bombardeo de Guernica a cargo de la Legión Cóndor para dar forma a la obra de arte más emblemática sobre la Guerra Civil. El *Guernica* de Picasso es una creación artística, como gran parte de la obra de Semprún. El grano de verdad no deja de ser fuente de inspiración, pero ninguna de sus obras es testimonio puro.

A Kertész también le inquieta la idealización literaria de Semprún de los lazos masculinos forjados entre los prisioneros de Buchenwald. Esa amistad especial que retrata, inspirado tal vez por la cita de Malraux en la que afirma que la fraternidad y el mal absolutos son opuestos, aparece por primera vez en *El largo viaje*:

> Pero en los campos de concentración el hombre se convierte también en este ser invencible capaz de compartir hasta la última colilla, el último pedazo de pan, hasta su último aliento para sostener a sus camaradas.[51]

Semprún recurre a este tipo de imagen en repetidas ocasiones, y el énfasis en estas amistades tiene el claro objetivo de humanizar la experiencia del campo, así como de hacernos entender el creciente apego del protagonista al comunismo.

Esta visión idealizada de la camaradería masculina parece ir en tándem con su visión a menudo hostil e inmadura de las mujeres. Florence Malraux cuenta que ella y Colette se desesperaban con las descripciones de mujeres que escribía Jorge Semprún:

> Los personajes femeninos, en particular, nunca fueron su fuerte. Al final de *El largo viaje*, había incluido una especie de capítulo adicional sobre las mujeres, con unas frases terriblemente estereotipadas, que estropeaba todo el manuscrito. Yo le dije, y Colette también in-

> sistió, que no se podía de ninguna manera terminar un libro tan bonito con un capítulo tan banal.[52]

Según Florence Malraux, Semprún valoraba mucho el juicio de Colette.

En *El largo viaje*, tras la liberación de Buchenwald, el 13 de abril de 1945 acude al campo un grupo de mujeres de la Misión Francesa, y el narrador insiste en referirse a ellas como «muñecas». El tono de la narración destila una masculinidad exacerbada durante toda la novela, y es especialmente despiadado en la descripción de estas jóvenes. Sus palabras suenan a imitación de la jerga de gángsteres de una película de Hollywood de los años cuarenta. Y el narrador se muestra encantado de informarnos de que el prisionero encargado de pasear a las «muñecas» por el campo no es otro que él mismo:

> Se les veía la cabellera, el rojo de los labios, las medias de seda, labios vivos bajo el rojo de labios, rostros vivientes bajo las cabelleras. Reían, cotorreaban, era una auténtica romería... Ellas hacían melindres, cotorreaban, estaban listas para un buen par de tortazos.[53]

La visión del campo que crea Semprún, con sus toques *kitsch*, es desconcertante para Kertész y, sin duda, para otros lectores, aunque, evidentemente, el estilo que crea es parte de su libertad artística.

Una faceta muy importante del tiempo que pasó Jorge en Buchenwald fue su compleja identidad lingüística. Para él, Buchenwald fue una experiencia multilingüe, donde el día a día transcurría en alemán, francés y español. Afirmó en repetidas ocasiones que su salvación consistió en saber alemán, y que el francés era la lengua de la adolescencia y de sus actividades en la Resistencia. La lengua y la cultura de su educación primordial eran las alemanas. Al fin y al cabo, había sido educado en su propia casa en alemán, y una de las *fräuleins* hasta se había casado con su padre. El alemán era la *lengua de la madrastra*. El español era el idioma materno, doméstico, vehículo de cariño. El alemán era exigente, estimulante, pero un tanto amenazante; era la lengua de la supervivencia y de la traición. No solo para Semprún, sino para toda la Francia ocupada, el alemán fue sin duda la lengua de una todopoderosa madrastra. El joven estaba muy orgulloso de la rapidez con la que había aprendido a hablar francés perfectamente. En *El largo viaje*, el protagonista/*alter ego*, Manuel, se detiene a describir su impecable francés después de que un prisionero francés le diga: «Habla exactamente como nosotros»:[54]

> No tengo ganas de explicarle por qué hablo exactamente como ellos, por qué hablo como el comandante, sin acento, es decir, con un acento como el suyo. Es el medio más seguro de preservar mi calidad de extranjero, a la cual me apego por encima de todo. Si tuviera acento, mi condición de extranjero sería descubierta en cualquier momento, en cualquier circunstancia. Sería algo banal, superficial.[55]

En el primer guion cinematográfico que escribió Semprún, Diego, el protagonista autobiográfico, recibe el mismo halago por su sorprendente fluidez en francés, más propia de un nativo. El guion deja claro desde la primera escena que el personaje «no tiene acento».[56]

Su obsesión por hablar un francés perfecto recuerda a su abuelo, Antonio Maura, decidido a renunciar a su lengua materna, el mallorquín, y a hablar el castellano sin acento. El tema del inmigrante ambicioso, que sabe que para triunfar es fundamental dar la impresión de estar completamente integrado, es un tema bastante frecuente en todo el mundo, pero entre los españoles no abundan tantas historias de este tipo. De la Inquisición en adelante, los españoles tendieron a permanecer donde empezaban, a menos que emigraran a alguna de las colonias españolas. Otorgaban gran importancia a su lugar en la sociedad, su clase, su identidad y lengua regional, de ahí que consideraran que cualquier intento de desplazarse para mejorar su posición era poco menos que insensato. Los ejemplos de Antonio Maura y su nieto son excepcionales porque ambos se reinventaron a sí mismos en capitales nuevas y poco abiertas, en sus respectivas épocas, a los extranjeros, y lo hicieron con éxito.

La versatilidad lingüística de Semprún no se limitaba a las esferas de la alta cultura. También fue crucial para su supervivencia en situaciones en las que era necesario hablar coloquialmente, como un tipo duro: en las escuelas francesas, en la Resistencia, en el campo de concentración y, más tarde, en el Partido Comunista español. Así, mientras admiraba a poetas y filósofos en tres idiomas, también tenía que dominar un habla callejera, para pasar desapercibido en las peligrosas tierras sin ley de la adolescencia en el exilio, en la Resistencia, en el campo de concentración y en la clandestinidad política. Estaba orgulloso de su carácter camaleónico, y no hay duda de que supo sacarle partido para pasar inadvertido cuando su vida dependía de ello o cuando le apetecía. Semprún se muestra prolífico en la página, pero los muchos *alter ego* literarios que creó no son parlanchines. Manolo, Diego y otros protagonistas sempruñianos no malgastan las palabras y en los diálogos siempre son tajantes. Los personajes de Semprún procuraban confundirse con «ellos»: los franceses, los demás prisioneros de Buchenwald, los comunistas españoles y, más adelante, los españoles de la España franquista en sus viajes clandestinos de las décadas de 1950 y 1960. Sin embargo, al igual que su creador, nunca quieren ser parte de ningún grupo. Esta tensión siguió estando presente durante toda la vida de Semprún: el querer pasar inadvertido sin pertenecer. En el campo de concentración intentaba comportarse como un «tipo normal», pero cuenta que los demás presos se burlaban de él por su formación elitista y los coches de lujo que poseía su padre antes de la Guerra Civil. Pero nadie en ese campo podía saber qué tipo de coches tenía su padre a menos que él mismo se lo hubiera contado, y los lectores tampoco lo sabríamos si él no lo hubiera escrito. La reacción habitual que suscitaba en quienes le rodeaban era de asombro. Los alemanes, los españoles, los franceses, ninguno podía creer que hablara tan bien su idioma y, además, otros dos. Aunque su padre fuera dueño de coches de lujo, él era un tipo duro, lleno de paradojas.

El narrador de *Viviré con su nombre, morirá con el mío* cuenta maravillado que los prisioneros españoles de Buchenwald se reunían no solo a charlar y a recitar poesía, sino también a cantar romances de García Lorca, de ritmo muy similar a la copla. También recuerda a su compañero de litera, el español Sebastián Manglano, recitando «Córdoba. / Lejana y sola». En otros momentos, Semprún criticó el folclore simplista de Lorca y dejó patente en repetidas ocasiones que Manglano era tosco y de clase obrera, pero en esta novela los poemas se celebran como una fuerza cultural unificadora que eleva la moral de los prisioneros. Reunirse para cantar borraba temporalmente las barreras de clase y nos recuerda a escenas de otras obras clásicas sobre la guerra. En la obra maestra de Jean Renoir, la película *La gran ilusión* (1937), unos soldados franceses y británicos caen prisioneros de los alemanes, y en dos momentos cruciales de la película cantan, respectivamente, «La Marsellesa» y «It's a Long Way to Tipperary». Aunque la historia de Renoir transcurre durante la Primera Guerra Mundial, fue una película profética y encierra muchos temas y actitudes que resurgen en la obra de Semprún, cuyos narradores pueden verse como un cruce entre los dos pilotos de *La gran ilusión*: el aristócrata desgarbado, interpretado por Pierre Fresnay, y su guapo compañero de clase obrera, interpretado por Jean Gabin. Ambos son tipos nobles, irónicos, impasibles y valientes.

Kafka, García Lorca, Primo Levi, Solzhenitsyn, Borges, René Char, Wittgenstein, Aragon, Dostoievski, Louis Armstrong, Victor Hugo, Rimbaud, Lamartine, Mallarmé, Apollinaire, Breton, Heidegger, Husserl, Lévinas, Hegel, Nietzsche, Schelling, Malraux, Merleau-Ponty, Hemingway, Bakunin, Marx, Velázquez, Goya, Ribera, Picasso... Esta es solo una muestra de los creadores y pensadores que habitan la obra de Semprún. Confeccionar una lista completa ocuparía demasiado espacio. En sus libros podemos encontrarnos con tres nombres por página o incluso en un solo párrafo. En *La escritura o la vida* las referencias a figuras importantes de la cultura empiezan en los mismos títulos de los capítulos. Esta abundancia demuestra que Semprún está deseando demostrar —por si acaso el lector lo ha olvidado por el camino— que la cultura es su mundo. Tiene la clara intención de asegurarse un lugar entre la élite cultural mediante las asociaciones que establece cuando hace referencia a estos creadores y pensadores, y habla de sus obras. Semprún era un lector empedernido y multilingüe, pero también era escritor de ficción, así que algunas de sus referencias culturales son asimismo construcciones ficticias. Por ejemplo, afirmaba no haber leído a Proust hasta muy tarde,[57] y solía jactarse ante sus amigos de no haber tenido tiempo ni ganas de leer su obra maestra, *En busca del tiempo perdido*. Sencillamente le daba pereza. Sin embargo, en su novela autobiográfica de 1963, *El largo viaje*, el joven narrador describe una conexión con la obra de Proust que le venía de lejos:

> Pasé mi primera noche de este viaje reconstruyendo en mi memoria *Du côté de chez Swann* y era un excelente ejercicio de abstracción. Yo también, tengo que decir, he pasado mucho tiempo acostándome temprano. He imaginado el ruido herrumbroso de la campanilla en el jardín, las noches en que Swann venía a cenar... Pasé la primera noche de este viaje reconstruyendo en mi memoria *Du côté de chez Swann* y recordando mi niñez. Me pregunté si no había nada en mi niñez que pudiera compararse con la frase de la sonata de Vinteuil. Lo lamentaba, pero no encontré nada.[58]

Si nunca había leído a Proust, a su narrador y *alter ego* de veinte años no podrían despertársele recuerdos a partir de la obra maestra del escritor francés —la llegada de Swann a la cena, la sonata de Vinteuil— durante el viaje a Buchenwald. Semprún mezcla constantemente dos estrategias, las frecuentes referencias culturales y la ficción, para ennoblecer una obra que, según entiende el lector, estaría rigurosamente basada en experiencias y recuerdos de primera mano. Esta es la clave del estilo de Semprún, parece sincero pero en realidad está creando una puesta en escena muy elaborada. Quizá su narrador estuviera atrapado días y noches en un vagón con destino a un campo de concentración nazi, pero charla ingeniosamente sobre vinos con otro preso y, cuando no habla con nadie, se dedica a reconstruir la obra proustiana. Hubiera leído o no a Proust, lo que pretendía era que su personaje apareciera no solo como un lector cultivado, sino como un homenaje al protagonista prustiano, Marcel, refinado, crítico, sensible, irónico. En *El largo viaje*, el único compañero judío parisino del protagonista tiene el apellido de Bloch, igual que el más joven de los dos personajes judíos de *En busca del tiempo perdido*. Esto, sin duda, no es una casualidad. El Bloch de Semprún está obligado a llevar una estrella amarilla en el uniforme, y el narrador habla recurrentemente del «orgullo triste» del muchacho.

Sus personajes, se nos recuerda una y otra vez, forman parte de una élite cultural incluso en las peores circunstancias. Sus verdaderas identidades no son políticas, sino artísticas e intelectuales, y sus genealogías y destinos artísticos son brutalmente interrumpidos por la historia, las guerras y sus consecuencias. Semprún afirma que la única vez que oyó que anunciaban su número a través de los altavoces de

Buchenwald fue porque reclamaban la devolución de libros prestados de la biblioteca del campo. Hasta en Buchenwald siguió siendo un gran lector. Reconoció haber leído a Faulkner, entre otros autores, y haber organizado actos culturales y recitales de poesía con sus camaradas españoles. Los relatos de su paso por el campo de concentración, culturalmente ricos, y en los que a menudo se describen escenas de agradable convivencia, difieren drásticamente tanto de los de supervivientes judíos (Kertész, Levi, Wiesel, Améry) como de los de presos políticos franceses (Antelme y Julitte, entre otros).

Los personajes de Semprún tienen el poder de sobreponerse a determinadas circunstancias políticas, y la alta cultura es casi como una fe religiosa que los salva y trae esperanza en sus momentos de mayor desesperación. Cuando se está muriendo un compañero recluso, Maurice Halbwachs, antiguo profesor, filósofo y sociólogo, él lo sostiene en sus brazos y recita a Baudelaire como si rezara una plegaria. Aquí la poesía adquiere un papel religioso y Semprún se convierte en una figura filial para aquel señor mayor, sabio y paternal:

> A Maurice Halbwachs también lo había estrechado entre mis brazos ese último domingo. Estaba tumbado en la litera del medio del camastro de tres niveles, justo a la altura de mi pecho. Deslicé mi brazo por debajo de sus hombros, me incliné hacia su rostro, para hablarle de muy cerca, lo más suavemente posible. Le acababa de recitar el poema de Baudelaire, como se recita la oración de los agonizantes.[59]

Si avanzamos en el tiempo hasta la liberación del campo de Buchenwald, vemos también a Semprún con el único superviviente del campo pequeño. Encuentra a este «superviviente judío» sin nombre, medio muerto, murmurando el *kaddish*, y también lo toma en sus brazos mientras agoniza.

> Me he arrodillado junto al superviviente judío. No sé qué hacer para mantener con vida a mi Cristo del *kaddish*. Le hablo quedamente. Acabo estrechándolo entre mis brazos, lo más ligeramente posible.[60]

Gracias a nuestro narrador, el superviviente recibe atención médica y lo último que sabemos es que parece que hay esperanzas de que sobreviva. Al mismo tiempo, Semprún comunica su compasión por el sufrimiento del judío e imagina las trágicas circunstancias que lo llevaron hasta el campo pequeño, sin dejar de otorgarse en todo momento el decisivo papel de salvador. Este capítulo se titula «Kaddish», y Semprún dice:

> Pero es una historia que ya he contado. No la del superviviente judío que encontramos Albert y yo, porque canturreaba en yiddish la oración de los muertos. Esta historia la cuento por primera vez. Forma parte de las historias que todavía no he contado. Necesitaría varias vidas para poder contar toda esa muerte.

¿Habría reconocido, en 1945, Semprún el *kaddish*? Es posible, pero lo que no es probable es que alguien lo recitara en yiddish, como dice. El *kaddish* se recita en arameo, aunque se escribe en hebreo, así que sería extraño que un no judío lo reconociera. Como el escritor hablaba alemán perfectamente, hubiera entendido unas palabras en yiddish, pero no las hubiera confundido con una oración en arameo. Esta escena, tan memorable para tantos lectores, de un hombre judío moribundo recitando el *kaddish* en yiddish, es otro ejemplo de la poderosa creatividad sempruniana. En cualquier caso, es una escena artísticamente lograda en este capítulo de homenaje a los judíos, y tan cargada de emoción y muerte.

Aunque en su vida hubo elementos trágicos y concretos de pérdida y abandono, y también vivió un exilio análogo al de muchos judíos de la década de 1930, Semprún se muestra cuidadoso con la cuestión de las víctimas judías del nazismo, y afirma ser plenamente consciente de las diferencias entre sus destinos. Sin embargo, aunque haga esta distinción, también se asegura de no dejar a los judíos fuera de su relato. Sabía muy bien lo que era el tremendo poder narrativo del Holocausto.

Podría decirse que el protagonista de la muerte de Halbwachs es el mismo Semprún. A lo largo de su obra, se las ingenia para hacer referencia a figuras de renombre, y al mismo tiempo se asegura de que permanezcan en segundo plano con respecto a sus narradores. Del presidente Theodore Roosevelt se decía que su narcisismo le llevaba a protagonizar todo: era el bebé en el bautizo, la novia en la boda y el muerto en el entierro. Semprún, al menos en su obra, se forjó un protagonismo único, fuera cual fuese el contexto. Esta capacidad se debe en parte a su dominio de la narrativa en primera persona. En su descripción de la liberación de Buchenwald, da la impresión de que cuando llegaron los estadounidenses él era el prisionero con el que tuvieron más contacto.

Las bombas estadounidenses alcanzaron Buchenwald mucho antes que las tropas, pero estos ataques aéreos eran buena señal para los prisioneros. Como ya se ha dicho anteriormente, una de las víctimas de estos ataques fue, en agosto de 1944, el haya conocida como «el árbol de Goethe», cuya destrucción parecía simbolizar el fin del brutal dominio alemán:

> Las SS habían conservado, en la explanada, entre las cocinas y el *Effektenkammer*, aquel haya a cuya sombra dicen que Goethe venía a sentarse. Pienso en Goethe y Eckermann charlando bajo este haya para la posteridad, entre las cocinas y el *Effektenkammer*. Pienso que ya no podrán volver más, pues el árbol está quemado por dentro y ya no es más que una cáscara podrida y vacía, pues una bomba de fósforo americana liquidó el haya de Goethe el mismo día en que bombardeaban las fábricas del campo.[61]

La llegada de los soldados estadounidenses a Buchenwald es un punto narrativo central en la obra de Semprún. El momento en el que se ve cara a cara con los grupos aliados de la liberación constituye la escena de apertura de *La escritura o la vida*, libro que le granjeó abundantes elogios y el prestigioso Premio Jerusalén.

Semprún describe el período caótico y agotador que precedió la aparición de los libertadores. Para cuando los estadounidenses llegaron al campo de concentración, los prisioneros llevaban varios días sin supervisión. La última vez que los nazis habían pasado lista había sido el 3 de abril. Los prisioneros que formaban parte de la resistencia clandestina del campo emplearon unos fusiles que guardaban en secreto desde 1942, para matar a los guardias nazis que quedaron rezagados. Debió de ser una semana muy larga, a la espera de que llegaran los estadounidenses.

El 3 de abril, los jefes de la resistencia del campo enviaron un mensaje en código Morse en varios idiomas a los Aliados:

> A los Aliados. Al ejército del general Patton. Aquí el campo de concentración de Buchenwald. SOS. Solicitamos ayuda. Nos quieren evacuar. Las SS quieren destruirnos.

Minutos después recibieron una respuesta: «KZ Bu. Resistan. Acudimos en su ayuda. El Tercer Ejército».[62]

Como miembro de élite de la organización de la resistencia del campo, Semprún no había sido evacuado, y estaba esperando en Buchenwald cuando llegaron los soldados aliados. Según su versión, aunque recibió a tres soldados británicos vestido de harapos, su dignidad se salvó gracias a las botas de cuero rusas y la metralleta alemana.[63] La red de la resistencia del campo solo disponía de una metralleta y 91 fusiles,[64] lo que nos hace pensar que Semprún tenía, en efecto, un alto rango. Mientras que algunos relatos muestran a los prisioneros supervivientes dando la bienvenida a los estadounidenses con júbilo y alivio, Semprún los saluda con escepticismo. Los soldados se muestran realmente sorprendidos y horrorizados por todo lo que ven y a él le toca mantener la calma para contestar a sus preguntas. ¿El hedor? Es del crematorio, y debido a ese olor a carne humana quemada no hay pájaros. Le complace ir contándoles todo a los soldados y ejercer de guía. Se muestra impaciente con ellos y acusatorio: han llegado, pero demasiado tarde. A buenas horas, mangas verdes.

Al final, se lleva muy bien con los soldados extranjeros, y la amistad masculina que caracteriza a sus relatos adquiere un aire nuevo y transatlántico: un soldado estadounidense de Nuevo México charla con él empleando un español que le suena «cantarín» y le da un cigarrillo Camel. También acaba haciéndose amigo del teniente Albert Rosenfeld, su versión novelada del teniente Albert G. Rosenberg, miembro de la unidad especial enviada por el general Dwight Eisenhower para reunir pruebas en Buchenwald. Rosenfeld es el amigo ideal. Aunque naturalizado estadounidense, nació en Alemania y habla perfectamente el alemán, es judío, está versado en literatura y filosofía alemanas y estuvo en España luchando con la República durante la Guerra Civil. Rosenberg está especialmente interesado en Heidegger, capta rápidamente una referencia a Kant y conduce un todoterreno militar. Cuando Semprún es convocado para informar sobre el funcionamiento de la Arbeitsstatistik, los dos jóvenes descubren que son almas gemelas. Van juntos a ver la residencia de verano de Goethe, recitan poesía y pierden la noción del tiempo hablando de todo, desde Léon Blum a la naturaleza del mal. La visita a Weimar casi parece un regalo de Rosenfeld para celebrar el santo de Semprún. ¡Rosenfeld recuerda que el 23 de abril es el día de San Jorge! Ante alguien así, Semprún puede, finalmente, expresar sus más profundos pensamientos sobre los campos nazis:

> «Lo esencial —digo al teniente Rosenfeld— es la experiencia del Mal. Ciertamente, esta experiencia puede tenerse en todas partes... No hacen ninguna falta los campos de concentración para conocer el Mal. Pero aquí, esta experiencia habrá sido crucial, y masiva, lo habrá invadido todo, lo habrá devorado todo... Es la experiencia del Mal radical... *Das radikal Böse!*». Es evidente que ha captado la referencia a Kant. ¿Acaso también era el teniente Rosenfeld un estudiante de Filosofía?[65]

La de Rosenfeld es una representación claramente idealizada, y el personaje es una especie de *Doppelgänger* para el narrador de Semprún. Es como un buen padre que se acuerda del santo de su hijo y, a la vez, un hermano, un compañero y un salvador. En su personaje comprobamos el don del autor para caracterizar con viveza, así como su habilidad para entretejer sus grandes temas —la filosofía alemana, el heroísmo, la Guerra Civil, los campos de concentración nazis, la liberación— en una sola escena. Al mismo tiempo, se entrevé una imaginación romántica casi infantil capaz de producir un amigo imaginario que es mitad André Malraux, mitad película de aventuras. Es precisamente este talento creativo el que granjeó a Semprún el éxito literario y cinematográfico en años posteriores y el que, finalmente, le llevó a ser candidato al Oscar al mejor guion en 1968. Sabía darle un giro cinemático a los temas menos románticos —Buchenwald, la clandestinidad comunista— y a su propia vida.

Entre la liberación del campo y la redacción y publicación de *La escritura o la vida*, que fue la culminación de su éxito literario, pasaron casi cincuenta años. Cuando Semprún salió de Buchenwald, faltaban aún dieciocho para que apareciera su primer libro, *El largo viaje*.

Después de abandonar el campo en abril de 1945, le esperaban muchas sorpresas y retos. El primer golpe importante fue el hecho de que el fin de la Alemania nazi no supuso el fin del régimen de Franco en España. Hitler y Franco habían sido grandes aliados, y los exiliados españoles creían que era solo cuestión de tiempo que Franco fuera derrocado. ¿Cómo podían los Aliados liberar al resto de Europa pero no a España? Como dice el narrador de *El largo viaje*: «El fin de los campos es el fin del nazismo, y será por lo tanto el fin del franquismo, está claro, vamos, no hay ni la sombra de una duda».[66]

Cuando fue liberado de Buchenwald, no podía imaginar que treinta años más tarde Franco aún mandaría en España, ni que su padre moriría sin volver nunca a su país.

4

Regreso a Francia: posguerra, 1945-1952

> —Mire usted —dice—, es por lo de la prima de repatriación. Solo los ciudadanos franceses tienen derecho a ella.
>
> —Yo no soy ciudadano francés —explico—. Y por otra parte, no soy en absoluto un ciudadano —añado.[1]

Si Jorge Semprún esperaba ser recibido como un héroe tras su liberación de Buchenwald, la decepción fue grande. Aparentemente, haber sido un miembro extranjero de la Resistencia no le ayudaba a uno a llegar muy lejos en la inmediata posguerra. En *El largo viaje*, describe su regreso a Francia desde Buchenwald junto a un grupo de soldados franceses en 1945. La cuestión de la nacionalidad surge de inmediato y lo distancia del resto de los combatientes de la Resistencia. Los prisioneros franceses se emocionan al cruzar la frontera hacia Francia y ver, finalmente, sus árboles *franceses*. Para Semprún, los árboles carecían de nacionalidad y cruzar la frontera francesa tan solo le devolvía el recuerdo de haberla cruzado también al exiliarse de España con su familia, nueve años antes:

> Estoy tumbado en el camión y miro los árboles. Fue en Bayona, justo en el muelle, al lado de la plaza mayor de Bayona, donde supe que yo era un rojo español. Al día siguiente, me llevé una segunda sorpresa, cuando leímos en un diario que había los rojos y los nacionales. No era fácil de entender por qué eran nacionales, cuando hacían la guerra con las tropas marroquíes, la legión extranjera, los aviones alemanes y las divisiones Littorio. Fue uno de los primeros misterios de la lengua francesa que tuve que descifrar. Pero en Bayona, en el

> muelle de Bayona, me convertí en un rojo español. Había macizos de flores, montones de veraneantes detrás de los gendarmes, que habían venido a ver desembarcar a los rojos españoles. Nos vacunaron y nos dejaron desembarcar. Los veraneantes miraban a los rojos españoles y nosotros mirábamos los escaparates de las panaderías. Mirábamos el pan blanco, los *croissants* dorados, todas esas cosas de antaño. Nos sentíamos desplazados en ese mundo de antaño.
>
> [...]
>
> Después, ya no he dejado de ser un rojo español. Es una manera de ser válida en todas partes. Así, en el campo de concentración yo era un *Rotspanier.* Miraba los árboles y me alegraba de ser un rojo español.[2]

La indiferencia de Semprún ante el asunto de la nacionalidad de las ramas y las hojas desconcertaba a sus compañeros, que habían llegado a olvidar incluso que él era extranjero porque su francés era impecable. Semprún tenía que explicar que él no estaba en casa porque no era francés:

> —Oye, tú, viejo —dice el tipo—, ¿no has visto? Estamos en casa.
>
> —Yo no —le contesto sin moverme.
>
> —¿Cómo que no? —pregunta el tipo.
>
> Me incorporo a medias y le miro. Parece desconfiado.
>
> —Claro que no. Yo no soy francés.[3]

A continuación, vemos que las autoridades francesas se lo confirman: él no era francés. Es un hecho. Al llegar al campamento de repatriación, donde se somete a todos los prisioneros liberados a un examen físico y se les entrega un «bono» de repatriación, dinero y cigarrillos, la funcionaria a cargo de la documentación le informa que no puede entregarle el bono porque, a pesar de haber luchado por Francia y de ser un superviviente de Buchenwald, no es ciudadano francés y solo los ciudadanos franceses tienen derecho a los mil francos y a los cigarrillos. Sus compañeros franceses se quejan, indignados de que alguien que ha luchado «por Francia» y que habla francés a la perfección pueda ser formalmente excluido. Pero Semprún no protesta ante esta absurda injusticia burocrática. Dice «bueno», prefiere conservar su identidad de rojo español.

Finalmente —y solo podemos suponer que fue a través de los contactos de su cuñado, el diplomático francés Jean-Marie Soutou— Semprún consiguió poner sus papeles en regla y pudo irse a «casa». «Casa» era el lúgubre hogar de Saint-Prix, donde su padre exiliado, su madrastra y sus dos hermanos menores seguían llevando una penosa existencia.

Desde 1939, la situación de la familia Semprún había empeorado. Gonzalo, el hermano mayor, estudiaba Arquitectura en Suiza, y su hermana Susana había regresado a España al final de la Guerra Civil con el corazón roto a causa de Jean-Marie Soutou. En Madrid la acogió una tía suya. Las cosas en España sin duda debieron de ser difíciles para ella al principio, obligada a pagar alquiler por su habitación en casa de sus parientes. Finalmente conoció al que después sería su marido, José Antonio Aguirregomezcorta Soria, se casaron y se trasladó a Cádiz, donde permaneció hasta su muerte.

Mientras, el ambiente de la casa en Saint-Prix era sombrío y violento. Álvaro, que libró una batalla de por vida con sus problemas psicológicos, había vuelto para vivir con la familia durante un tiempo. Carlos Semprún cuenta que Álvaro no podía trabajar en el campo porque todo el mundo lo consideraba demasiado «raro». Con el tiempo, Álvaro y su padre llegaron a enfrentarse físicamente y al final el hijo se marchó para siempre. En primer lugar fue a España, donde estudió Medicina y luego fue ingresado en un hospital psiquiátrico, del que más tarde consiguió salir para marcharse a Suiza. Desde entonces, su padre y su madrastra tuvieron poca relación con él. Carlos Semprún cuenta lo siguiente sobre el ambiente tenso y violento que había en aquel hogar en esa época:

> Estoy en la cama con gripe y oigo una disputa violenta en el comedor. Oigo incluso ruidos que se parecen a bofetadas. Lo son. Álvaro —quien por miedo a morirse de hambre ha venido a vivir con nosotros, en Saint-Prix, a hacer el mismo trabajo de hortelano [...] no pudo continuar mucho tiempo, porque la gente le encontraba demasiado «raro» [...] Vivíamos bajo un colchón de terror y de hambre.

> Vivíamos, gracias a la perra y a su marido, en un clima anormal y mórbido. Y la guerra y la penuria, reales, totalmente reales, les servían de coartada para esclavizarnos [...] A propósito de no sé qué, don José María le dio una bofetada a Álvaro y este respondió con otra bofetada [...] Al cabo de pocas semanas, Álvaro [...] volvió a España, escribió esa carta pidiendo perdón a su padre, y poco después, ingresó, por primera vez, en un manicomio.[4]

En este ambiente de tensión, el regreso de Jorge Semprún de Buchenwald podría haber supuesto un rayo de esperanza. La Segunda Guerra Mundial había terminado, Francia había sido liberada y quizá todo ello podía significar un futuro mejor para todos.

En Saint-Prix, Carlos Semprún lo esperaba con impaciencia, pegado a la ventana. Era el regreso de su hermano mayor, el luchador de la Resistencia. Carlos era tan solo tres años menor y habían estado muy unidos, aunque mantenerse a la altura de su magnetismo, su educación superior y su actitud era siempre un reto. El único relato que hace del regreso a casa de su hermano lo escribió décadas después, teñido tal vez de cierta envidia:

> Pero este soldado sin uniforme, también elegantemente vestido, pero de paisano, que aparece en la misma calle Auguste Rey, poco antes que el norteamericano, no es un vulgar estafador; su estafa es mucho más fina, mucho más elaborada e intelectualmente peligrosa. Como todas las buenas estafas, se basa en una realidad, no se saca de la manga una mentira, porque es cierto que fue deportado. Es lo que escribe sobre su deportación lo que resulta falso; o, si se prefiere, se trata de una realidad transformada, para ocultar muchas cosas, lo esencial, y aparecer así como un héroe, un mártir y un ángel de misericordia.
>
> Nosotros, la familia, recibimos por aquel entonces a mi hermano, Jorge, como a un héroe, sin lugar a dudas, y yo el que más. Y esa visión heroica de resistente, de deportado, de «revolucionario profesional», persistió para mí durante años, pero a medida que iba descubriendo sus propias mentiras, junto a la gran mentira del comunismo, esa imagen de «héroe positivo» se fue derrumbando, sustituida por la indignación y el desprecio. Y hoy nada me cuesta reconocer que cuan-

to más grande fue mi admiración, más profundo ha sido mi rechazo. Y tratándose de un hermano, aún más.

Durante los pocos días que pasó en Saint-Prix para visitar a la familia aprovechó para hacer de nuestro piso en la calle Auguste Rey su domicilio legal; con ese objeto realizó algunas gestiones en la alcaldía, y yo le acompañé. Como era de esperar, las humildes empleadas municipales, enterándose de que se trataba de un deportado recién llegado de Alemania, le miraban emocionadas, y todas decían lo mismo: «¡Ha debido de ser tremendo!». Y él, con una sonrisa humilde, respondía: «¡Sí, no fue nada agradable...!». Lo mismo con los amigos y relaciones de mi padre, quien, orgulloso, le presentaba como deportado recién liberado, y claro, todos exclamaban: «¡Qué horror ha debido de sufrir!». Y él, lo mismo, la misma sonrisita, la misma evasiva: «Sí, no fue nada agradable».

Yo, al principio, me extrañaba de tanta modestia, y se lo dije: «Por lo que dices, todo el mundo pensará que ser deportado fue lo mismo que prisionero de guerra». Luego me convencí de que esa soberbia, esa falsa modestia eran los signos evidentes del héroe revolucionario, el hombre de hierro, que no cae en sentimentalismos y nunca se queja. Hasta que comprendí que no podía decir que había sido *kapo*, y que por eso no era un cadáver ambulante y gozaba de buena salud. No descubro mediterráneos afirmando que existe una ceguera voluntaria, más o menos consciente, tan radical como la ceguera de los ojos muertos. Con la diferencia de que esta ceguera inconsciente puede ser pasajera. Hoy —bueno, hace ya años— veo la diferencia radical entre el estado físico de Jorge, recién salido de Buchenwald, y las numerosas imágenes de supervivientes de los campos, verdaderos cadáveres ambulantes, vestidos de harapos o del «uniforme» a rayas, que los documentales del ejército norteamericano y los periódicos publicaban todos los días.

Pero yo no lo veía, no podía verlo: Jorge era un resistente deportado, un héroe. Sí, algo había adelgazado, y llevaba el pelo casi al rape no porque estuviera a la moda, como hoy, sino para mejor protegerse de los piojos. Pero Paco, nuestro hermano menor, que se había pasado toda la guerra en Saint-Prix, conmigo, era mucho más delgado.[5]

Esta acusación de haber sido un *kapo* en Buchenwald debe entenderse en su contexto. Cuando escribió estas memorias acerca del regreso de Jorge, los hermanos ya no se hablaban y Carlos Semprún estaba deseando cuestionar la credibilidad de su hermano mayor. No tiene en cuenta que este había cumplido veinte años justo antes de su llegada al campo y que era un activista político relativamente inexperto, carente, seguramente, de las tablas necesarias para convertirse en un líder. Por otro lado, es posible que a partir de la apariencia y de la relativamente buena salud su hermano sospechara que la vida que había tenido en el campo no había sido la de un prisionero corriente, y efectivamente no lo fue. Un trabajo de oficinista, su dominio de la lengua alemana, los paquetes de la Cruz Roja y, posiblemente, la influencia del embajador español Lequerica y de su cuñado Soutou: todo había contribuido a que su experiencia de la deportación estuviera muy lejos de la de otros deportados, como, por ejemplo, la de Robert Antelme. Pero una cosa es sugerir que había sido, de algún modo, el protegido de un *kapo* y otra muy distinta acusarlo de haber sido *kapo*.

Tras haber pasado la mayor parte de la guerra en Ginebra, Jean-Marie Soutou, el marido de Maribel Semprún, fue destinado en 1945 a la embajada de Francia en Berna, y ella alquiló una casa en Locarno para vivir con su hijo, Georges-Henri. Por entonces, Gonzalo estaba estudiando en Suiza y veía mucho a su hermana; Jorge Semprún pasó allí varios meses una vez que hubo arreglado sus papeles en Saint-Prix. ¿Cuándo y por qué viajó a Suiza para estar con sus dos hermanos y su pequeño sobrino Georges-Henri? ¿Soutou le ayudó con la gestión del pasaporte y otros documentos oficiales para que pudiera viajar legalmente?

Jorge Semprún era un deportado que acababa de ser liberado, pero era también, desde la adolescencia, un urbanita parisino de veintidós años. Vivir en la campiña Suiza en compañía de su crispada hermana mayor y de su bebé no pudo haber sido, precisamente, su idea de una escapada divertida. Necesitaba descansar, sin duda, y reponer fuerzas, pero no quería estar con su familia, y el lugar le resultaba tan remoto como claustrofóbico.

Quizá no había muchas otras opciones ni en ese momento ni después. Claramente, Saint-Prix no tenía demasiado que ofrecer a excepción de disputas familiares y hambre. No se mantenía ni la más mínima apariencia de un hogar acogedor. Su padre y su madrastra se trasladaron a Roma poco después de que acabara la guerra, y Carlos y Paco, el más pequeño de los hermanos, se quedaron atrás para buscarse la vida como pudieron. A José María Semprún le habían ofrecido un cargo de «ministro sin cartera» en el Vaticano en representación del Gobierno republicano español en el exilio. Quizá ser ministro sin cartera de un gobierno exiliado sin país suene desalentador, pero él era muy católico y el Vaticano era un puesto ideal. Antes de salir de Saint-Prix, dejó pagado el alquiler de varios años, pero sus hijos no disponían de dinero para el día a día. Se vieron obligados a apretarse el cinturón o vivir directamente sin agua caliente ni calefacción, y ninguno de los dos tenía en esos momentos una educación formal.

Sin duda, Jorge Semprún no tenía ningún interés en pasar más tiempo que el necesario con sus hermanos pequeños, adolescentes y pobres, en las afueras de París, pero ¿cómo iba a recuperar su anhelado estilo de vida a lo Saint-Germain-des-Prés?

¿Hay alguna razón política por la que Semprún creyera que era mejor pasar los primeros meses tras su liberación en la Suiza neutral en vez de en París? El hijo de Maribel Semprún y Jean-Marie Soutou ha señalado que, sin duda, la comida allí era más abundante. En los años de posguerra, en Francia las raciones eran mínimas. Georges-Henri Soutou ha rastreado, con tanta exactitud como ha podido, las fechas de la estancia de Jorge Semprún en Suiza. La correspondencia de su tío con su madre fue irregular, pero aporta las fechas fundamentales:

> El diario de mi madre indica que Georges [Jorge] llegó a Berna el 5 de octubre de 1945. Mi padre partió a ocupar su puesto en la embajada el 11 de octubre y mi madre se quedó con Georges y con Gonzalo. El 1 de noviembre dejaron Berna y se instalaron en la casa alquilada de Locarno-Solduno. El 10 de enero de 1946 mi madre sufrió una crisis de apendicitis seguida de una peritonitis. Estuvo *out* [no hay entradas en su diario] durante un mes. Después indica que Georges había vuelto a París, pero no da la fecha. De acuerdo con el contexto, sería en febrero o marzo de 1946. Hay muy pocas indicaciones personales, solo que en diciembre del 45 «Georges trabaja en los años cuarenta» (un manuscrito, presumiblemente), que Gonzalo es «real-

> mente bueno. Sin duda más que ese pillastre de Georges». Y que «Georges ha regresado a París, Torquemada como siempre». Lástima. Siempre hay muchos proyectos. Después de dos cartas suyas muy próximas, silencio. La primavera, su producción literaria, un amorío o su partido. Incluso todo a la vez o únicamente su negligencia.[6]

A partir de estas entradas, podemos concluir que Semprún estuvo en Suiza entre el 5 de octubre de 1945 y principios de 1946.[7] Las fotografías de Maribel muestran que escribía, y que pasaba el tiempo con Elsa Grobéty, una amiga de la infancia, de la primera época de su exilio en 1936.

Elsa Grobéty se mostró encantada de hablar de él por teléfono casi ochenta años después de haberlo conocido. Me envió un maravilloso retrato a carboncillo de un Jorge Semprún muy guapo que dibujó en aquella época. Observar con qué buena mano, y buen ojo, había logrado retratarle setenta años antes resultaba aún más conmovedor por el hecho de que, cuando hablamos, ella llevaba algún tiempo casi ciega. Elsa cuenta que los niños Semprún desempeñaron un papel muy importante en su vida. Recordaba a Paco como el más divertido de todos, y dice que cuando supo de la «desaparición» del escritor —cuando fue detenido y enviado a Buchenwald—, pasó muchas noches en blanco. Recordaba con cariño sus paseos de la mano con él por Ginebra. Pero reconoce que su relación fue bastante singular. Entre ellos tenían un trato afectuoso y juguetón, y él fue cariñoso con ella, pero admite que entre él y otra gente había más tensión. No era, según recuerda, una persona relajada y afectuosa, pero ella le apreciaba.

Hay indicios de que hubo otra mujer en Locarno con la que Jorge Semprún mantuvo una relación que empezó durante el invierno que pasó con su hermana, después de salir de Buchenwald. En *La escritura o la vida* ella aparece como «Lorena» y él, como «Manuel». No se menciona su nombre real, pero sabemos que se acababa de divorciar y que su familia era dueña de una gran compañía farmacéutica. Las descripciones de Semprún de las mujeres o de las relaciones de sus personajes con ellas no son lo mejor de su obra. Pero, de todas las mujeres de sus textos, Lorena es el personaje creado con mayor ternura. Parece que fue su primer amor después de Buchenwald, pero no está claro si continuaron viéndose cuando él regresó a París a principios de 1946.

Carlos Semprún afirma que leyó el manuscrito de *El largo viaje* en algún momento entre 1946 y 1947, lo que significa que debió de ser escrito muy poco después de la liberación de Buchenwald.

> Pues resulta que yo leí la primera versión de *El largo viaje*; lo que ocurre es que no logró publicarlo entonces, por los años 1947-1948...[8]

La versión de Jorge Semprún sobre la génesis de su primer libro, que contó varias veces por escrito y en numerosas entrevistas, es muy distinta. Afirmaba que durante muchos años fue incapaz de escribir sobre su experiencia en el campo, pues estaba convencido de que revivirla lo habría llevado al suicidio. Cuenta que redactó este primer libro sobre Buchenwald en 1963, durante los diez días que estuvo escondido en casa de un compañero comunista en Madrid. Su razón para decidirse a escribirlo finalmente, explica, fue que su compañero, también superviviente de un campo alemán, era un narrador terrible. Se vio obligado a redactar *El largo viaje* para que el mundo tuviera por fin un relato decente sobre lo que significaba ser un deportado. Por tanto, cuenta, aprovechó ese aburrido período para enfrentarse a la escritura de su primer borrador.

La afirmación que hace Carlos Semprún sobre la escritura de *El largo viaje* mucho antes de lo que se creía supone, por tanto, una impugnación abierta y desafiante a la versión del propio autor sobre cómo y cuándo se fraguó el libro. Esto podría ser cierto, y las pruebas que presenta la hermana mayor apoyan su recuerdo. Maribel guarda una fotografía de Jorge Semprún, tomada en Suiza en algún momento del otoño de 1945, en la que aparece escribiendo en un cuaderno. En el reverso de la foto escribió «*Le grand voyage*, primera versión, Locarno-Solduno». Posiblemente fuese eso, una primera versión, pero lo lógico es pensar que la retomó veinte años más tarde.

Es curioso ver que en todas las fotografías de esta época de posguerra —y también en el retrato de Elsa Grobéty—, el escritor está vestido de *zazou* de pies a cabeza. Los *zazous* fueron una subcultura juvenil que apareció en Francia durante la Segunda Guerra Mundial.

Llevaban el pelo largo cardado hacia arriba, zapatones y pantalones anchos de cintura alta con dobladillo. Su atuendo estaba inspirado en los *zoot suits* de los músicos de jazz estadounidenses. Semprún no escribió nunca sobre sus elecciones en lo relativo a la moda tras la liberación, tema que hubiese encontrado demasiado frívolo, pero las fotos demuestran que, antes y después de la guerra, fue un *hipster* muy pendiente de las tendencias.

Jorge Semprún escribiendo la primera versión de *El largo viaje*, Locarno-Solduno, 1945-1946, colección de Georges-Henri Soutou.[9]

> Durante un período de unos doce años, a partir de la liberación de Francia en 1944, toda una generación de escritores, intelectuales y artistas franceses se vio barrida hacia el remolino del comunismo.[10]

Después de Ginebra, encontró trabajo en París como traductor en la Unesco y conoció a la actriz Loleh Bellon. Loleh era hija del famoso fotógrafo Denise Bellon y hermana de la cineasta Yannick Bellon. Era dos años menor que él, una bohemia parisina joven y muy guapa. Simone de Beauvoir la inmortalizó en su libro *La fuerza de las cosas*:

> Poco después del día V, pasé una noche muy alegre con Camus, Chauffard, Loleh, Michel Vitold. Desde un bar de Montparnasse que

> acababa de cerrar, bajamos hacia el Hôtel La Louisiane. Loleh andaba con los pies desnudos sobre el asfalto. Decía: «¡Es mi cumpleaños, tengo veinte años!».[11]

Loleh sedujo al público, a los escritores y a Jorge Semprún. El 26 de julio de 1947 nació en París el hijo de ambos, Jaime Semprún. El padre tenía veinticuatro años y la madre, veintidós. Vivieron juntos durante casi tres años, período que él describe como «relativamente conyugal»,[12] pero en 1949 se separaron.

Durante la época en la que vivió con Loleh y trabajó en la Unesco, asistió a algunas reuniones del Partido Comunista de España (PCE) en el exilio y del Partido Comunista Francés. Cuando la pareja se separó, el joven se dispuso a convertirse en un verdadero militante comunista y a ganarse el respeto de Santiago Carrillo, jefe del PCE, que seleccionaba a las personas destinadas a hacer el trabajo clandestino en España.

Llegó a ser también miembro de la célula con más glamour del Partido Comunista Francés: la *cellule* 722. Entre sus componentes estaban los principales escritores e intelectuales de la época, los que frecuentaban los emblemáticos café Flore y Deux Magots, a un par de manzanas del apartamento que tenía la escritora Marguerite Duras en el número 5 de la rue Saint-Benoît, la base de operaciones de la intelectualidad parisina. Entre los miembros del grupo se encontraban Dionys Mascolo, Claude Roy, Edgar Morin, Raymond Queneau, Michel Leiris, Georges Bataille, Clara Malraux, Romain Gary e incluso Lacan de vez en cuando. Duras, encantadora y seductora, escritora conocida y antiguo miembro de la Resistencia, era la reina de la corte.[13]

En ese ambiente todo el mundo era comunista o simpatizante, y las conversaciones giraban en torno a la literatura y la política. Alrededor del núcleo orbitaban estrellas aún mayores, entre ellos el filósofo Jean-Paul Sartre, la cantante Juliette Gréco y la actriz Simone Signoret, mujer de Yves Montand. Sus vidas se desarrollaban en el espacio de dos manzanas parisinas, y fue precisamente en la posguerra cuando se forjó la famosa imagen novelesca de Saint-Germain-des-Prés: cafés llenos de humo y cuevas de jazz repletos de intelectuales lánguidos vestidos de negro, que discutían sobre el marxismo y la novela experimental, y bailaban. Ese es el mundo que seduce al personaje de Audrey Hepburn en la película musical *Una cara con ángel* y fue el primer ambiente social en el que se movió Jorge Semprún después de la guerra: sin un duro, antiburgués, *mais très chic.*

Entre sus nuevas amistades gozaba de credibilidad política porque era un superviviente de Buchenwald y porque, como español, era el único miembro de la 722 cuyo país se encontraba bajo una dictadura fascista. Tenía, además, veintipocos años y amplios conocimientos de filosofía y literatura, y le sentaban muy bien los jerséis negros. Era, además, el más guapo, el James Dean de la *cellule* 722.

En la célula había otro superviviente de Buchenwald, Robert Antelme, el marido de Marguerite Duras. Tenían muchos intereses en común y eran de la misma generación. Antelme tenía seis años más que Semprún, pero, a diferencia de este, después de Buchenwald había sido deportado al campo de exterminio de Dachau y había sobrevivido a duras penas. Inmediatamente tras la liberación de Dachau, Antelme estuvo a punto de morir de tifus y se le mantuvo en cuarentena. Por un golpe de suerte, De Gaulle envió a su amigo y compañero de la Resistencia François Mitterrand como representante oficial francés en la liberación de Dachau. Mitterrand ayudó a Antelme a escapar y se lo llevó de vuelta a Francia para que recibiera tratamiento. Antelme se unió al Partido Comunista Francés en 1946 y escribió sobre sus experiencias en los campos nazis en su libro *La especie humana*, publicado en 1947.

Bajo el seudónimo de «Georges Falco», Semprún fue el primero en escribir, elogiosamente, sobre el libro de Antelme, el 4 de julio de 1947, en *Action*, una revista ilustrada que apoyaba al Partido Comunista.[14] Los dos supervivientes habían sido amigos desde hacía algún tiempo, pero después, según afirma Antelme, Semprún se volvió contra él y lo denunció ante los superiores del partido.

¿Por qué se volvió contra su amigo? Según Antelme, las tensiones habían comenzado en 1946. Él había fundado una editorial, Cité Universelle, y compró los derechos de la novela alemana *Stalingrado*, de Theodor Plievier. En aquel momento, Semprún estaba sin trabajo, Antelme le propuso traducir la novela y le pagó por adelantado. La versión de Antelme es que el español pasó un año y medio trabajando en el libro pero solo tradujo algunos fragmentos. Al final, Cité

Universelle perdió los derechos de *Stalingrado* y poco después la editorial se hundió. Antelme dice que Semprún estaba claramente avergonzado por haber abandonado la traducción y que, al mismo tiempo, se volvió palpablemente hostil hacia todos los que tenían algo que ver con la editorial: Antelme, Duras y Mascolo. Esta antipatía molestó a Antelme, que había querido publicar una gran novela antibélica en francés y, de paso, echar una mano a su amigo.[15]

En mayo y junio de 1949 se produjeron algunas discusiones acaloradas entre los miembros de la célula.[16] Estas discusiones se desarrollaban en un contexto aparentemente informal en que todos hablaban libremente pensando que estaban en confianza. Durante las conversaciones sobre las nuevas tendencias de la crítica literaria, que llevaban inevitablemente a la espinosa cuestión del papel que cumplía la cultura en el partido, Semprún y Duras charlaban entre sí y se enseñaban fotos de sus hijos,[17] y otros hablaban sobre sus planes para las vacaciones de verano. Más tarde, él informó del tenor de estas conversaciones a sus superiores del partido, lo que desembocó en denuncias formales. Jacques Martinet, secretario de la célula, y Jorge Semprún acusaron presuntamente a Antelme y Duras de, entre otras cosas, conducta burguesa decadente. Duras fue formalmente acusada de «moralidad dudosa» y «probable ninfomanía».[18] Fue expulsada del Partido Comunista Francés en febrero de 1950.

Duras reflexionó sobre la rapidez con la que había caído en desgracia entre sus compañeros. Ella, que había sido la más valorada de los camaradas. Estaba segura de que el culpable de la traición era Semprún:

> En aquel momento, sin embargo, las críticas que se dirigían contra mí eran muy distintas de las actuales. «Estás haciendo demasiadas cosas, te vas a poner enferma», me decían. Ahora aquellos mismos camaradas, a los que no he visto desde que me trasladé a la 722, envían a la rama informes en los que me acusan de ser una «puta». Quizá me acusen de ser una puta porque no pueden encontrar ningún otro insulto. Es fácil acusar a una mujer de puta, es vago y simplista. ¿Es porque estoy divorciada? ¿Porque vivo con un hombre con el que no estoy casada? Me parece difícil de creer, ya que mis acusadores, Semprún y Martinet, están también divorciados y la mayoría de los camaradas de la célula cohabitan como nosotros.[19]

Duras tenía razón. En su entorno no era inusual cambiar de pareja. De hecho, poco tiempo después, la mujer de Martinet, la editora cinematográfica Colette Leloup, se separó de él y Semprún se fue a vivir con ella. Colette fue su segunda y última esposa.

Antelme y el amante de Duras, Dionys Mascolo, fueron también expulsados del partido. Semprún siempre negó haber tenido algo que ver con esta expulsión, y fue uno de los pocos temas que nunca dejó de enfurecerle.[20]

Antelme fue acusado de alta traición y de ir en contra del partido por criticar el Pacto Ribbentrop-Mólotov y por hablar a favor del Plan Marshall estadounidense. Lo más notable, sin embargo, es el «ataque» de Antelme al papel que desempeñó el Partido Comunista en Buchenwald. El español, que había formado parte de la red clandestina del campo, no quería que se tocara este tema ni de lejos.

Los dos hombres habían estado en Buchenwald, pero el joven Semprún se había encargado de la asignación de presos a los convoyes de la muerte. Antelme había sido víctima de uno de estos transportes a Dachau, y había sobrevivido de milagro. Hacia el final de la guerra, en Dachau murieron una enorme cantidad de prisioneros de la misma epidemia de tifus que padecía Antelme cuando Mitterrand lo rescató.

Según Antelme, había intentado abordar la cuestión con Jorge Semprún una vez: le dijo que sabía que el haber sido enviado en un transporte a Dachau era un sacrificio que había hecho por el bien de la causa del partido. Y prosiguió afirmando que muchos habían muerto para que los «mejores» militantes pudieran vivir:

> Cada camarada debe saber que en este camino, el camino teórico y real de la revolución, hay numerosos hombres que murieron para que ellos, los camaradas comunistas, los mejores militantes de la revolución, vivieran.[21]

Insistía en que el modo correcto de ser comunista era considerarlo una responsabilidad que implicaba sacrificios, no un privilegio, y estaba convencido de que Semprún se tomó esta observación general como un ataque. Como venganza, afirma Antelme, Semprún informó de todos sus comentarios a los superiores del partido para asegurarse de que fuera expulsado.

Semprún negó hasta el fin de sus días haber tenido implicación alguna en las acusaciones o en la expulsión de sus camaradas. En 1998, publicó en *Le Monde* su respuesta a quienes le acusaban de ser un *mouchard*, un informante delator, de sus compañeros:

> No acepto que yo haya tenido mano en su expulsión. Es sobre todo mito, una especie de ficción familiar. Es como si tuvieran necesidad de perseguirme, metafóricamente hablando, porque tenía más confianza con ellos que con los demás. Lo hablé con Robert Antelme en su momento.[22]

Pero la segunda mujer de Antelme, Monique, también sostuvo hasta el final que Semprún había pasado informes sobre Antelme, y que su marido nunca había entendido ni superado esta traición:

> Fui mujer de Robert Antelme durante cuarenta y dos años, confirmo que Jorge Semprún estaba presente, contrariamente a lo que él mismo afirma en la página *Débats* de este diario, en la reunión del 7 de marzo de 1950 del Partido Comunista, reunión en el curso de la cual fuimos expulsados Robert Antelme, Bernard Guillochon y yo misma. Confirmo que Perlican, secretario del PCF para la sección del VI distrito, leyó, en el curso de esta reunión, un informe infamante, dirigido principalmente contra Robert Antelme, y que iba, aparentemente, firmado por Jorge Semprún. Yo habría deseado no tener que intervenir en esta historia sórdida que tanto hizo sufrir a Robert Antelme, pero las palabras de Semprún en *Le Monde* del 26 de junio me obligan a hacerlo. Al denunciar lo que de manera equivocada llaman el grupo de la rue Saint-Benoît, Semprún traicionó a Robert, traicionó la amistad...
>
> Hoy en día están todos muertos, Robert, Marguerite Duras, Bernard Guillochon, Dionys Mascolo, Eugène Mannoni. Quedo yo como único testigo, testigo insuficiente, ciertamente, pero que no inventa nada. Querría añadir que Robert Antelme le pidió, después de nuestra exclusión, en dos ocasiones, a Jorge Semprún un encuentro cara a cara para que se explicara. Se vieron dos veces. Semprún jamás se explicó. Y la segunda vez se separaron sin darse la mano. Robert

siempre se preguntó el porqué. La única razón que encontró no la contaré aquí, pues no es más que una suposición por su parte.[23]

También Carlos Semprún aseguró que su hermano había delatado a Antelme, Duras y Mascolo, y que negaba su implicación para evitarse problemas. Según afirma, les dijo tanto a él como a su camarada comunista español Fernando Claudín: «¡Claro que mentí! ¡No iba a mentir! ¡Ellos me querían pringar, y no me dejé pringar!».[24]

> Cuarenta y ocho años más tarde, se cree que puede mentir tranquilamente, cuando casi todos los protagonistas de esa mascarada han muerto; se cree que puede negar haber redactado el menor informe y negar su presencia en la ceremonia de expulsión. Escribe que Robert Antelme, después de su expulsión, le citó dos veces, cara a cara, para exigirle explicaciones (sobre el porqué de su chivatazo, se supone, aunque no lo diga), y una de las cosas que preocupaban a Antelme —siempre según JS— era por qué Jorge Semprún, «presente en el fondo de la sala», no dijo absolutamente nada. Y cuarenta y ocho años después Jorge Semprún contesta al difunto Antelme: «No dije nada porque no estaba, permanecí callado porque estaba ausente». Concluyó así su artículo en *Le Monde*: «Algunos meses antes, en efecto, me había cambiado de la sección del PCF del VI distrito a la del XVIII distrito, y aproveché este cambio para no renovar mi carnet del partido. Ya era militante del PC español, y eso me bastaba. Por lo tanto, no asistí a esa reunión de exclusión y no se leyó un informe en mi nombre. Todo ello no pasa de ser fantasías y novela familiar».[25]

En cualquier caso, Antelme fue expulsado del partido a partir de las acusaciones firmadas por Semprún y Martinet. Ese fue el final de la amistad entre el camarada español y Antelme.

Martinet fue el primer marido de la editora cinematográfica Colette Leloup, quien sería segunda mujer de Semprún, después de Loleh Bellon. Por casualidad, ambas habían sido compañeras de colegio de pequeñas. Semprún seguía exiliado, pero finalmente había encontrado un nuevo hogar en el mundo acogedor y algo incestuoso de los comunistas de Saint-Germain-des-Prés. Para cuando dejó el PCF, ya estaba escalando los peldaños de la organización comunista española.

Si es verdad que tuvo algo que ver con la expulsión de Antelme, quizá todo girase en torno a las insinuaciones que este hizo sobre el trabajo de Jorge Semprún con los comunistas de Buchenwald. Semprún no quería tener fama de haber sido el verdugo que, para garantizar su propia supervivencia, contribuía a decidir quién vivía y quién moría. No quería ser conocido como el ayudante del *kapo*. Además de silenciar cualquier posible crítica por parte de Antelme, quizá quiso demostrar también a la cúpula del Partido Comunista de España (PCE) que era un verdadero *apparatchik* estalinista y que se podía confiar en él: si alguien criticaba alguna línea del partido, él estaba listo para denunciar la traición. Para entonces ya se encontraba labrando su camino ascendente dentro del PCE y deseaba mostrar sus habilidades como informante, como líder y como agente dispuesto a acabar con los miembros cuya lealtad pareciera débil. No le asustaba la idea de delatar a sus propios amigos, incluso si eran escritores y supervivientes famosos.

¿Por qué una persona joven, con raíces burguesas, formación intelectual, superviviente de un campo nazi, querría cambiar la libertad por el partido? ¿Por qué el guapo y talentoso Semprún querría enterrarse en las sórdidas luchas internas y las turbias ambiciones de los partidos comunistas francés y español?

Para entender su motivación, es importante tener en cuenta tanto sus circunstancias personales como el contexto político general. No tenía dinero, casa ni familia de la que depender. Su padre y su madrastra, que nunca fueron de gran ayuda, llevaban una vida muy independiente en Roma. Sus hermanos estaban desperdigados. Su primer matrimonio había fracasado y tenía un hijo pequeño, Jaime, del que ocuparse. Ya había conocido a Colette Leloup y podía vivir en su apartamento, pero ella también tenía una hija. Además, era un ser político, más después de la guerra, y el PCE parecía una organización en la que podría desempeñar un papel relevante. Y, más que nada, tenía muchas ganas de volver a Madrid y estaba deseando que le mandaran clandestino a España. Estos viajes eran peligrosos y tenían un prestigio especial, y él fue subiendo escalón a escalón hasta ganarse la confianza de los dirigentes. Utilizando varios seudónimos, dejaría deslumbrada a la joven intelectualidad española y los guiaría como el flautista de Hamelín hasta que vieran la luz del PCE. A partir de 1952, empezó también a cobrar un sueldo del partido, una vez que dejó su trabajo en la Unesco en septiembre del mismo año.[26]

En 1947 conoció a Dolores Ibárrurri, la Pasionaria, en la sede parisina del PCE en la avenue Kléber. Hasta 1950, cuando el Gobierno francés ilegalizó sus actividades, el PCE operaba libremente en Francia. En 1950 pasó a la clandestinidad, pero en 1947 la dirección del partido podía reunirse abiertamente y Semprún llegó a conocer a muchos de sus miembros. Aparte de la Pasionaria, que lo dejó impresionado, forjó amistad con otras personas que lo inspiraron, y deseaba formar parte de este núcleo duro. Eran de muy diversa extracción social, pero todos eran, como él, exiliados españoles en París y comunistas.

> [...] ese nombre de Kléber iba aureolado con algo de misterio. «Han dicho en Kléber». «Habrá que discutirlo en Kléber». «A ver qué decide Kléber». [...] Y Kléber iba consituyéndose como la apelación simbólica de un poder indiscutible, lejano y próximo a la vez, de tipo patriarcal. O religioso, si se prefiere.[27]

Una persona que en ese momento le influyó particularmente fue Benigno Rodríguez, que durante la Guerra Civil había sido secretario del presidente republicano Juan Negrín:

> Benigno Rodríguez, el autodidacta, fabuloso personaje de la picaresca política española, madrileño, hijo de un cochero de simón, antiguo militante anarcosindicalista, que había sido, por encargo del partido, secretario de Juan Negrín durante la Guerra Civil y una parte del exilio, en Londres, y que se las sabía todas.[28]

Había un aire aventurero en todas estas actividades que lo atraía. Y también había la conexión con España, las reuniones con otros exiliados en torno a un buen plato de cuchara español:

> [...] me encontré a veces con Enrique Líster; algunos días, en torno a una fabada asturiana, un potaje gallego, una paella valenciana o un cocido a la madrileña (ya se sabe que los desterrados adorábamos los platos típicos de la perdida y añorada patria: comérnoslos en compañía de unos amigos era como comulgar con las esencias nacionales).[29]

El mundo comunista resultaba algo represivo pero familiar, opresivo pero seguro: «Hoy es difícil entender por qué, siendo antiautoritarios, estaban tan dispuestos a permanecer en el partido. Pero la pertenencia al partido era una forma de vida, una forma de esperanza, de construir un futuro —glorioso o no— y de ser parte de una "familia". Ser miembro del partido significaba que uno nunca estaba solo».[30]

Aunque Antelme nunca le perdonó, su exmujer, Marguerite Duras, no le guardó rencor. Al contrario, Duras siempre tuvo debilidad por él y hasta intentó convertirlo en estrella de cine. En 1960, el director Peter Brook rodó una versión cinematográfica del *best seller* de Duras *Moderato cantabile*, protagonizada por Jean-Paul Belmondo y Jeanne Moreau. El gran Belmondo era, de hecho, su segunda opción para el protagonista masculino. Duras había querido que fuera Semprún, aunque no hubiera actuado en la vida. Ella le insistió, pero él rechazó la oportunidad de convertirse en un actor de cine. Prefirió el partido al estrellato.

En 1960 su prioridad seguía siendo su compromiso con la clandestinidad española. Su lealtad al PCE tenía que ver con muchos factores y, entre ellos, su relación con el líder del partido, Santiago Carrillo, merece especial atención. Durante toda su vida, Semprún dependió para sobrevivir de sus vínculos con organizaciones y personalidades importantes: su cuñado Soutou; Frick, su benefactor de la adolescencia; los *kapos* de la Arbeitsstatistik en Buchenwald; los intelectuales de la célula 722 mientras le interesaron, y ahora estaba listo para dar el salto a los líderes del PCE, Santiago Carrillo y Dolores Ibárruri, la Pasionaria. Mantendría con Carrillo una relación excepcional, a pesar de las diferencias de clase y educación, que les resultaría ser mutuamente beneficiosa. Durante mucho tiempo, Santiago Carrillo sería una nueva figura paterna para él, un líder al que podía respetar y obedecer. No para siempre, claro.

A medida que Jorge ascendió en las filas del PCE, sus lealtades personales dieron un giro permanente. Veía cada vez menos a su hijo Jaime y, cuando lo hacía, su relación era cada vez más tensa. Estaba rehaciendo su vida con Colette Leloup y llegaría a considerarlas a ella y a su hija, Dominique Martinet, como su única familia. El alejamiento de su hijo fue radical y definitivo, y sigue siendo una nube triste y oscura sobre la vida del militante español, no tan distinta de la ruptura con su propio padre y algunos de sus hermanos.

5

Federico Sánchez: los años comunistas españoles, 1952-1963

Yo soy hijo de una clase vencida
de un mundo derrotado
y en el fragor de la lucha que es la vida
de lo que crece o muere, me ha brotado
la sangre de esta herida.[1]

JORGE SEMPRÚN

Ayer nevó, como en toda España (menos en los embalses, donde según dice la gente, nunca llueve ni menos nieva). A pesar de lo cual el ambiente es caluroso, más que nunca. No paro de ir convidado de un lado para otro, por todos los amigos. Eso quiere decir que me encuentro muy a gusto y que pienso divertirme mucho esta temporada.[2]

JORGE SEMPRÚN

El regreso clandestino de Semprún a España inauguraría la que quizá fue la etapa más feliz de su vida. Acababa de cumplir treinta años y se le ofrecía la oportunidad de desempeñar un papel significativo en el país del que su familia se había visto obligada a huir hacía diecisiete años.

Debido a la naturaleza secreta de su vida y de su trabajo, intentar formarse una idea clara de sus verdaderas motivaciones e impresiones es todo un reto. Dividía su tiempo entre París y Madrid, entre el francés y el español, dualidad que únicamente reforzó su capacidad para reinventarse a sí mismo y para compartimentar sus identidades. Tenía a sus espaldas años de práctica haciendo frente a nuevas situaciones aterradoras: la enfermedad y muerte de su madre, el nuevo matrimonio de su padre, el estallido de la Guerra Civil, el exilio en Francia, Suiza, Holanda y, finalmente, Francia de nuevo; la Resistencia y Buchenwald.

Volver a España como agente para ejercer su influencia sobre el estudiantado era un juego de niños en comparación con todo lo que ya había pasado. Un juego que se le daba bien. En Madrid nadie podía imaginar cómo era su vida en Francia, y viceversa. Francia y España eran países vecinos geográficamente, pero muy bien podían haber estado en distintos planetas. Semprún estaba excepcionalmente equipado para moverse en ambos, y cada vez que cruzaba la frontera se independizaba completamente de quienes dejaba atrás. Los líderes comunistas españoles, Santiago Carrillo y Dolores Ibárruri, no podían regresar a España, por lo que se convirtió en su hombre de confianza. No parece que Colette, su mujer, tuviera demasiado interés en España y tampoco hablaba nada de español. La vida de Semprún en Madrid no tenía nada que ver con ella, y el nivel de vida parisino de la pareja estaba muy por encima del de sus camaradas españoles. Semprún preservó su individualidad, aislado de todo el mundo, e incluso se las arregló para mantener un perfil bajo ante las autoridades francesas y españolas sin sacrificar su imagen sofisticada. Su alias, Federico Sánchez, era «el hombre más buscado» de España, pero, lejos de cultivar un *look* de topo, se mantuvo fiel a su estilo cosmopolita. El hecho de que fuera un agente clandestino muy bien vestido refleja su confianza en sí mismo y su astucia. Podría haber tratado de pasar desapercibido entre las multitudes desaliñadas de la España de principios de 1950, pero eligió no hacerlo. Vanidad aparte, sabía que tener un aire *chic* en realidad podía ayudarle a esquivar la ley. Las autoridades españolas no iban buscando agentes comunistas con aspecto elegante. Dentro del mundo social franquista, clase y política eran indivisibles: los «rojos» eran harapientos, pobres y detestables, mientras que la gente bien iba pulcra y almidonada, cuando no de uniforme. El pequeño porcentaje de individuos adinerados y con estilo era una élite poderosa, con la que la policía no se metía. Por todo ello, fue astuto al elegir una tercera opción: luchar por su ideología marxista vestido como un aristócrata. Las apariencias no eran un tema frívolo en la clandestinidad. Ninguno de los dos sucesores que lo siguieron en su puesto clandestino en España tenía su estilo ni su sofisticación, y no tardaron en ser detenidos. Sin embargo, a él, el más buscado de todos, nunca lo apresaron. Nadie sabía que era comunista. Nadie podía imaginar que había luchado en la Resistencia y sobrevivido a un campo de concentración nazi. La leyenda dice que ocupaba los mejores asientos en las corridas de toros en Madrid y que una vez disfrutó tranquilamente el espectáculo a pocas butacas de Franco. Aprendió a esconderse a plena luz y a seguir los partidos de fútbol para adaptarse a la cultura popular española (y acabó siendo un aficionado apasionado para el resto de sus días). Sin duda, tenía una vena torera y le gustaba tentar al destino.

Juan Goytisolo recuerda cómo le llamó la atención el estilo distinguido de Semprún cuando lo conoció a finales de 1950 en Madrid: «Me procuraron una cita y me encontré con Jorge en un café de la Castellana, vestido con gran elegancia, estaba allí muy desenvuelto y muy, en fin... Nadie podía sospechar que era el dirigente que estaban buscando... daba sus citas en lugares elegantes».[3]

¿A qué se dedicaba realmente en España? Existe una vastísima documentación sobre sus años en la clandestinidad. Gran parte de ella procede de la correspondencia oficial del partido o de las memorias disidentes del propio autor, en las que revela y reformula los hechos de forma selectiva y reniega también de su pasado comunista. A partir de estas fuentes, unidas a los testimonios de sus amigos y colegas españoles y franceses, podemos componer un retrato de su vida durante los años de la clandestinidad y explorar la evolución de su compromiso, y de su relación estrecha y conflictiva, con su jefe, Santiago Carrillo.

Santiago Carrillo y Jorge Semprún eran una extraña pareja. El dirigente comunista tenía ocho años más que el escritor, era asturiano y llevaba trabajando desde la adolescencia. Su padre, Wenceslao Carrillo, fue un conocido líder del PSOE, y él estuvo implicado en las Juventudes Socialistas hasta que se hizo comunista al estallar la Guerra Civil en 1936. Carrillo también mantuvo una relación conflictiva con su progenitor que se rompió definitivamente en 1939, cuando el padre participó en el golpe de Casado contra Juan Negrín.[4]

Carrillo y Semprún se conocieron en París poco después de la Segunda Guerra Mundial. Carrillo quedó impresionado de inmediato por la sinceridad y el entusiasmo del compromiso militante de Semprún. También entendió el valor excepcional del personaje para el partido: un nieto de Antonio Maura e hijo de un político republicano, veterano de la Resistencia y superviviente de Buchenwald. Todos estos factores hacían de él un recluta irresistible. Las viejas reglas de la Komintern, que indicaban que solo podían ser miembros del partido los obreros, habían quedado obsoletas, y Carrillo no vio ningún obstáculo para incorporar al carismático exiliado, joven, multilingüe, burgués y culto, al redil.[5] Todos los dirigentes del PCE lo valoraban y lo consideraban un estalinista acérrimo. Como contaba Carrillo: «Tenía todos los tics del militante comunista de la época y era tan estaliniano como el que más».[6] Carrillo llegó a ser para Semprún algo más que una figura paterna profesional: fue también un amigo y un aliado. En 1956, a propuesta de Carrillo, fue elegido por unanimidad miembro del Comité Central del PCE. Los jefes del partido tenían un mes pagado de vacaciones de verano cada dos años, por lo que el nuevo recluta, su mujer, Colette, y la hija de esta, Dominique, pasaron dos veranos en Sochi y Crimea, respectivamente, en compañía de Carrillo y su familia.

Carrillo y Semprún trabajaron juntos para infiltrarse en el pequeño y creciente ambiente intelectual antifranquista español. Su centro de operaciones era el piso donde el escritor vivía con Colette en el boulevard Saint-Germain. Ella, montadora de cine, era, según Carrillo, «amable y discreta»,[7] y durante años les permitió usar el apartamento. Tener un espacio como aquel a su disposición fue especialmente importante porque el PCE había sido ilegalizado en Francia en 1950, así que no era fácil encontrar lugares para reunirse. Por aquella casa pasaron abundantes intelectuales y escritores españoles, y era allí donde se planeaban los siguientes pasos en el «interior». Para el PCE, España siempre fue «el interior», y Francia y el resto del mundo, «el exterior».

Como ya era habitual para él, la vida cotidiana de Semprún en estos años era paradójica. Su militancia no le exigía renunciar a un cierto elemento de glamour que nunca le rondaba muy lejos. Incluso como agente secreto en Madrid, donde se alojaba en pisos del partido y pensiones baratas, su vida nunca fue austera, aburrida ni gris. Llegaría a conocer a toda una serie de personas de todos los estratos sociales, desde el escritor Ernest Hemingway hasta Luis Miguel Dominguín, el legendario torero y amante de la actriz Ava Gardner, que también vivió en la España de la década de 1950.

Por su naturaleza clandestina, las actividades del PCE durante el franquismo siguen llenas de incógnitas. Las preguntas más relevantes son: ¿qué esperaban conseguir los líderes del partido? ¿Una verdadera revolución, o la apertura hacia un futuro cambio pacífico de poder? ¿Fueron realistas sus metas? ¿Fueron eficaces sus métodos? ¿Cómo evolucionaron a medida que pasaban los años y las décadas? Existe una extensa bibliografía sobre el tema, y el lector no especializado puede desanimarse fácilmente al ver las interminables listas de nombres y siglas desconocidos, las luchas internas y los laberínticos procedimientos burocráticos. Sin embargo, la historia del Partido Comunista de España (PCE) en aquellos años es fascinante. ¿Cuál fue, dentro del panorama general, el papel concreto de Jorge Semprún? ¿Qué arriesgó como agente del PCE, qué ganó y qué perdió? ¿Cuál fue el precio que pagaron, él y otros, por entregarse al PCE?

Parte de su misión consistía en ser los ojos y oídos del PCE en territorio español y redactar informes periódicos que se enviaban en secreto a la cúpula del partido en París. Estos informes son documentos importantes que revelan sus primeras impresiones acerca de las transformaciones que había sufrido España desde la Guerra Civil, y durante los trece años de pobreza y estancamiento económico de la posguerra.

En los relatos del autor hay dos cosas que se ven claramente de inmediato: estaba encantado de estar de vuelta en casa, sin importarle en qué condiciones, y estaba profundamente comprometido con la lucha antifranquista. Sus descripciones y análisis nos dejan ver la mente de un lúcido observador y la pasión de un escritor novato pero con talento. En estos informes, su estilo está muy lejos de su primera escritura abiertamente propagandística. Las circulares internas del partido que debía enviar desde España le habituaron a escribir con regularidad. Una vez que empezó, nunca se detendría. Sus años clandestinos no suponen un paréntesis en su vida de escritor ni de parisino. Son el principio de la integración de sus identidades española y francesa, hasta entonces geográfica y radicalmente separadas debido a las circunstancias políticas. Este no fue un período exclusivamente «político» sin crecimiento literario. Al contrario, Semprún fue forjando su identidad como escritor a partir de su papel político a medida que definía —con gran independencia— su papel en el partido y la imagen que daba. En sus informes se hace un uso esporádico del lenguaje en clave, a todas luces con la intención de esquivar la censura; pero, por lo demás, habla con bastante franqueza acerca de la situación en España y a veces utiliza los nombres reales de las personas. El temor de que sus informes pudieran caer en manos equivocadas parece más pronunciado durante su primer año en España, en 1952, cuando denomina al partido como «el negocio» y a los compañeros como «accionistas». Describe las actividades comunistas en terminología capitalista, y parece disfrutar del ejercicio de creatividad que implica este disimulo:

> Aquí todo bien. Buen tiempo y buen desarrollo de los negocios [...] La junta de accionistas de aquí y de provincias la celebraremos [...] para mediados de marzo [...] Lo de los estudiantes sigue surtiendo efecto.[8]

En el transcurso de varios años, más de una década, el militante clandestino se labró un camino ascendente hasta la cima del PCE. Empleó su encanto, su autodisciplina, su imaginación y su paciencia, y llegó a escribir unas obras literarias serias e ideológicamente correctas. En 1945 escribió un magnífico y desgarrador poema, «Le rêve ancien» (quizá su primera publicación) en una antología de poesía de Buchenwald publicada en Francia por André Verdet. El poema, firmado solo con el apellido «Semprún», fue traducido al castellano por el poeta y director de cine José Miguel García Ascot, y se publicó en México en 1949 en la revista *Presencia* (organizada por el propio García Ascot) con el título «El sueño antiguo». *Presencia* fue una revista juvenil del exilio español en México. Así que, para 1949, Semprún ya era una referencia para los jóvenes escritores del exilio en Francia y en México.[9] Llevaba demostrando su valía como escritor afincado en el núcleo del PCE desde 1946, año en que escribió la obra teatral *Soledad*, sobre un grupo de estudiantes antifranquistas, pieza en la que «todos esos temas tenían un carácter utópico, quiero decir que se articulaban en torno a un porvenir imaginario, aunque deseado y aceptado de antemano».[10] Es más, Santiago, el protagonista de *Soledad*, «era en cierto modo la primera encarnación imaginaria de Federico Sánchez. Era un ente de ficción que preparaba mi acceso a la realidad —también cargada de rasgos ficcionales, sin duda— de Federico Sánchez. O sea, Federico Sánchez, eso se demuestra luminosamente en aquella obra antigua y olvidada, no iba a ser un puro azar de mi existencia, un avatar circunstancial, sino que expresaba una querencia muy profunda».[11]

Esta obra y otros escritos fueron fundamentales para su posterior carrera literaria, y con ellos se ganó credibilidad y consideración entre los compañeros del partido. La mayoría de sus camaradas no tenían ni la educación, ni el talento, ni la voluntad necesarios para ser escritores. *Soledad*, sus odas a la Pasionaria y Stalin, y su obra de teatro de 1953 *¡Libertad para los 34 de Barcelona!*, son ejemplos de su propaganda creativa. La banda sonora de *¡Libertad!* no podría haber sido más apta: era el himno comunista «La Internacional».

> El Ciego: La policía hace uso de las armas, pero los manifestantes rechazan a la policía... las masas son dueñas de las calles de Barcelona. Doce años de miseria, doce años de terror, de sangre y de lágrimas. Doce años de ira concentrada, de resistencia pasiva, esperando el momento propicio para la lucha abierta, explotan en esta gran acción que orienta y dirige la clase obrera. A continuación se oye «La Internacional».[12]

A finales de 1940, escribió un poema en honor a Dolores Ibárruri titulado «Canto a Dolores».[13] También compuso un canto al partido y un poema sobre el hijo de la Pasionaria, Rubén, que había muerto luchando en Stalingrado. Algunos de estos versos no se publicaron nunca, pero él los comparte al comienzo de su libro de memorias *Autobiografía de Federico Sánchez*, publicado en 1977, como prueba de su estalinización total y profunda en aquel momento. Esta obra es la autocrítica de un disidente; es el relato de la conversión de un hombre que vivía en la oscuridad como devoto militante hasta que vio la luz y se liberó de la rancia ideología del Partido Comunista de España, pero a eso llegaremos más adelante.

Como tal, fue absolutamente intolerante con todo lo que se desviara de los fines del partido. En una reseña especialmente demoledora de la novela *Nada*, de Carmen Laforet, que se publicó en la revista *Cultura y Democracia*, Semprún desplegó sus convicciones políticas y su espíritu crítico.

Esta publicación mensual tuvo una vida corta, pero le sirvió como plataforma para impresionar a sus superiores con sus amplias referencias culturales y su dogmatismo ideológico. La crítica reprobatoria de *Nada*, publicada en 1945, fue uno de sus primeros artículos. El libro, que en su momento fue un éxito de ventas, crea un retrato duro y sórdido de la vida española de la posguerra franquista. No es explícitamente político y, por tanto, pasó la censura e incluso ganó la primera edición del prestigioso Premio Nadal. La reseña de Semprún, escrita en 1950, criticaba el éxito de la novela y lo que entendía como la contraproducente combinación de «nihilismo» y «pesimismo» de la autora. *Nada* no era un ejemplo de los ideales revolucionarios comunistas y él lo tilda de «basura». Su reseña está plagada de referencias a otros autores, desde Faulkner a Mao Tse Tung. Afirma que no va a rebajarse a tonterías como revelar si la autora es rubia o morena. Parece irritarle que una mujer —española y no comunista— hubiera escrito una novela de éxito. Esta crítica de *Nada* supone un inmejorable manifiesto para alguien que se postula al puesto de líder cultural del PCE. Muestra a un activista intransigente, seguro de sí mismo, sofisticado y dispuesto a denunciar lo que, para él, no era más que un producto del franquismo. Con orgullo, se declaraba fiel a una sensibilidad bunkerizada. El hecho de que la novela de Laforet —un clásico respetado en los círculos literarios hasta nuestros días— se hubiera publicado siete años antes de que saliera su reseña demuestra la desconexión entre el «interior» y el «exterior». El PCE iba varios pasos por detrás en la guerra cultural que se estaba librando y, durante las décadas de 1950 y 1960, tendría que espabilar rápidamente si quería conectar con la juventud española.

Cabe señalar que, durante décadas, el PCE solo existió oficialmente en el exilio y en la clandestinidad. Puesto que sus líderes, Santiago Carrillo y Dolores Ibárruri, habían sido muy activos durante la época de la Guerra Civil y no podían arriesgarse a poner los pies en suelo español, dirigían el partido desde lejos, desde París y Moscú, respectivamente. La consecuencia de este liderazgo a distancia fue que, independientemente de cuántos agentes clandestinos o informes secretos tuvieran a su disposición, había perdido el contacto con la vida española. Esta situación de falta total de conexión directa se prolongó durante cuatro décadas, hasta después de la muerte de Franco. El PCE tuvo que hacer frente también a otros retos externos e internos, pero esta dirección a distancia fue una desventaja importante y duradera. Es probable que el hecho de que los jefes no estuvieran personalmente en escena hiciera especialmente atractivo para Semprún ser uno de los pocos enviados al interior. Lo exclusivo de su papel y los riesgos que entrañaba estar entrando y saliendo de España hacían irresistible el estilo de vida de «agente secreto». También era el único modo de volver finalmente a casa, después de dieciséis años exiliado. Aunque los viajes fueran solo temporales, e ilegales, le permitían disfrutar de nuevo de la familiaridad de las calles de su infancia y de poder hablar, y oír hablar, su lengua materna en cualquier sitio. Tenía una nueva familia española, Carrillo e Ibárruri y otros camaradas, con la que llenar el vacío dejado por su madre, fallecida tiempo atrás, y su padre ausente. Descubrió que podía sustituir también a sus hermanos por otros jóvenes compañeros que le veneraban, a la mayoría de los cuales eclipsaba en cuanto a credibilidad política, educación y sofisticación. Al mismo tiempo, la vuelta a España suponía retomar su sueño infantil de convertirse en un líder político español. El PCE era la única vía posible hacia el derrocamiento de Franco. El escritor recordaría esta época como un período feliz, lleno de aventuras, ilusión y posibilidades.

Su papel en el PCE fue peculiar desde el principio. Sus distinguidos orígenes familiares no supusieron una desventaja, sino todo lo contrario. Aunque afirmó a menudo que había tenido que ponerse a prueba más que otros para refutar cualquier sospecha debida a sus orígenes burgueses, esto le resultó bastante más fácil de lo que podría pensarse. Por paradójico que pueda parecer, los dirigentes del PCE eran unos esnobs, y les encantaba tener de agente a un intelectual joven, guapo y de buena familia. Jorge Semprún daba un cierto pedigrí y una perspectiva sofisticada y educada al programa cultural del partido. Era perfecto para su misión de trabajar entre los estudiantes universitarios e intelectuales españoles. Carrillo intuyó que la juventud española lo encontraría arrollador, y tuvo razón. Nadie, sin embargo, lo conocía como Jorge Semprún. Vivió en España bajo una serie de alias, con pasaportes y otros documentos falsos, que incluyeron los nombres de Federico Sánchez, Juan Larrea y Jacques Grador, entre otros. A veces, asumía la identidad de un hispanista francés, otras pasaba simplemente por español. Federico Sánchez fue la primera personalidad que adoptó:

> Federico Sánchez nace como Federico (nace sin apellido) en 1953, cuando se produce mi primer viaje clandestino a España, que empieza en Barcelona; es un primer viaje de toma de contacto con gentes y con grupos. Llevaba algunas cartas de presentación, unas veces como español (sin dar el nombre naturalmente), otras como hispanista francés... El compañero del aparato técnico del paso de fronteras de viajes me dijo que era conveniente que cada semana mandase una carta totalmente insulsa para indicar que seguía vivo y que no me habían detenido y que escogiese un nombre para firmarlas. Elegí Federico, no sé por qué... Y elijo Sánchez porque es un apellido totalmente banal, corriente.[14]

Aunque asegura ignorar por qué eligió el nombre de Federico, podemos aventurar que fue en honor a Federico García Lorca. El poeta más famoso de España era también un símbolo político de gran proyección: había sido asesinado por los franquistas en las primeras semanas de la Guerra Civil. Como nombre de guerra, «Federico» era perfecto: era sinónimo de libertad, poesía y antifascismo. Para el momento en que Jorge Semprún se transformó en Federico Sánchez, él y su futura mujer, Colette Leloup (exmujer de Martinet), formaban una pareja estable y su piso parisino era el hogar de Semprún. La pareja vivía allí con Dominique, la hija de Colette.

Su vida como agente clandestino debía ser también secreta para quienes lo rodeaban en París, por lo que se veía obligado a ocultar sus viajes con mentiras y omisiones. Esto último, sumado a su magnetismo personal, volvía aún más enigmática su figura en la sociedad parisina. El director de cine Costa-Gavras recuerda haberse encontrado con él un fin de semana en la casa de campo de Yves Montand y Simone Signoret, y haberle preguntado a la actriz por aquel misterioso tipo. Ella le dio una respuesta evasiva y reservada, lo que no hizo más que alimentar la curiosidad en torno a su invitado. Finalmente, se dio a conocer su identidad a unas pocas personas selectas y de confianza: tenían entre ellos a un agente secreto y revolucionario español.[15]

La persona que se encargaba de preparar los pasaportes y otros documentos de identidad falsos para los miembros del PCE era Domingo Malagón, exiliado y artista de oficio. Era un genio de la falsificación y nadie fue detenido jamás por culpa de sus documentos. Desde su centro de operaciones en París, hizo muchos pasaportes falsos y carnets, tanto franceses como españoles, para Semprún, con quien también trabajó en un comité dedicado a la política interna de España. Sobre la relación entre este y Santiago Carrillo, Malagón contó lo siguiente:

> En esta comisión estaba Santiago [Carrillo], Julián Grimau, Semprún..., allí informaba también Semprún de cómo iba su trabajo en Madrid, con estudiantes, intelectuales, etc. Semprún era un hombre sumamente preciso en los detalles que proporcionaba, muy agudo. Viéndole allí, al lado de Carrillo, jamás hubiese pensado que llegarían a romper de tal manera, todo lo contrario, la imagen que daban era justamente la contraria, la de dos elementos que se complementaban a las mil maravillas, el uno —Semprún— absolutamente motivado, el otro —Carrillo— absolutamente convencido de las cualidades de su mano derecha. Y tengo para mí que fue de Semprún de donde Carrillo tomó los primeros apuntes de lo que más tarde se llamaría «eurocomunismo», y desde luego la política de «reconciliación nacional» puesta en marcha en 1956.[16]

Sus acciones clandestinas se desarrollaban principalmente en el mundillo intelectual español, un entorno en el que podía pasar inadvertido. Como explica Malagón:

> Los medios intelectuales, estudiantiles y artísticos gozaban de un prestigio social que los protegía algo más de posibles persecuciones... A medida que se desarrollaron los contactos en ese sector, se planteó la necesidad de proporcionarles una ayuda política directa. En los años cincuenta, Semprún era la persona más indicada para ello. Era un intelectual, un militante firme y valeroso, y su aspecto ya no era el del militante comunista clandestino tradicional. Por otra parte —todos lo teníamos entonces en cuenta— en caso de detención era imposible atribuirle ninguna responsabilidad del período de la guerra y su nombre y sus antecedentes familiares le convertían en una persona con más posibilidades de ser defendida mediante una campaña nacional e internacional.[17]

Sus informes a los dirigentes del PCE reflejan sus valores comunistas, pero son más que simples informes convencionales. A primera vista parecen resúmenes de actividad política, pero en realidad reflejan una mezcla de géneros literarios: autobiografía, epístolas y entradas de diario. Transmiten simultáneamente un tono personal e íntimo, y la conciencia de tener que adaptarse al formato del documento oficial destinado a ser leído y analizado. En todos ellos Semprún está trazando tanto un retrato de España como un autorretrato que narra su progreso y su pasión por su trabajo. Se podría decir que estas cartas a sus jefes son la verdadera semilla del género autobiográfico que Jorge Semprún hizo tan suyo, la «autoficción». Leídas con atención, el retrato que emerge del narrador es tan interesante como —o más que— lo narrado. El trabajo en la clandestinidad le ofreció una nueva oportunidad vital. Era, posiblemente, uno de los hombres más optimistas del Madrid de la época. Mientras que la mayoría de los españoles que conocía soñaban únicamente con marcharse, él había vuelto a casa. Era su primera experiencia española tras los años de exilio y, a pesar de ser perseguido, se sentía muy a gusto. Aunque estaba satisfecho con su vida con Colette Leloup en París, durante casi una década tuvo una doble vida. Entre los miembros del partido con los que trabajaba y vivía en Madrid, estaban el empresario y productor de cine Domingo González Lucas (de la familia Dominguín), el productor de cine Ricardo Muñoz Suay y un joven estudiante reclutado por el propio Semprún, Javier Pradera.

Irónicamente, sus empeños comunistas le llevarían a alinearse de nuevo con los miembros monárquicos de la familia Maura, a los que contactó con su verdadera identidad. El hermano de su madre, Gabriel Maura Gamazo, duque de Maura, estaba ansioso por ver derrocado a Franco para que la monarquía pudiera ser restaurada. Su otro tío, Miguel Maura, había regresado de su exilio francés y vivía en Barcelona, donde siguió creyendo firmemente en la República española perdida. Las divergentes orientaciones políticas de estos tres dispares miembros de la familia —comunista, monárquico y republicano, respectivamente— quedaban anuladas por un objetivo común: poner fin al régimen de Franco. No estaban solos. Tal como el escritor pudo observar en sus viajes por España, era un deseo generalizado, aunque no se pudiera expresar abiertamente debido al aparato represivo del régimen. El poder de Franco se había construido sobre la tortura, la represión y las condenas a muerte. Sin una discreción total, los pasos hacia el cambio serían autodestructivos y contraproducentes.

Como ya hemos visto, más de cien años antes, en 1842, la escritora francesa George Sand describía Mallorca como un lugar atrapado en un pasado primitivo. Las descripciones que hace Jorge Semprún de la España de Franco recuerdan a aquellas de la escritora francesa y sugieren que el país había regresado a base de golpes a una época casi medieval.

En su primer viaje a España, tomó el tren en la localidad fronteriza de Portbou, ese pueblo tristemente famoso por ser el lugar donde el filósofo Walter Benjamin se suicidó tras cruzar la frontera para huir de los nazis, en 1940. Tan pronto como el tren partió de la estación, escribe Semprún, parecía como si el reloj se hubiera atrasado cincuenta años. Describe un entorno rural completamente primitivo, lleno de niños sucios y harapientos que se dedicaban a vagar ociosos por las vías del tren y por las carreteras. Barcelona, a excepción de las principales plazas y avenidas, se veía sucia, abandonada y decadente. A Valencia le iba un poco mejor debido a su abundancia agrícola circundante y Madrid era «la ciudad mimada del régimen», a pesar de que las obras que se veían resultaban prehistóricas («de pico y pala») y sus albañiles transportaban los ladrillos en sacos colgados del cuello con cuerdas. Por todas partes se veían guardias uniformados: la Guardia Civil, con sus capas y sus brillantes tricornios negros, policías armados, soldados y patrullas armadas de carretera.[18]

Como contrapunto a esta nueva represión interna y a la pobreza extrema, podían verse también en la ciudad indicios de los Pactos de Madrid, los acuerdos económicos y militares firmados entre España y Estados Unidos en 1953. El éxito con el que Franco cortejó al presidente Dwight D. Eisenhower era una espina que el PCE, y todos los exiliados republicanos, tenían clavada. ¿Cómo podrían obtener apoyo internacional las fuerzas antifranquistas para derrocar al régimen cuando este estaba respaldado por una superpotencia de la talla de Estados Unidos?

A cambio de la aportación de mil millones de dólares, que entrarían en el país a lo largo de la década de 1950,[19] al ejército estadounidense se le permitió construir bases en tres lugares estratégicos del territorio español: Rota, Morón de la Frontera y Torrejón de Ardoz. Además de las bases militares, estaba a punto de trasladarse, también a suelo español, otra gran industria comercial estadounidense: el cine. El empresario (y sobrino de Trotski) Samuel Bronston construyó a las afueras de Madrid unos enormes estudios e importó ejecutivos, escritores y artistas escogidos de entre las filas de la «lista negra» de supuestos comunistas que habían sido expulsados del paraíso de Hollywood. Uno de estos era el guionista Bernard Gordon, que quedó asombradísimo por la incongruencia que suponía ser un estadounidense liberal, perseguido por sus ideas en su país de origen, y recibido como un rey por una dictadura de derechas. Mientras que el español medio vivía empobrecido y oprimido, Gordon cuenta que los madrileños de clase alta llevaban una decadente *dolce vita*. Pasaban las noches en locales exclusivos y disolutos, como el Marqués de Riscal, donde no faltaban los cócteles, las mujeres glamurosas ni el intercambio de parejas. No era esto lo que un judío estadounidense progresista hubiera esperado encontrar en un régimen católico represivo. La España de Franco estaba llena de paradojas. Gordon describió el impresionante alcance de la influencia norteamericana en Madrid, y cómo la ciudad se había convertido en una colonia cultural, económica y militar:

> Eisenhower había hecho un trato con Franco para establecer grandes bases aéreas y navales en territorio español [...] Los miles de soldados que trabajaban allí necesitaban espacio, escuelas para sus hijos, restaurantes y lugares de ocio [...] Bronston no era el único productor estadounidense que había descubierto las ventajas de rodar en España [...] para los estadounidenses, a menudo resultaba más barato viajar a España con los actores y gran parte del equipo que trabajar en su propio país. Además, las películas americanas dominaban por completo las pantallas en Madrid. Por toda la Gran Vía, que era el Broadway de la ciudad, los cines ponían películas americanas. La única concesión al español consistía en que las películas no podían ser exhibidas en inglés con subtítulos en español... Junto con los rodajes (y los dólares que traían consigo) y los pases de cine (y los dólares que se llevaban) había comenzado una americanización de la vieja cultura. Las vallas publicitarias de Coca-Cola y Marlboro dominaban el paisaje. La música estadounidense era cada vez más omnipresente.[20]

Dentro del séquito de Bronston se encontraba Ava Gardner, que en 1951 rodó su primera película en España, *Pandora y el holandés errante*, y que vivió en Madrid entre 1955 y 1968. Es evidente que para estas adineradas estrellas y demás miembros de la industria cinematográfica norteamericana, España era un país totalmente distinto que para los españoles. Para los extranjeros era un lugar soleado y barato, que ofrecía una conveniente zona gris en cuanto a la declaración del patrimonio. Tenía todos los beneficios de Suiza, pero con flamenco, playas y coñac en lugar de relojes de cuco y los Alpes.

Semprún comparaba, inevitablemente, este Madrid americanizado con la ciudad de su infancia. Por todas partes veía rastros del imperialismo norteamericano y cómo el paisaje urbano se había engalanado para atraer a sus nuevos patrocinadores. Prestó especial atención a los lugares que en su infancia habían sido sus favoritos y descubrió que el Gobierno de Franco había prodigado sus atenciones al Museo del Prado y al parque del Retiro, y que las principales avenidas, como la calle de Alcalá, estaban llenas de bancos y de cafeterías de estilo americano con exóticos nombres estadounidenses como, por ejemplo, Nebraska, California y Alaska. Una de ellas, California 47, sería uno de los últimos lugares de reunión de los fascistas españoles hasta que en el año 1979 sufrió un atentado terrorista. Qué incongruentes debían de parecer estas nuevas cafeterías inmaculadas, con sus aires acondicionados y su aspecto insípido, entre los bares españoles, llenos de humo, donde los clientes aplastaban con el talón las colillas de sus cigarros en un suelo cubierto de palillos, cáscaras de gambas, servilletas y demás desechos. Semprún quedó horrorizado al ver la cantidad de vendedores de lotería ciegos que se apostaban en cada esquina, cuyos gritos se convertían en parte del zumbido cotidiano y esperpéntico de la vida del callejeo español: la vida cultural de Madrid se había reducido a la compra de billetes de lotería. Lo que Jorge Semprún no percibía era mucho entusiasmo a favor de Franco, y se preguntaba cómo se las apañaba el régimen para salir adelante sin «franquistas».

> [...] solo se ven dos cosas, fascismo y miseria (con el correspondiente lujo desenfrenado de algunos sectores). En Barcelona y en Madrid la Vía Layetana y la calle de Alcalá, por las mañanas: bancos, bancos y más bancos, y delante de cada puerta de aquellos, la pareja de policía armada. Luego, en plena Barcelona, calle Sanjurjo: las chabolas, y en Madrid, en cuanto se aparta uno del casco céntrico de la ciudad, la brutalidad de la miseria. Como estribillo alucinador, el grito de los ciegos que en cada esquina venden los cupones de la lotería especial: «¡Para hoy, para hoy! ¡Quedan cinco iguales! ¡Para hoy!». Al lado, algún escaparate de tienda de lujo, algún Cadillac rutilante. Luego, a medida que uno se va metiendo más en la vida de la ciudad, nace la pregunta involuntariamente: «¿Cómo se sostiene este régimen, si aquí no hay franquistas?».[21]

Le dejó también consternado descubrir que el Prado había abierto una «cafetería» que servía café americano en lugar de café europeo.

Mientras que miles de españoles vivían en chabolas, al norte de la ciudad se habían construido dos barrios enteros de clase media, con piscinas y zonas de aparcamiento, para acoger a los estadounidenses. Los madrileños, indignados, los llamaban sarcásticamente «Corea del Norte» y «Corea del Sur». No era solo que los estadounidenses disfrutaran en Madrid de un nivel de vida mucho más alto que el suyo, sino que, para colmo, su presencia elevaba también los precios y rebajaba el nivel de vida de los habitantes locales:

> [...] el grupo de casas situado al final de la Castellana donde viven muchas familias americanas se llama «Corea del Sur» mientras Cuatro Caminos, que queda al lado, se denomina «Corea del Norte»... Puede afirmarse, en resumen, que el malestar económico y social está profundizándose continuamente. El ambiente general es de protesta, cada vez más abierta y más política: para percatarse de ello bastaría con esperar un tranvía o un autobús en horas de gran tráfico y escuchar los comentarios que se hacen.[22]

El pacto entre España y Estados Unidos suponía una traición a una posible democracia española, aunque el régimen lo anunció como un avance maravilloso. Muchos españoles se movilizarían en contra del pacto:

> Un médico, hombre hasta ahora «despolitizado», joven todavía, manifiesta en estos últimos tiempos a nuestro conocido (en cuya casa, por cierto, estoy alojado, como se había previsto) sentimientos antiyanquis muy violentos, al mismo tiempo que una preocupación y un interés por nuestras cosas y por la URSS. Por el camino de la crítica al cine yanqui se expresa también muy a menudo en estos círculos de clase media, e incluso de burguesía más acomodada, la oposición a la política norteamericana.[23]

Añade que la actitud condescendiente de Estados Unidos hacia el pueblo español era intolerable:

> No hay que olvidar sin embargo, que, en su volumen, la propaganda de la embajada yanqui es muy grande, aunque sea totalmente estúpida en cuanto a contenido, ya que se dirige a los españoles como a un pueblo atrasado cuya edad mental se situaría alrededor de los diez años.[24]

Por lo demás, los españoles permanecían indiferentes a la invasión, y ni siquiera parecía que les importara que el primer barco de guerra norteamericano, el *Northwestern Victory*, atracara en Cartagena. Los españoles habían vivido una guerra brutal en su propia tierra. En comparación, estos intrusos eran puro Hollywood.

> Ayer fue día de los yanquis. En Cartagena arribó el *Northwestern Victory*, primer barco de armas. Por otra parte, en este cielo nuestro

> de Madrid se desarrollaron demostraciones aéreas de alimentación en vuelo de un bombardero pesado... Todo ello entre la indiferencia total del público (hablo, claro, de los comentarios en calles, tranvías y establecimientos, entre amigos ya es otra cosa).[25]

A pesar de su postura antiyanqui, Semprún recordaría siempre su encuentro con Ernest Hemingway. Domingo Dominguín los presentó en el restaurante madrileño El Callejón, en 1954. Desgraciadamente, tuvo que utilizar un seudónimo por seguridad, y Domingo le presentó como uno de sus múltiples *alter ego*: Agustín Larrea, sociólogo. Hemingway estaba bebido y fue explícito en su desprecio hacia la sociología. Al mismo tiempo, por entre la bruma alcohólica sospechó, con mucha razón, que Jorge/Agustín no era quien decía ser. Hemingway temió que pudiera tratarse de un periodista disfrazado. Semprún habría dado cualquier cosa por decir quién era, pero no podía, y Hemingway murió en 1961, mucho antes de que el agente clandestino pudiera volver a ser él mismo en España.[26] El encuentro le resultó frustrante, pero gracias a ello pudo conocer a Hemingway, uno de sus ídolos literarios.

El joven militante señala también que en la feria del libro situada en el paseo de Recoletos había solo un puñado de clientes. Los libros eran caros, un lujo que pocos podían permitirse. Esto encajaba perfectamente con el embrutecimiento patriótico de las masas españolas llevado a cabo por el régimen. La lectura estaba sometida a censura y no se fomentaba, pero se promocionaban el fútbol y las corridas de toros, los nuevos opios del pueblo. El Real Madrid se erigió en la década de los cincuenta en uno de los mejores equipos a escala nacional e internacional. El interés por este deporte eclipsaba eficazmente cualquier posible conversación que tuviera que ver con el desencanto político.[27]

Pero, a pesar de todos los signos desalentadores que observaba, él seguía optimista. Pese a la innegable firmeza de la garra con la que el régimen controlaba el país y la opinión internacional, tanto Semprún como los líderes de su partido mantenían la convicción de que Franco era un fracaso y de que no podía durar. Su mayor fuente de esperanza eran los estudiantes universitarios. Sabía cómo abordarlos. Después de todo, cuando fue reclutado para la Resistencia, él mismo era estudiante.

Los jóvenes españoles tenían formación, representaban el futuro y no habían vivido la Guerra Civil. No sentían en carne propia el miedo con el que habían vivido sus padres. Irónicamente, la infiltración de la cultura americana —tan odiada por Semprún— les hizo tomar conciencia de que, más allá de las fronteras españolas, había otros horizontes. El acuerdo con Eisenhower fue para Franco un arma de doble filo. La inyección de dólares aumentó su popularidad en algunos sectores, pero también desveló grietas existentes en su armadura dictatorial: sus tácticas represivas habían estado protegidas en el pasado por un aislamiento que ahora estaba dispuesto a sacrificar, alquilándolo o vendiéndolo, al mejor postor.

El PCE no era la única organización que trataba de atraer a los estudiantes y ganar poder dentro de la universidad. Existían múltiples facciones que competían por incorporar nuevos reclutas: los partidarios de la monarquía (dirigidos por Rafael Calvo Serer); grupos católicos como el Opus Dei y Acción Católica, y exfalangistas antifranquistas como Dionisio Ridruejo, que fundó Acción Democrática, o Pedro Laín Entralgo. La Falange, en tiempos ligada inextricablemente a la misión de Franco, había perdido su poder durante los años de posguerra, pero dirigía oficialmente el Sindicato Español Universitario (SEU).[28] En uno de sus informes, Jorge Semprún señala que durante la celebración anual del 18 de julio, el inicio de la Guerra Civil, apenas se veían banderas ni estandartes de la Falange. Las tácticas de reclutamiento convencionales eran las de «corrupción, captación e intimidación»; él probaría otra estrategia: seducción, captación y educación.

Muchas de estas facciones en busca de nuevos miembros compartían las políticas conservadoras y los valores católicos del régimen de Franco, pero debido al enfoque monolítico de su Gobierno se habían visto privadas de sus derechos. Los representantes de estos grupos disidentes se infiltraban en las universidades, y el PCE tenía que competir con ellos por ganarse a los estudiantes.

Semprún se infiltró entre escritores, estudiantes, editores, productores y directores de cine, y toreros. Cuanto más tiempo pasaba en

España, más contaba en sus informes acerca del ambiente agitado que empezaba a presenciar:

> Que el franquismo ya no es capaz de gobernar España, que hay que sustituirlo, eso está, más o menos claramente, en el fondo de todas las discusiones políticas, en el fondo de todas las actividades de las diversas fuerzas sociales en movimiento. Ahora bien, ¿con qué sustituirlo?[29]

Al mismo tiempo que cada grupo emprendía su propia guerra de propaganda, de pronto parecía posible que todas aquellas facciones tan dispares pudieran unirse en un frente antifranquista. Lo importante era deshacerse de Franco. Nadie había pensado en los siguientes pasos.

Justo cuando estaba cogiéndole el tranquillo a su nuevo papel en Madrid y sus primeros meses de trabajo entre los universitarios cogía impulso, llegó el verano e interrumpió sus actividades.[30] Las facultades se vaciaron durante el largo período de vacaciones (de julio a septiembre) y, entre el calor y el ritmo de vida español, hasta los revolucionarios profesionales se vieron obligados a tomarse un descanso. La cúpula del PCE disfrutaba de vacaciones pagadas cada dos años en Crimea y otros destinos soviéticos. A Jorge Semprún le faltaban aún algunos años para poder beneficiarse de estos privilegios, así que, de momento, pasaba los veranos, y otros períodos de descanso, en Francia. En París se reunía en secreto con Carrillo y otros dirigentes del partido, y reanudaba su vida «normal» con Colette y su hijastra, Dominique.

Poco a poco, Semprún hizo lo que se había propuesto: se convirtió en el cabecilla de la insurgencia cultural del PCE orientada a los ámbitos universitario, editorial y cinematográfico de la España de Franco. Las cartas que dirigía a sus superiores en París a mediados de la década de 1950 muestran que era optimista, pero que le inquietaba no tener recursos para dar publicidad a la causa y educar a sus reclutas. Los libros y los materiales escaseaban, y se lamentaba de que las publicaciones del partido no llegaran a tiempo. Parece que solo pensaba en la causa:

> Semprún se transformó en un animador, un publicista en su sentido más genuino, sirviendo de puente entre la dirección del partido y la realidad cultural primero en el exilio y luego en el interior. Hay

dos etapas en la actuación de Semprún [...] La primera abarca desde enero de 1950 con la creación en París de la revista *Cultura y Democracia*, y alcanza hasta 1953, pues en el verano de este año, Semprún viaja por primera vez clandestinamente a España iniciándose así su segunda etapa que terminará diez años más tarde en 1964, con la crisis de la dirección del partido y su expulsión.[31]

En la década de 1950, la universidad española era «rígida y estática, aún no se había recuperado del devastador proceso depurador».[32] Durante y después de la guerra, los profesores republicanos fueron purgados y la represión estrangulaba cualquier tipo de vida intelectual. Los actos del PCE estaban pensados para movilizar a los estudiantes, y para hacerles tomar conciencia de que tenían derechos y voz. El régimen, autocomplaciente, no estaba preparado para las protestas estudiantiles.

Para entender por qué algunos de estos actos se consideraban «subversivos», es importante tener en cuenta que España, a principios de los cincuenta, era un desierto cultural. Asistir al funeral de un gran escritor como Pío Baroja podía convertirse en toda una declaración política desde el punto de vista del régimen. La circulación de un texto de filosofía que no fuera católico o de un poema podía ser motivo de sospecha. Ni siquiera se pudo publicar una revista en homenaje a Baroja:

> En el mundillo literario, el acontecimiento del día es la prohibición del último número de *Índice* dedicado a Baroja. Pasó por censura. Pero ante la presión eclesiástica se ha prohibido su salida.[33]

El primer acto importante programado por el PCE fue un homenaje estudiantil con motivo del fallecimiento del filósofo José Ortega y Gasset. El segundo, una serie de conversaciones sobre poesía:

> Detrás de estas iniciativas, la mano comunista era ya clara. En el verano de 1953, había llegado clandestinamente al interior desde su exilio parisino el comunista Jorge Semprún, entonces Federico Sánchez. En ese viaje logró establecer una infraestructura en España, especialmente importante en el mundo cinematográfico (Muñoz Suay

> y Bardem), pero también entre los estudiantes, gracias al joven Enrique Múgica, a quien describió como «un muchacho muy joven, muy nervioso, parlanchín... Activo, imaginativo, lleno de proyectos». En la universidad, su labor consistió, esencialmente, en la organización de actividades culturales donde resultaba más fácil captar estudiantes y expresar opiniones inconformistas.[34]

Al participar en cualquier acto no oficial, los estudiantes se arriesgaban a ser condenados a penas de prisión, y muchos de ellos fueron detenidos y cumplieron largas condenas. Estas detenciones impactaron e impulsaron a otros estudiantes, moviéndolos a la acción y sembrando así las primeras semillas de la protesta en la juventud de la posguerra española. La campaña del PCE, vista desde una perspectiva global, era solo una de las campañas culturales dirigidas a captar las juventudes del mundo durante la Guerra Fría. Aunque ideológicamente fueran puros opuestos, la estrategia cultural del PCE clandestino era como una versión comunista española, a pequeña escala, del anticomunista Congress for Cultural Freedom patrocinado por la CIA desde Estados Unidos. En su papel de Federico Sánchez, la influencia de Jorge Semprún fue clave en la organización de una red de estudiantes, artistas, intelectuales y editores españoles que, a su vez, fueron infiltrándose lentamente en una dictadura represiva franquista cuyas «ideas» estaban dictadas y controladas por la Iglesia.

A medida que cosechaba éxitos y reclutas, Semprún informaba a sus superiores de lo bien que iba todo para el PCE. El control del sindicato conservador SEU disminuía entre los estudiantes, los españoles de a pie se volvían en contra de la llegada de las bases y los fondos de Estados Unidos, y había ya estudiantes que estaban listos, dispuestos y preparados para dirigir la revolución. ¿Cuál era su intención? ¿Quería dar un informe positivo de su rendimiento o realmente era tan optimista? ¿Estaba contándole a Carrillo lo que este quería oír? En algunas ocasiones, parece hasta demasiado positivo: «Ya podéis suponer que este es solo un botón de muestra de otras mil cosas que podrían contarse, cuando llegue el caso».[35]

Presentaba una visión convincente tanto de su misión como del futuro. En los frentes económicos e intelectuales, decía, España estaba a punto de estallar. Estaba seguro de que la larga crisis financiera que se vivía, a pesar de las inyecciones estadounidenses de dólares, estaban llevando al ciudadano medio español al límite. En un informe del 24 de febrero de 1954, comparte algunas impresiones generales y afirma que la frustración económica contribuía a la movilización de la gente:

> La situación aquí [...] puede caracterizarse por su inconfundible agudización, radicalización desde la última vez. Son mayores los contrastes entre lujo y miseria; visiblemente más estrecha la capa media desahogada. Mayor la cantidad de gente mal vestida en las calles [...] Los cortes de luz [...] las restricciones para la industria y el comercio a este respecto; la crisis agrícola [...] la catástrofe de la industria pesquera [...] estos son algunos de los temas más frecuentemente tratados en conversaciones sorprendidas [...] Este descontento económico se traduce, junto con otros factores de los que luego se hablará, en una radicalización de actitudes políticas.[36]

Y se mostraba entusiasta sobre las incursiones del partido en la vida intelectual española:

> Fuera de algunos casos de abandono ante las maniobras del régimen en su terror de verse desbordado por el movimiento intelectual, la tónica general es, por el contrario, la de un reforzamiento de las posiciones democráticas. Se refuerzan en las viejas generaciones liberales y universitarias, se refuerzan en otros grupos de la intelectualidad burguesa, como los orteguistas, algún grupo católico progresista [...] así como otros grupos de ideología más confusa y revuelta [...] Pero por encima de todo, se refuerzan en las nuevas promociones, al calor y bajo la influencia, por indirecta que esta sea, de nuestra ideología, de nuestra posición política, del enorme interés por la URSS. Resulta muy alentador ver los progresos realizados en los últimos meses.[37]

El partido parecía tener muchas esperanzas puestas en los estudiantes y, hasta ese momento, los esfuerzos de Jorge Semprún por educar a sus alumnos iban dando frutos. Era un profesor de primera, talento que conservaría toda su vida. Sus reclutas se habían convertido en revolucionarios natos sin ser siquiera conscientes de ello. Después de una manifestación del SEU en la que algunos estudiantes fueron golpeados y detenidos por la policía, Jorge Semprún escribió:

> [...] los estudiantes se apartan de la manifestación organizada por el SEU. Eso de Gibraltar no les importa. Sí les importa, en cambio, que hayan pegado a sus compañeros [...] Lo que implícitamente han ido exigiendo los estudiantes es un cambio de régimen; han librado una batalla esencialmente política, y la han librado espontáneamente sobre las posiciones mismas de nuestro partido [...] La gran masa estudiantil, aunque no comprendiera que estaba prácticamente exigiendo un cambio de régimen, ha desarrollado con la mayor naturalidad iniciativas típicamente revolucionarias.[38]

Una de las personas más interesantes con las que entró en contacto fue Dionisio Ridruejo, que había sido un falangista y franquista comprometido hasta el final de la Segunda Guerra Mundial. De hecho, fue uno de los coautores del himno falangista «Cara al sol». Durante la Guerra Civil, Franco lo nombró director general de Propaganda, pero su fuerte carácter y su lealtad a la Falange por encima de todo llevaron a su cese. A mediados de la década de 1950 se había convertido en un antifranquista y Semprún se puso en contacto con él, aunque al principio ocultó que fuera comunista. Ridruejo era una figura importante en el movimiento disidente y llegó a creer que el PCE tenía en sus manos una buena oportunidad de sacudir el régimen; lo conocía desde dentro y tenía ideas útiles para el PCE:

> La tesis central de Ridruejo es que, hoy por hoy, es más fácil luchar contra el comunismo con un régimen como el francés, a pesar de sus defectos, que con el franquismo en su situación actual. Dijo que en Francia puede haber semanas de huelga sin que cambie el régimen, pero que en España ahora, con tres días de algo semejante se va todo el sistema al demonio.[39]

Según Ridruejo, había «10-15.000 comunistas en España en 1954, todos fichados por la policía».[40]

En otro informe, manifiesta su frustración al tratar de contactar con el editor de una revista que identifica solo como «C» y que muy

Revista *Blanco y Negro*. Colección de Danielle de la Gorce.

Antonio Maura y su familia.

Colección de Roger Kase.

Antonio Maura con el rey Alfonso XIII.

Boda de José María
Semprún Gurrea
y Susana Maura
Gamazo, 1919.

Colección de Manuel Maura.

Miguel Maura
con sus hijos.

Carlos y Francisco Semprún, 1931.

Colección de Sylvia Nicolas.

Colección de Dominique Landman.

José María Semprún (centro, segunda fila), Annette Litschi de Semprún (centro, primera fila), hijos e invitados. Embajada de España en La Haya, 1937.

Colección de Dominique Landman.

Jorge Semprún.

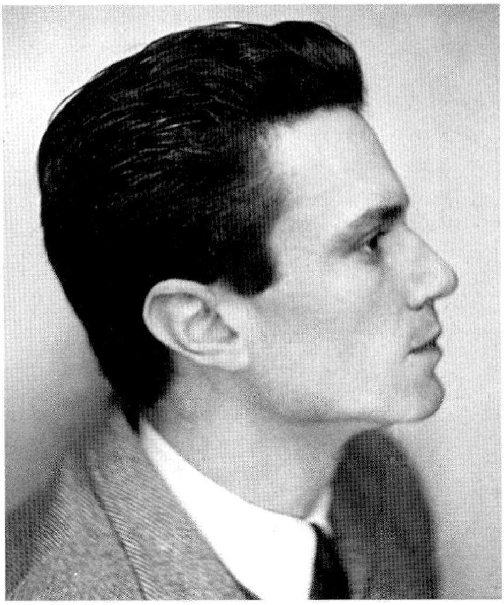

Jorge Semprún de perfil.

José María Semprún, Annette Litschi, Carlos y Paco Semprún.

El «árbol de Goethe» en el campo de concentración de Buchenwald.

Plano de Buchenwald.

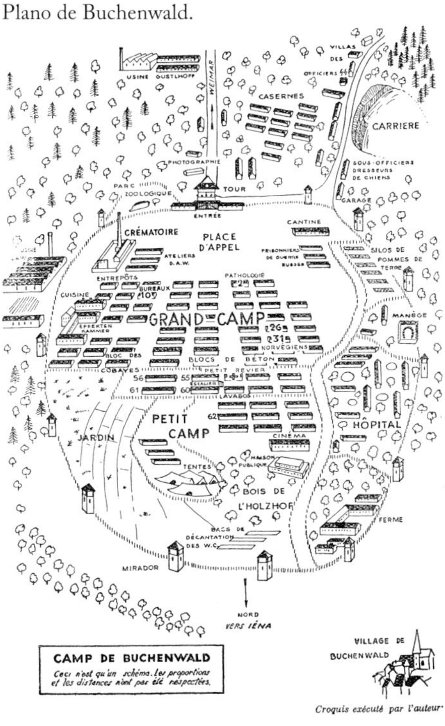

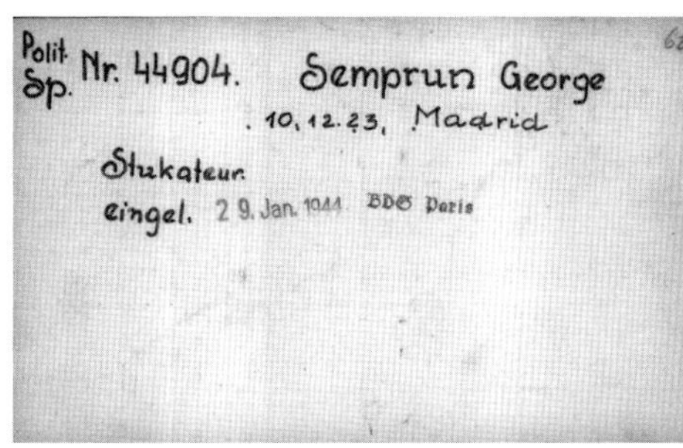

62
Polit. Sp. Nr. 44904. Semprun George
. 10. 12. 23. Madrid
Stukateur
eingel. 29. Jan. 1944 BDS Paris

KL.: BUCHENWALD
Häftl.-Nr.: 44904 S
Häftlings-Personal-Karte

Fam.-Name: Semprun
Vorname: Georges
Geb. am: 10.12.23 in: Madrid
Stand: led. Kinder: —
Wohnort: Saint Prix / Seine-Oise
Strasse: 47 rue Auguste Ney
Religion: r.-kath. Staatsang.: Spanien
Wohnort d. Angehörigen: Vater: José Maria S., Saint Prix, w.o.
Eingewiesen am: 29.1.44
durch: B.d.S. Paris
in KL.: Buchenwald
Grund: Polit. Spanier
Vorstrafen:

Überstellt
am: an KL.
am: an KL.
am: an KL.
am: an KL.
am: an KL.
am: an KL.

Entlassung:
am: durch KL.:
mit Verfügung v.:

Personen-Beschreibung:
Grösse: cm
Gestalt:
Gesicht:
Augen:
Nase:
Mund:
Ohren:
Zähne:
Haare:
Sprache:
Bes. Kennzeichen:
Charakt.-Eigenschaften:
Sicherheit b. Einsatz:
Körperliche Verfassung:

Strafen im Lager:
Grund: Art: Bemerkung:

I.T.S. FOTO No 008278

Fichas de identificación de Jorge Semprún.

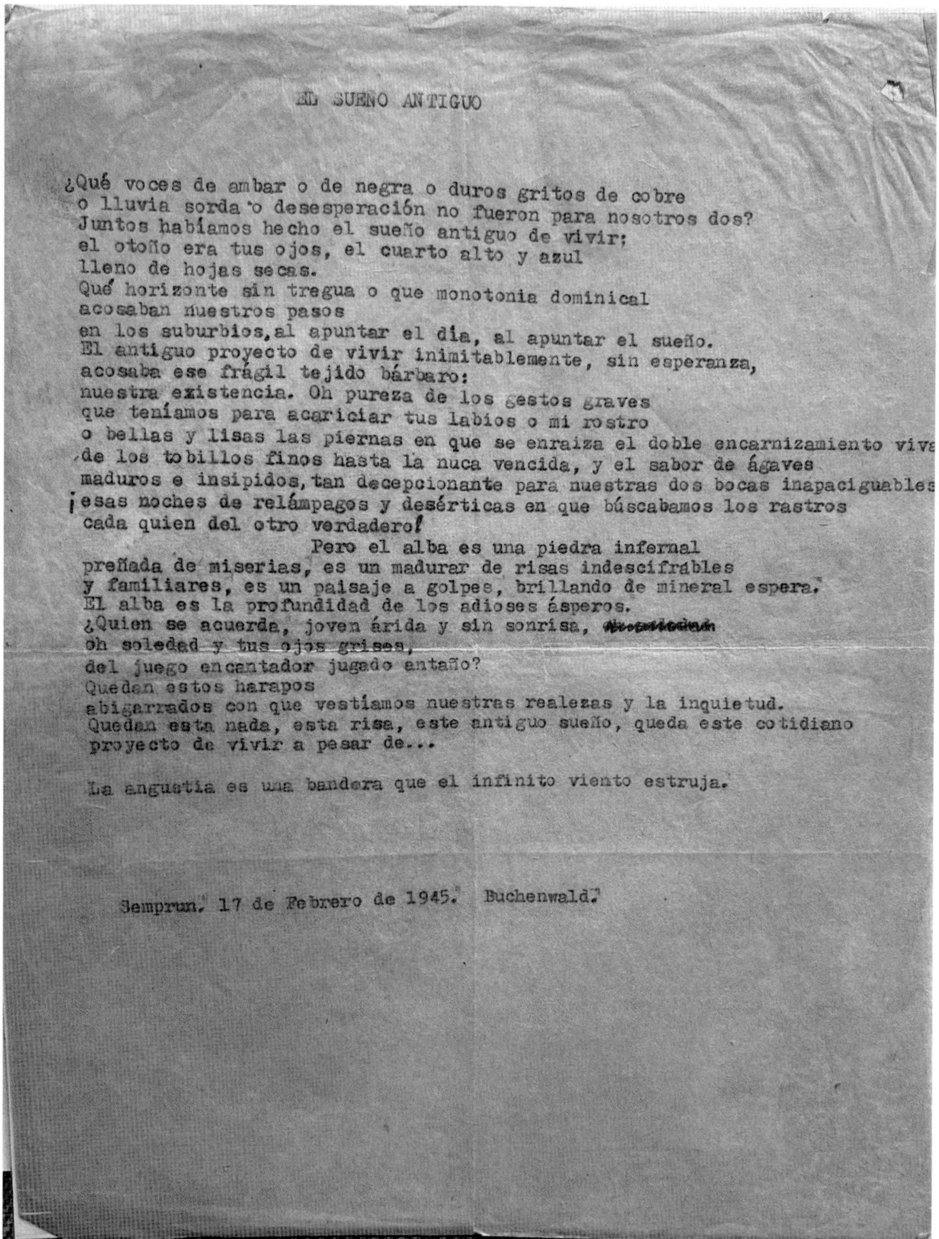

EL SUEÑO ANTIGUO

¿Qué voces de ambar o de negra o duros gritos de cobre
o lluvia sorda o desesperación no fueron para nosotros dos?
Juntos habíamos hecho el sueño antiguo de vivir;
el otoño era tus ojos, el cuarto alto y azul
lleno de hojas secas.
Qué horizonte sin tregua o que monotonia dominical
acosaban nuestros pasos
en los suburbios,al apuntar el dia, al apuntar el sueño.
El antiguo proyecto de vivir inimitablemente, sin esperanza,
acosaba ese frágil tejido bárbaro:
nuestra existencia. Oh pureza de los gestos graves
que teníamos para acariciar tus labios o mi rostro
o bellas y lisas las piernas en que se enraiza el doble encarnizamiento viva
de los tobillos finos hasta la nuca vencida, y el sabor de ágaves
maduros e insipidos,tan decepcionante para nuestras dos bocas inapaciguables
¡esas noches de relámpagos y desérticas en que búscabamos los rastros
cada quien del otro verdadero!
Pero el alba es una piedra infernal
preñada de miserias, es un madurar de risas indescifrables
y familiares, es un paisaje a golpes, brillando de mineral espera.
El alba es la profundidad de los adioses ásperos.
¿Quien se acuerda, joven árida y sin sonrisa, ~~[illegible]~~
~~oh soledad y tus ojos grises,~~
del juego encantador jugado antaño?
Quedan estos harapos
abigarrados con que vestíamos nuestras realezas y la inquietud.
Quedan esta nada, esta risa, este antiguo sueño, queda este cotidiano
proyecto de vivir a pesar de...

La angustia es una bandera que el infinito viento estruja.

Semprun, 17 de Febrero de 1945. Buchenwald.

Original del poema «El sueño antiguo».

Colección de Sylvia Nicolas.

Gonzalo Semprún y Jorge Semprún con su sobrino Georges-Henri Soutou (hijo de Maribel Semprún y Jean-Marie Soutou). Lugano, invierno de 1945-1946.

Elsa Grobéty, Maribel y Gonzalo Semprún. Lugano, invierno de 1945-1946.

Colección de Sylvia Nicolas.

Colección de Sylvia Nicolas.

Jorge Semprún. Retrato de Elsa Grobéty. Lugano, invierno de 1945-1946.

Loleh Bellon.

© Denise Bellon.

Carlos Semprún,
1952.

Almuerzo. Boda de Carlos Semprún y Sylvia Nicolas. Sentado a la izquierda: Carlos. De pie: Sylvia. Sentados: Maribel Semprún, Jorge Semprún, una desconocida y Paco Semprún, 1952.

VI Congreso del PCE, 1959. Agachados (de izqda. a dcha.): Gregorio López Raimundo, Fernando Claudín, Tomás García, Ramón Mendezona y Santiago Álvarez. De pie (de izqda. a dcha.): Ignacio Gallego, Jorge Semprún, Enrique Líster, Dolores Ibárruri, Santiago Carrillo, Antonio Mije, Francisco Romero Marín, José Moix y José Antonio Delgado.

VI Congreso del PCE, Praga, 1959. Enrique Líster, Antonio Mije y Jorge Semprún.

Colección de Dominique Landman.

Vacaciones en la Unión Soviética, familias Semprún y Carrillo.

Nom : SALAGNAC

Prénoms : CAMILLE

Né le 10 JANVIER 1922
à MIROMBEL (CORRÈZE)

Nationalité : *Française*
Domicile : 23 RUE COLLANGE
LEVALLOIS-PERRET (SEINE)

Signes particuliers : ooo

Taille 1 M80 *Signature du titulaire :*

Carte etablie le 12 JUIN 1961

Empreinte index gauche

par

PREFECTURE de POLICE
Direction
Police Générale
3e Bureau

Carnet falso de Jorge Semprún, bajo el nombre Camille Salagnac.

Colección de Dominique Landman.

© Walter Carone, Sygma. Colección de Dominique Landman.

Jorge Semprún, Yves Montand y Joseph Losey. Cherbourg, noviembre, 1977. Rodaje de *Las rutas del sur*.

Colección de Dominique Landman.

Jorge Semprún, Costa-Gavras e Yves Montand.

Colección de Dominique Landman.

Jorge Semprún, Costa-Gavras e Yves Montand. Servicio de Prensa, Gallimard.

Jorge Semprún.

Jorge Semprún y Claire Bretécher.

Colección de Dominique Landman.

La cara menos pública de Semprún: informal y riéndose a carcajadas.

Colección de Dominique Landman.

Costa-Gavras, Jorge Semprún e Yves Montand.

Jorge Semprún e Yves Montand.

Emmanuel Le Roy Ladurie, Jorge Semprún e Yves Montand.
Manifestación contra la tortura en Argentina.

Jorge Semprún e Yves Montand. Programa *Apostrophes* de Bernard Pivot, 1983.

Jorge Semprún y el guionista estadounidense Mitchell Lifton. Maine, Estados Unidos, julio, 1986.

Jorge Semprún.

Jorge Semprún jurando como ministro de Cultura, 1988.

Jorge Semprún con el rey Juan Carlos y la reina Sofía.

Jorge Semprún.

Gabinete de ministros de
diciembre 1989-mayo 1990.

Jorge Semprún saludando al rey Juan Carlos.

Jorge Semprún con el rey Juan Carlos y la reina Sofía.

© Antonio García Dalda. Colección de Dominique Landman.

Jorge Semprún,
José María Aznar
y la reina Sofía.

Colección de Dominique Landman.

Jorge Semprún y
Javier Solana.

Colección de Dominique Landman.

Jorge Semprún y su mujer,
Colette Leloup.

Jorge Semprún y
Bernard Kouchner.

Jorge Semprún saludando
a la reina Sofía.

Jorge Semprún saludando a la reina Isabel de Inglaterra. Al fondo, el rey Juan Carlos y Felipe de Edimburgo.

Jorge Semprún y Miguel Ángel Aguilar.

Jorge Semprún y Andrei Sajarov.

Jorge Semprún en la Brasserie Lipp para la reunión de los «Autores estrella del año 1987», enero, 1988.

Jorge Semprún saludando al rey Juan Carlos.

Jorge Semprún y Helmut Kohl.

Jorge Semprún
y Elie Wiesel.

© Daniel Mordzinski. Colección de Dominique Landman.

Jorge Semprún
y Elie Wiesel
en la entrada de
Buchenwald.

Colección de Dominique Landman.

Colección de Dominique Landman.

Jorge Semprún.

Colección de Dominique Landman.

Jorge Semprún con
Felipe González.

Colección de Dominique Landman.

Jorge Semprún en casa.

Colección de Elsa Grobéty.

Álvaro Semprún.

Jorge Semprún y Bernard Pivot.

Colección de Dominique Landman.

Jorge Semprún con Javier Pradera.

Colección de Dominique Landman.

Jorge Semprún recibe la Medalla de Oro al Mérito en Bellas Artes del rey Juan Carlos, 2008.

Colección de Dominique Landman.

Jorge Semprún
con bufanda.

Colección de Dominique Landman.

Jorge Semprún en la verja de Buchenwald.

Colección de Dominique Landman.

Jorge Semprún y Bernard Pivot.

Colección de Dominique Landman.

Jorge Semprún y Colette Leloup bailando.

Colección de Dominique Landman.

Jorge Semprún.

bien puede haber sido la revista literaria y cultural *Clavileño*.[41] Confiesa su miedo a que le tomen por alguien demasiado joven («le debo parecer muy "niño" para merecer toda confianza») y firma su informe con un cariñoso «un fuerte abrazo a todos».[42] Otro lo cierra con las palabras de un hijo obediente al que han regañado por no escribir cartas más largas: «Como veréis, he tenido en cuenta el reproche de que os escribía cartas demasiado breves». En otro mensaje expresa su alegría por estar de nuevo en España.

Da también información sobre la actualidad cultural española, incluidas las nuevas películas, como *Novio a la vista*, de Luis García Berlanga, y una proyección que estaba organizando de *El acorazado Potemkin*, y comparte un chiste que oyó contar a un «monárquico carca» en un estudio cinematográfico:

> Se acerca un señor por la tarde a comprar un periódico al quiosco y se entabla el siguiente diálogo con el vendedor:
> —¿Me da *España*?
> —Vendida...
> —¿*Pueblo*?
> —Agotado...
> —¿*Informaciones*?
> —Vaya a la embajada americana.[43]

En marzo de 1954 escribe sobre su tío, Miguel Maura, y se refiere a él como «el tío de Jorge y Gonzalo» disimulando por tanto el hecho de que él es uno de ellos. Confirma que está de vuelta en España, que ha podido restablecer sus credenciales como abogado y que también está intentando obtener el apoyo antifranquista entre la población estudiantil.

> Ecos de Sociedad: a Miguel Maura le han permitido inscribirse de nuevo en el Colegio de Abogados... Lo que me decíais en vuestra carta del tío de Jorge y Gonzalo, se confirma de varias maneras. Está buscando relaciones con los medios universitarios, con ahínco. Se conoce que la juventud les interesa también, particularmente después de los últimos acontecimientos.[44]

A principios de 1954, Jorge Semprún estaba convencido de que tanto él como el PCE iban por buen camino y de que su trabajo no tardaría en dar frutos. Le alentó encontrarse en la Universidad Central (Complutense) con un estudiante de Derecho «de muy buena familia» que hablaba abiertamente acerca del compromiso político en el campus.

> 9-2-54. El ambiente sigue siendo bueno. Hay campo y se está empezando a abonar científicamente. Eso, como es natural, no en un par de días. La importancia del asunto empieza a ser comprendida por muchos de los que participaron sin cobrar conciencia plena de lo que hacían. Tuve, por ejemplo, ocasión de hablar directamente con uno de Derecho, de «muy buena familia», y contaba con la mayor naturalidad cosas de las luchas en la Universidad Central, sin percatarse de la enorme importancia de todo aquello. ¡Qué confianza da todo esto! Porque lo impresionante es tocar con las manos el formidable caudal de vitalidad, fácilmente orientable en cuanto alguien se ponga a ello, de toda esa juventud.[45]

En resumen, a principios de 1954 Semprún sabía que el cambio de la situación en España llevaría tiempo, pero mantenía la esperanza de que ese día llegaría: «Como veréis, soy optimista, y a ello me mueven razones de lo más sólidas».[46]

Para 1956, un grupo de estudiantes comprometidos redactó un manifiesto, publicado el 1 de febrero, que reclamaba el derecho a celebrar un Congreso Nacional de Estudiantes. El manifiesto era obra de un comité de estudiantes del que formaba parte Javier Pradera, el recluta.

> Lo hacemos precisamente en esta fecha nosotros, hijos de los vencedores y de los vencidos, porque es el día fundamental de un régimen que no ha sido capaz de integrarnos en una tradición auténtica, de proyectarnos a un porvenir común, de reconciliarnos con España y con nosotros mismos.[47]

El manifiesto llamaba a todos los estudiantes a participar en manifestaciones y huelgas con motivo de la reunión del Comité Ejecutivo de la Unesco que se celebraría en Madrid los días 12 y 13 de abril.[48]

Este llamamiento desembocó en graves disturbios y estos, a su vez, llevaron a que la Falange recurriera a la violencia y se viera apartada de forma permanente del Gobierno. El 9 de febrero, durante una asamblea de estudiantes, miembros armados de la Falange empezaron una pelea. En la violencia que siguió, un joven falangista de extracción humilde resultó herido de gravedad. La Falange utilizó su «sangre providencial» para denunciar un supuesto «complot comunista» organizado por la embajada soviética en París. Al hacerlo, evocaban el recuerdo de los horrores de la Guerra Civil con la esperanza de desalentar cualquier tipo de actividad antifranquista. Pero su plan fracasó; al contrario, avivó el ardor de los estudiantes contra el régimen:

> Varios miles de estudiantes recorren las calles céntricas al grito de «¡Muera Franco! ¡Fuera Falange! ¡Abajo el SEU!». Y esos estudiantes se enfrentan con las bandas armadas de Falange [...] El 9 de febrero, la equivocación, o la provocación falangista, en el curso de un nuevo encuentro entre estudiantes y seuistas, en el que cae herido un infeliz muchacho de una modestísima familia [...] Y enseguida, la tentativa desenfrenada de utilizar esa sangre «providencial» para montar a bombo y platillo un pretendido complot comunista, dirigido desde la embajada soviética... en París. La tentativa, en suma, de levantar ante los españoles el espectro de una nueva guerra civil, de especular con el recuerdo, hondo todavía, de los sufrimientos pasados para desmoralizar y desmovilizar principalmente a las fuerzas burguesas de la oposición antifranquista.[49]

Para finales de febrero de 1956, la Universidad de Madrid estaba bastante consolidada y casi unánimemente en contra del régimen, lo que parcecía un paso decisivo para el futuro de España.

> [...] bruscamente, en esos días de febrero, cristalizó un sentimiento unánime en toda la sociedad madrileña: la pervivencia de aquello era anormal, contrario a los intereses del orden público. Falange fue expulsada, en la conciencia de las amplias masas, de la convivencia nacional. Y es este un hecho de enormes consecuencias políticas.[50]

En realidad, faltarían veinte años para ver esas consecuencias políticas.

Pero en 1956, cuando intervenía en las sesiones del PCE en Praga, el optimismo de Semprún se mantuvo firme. Esta reunión se celebró después del XX Congreso del Partido Comunista de la Unión Soviética y los discursos reflejan la conciencia de la «nueva era» que el congreso había inaugurado:

> [...] hemos entrado en una época nueva de la historia de la humanidad, en una época nueva del movimiento comunista y obrero en el mundo entero [...] Los movimientos estudiantiles de febrero no surgen de la nada. Son el fruto de la actividad, durante año y medio aproximadamente, de un conjunto de fuerzas de oposición [...] La idea de un Congreso Nacional de Estudiantes prende en la masa estudiantil y se convierte en un factor de movilización extraordinariamente profundo.[51]

En el verano de 1956, debido a su eficaz trabajo de coordinación de la resistencia clandestina de Madrid, Semprún fue nombrado miembro del Comité Ejecutivo del PCE, y hasta 1960 siguió trabajando, con paciencia y optimismo, para poner fin al franquismo. Durante esos últimos años, las actividades del PCE se hicieron mucho más públicas. Deseaban que la prensa extranjera posara su atención sobre España y colaborara en la denuncia —ante un público internacional— de la represión que los españoles llevaban sufriendo desde 1939. Querían contar con redes que los apoyaran, en Italia, Bélgica y Francia. La presión y el apoyo extranjeros eran claves para llevar la amnistía y la reconciliación a España. Los dirigentes del PCE entendieron que para traducir sus objetivos en acciones necesitaban una coalición muchísimo más amplia, dentro y fuera de España.[52]

A medida que transcurrían sus años en la clandestinidad, Jorge Semprún llegó a vivir largas temporadas en España. Algunos de los mejores retratos de su vida de entonces los aportan las personas con las que vivió y trabajó. Se destacan su talento y agilidad como agente clandestino, y su poder como seductor.

Josep Maria Castellet recuerda un episodio en febrero de 1962, en Barcelona, cuando Jorge Semprún, o Federico Sánchez, se le apareció en un ascensor como el mago de Oz:

> Conduje deprisa hacia casa: no había demasiada circulación. Aquella Barcelona aún tenía las fachadas de los edificios sucias de la Guerra Civil y había poca gente por la calle. Solo tardé cinco minutos. Aparqué en la esquina de Provença con Roger de Flor, subiendo a mano izquierda en el lado de la montaña. El lector me perdonará esta pequeña precisión, pero es fundamental para que se identifique conmigo en lo que pasaría al cabo de un minuto. Desde la esquina hasta el número 215 de Roger de Flor hay a lo sumo treinta metros. La visibilidad en aquellos momentos era buena. De forma rutinaria miré hacia la entrada, donde a veces me cruzaba con algún vecino. No vi a nadie... Cuando llegué a la cancela, miré hacia el fondo de la portería y entré. Recogí el correo del buzón. Fui hasta el ascensor. Abrí la puerta. Había un hombre dentro. Era imposible. Tardé unos segundos en reconocerlo, entre otros motivos por la sorpresa, porque mientras llegaba a la portería y abría la puerta nadie podía haber entrado. «José María», dijo el enjaulado. Y de repente conocí el rostro y la voz: era Federico Sánchez, miembro del Comité Ejecutivo del Partido Comunista de España, que en aquellos momentos operaba, obviamente, en la clandestinidad. Lo había conocido un par de años atrás en casa de Alfonso Sastre... decía que tardé un momento en reconocerlo porque no contaba con él y menos con encontrármelo en el ascensor de casa. Era, ciertamente, una aparición... Entonces le pregunté cómo era posible que estuviera dentro del ascensor. Me contestó riendo que él era un profesional de la clandestinidad y que esas cosas no se podían contar... Llegados al quinto piso entramos en casa y llamé a Isabel... para darle la sorpresa y el susto porque —cuando te visitaba un responsable comunista— nunca sabías qué venía a pedirte y hasta qué punto sería peligroso para tu salud. Federico Sánchez —de quien obviamente no hay fotografías de la época— era un *bel homme*, macizo, con ojos inquisitivos y curiosos, y una voz *veloutée*, muy seductora, que tranquilizaba a los interlocutores.[53]

Castellet cuenta que Federico Sánchez le pidió que llamara a Xavier Folch y a su mujer, Dolors, y que les dijera que fueran para allá. Castellet lo hizo. Cuando él y su mujer se apresuraban para ir a una fiesta, dejando a los tres visitantes que siguieran hablando tranquilamente en su piso, Federico pidió otro favor:

> [...] sabía que en la fiesta estaría Armando López Salinas y quería que le dijera que se escapase y fuera a verlo. Pero ¿adónde? Con toda tranquilidad me dijo que lo enviara a un bar más bien distinguido y él lo esperaría allí. Pero ¿cuál? «Donde tú me digas. A mí no me conoce nadie y menos en Barcelona». Le propuse el Sándor, en la plaza Calvo Sotelo, ahora Francesc Macià. Era un sitio «bien» de burgueses más bien franquistas. «Mejor que mejor», me dijo. «Entre once y media y doce». Y nos despedimos.[54]

Uno de los «pisos francos» que usaba en Madrid era el de Domingo González Lucas. Domingo, miembro del PCE, provenía de una gran familia de toreros; su hermano era el famoso diestro Luis Miguel Dominguín. Su hijo, Domingo júnior, cuenta (en su entretenido libro de memorias) lo que suponía tener a un «agente secreto» como invitado habitual en su habitación de la infancia, y cómo este cruzaba la frontera entre Francia y España como si nada:

> En cuanto a Semprún, diga lo que se diga, se movía por Madrid como Pedro por su casa. Más bien como Pedro por mi casa. Al lado de mi dormitorio había una pequeña habitación con un maletero enorme: era el cuarto de los trastos. Se tiró el tabique que daba a mi dormitorio y se hizo un armario con doble fondo, como un zulo, por si la policía venía a buscarle, pues cuando estaba en Madrid dormía en mi habitación. En fin, que Semprún venía a España cuando quería, en tren y en vuelo regular de Iberia... No recuerdo que se utilizara nunca ese armario.[55]

Domingo señala también que a su padre, que, en gran medida, financiaba la mayoría de las actividades clandestinas del PCE, nunca le gustó Carrillo ni confió en él:

> Mi padre siempre me dijo que Carrillo no le transmitía confianza y que no era la persona idónea para llevar el partido, porque estaba anclado en el comunismo del siglo pasado, en el estalinismo, y que no

comprendía las auténticas necesidades del país. Él quería ser Dios en el PCE, quería serlo todo y no le gustaba ni a mi padre, ni a Semprún, ni a Múgica, ni a Pradera. Al final, todos —intelectuales y varios dirigentes sindicales— dejaron el partido por su mala relación con Carrillo.[56]

Semprún se alojó en las casas de muchas personas distintas durante la época de la clandestinidad. Durante parte de esta aventura (desde 1955 hasta 1957), trabajó con su hermano menor, Carlos, aunque este y el PCE no estaban destinados a entenderse. Le hacía ilusión la idea de llevarse a Carlos, que era su hermano preferido,[57] por lo menos durante las primeras cuatro décadas de su vida. Los recuerdos de Carlos de esta época son entretenidos, graciosos y muy distintos de los del hermano mayor. A principios de los años cincuenta aún mantenían una relación estrecha —de ahí el interés en que Carlos le acompañara en los viajes—, pero los recuerdos de este último fueron puestos por escrito mucho más tarde y podrían estar contaminados por su posterior desencuentro. De todos modos, ofrecen un contraste ameno y ligero a la imagen grave y apasionante de la vida clandestina. Carlos habla de su regreso a Madrid para trabajar en secreto para el PCE como un plan aburrido, anodino y carente de sentido. Estaba claro que, si hubiera tenido otras opciones, no se habría apuntado, pero no las tenía. Él y su hermano pequeño, Paco, habían sido prácticamente abandonados en el caos y la miseria de la guerra y la posguerra. Durante las décadas de 1940 y 1950, su adolescencia y los veinte años, habían vivido sin dirección, ambición ni seguridad algunas. Tuvieron que buscarse la vida, pero no perdieron el sentido del humor:

> Vivíamos esencialmente de una minúscula pensión familiar, buscando, sin [...] encontrar durante luengos años clases de español, traducciones y cosas por el estilo. Cuando se nos anunció la fecha fatídica del cese de dicha pensión diminuta, Paco y yo tuvimos angustiadas discusiones sobre nuestro futuro. Varias veces Paco llegó a la conclusión de que tendríamos que suicidarnos. ¡No íbamos a *trabajar*! Además, no sabíamos hacer nada, ni teníamos el menor diploma. Ni siquiera el bachillerato... Mis dos primeros «laburos» pagados fueron: la traducción de una tesis sobre varices de un estudiante latinoamericano... y el prólogo de un catálogo del pintor venezolano Alejandro Otero.[58]

Carlos Semprún siempre había querido ser como su hermano mayor, y, si se convirtió en agente clandestino del PCE, fue por una mezcla de admiración fraterna y desesperación. Pero nunca fue creyente, y tenía un rango inferior al de su jefe-hermano, alias Federico Sánchez. Parecía, además, desconcertado por la falta de acción directa en las actividades del partido. Las tácticas lentas, indirectas y discretas que había adoptado el PCE resultaban frustrantes para el joven aspirante a revolucionario. Según lo recuerda, el trabajo clandestino en Madrid era decepcionante:

> Mi primera cita profesional, mi primera cita de «revolucionario profesional», la tuve en la terraza de un café de la calle San Bernardo, adonde Federico Sánchez me llevó para presentarme a Enrique Múgica, el primer estudiante que había pedido su ingreso en el PCE. Con él estaba Eugenio de Nora... De Nora me resultó antipático desde el primer momento, y no por ser quien escribió esos insulsos poemas a la Pasionaria, con el seudónimo Carlos del Pueblo, sino vete a saber por qué: su manera de hablar, de vestir, su ridículo sombrerito, o lo que fuera.[59]

Nada impresionado por esta «reunión revolucionaria», recibe su primera misión oficial de parte de Federico Sánchez: asistir a una charla sobre poesía social a cargo del poeta Eugenio de Nora en la universidad y «tomar la temperatura» del público. En la conferencia no pasó nada: no hubo policía ni alborotos. Siguió desempeñando su papel de «termómetro humano» en los actos culturales estudiantiles y los partidos de fútbol, y llegó a ser, brevemente, secretario del Comité de Estudiantes Comunistas de Madrid. Lo que recuerda de su época de «agente profesional» en España son largas horas de aburrimiento, y son su tono sardónico y los detalles sobre el tiempo de inactividad los que convierten su perspectiva en un contrapunto destacable a los relatos de su hermano. El retrato sociológico de la vida de un agente que hace Carlos Semprún es más divertido y personal: su habitación en el hotel Inglaterra, en la calle Echegaray, era sorprendentemente agradable; pasó mucho tiempo en aquella habitación. No podía deambular por los sitios favoritos de su infancia porque sus zapatos de cuero barato se habían convertido para entonces en instrumentos de tortura. Ya sabemos que los zapatos (zuecos y botas de cuero en Buchenwald para el mayor, zuecos y zapatos de cuero recogidos de la basura por el pequeño durante la guerra) son un *leitmotiv* en la historia de los muchos tumbos que dieron las vidas de estos hermanos.

El nuevo agente se dio cuenta de que ya no sabía cómo pedir un café solo en español (acostumbrado a pedirlo «negro» —*noir* en francés—, no «solo») y le preocupaba que cualquier desliz banal cotidiano como este pudiera provocar su detención. Tomaba sus tres comidas en el piso franco del doctor José Antonio Hernández, mientras que su hermano se alimentaba, se alojaba y dormía la siesta en un piso mejor, el del productor de cine Ricardo Muñoz Suay, que había sido camarada de Carrillo en las Juventudes Socialistas Unificadas (JSU) durante la guerra.

Además, Semprún/Sánchez tenía acceso a la piscina que había en la azotea del edificio donde estaba el apartamento de los Muñoz Suay. Que un agente comunista clandestino pudiera darse un chapuzón en la piscina de un bloque de pisos franquista era, quizá, una situación exclusivamente española. Carlos Semprún no recibió nunca una invitación para ir a nadar, pero le gustaba ir a pasar el rato con Ricardo Muñoz Suay cuando su jefe-hermano no andaba por allí. Señala, también, que a pesar de los grandes apartamentos en los que vivían estas familias, no podían darse el lujo de comer carne todos los días, y que lo que en Francia era un coche de lo más básico —el Citroën Dos Caballos—, para el doctor Hernández era un gran lujo de lo más deseado. Cuando el pequeño de los Semprún llegaba desde París, llevaba consigo una enorme maleta con un doble fondo lleno de material propagandístico, entre todo ello, algunas publicaciones del PCE. Esa maleta está guardada ahora en el desván de la casa de su primera mujer en un pequeño pueblo en New Hampshire, Estados Unidos.[60]

Muñoz Suay y Jorge Semprún desarrollaron una relación estrecha. Carrillo les había presentado en París. Muñoz Suay recuerda así su primer encuentro:

> [...] en un comedor de uno de esos hogares franceses que a partir de entonces me fueron tan familiares y, tras varias jornadas de mutua información, Santiago Carrillo me presentó, por su verdadera identidad, a Jorge Semprún. Quedamos Jorge y yo citados para unas semanas más tarde en Madrid. Y así iniciábamos la no siempre fácil tarea de ir agrupando a los intelectuales comunistas. Partiendo de un núcleo constituido por gentes más o menos vinculadas al cine, fuimos desparramando nuestra actividad [...] entre los medios intelectuales, preferentemente literarios y cinematográficos.[61]

En los Muñoz Suay, encontró otra familia adoptiva; una de las hijas, Berta Muñoz, quedó fascinada por él y lo recuerda como el hombre más atractivo que había visto: «El físico, bueno, el físico como la Virgen de Guadalupe llena de luces, era un hombre que imponía, era muy seductor. Creo que él ya ni se daba cuenta. Jorge era un galán de película antigua».[62]

Le encantaba pasar el tiempo con la mujer de Ricardo, Nieves Arrazola. Ella era algunos años mayor que él y había pasado dos en la cárcel (desde 1946 hasta 1948), acusada de actividades antifranquistas. También era una cocinera fantástica y una avezada superviviente que conocía la España de Franco mucho mejor que los dos hermanos infiltrados. Inmediatamente le dijo que se comprara unos zapatos españoles e indicó al más pequeño que se cortara su larga melena parisina. Temía que dieran la nota y se pusieran en peligro a sí mismos y a todos los que los alojaban o trabajaban con ellos. Jorge Semprún recuerda la casa y a Nieves con gran cariño:

> Tampoco tenía centenares de contactos y entonces me iba al Prado o a casa de Muñoz Suay. Su casa era Nieves porque Ricardo, en aquel momento, trabajaba mucho. Aquello era la biblioteca, el cafelito, la conversación con Nieves, la paella. A mí siempre me ha encantado que me contaran cosas y Nieves lo hacía, con su brusquedad y su sectarismo. Era una comunista vieja, de las de verdad. Teníamos mucha simpatía, era realmente formidable estar en casa de Ricardo, con Nieves. Luego ya dejó de criticarme lo de los zapatos, yo ya los llevaba españoles. Y tenía razón porque, aunque en aquel momento ya empezaba a haber viajes a París y no creo que la Guardia Civil se fijara en esas cosas, era mejor evitarlo.[63]

Berta, la hija de los Muñoz Suay, coincidía con la opinión de su madre, y recuerda que incluso la colonia de Jorge Semprún —Vetiver de Guerlain— lo delataba como un extranjero. Berta cuenta también que el apodo cariñoso con el que era conocido en el partido, Pajarito, se debe a ella.

> [...] tengo todavía recuerdos. Yo llegaba del colegio y sabía que Semprún estaba en casa porque tenía un olor especial. Jorge era un actor. La sala de la biblioteca estaba separada del comedor por unas puertas de cristal biselado. Se abrían y aparecía Jorge. Como yo no sabía decir Federico, le llamaba «Pajarito» y por eso se le quedó el mote.[64]

Jorge y Carlos Semprún llevaban unas vidas curiosas y únicas entrando y saliendo ilegalmente de España. Era una rutina extraña, pero los miembros de más alto rango del PCE eran demasiado conocidos para viajar y, de entre los rangos inferiores, pocos eran dignos de confianza o tenían la presencia necesaria para pasar desapercibidos entre los estudiantes universitarios de la época franquista sin levantar sospechas. Curiosamente, su hermano Álvaro también estuvo en Madrid, de 1950 a 1955, como alumno interno de primera clase de la Beneficencia Provincial, y como alférez en el ejército. ¿Se verían los hermanos, «Federico Sánchez» y un alférez de Franco?

Carlos Semprún abandonó el PCE en 1957 y hasta 1962 no pudo volver legalmente a España. Entonces entró en contacto con su familia, que no había visto desde 1936, y reclamó su herencia. Jorge nunca menciona haber reclamado la suya, pero a todos los hermanos les tocó algo. Durante su viaje, Carlos vio a la hermana de su padre, su tía Mercedes Semprún, y también a su propia hermana, Susana. El reencuentro entre hermanos resultó una decepción, y refleja las tensiones familiares y las diferencias políticas que desgarraron a la generación Semprún Maura:

> Entre mi período de militante clandestino del PCE, que concluyó a principios de 1957, y mi vuelta a la clandestinidad para el FLP en 1962 realicé un solo viaje a Madrid, para cobrar mi hijuela, porque no teníamos una pela en París y algo había en Madrid. El señor Do-

mínguez, administrador de los «bienes» de la familia Semprún y de muchas otras más adineradas, me aconsejó no vender mis acciones de Águila, del Metro y de algunas cositas más porque era mal momento y subirían seguro, las de Águila (la cerveza) en todo caso y dentro de muy poco. Yo vendí todo, deprisa, mal, casi adrede, como si fuera una vergüenza tener dinero en la España franquista, pero al mismo tiempo sin tener los cojones para renunciar a ello. Debí cobrar algo menos de unas 300.000 pesetas de hoy. Una suma inmensa para nosotros; poca cosa, en realidad. Duró pocos meses.

Como en mi situación peculiar no quería ver a los antiguos compañeros del PCE, por si las moscas, ya que muchos habían abandonado dicho partido, pero no sabía quiénes, me dediqué a visitar a la familia. Los vi a casi todos. La más divertida era Mercedes (Mercedes Semprún de Smith, sí señores, se había casado con un norteamericano con aquel apellido tan original, pero entonces, en 1959, había muerto y es todo lo que sé de él). Clamaba su antifranquismo monárquico con tal pasión en los cafés o cafeterías en donde nos vimos varias veces que casi me asustó. Mercedes tenía alguna relación, no sé si benévola o profesional, con el Museo del Prado y organizaba visitas y conferencias.

Pero el caso más curioso fue el de Susana, nuestra hermana mayor. Avisada por el señor Domínguez de mi presencia en Madrid y de mi hotel, me llamó para citarme en una cafetería, a dos pasos de su domicilio. Yo apenas si la reconocí. Se disculpó por no invitarme a su piso porque tenía no sé qué líos de invitados, pero en realidad porque su marido, un tal Aguirregomezcorta (todo junto), no quería ver a un rojo ni en pintura. Fue una conversación aburrida, un reencuentro sin sabor.[65]

En retrospectiva, es difícil imaginar que durante sus once años en la clandestinidad, desde 1953 hasta 1962, Jorge Semprún siguiera creyendo realmente en su visión inicial de que el régimen de Franco estaba en las últimas y de que la revolución era inminente. ¿Existió una conexión real entre la élite de los estudiantes universitarios españoles y la clase obrera? ¿Creyó alguien alguna vez, siquiera durante un momento, que tal conexión activaría un movimiento popular capaz de acabar con Franco, sus ministros y su ejército? El pronóstico de Carrillo, desde la distancia, se basaba en un constante análisis de la prensa española y en los informes de su infiltrado. Sus conclusiones fueron siempre claras: el régimen era «extremadamente» débil e iba camino de la autodestrucción.[66] Carrillo señalaba siempre las debilidades y censuraba la realidad: el régimen era omnipotente en España.

¿Qué decir de las debilidades del PCE? Habían pasado casi veinte años desde la victoria de Franco. ¿Qué progresos revolucionarios reales se habían llevado a cabo? Semprún llevaba siete años como agente clandestino cuando comenzó a poner en cuestión la estrategia del partido. Por el camino, sobre todo a mediados de la década de 1950, habían sucedido grandes acontecimientos internacionales que debilitaron el posible arraigo del PCE en España. Que el régimen recibiera una inyección de dinero y de cultura norteamericanos —Hollywood, el sándwich mixto, el turismo y demás— había dotado de un sesgo positivo a la perspectiva internacional sobre Franco. Por otra parte, el ataque llevado a cabo en 1956 por Nikita Jruschov contra el culto a la personalidad de Stalin y su represión brutal había supuesto para el partido una sacudida de raíz. Para empeorar las cosas, en 1955 la Organización de las Naciones Unidas votó a favor de la admisión de España, y contó con la aprobación de la Unión Soviética. ¿Cómo era posible que la Unión Soviética, que había sido partidaria activa de la República española durante la Guerra Civil y lo era del PCE en aquel momento, votara a favor de la admisión de la España de Franco en la ONU? Los dirigentes y militantes del PCE se sintieron profundamente traicionados. La Revolución húngara de 1956 resultaría también motivo de división y provocaría que muchos camaradas y simpatizantes de todo el mundo se distanciaran de sus respectivos partidos. En Hungría, las revueltas estuvieron lideradas por los estudiantes y fueron brutalmente aplastadas por las fuerzas soviéticas. En 1960, Jorge Semprún viajó a Moscú y quedó decepcionado por su encuentro con Mijaíl Súslov, el ideólogo jefe del Partido Comunista de la Unión Soviética. Durante su conversación, se dio cuenta de que España no tenía ningún interés para Moscú, excepto en la medida en que el PCE sirviera para reforzar la política y la imagen soviéticas.[67] Teniendo en cuenta todo esto, ¿cómo podría seguir defendiéndose el comunismo como una opción viable?

Pero él no se rindió. Para finales de la década de 1950 estaba profundamente integrado en la familia del PCE. En 1958 disfrutó de sus primeras vacaciones costeadas por el partido en la URSS y llevó a Colette y a Dominique a pasar el verano en el mar Negro, en Sochi. Iban todos los días a la playa y compartían las comidas con Carrillo y su familia. La Pasionaria también veraneaba en la zona. No era fácil distanciarse del partido cuando incluso las vacaciones se pasaban con los dirigentes. El de Semprún era un compromiso total: con la ideología, con los riesgos, los viajes y el estilo de vida. En 1960, pasarían de nuevo las vacaciones con el partido en Crimea, y, esta vez, también los acompañó el legendario general Enrique Líster, veterano de la Guerra Civil, la Revolución cubana y el Ejército Popular Yugoslavo. Las vacaciones fueron al mejor estilo de la élite soviética. Las fotografías de las familias Carrillo y Semprún juntas constituían una propaganda perfecta para el PCE: niños y adultos tras un saludable día de playa, recién bañados y vestidos correctamente, con el pelo repeinado.

Semprún mantuvo una relación particularmente estrecha e intelectualmente animada con uno de sus reclutas, Javier Pradera. Este tenía once años menos que él, pero era brillante y procedía también de un entorno improbable para un comunista. Provenía de una familia conservadora de San Sebastián y tanto su abuelo como su padre habían sido asesinados por anarquistas al comienzo de la Guerra Civil. Se hizo comunista una tarde de verano de 1955, cuando conoció a Federico Sánchez, como cuenta Santos Juliá:

> Javier se encontró con Julio Diamante[68] y una persona algo mayor que ellos —en su caso, diez años y tres meses mayor—, con quien quedó a charlar en una de las canastas instaladas en la Castellana. El hasta ese momento desconocido, y enseguida tratado como Federico Sánchez, le dijo lo que era, miembro del Comité Central del Partido Comunista, y de dónde venía, del exterior, pero no le habló de quién era: no le dijo nada de la dinastía Maura ni le recordó que un hermano de su madre, Honorio Maura, fue asesinado en San Sebastián en las mismas fechas y circunstancias que su abuelo y su padre. Lo único que le propuso fue ingresar en el partido. Y Javier dijo que sí. Y ya está.[69]

Pradera había entrado por oposición en el Cuerpo Jurídico del Ejército del Aire, pero su actividad política pronto lo llevó a ser expulsado. Semprún y él mantenían una excelente amistad, si bien no exenta de tensiones, y ambos eran conscientes de que la única manera de unir fuerzas contra Franco era apelar al deseo de reconciliación nacional del pueblo. En el manifiesto de febrero de 1956, su llamamiento a los estudiantes y a los jóvenes españoles los interpelaba como los «hijos de los vencedores y vencidos». Era la primera vez, desde el final de la Guerra Civil, que a alguien se le ocurría sugerir públicamente que el abismo que dividía a las nuevas generaciones españolas —que seguía las líneas del destino político de sus padres tras 1939— podía superarse. Esta política de reconciliación no surtiría un efecto inmediato, pero sí señaló el camino que iba a seguir la democracia española tras la muerte de Franco.

Este nuevo enfoque de Semprún y Pradera hizo saltar las alarmas entre los dirigentes del PCE, porque cuestionaba los principios y enfoques comunistas fundamentales. La línea que proponían los situaba en un término medio nunca imaginado: a la derecha del PCE y a la izquierda de otros grupos de oposición democrática. Carrillo y la Pasionaria no estaban dispuestos a reconocer que lo más factible sería unirse a una coalición y así colaborar con otros en la caída del régimen. El Partido Comunista nunca desempeñaría más que un pequeño papel en la España democrática. Para garantizarse ese papel, sus miembros tuvieron que experimentar con nuevos enfoques. Pero en 1956 el PCE no admitía la autocrítica ni los cambios.

Uno de los golpes más significativos sufridos por el PCE había sido el fracaso total de la Huelga Nacional Pacífica (HNP). Esta había sido anunciada como un éxito masivo, incluso antes de que tuviera lugar el 18 de junio de 1959. Resultó ser un completo fracaso sin ningún seguimiento, pero Carrillo siguió vendiéndola como una victoria. Javier Pradera le escribió para ofrecerle un informe de primera mano y corregir su visión ilusoria y optimista. Carrillo no encajó bien que Pradera le contradijera y esto dio origen a una serie de debates tensos. Semprún, como mentor de Pradera, se vio implicado y, aunque lo intentó, no pudo «reprimir» las opiniones de su amigo porque en realidad estaba de acuerdo con ellas.

A pesar de sus informes optimistas, la misión de Sánchez/Semprún iba perdiendo fuelle. Su aliado intelectual en el partido en París era Fernando Claudín. Ocho años mayor que él y veterano de la Guerra Civil, era asimismo miembro del Comité Ejecutivo del PCE. Él también había ido distanciándose del apoyo ciego de Carrillo a las políticas soviéticas y se sentía frustrado por su ceguera en cuanto a la nueva realidad socioeconómica de España. Carrillo había trabajado estrechamente con Claudín durante tanto tiempo que había llegado a llamarlo su «otro yo», pero, como afirma Paul Preston en su biografía de Carrillo, «[...] fue la rigidez estalinista la que llevó a Carrillo a responder a las críticas sobre su interpretación complaciente de la situación y lo que convirtió un debate potencialmente creativo en una crisis interna debilitadora».[70]

Se ha escrito mucho sobre las divisiones internas que hicieron que Semprún y sus camaradas y amigos, Fernando Claudín y Javier Pradera, fueran expulsados del PCE en 1965. Fue un proceso lento, tenso y difícil. Primero, fue destituido de su cargo como «Federico Sánchez». En 1962 hizo su último viaje clandestino a España. Esperaría dieciséis años, hasta 1978, para publicar su versión de su ruptura con Carrillo. Fue sustituido por Julián Grimau, que ya tenía alguna experiencia trabajando dentro de España, en Barcelona y Andalucía. Grimau era la peor elección posible para sustituirlo. El aumento del activismo estudiantil y la fallida huelga general (HNP) habían afilado las garras de las autoridades franquistas y, hacia finales de la década de 1950 y comienzos de la de 1960, estaban deseando detener a los líderes insurgentes y aprovechar sus detenciones para lograr un escarmiento público.

Grimau era un hombre marcado. Había participado activamente en la Guerra Civil como miembro de la policía republicana[71] y había huido al exilio, a México y más tarde a Francia. En comparación con Semprún, Grimau era más vulnerable. La hostilidad del régimen hacia él venía de muy lejos.

Grimau fue detenido el 7 de noviembre de 1962. Fue apaleado, torturado y arrojado al vacío por la ventana del centro de detención.

Se deduce que querían que su muerte pareciera un suicidio. Pero la caída no mató a Grimau, y sobrevivió solo para ser devuelto a la cárcel a esperar durante meses su ejecución. Por primera vez en veintidós años —desde el final de la Guerra Civil en 1939—, el mundo prestó atención a lo que ocurría en España. Se desató una protesta internacional en contra de la tortura, y la gente se opuso al juicio falso y a la sentencia de muerte de Grimau. Se recibieron cartas procedentes de todo el mundo. Dos de sus defensores más señalados fueron Simone Signoret e Yves Montand, que se habían unido a Jean-Paul Sartre en su empeño de conseguir que el público francés se enterara finalmente de lo que estaba pasando al sur de su frontera. Fue entonces cuando Semprún empezó a tratar a Yves Montand, dando inicio a una amistad que cambiaría su vida.[72]

La detención de Grimau hizo que Jorge Semprún y todos los que le rodeaban tomaran conciencia de la magnitud del peligro al que se había estado enfrentando durante casi una década. Es inevitable que pensara por qué Grimau y no él.

En el absurdo juicio de Grimau en 1963, se presentaron contra él cargos relativos a crímenes cometidos durante la Guerra Civil, y la defensa no pudo presentar sus propios testigos.[73] Grimau fue ejecutado el 20 de abril de 1963 en la cárcel de Carabanchel, en Madrid.

Durante el último período oficial que Jorge Semprún pasó en Madrid, en 1961, antes de la detención de Grimau, compartió una casa con su camarada Manuel Azaustre y la mujer de este, María, en la calle Concepción Bahamonde, cerca de la plaza de toros de Las Ventas. Manuel había sido también un refugiado republicano en Francia y había sido reclutado para una cuadrilla de trabajo bajo la supervisión del ejército francés.[74] Después del armisticio de 1940 fue capturado, junto con muchos prisioneros de guerra franceses, y deportado a Mauthausen. Había sobrevivido.

Después de la cena, los dos hombres tomaban coñac y fumaban, y a Manuel le gustaba hablar de sus experiencias en el campo, tema que Semprún afirmaba haber mantenido reprimido y compartimentado durante casi dos décadas.

> Manuel A. era un superviviente de ese campo. Un aparecido, como yo. Me contaba su vida en Mauthausen, por las noches... Pero yo no reconocía nada, no me identificaba... Era desordenado, confuso, demasiado prolijo, se empantanaba en los detalles, carecía de visión de conjunto, todo lo contemplaba bajo el mismo prisma... Se trataba de un testimonio en estado bruto...

Durante el relato de sus confusos recuerdos trataba de ayudarlo, pero le molestaban sus digresiones, como cuando don Quijote se ponía nervioso con los relatos serpenteantes y torpes de Sancho. Puesto que Azaustre no podía conocer la verdadera identidad de su camarada —creía que era Federico Sánchez— ni saber que había estado en Buchenwald, Semprún se veía obligado a escuchar, haciendo únicamente comentarios discretos y alguna pregunta. Tras una semana entera de esas veladas, Semprún dice que se despertó en mitad de la noche, se sentó frente a su máquina de escribir portátil Olivetti y redactó su propia historia, empezando por la imagen de las personas hacinadas en el tren en dirección a Buchenwald. Al principio no tenía la intención de publicarla. ¿Cómo podría ser un escritor si era agente clandestino? Pero ese manuscrito, escrito en cuestión de días, según afirma, en los huecos entre las reuniones en el apartamento de su camarada, llegaría a ser su pasaporte hacia el mundo no furtivo. Cuando se publicó en 1963 con el título de *Le grand voyage* (*El largo viaje*), Jorge Semprún volvió a nacer.

En el retrato condescendiente y paternalista que hace de él, Carrillo afirma, con cierto desdén, que Semprún fue siempre un escritor, es decir, un intelectual burgués, y que, desde el principio, era solo cuestión de tiempo hasta que siguiera su verdadero camino:

> En contraste con los rasgos que le caracterizan hoy, Jorge era entonces un hombre sencillo y hasta modesto. Nunca hablaba de sus acciones en la Resistencia francesa ni de su sufrimiento en el campo de concentración; aparentemente no le daba demasiada importancia, aunque constituyan el material básico, junto con su clandestinidad española, de su obra literaria posterior. Entonces había optado por la vida, renunciando al recuerdo y a la escritura, aunque su vocación profunda y soterrada en aquel momento era esta última, la literaria.[75]

Estos comentarios de Carrillo son un golpe bajo. No era justo poner en duda retroactivamente la integridad del trabajo como militante, su larga década de sacrificios en nombre del PCE y el liderazgo carismático que había ofrecido a las operaciones del partido en España. Semprún había sido leal, dinámico y se había arriesgado por el PCE, quizá más que el propio Carrillo. Pero estos comentarios de Carrillo son poca cosa. Semprún, con el furibundo relato *Autobiografía de Federico Sánchez* (1977) sobre su expulsión del PCE, tuvo la última palabra.

Uno de los mayores homenajes al trabajo que hizo en España lo publicó Fernando Sánchez Dragó:

> Cuando lo conocí, en el verano del 54, al arrimo de una horchatería del Retiro, se llamaba Federico Sánchez, y durante mucho tiempo, pese a la intensa relación que en los años del antifranquismo nos unió y, a la vez, nos separó, siguió sin ser Jorge Semprún. Aquel día, por su mediación y con su bendición, entré en el Partido Comunista.
>
> No tuvo que convencerme. Estaba ya convencido. Pero, si hubiese sido necesario, lo habría hecho, porque su poder de seducción era de los que no admiten réplica. De hecho, nos sedujo a todos: a Enrique Múgica, a Julián Marcos, a Javier Pradera, a Julio Diamante, a Emilio Sanz Hurtado, a Alberto Saoner, a Ramón Tamames, a Jaime Maestro, a Manolo Moya, a Ángel González, a Pepe Esteban, a Javier Muguerza. A «nosotros, los de entonces».
>
> No creo que ninguno de ellos, entre los que siguen vivos, me lleve la contra si sostengo que sin él, sin Federico Sánchez, que luego, misteriosamente, pasó a llamarse Agustín, no se habría producido la gran algarada antifranquista de febrero del 56 ni habría alzado el vuelo en la Universidad de Madrid la oposición al régimen a la sazón vigente. Su papel en el lento, muy lento, deterioro de este fue determinante y su actividad y capacidad de conspiración y agitación digna de una película de espías...[76]

Semprún disfrutó mucho de sus aventuras clandestinas en España, pero los viajes constantes habían supuesto un sacrificio personal alto. Colette había vivido muchos años preocupada por su seguridad. Su hijo Jaime vivía con su madre, Loleh, y su segundo marido, Claude

Roy. Cuando Semprún se embarcó en su doble vida clandestina, Jaime tenía cinco años. Cuando volvió y se instaló en París de nuevo, en 1962, tenía quince y sería imposible recuperar los años perdidos entre padre e hijo. Había prometido llevarlo en uno de los viajes a la Unión Soviética, y Jaime estaba deseando acompañarle, pero al final lo dejaron en Francia. Su padre le trajo un reloj de Rusia como recuerdo, pero era tarde para salvar la relación.[77]

6

Ha nacido una estrella, 1963-1988

> Yo no creo que se puedan comparar el combate político y el combate literario. La literatura es menos gratificante. Nada puede reemplazar a la acción política. Hacer que una visión determinada de las cosas se encarne en la realidad y la transforme... nada puede sustituir eso. Es verdaderamente la satisfacción creativa más pura para mí.[1]
>
> JORGE SEMPRÚN

Los años sesenta trajeron grandes cambios a la vida de Jorge Semprún. En esa década se convirtió en un galardonado escritor y en un intelectual público de prestigio internacional. La fama puso el último clavo en el ataúd de Federico Sánchez y demás identidades clandestinas, y trajo el renombre de Jorge Semprún. El hombre que había vivido oculto en la penumbra del Partido Comunista de España se convirtió de pronto en una estrella internacional. Los aspectos más destacados de estos años son de sobra conocidos. Muchos habrán leído, quizá, sus libros de esta época, y las personas de cierta edad recordarán los artículos, imágenes y entrevistas aparecidas en los medios.

Su transición de agente secreto a escritor famoso no tuvo lugar de un día para otro. Antes de que fuera expulsado oficialmente del PCE hubo años de tensiones e intrigas por parte de sus superiores. Las divergencias entre él y Santiago Carrillo eran ya palpables, y en ellas se ve la crónica de una expulsión anunciada. El período de 1963 a 1965, antes de que se emancipara por completo del partido, fue uno de tira y afloja, hasta cortar los lazos políticos con el PCE. Antes de poder salir del armario político, tuvo que jugar un poco al escondite con su nuevo público.

Después de la detención de Julián Grimau en Madrid en 1962, Carrillo decidió que Semprún debía ser permanentemente apartado de toda actividad clandestina en España. Según Carrillo, llevaba demasiados años expuesto y, por el bien y la seguridad de todos, era mejor sustituirlo. Semprún/Sánchez no estaba de acuerdo. Al contrario, opinaba que incorporar a alguien nuevo entrañaba un enorme riesgo, pero la decisión fue aprobada por el Comité Ejecutivo del PCE y él consintió.[2] Siempre dijo que tendrían que haberse tomado mayores precauciones para proteger a su sustituto.

Después de Grimau, a Semprún le sustituyó José Sandoval, un camarada que había pasado todos sus años de exilio en el bloque del Este. Su primer encuentro con Semprún en Madrid tuvo lugar frente al Museo del Prado.[3] Sandoval era comunista desde su juventud y estaba entregado al partido. Pero no era madrileño, sino asturiano, y tenía diez años más que Semprún y barniz de *apparatchik* soviético. Sandoval duró en el puesto un año y medio, hasta su detención en 1964. Fue torturado y condenado a quince años, de los que cumplió diez.[4] El acortamiento de la sentencia se debió a la ley de amnistía parcial que entró en vigor tras la muerte de Franco en 1975. Su detención fue parte de una ofensiva generalizada contra los aliados e infiltrados del PCE en la Universidad de Madrid.

Desde el momento en que Sandoval lo sustituyó en Madrid, las responsabilidades de Semprún quedaron estrictamente limitadas a su actividad como miembro del Comité Ejecutivo y su trabajo con los intelectuales comunistas en el exilio, como el escritor, y también miembro del Comité Ejecutivo del PCE, Jesús Izcaray.[5] Aunque Izcaray fuera escritor, no era un intelectual cultivado como él. Ideológicamente no veía más allá del partido, postura que Semprún había dejado atrás hacía años.

Carrillo le sugirió que aprovechara el dejar de ser clandestino para arreglar su situación de residencia legal en Francia, y en 1963 puso en regla sus papeles y comenzó a vivir con su nombre real. Para acelerar el proceso y evitar cualquier complicación, utilizó su conexión con un influyente héroe católico de la Resistencia, el reverendo Alexandre Glasberg.[6] Este era un viejo amigo de la familia de Jean-Marie Soutou, y cuando fue detenido le ayudó a escapar de las garras del capitán de las SS Klaus Barbie.[7] Pese a los años que Semprún llevaba activo en el Partido Comunista, los vínculos entre las familias conservadoras y el poder católico seguían desempeñando un importante papel en su vida.

Una vez solucionada su situación jurídica, se casó con Colette en Villeneuve-Loubet, un pueblo de la Costa Azul situado entre Niza y Cannes. El banquete de boda se celebró en un restaurante llamado La Toque Blanche, entre La Colle y Saint-Paul.[8] La pareja había tardado muchos años en casarse, hasta que él abandonó el trabajo clandestino y pudo solicitar legalmente una licencia matrimonial. Este fue el momento de su estreno oficial como marido y padre. Adoptó legalmente a su hijastra Dominique, mientras que Claude Roy (el marido de Loleh Bellon) adoptó a Jaime. Una versión intergeneracional algo complicada del juego de las sillas musicales. Esperarlo mientras era «Federico Sánchez» no debió de ser fácil, pero Colette era una parisina de raíces bretonas, mucho más resistente de lo que parecían sugerir sus delicadas facciones. Era, de hecho, la compañera ideal para él. Aunque este siguió viajando con frecuencia durante años, permanecieron juntos hasta la muerte de ella en 2007.

Como ya se ha señalado, su primer marido, Jacques Martinet, el padre de Dominique, era también comunista, el cabecilla de la famosa célula 722 de Saint-Germain-des-Prés. Y el padre de Colette, Marcel Leloup, fue un héroe de guerra, voluntario de la Primera Guerra Mundial, que había luchado valientemente y perdido un brazo por culpa de una ametralladora alemana. Formó parte del gabinete de Léon Blum, fue director general de la comisión francesa de Bosques y Aguas tras la liberación, y pasó a ser después el director de la Asociación de Alimentación y Agricultura de las Naciones Unidas. En resumen: su nuevo suegro era un hombre al que podía admirar con entusiasmo, y el sentimiento era mutuo. Leloup se encargó personalmente de organizar la boda. Ella, quizá resentida por los años de preocupación y espera, no era precisamente una enamorada de España y, de 1963 en adelante, Jorge Semprún hizo de París su base de operaciones, por lo que el país vecino retrocedió a un segundo plano en su vida cotidiana.

En todos los ámbitos —personal, intelectual y profesional—, la vida de Semprún inició una particular «transición a la democracia». Empezó a sacudirse de encima las ideologías opresivas —el fascismo y el comunismo— que habían dominado su destino desde hacía casi treinta años. En 1962, renunció a sus vacaciones pagadas por el partido en el bloque del Este y optó en su lugar por pasar el verano en Capri, en casa de Mario Alicata, director de *L'Unità*.[9] Alicata era comunista pero era italiano y un hombre de letras. Los principales dirigentes comunistas de Italia, entre ellos Giancarlo Pajetta y Rossana Rossanda, eran políticos modernos que estaban conectados a la vida y a los acontecimientos contemporáneos. No estaban atrapados en un limbo post-1945, como Carrillo. En Italia, los recién casados pasaron tiempo con el escritor español Juan Goytisolo y con su futura mujer, la escritora y editora francesa Monique Lange. Estos nuevos amigos serían de gran ayuda para Jorge Semprún, y su amiga Florence Malraux, editora de cine, hija de André Malraux y mujer del director de cine Alain Resnais, terminaría siendo clave para su futuro.

Goytisolo, otro expatriado español que también se había instalado en París, era distinto a cualquier amigo anterior. Era un escritor serio y un inconformista en todos los sentidos. A pesar de su oposición al régimen franquista y de sus simpatías por el PCE, políticamente era heterodoxo. Su prioridad era la libertad y rechazaba las ideologías porque, para él, todas requerían el sacrificio de algún tipo de autonomía. Admiraba a Goytisolo y quizá sentía una ligera envidia de su independencia. Este, a su vez, se mostraba impresionado por Semprún, y acaso, con el paso del tiempo, ligeramente intimidado por su pujante estrellato. En otras palabras, cada uno estaba a la altura del otro, una amistad con un deje competitivo, fraternal. El ex agente secreto describió así su primer encuentro en 1961 en una terraza de la Castellana:

> [...] aquella vez comenzó a cristalizar entre nosotros esa extraña nebulosa de sentimientos que terminan constituyendo una amistad cuando se [...] penetra en otro territorio, más difícil de transitar, sin duda, pero lleno de sorpresas, de pasiones, de silencios y de gritos compartidos.[10]

Y Goytisolo cuenta:

> Aunque nadie me había informado de la identidad Semprún-Federico Sánchez, no tardé en atar cabos y adivinarla. Monique compartía mi fascinación por el personaje y su doble rostro de Jano: a diferencia de esos plúmbeos y apelmazados compatriotas del exilio, cuyo eterno discurso nostálgico sobre el país se convertía con los años en un viejo e insoportable disco rayado, Jorge era culto, seductor, desenvuelto y brillante, se movía en el medio intelectual francés como pez en el agua.[11]

Goytisolo y Lange vivían en la rue Poissonnière, y el matrimonio Semprún, Fernando Claudín —que seguía siendo, de momento, miembro del Comité Ejecutivo del PCE— y su mujer, Carmen, se reunían siempre allí. Los intereses intelectuales y personales de Semprún y Claudín habían superado los estrechos confines del PCE, y por fin podían intercambiar ideas libremente. Fue también en esta época cuando trabó amistad con Yves Montand y Simone Signoret; tanta que llegaría a llamar a Montand su «verdadero» hermano, y el sentimiento era mutuo. Ya se había distanciado de Carlos, y Montand mantenía una relación difícil con su propio hermano, Julien, por lo que ambos celebraron el hallazgo de un nuevo amigo del alma.

Aun siendo miembro del Comité Ejecutivo del PCE, Semprún empezó a establecer importantes vínculos personales y profesionales en los ambientes literarios y cinematográficos de París. Si consideráramos la situación en términos matrimoniales, es como si todavía estuviera legalmente casado con Carrillo, pero ya se había mudado a un piso propio para darse un tiempo. El divorcio no estaba muy lejos.

Gracias al estímulo de Monique Lange, Semprún había empezado a hacer circular su manuscrito de *El largo viaje*, y el editor que decidió publicarlo fue, curiosamente, el segundo marido de Loleh Bellon, Claude Roy, editor de Gallimard.[12] Los círculos de la intelectualidad parisina de principios de la década de 1960 eran bastante pequeños e incestuosos.

El largo viaje fue publicado en mayo de 1963. Claude Roy no solo dio luz verde a la publicación, sino que también se ocupó de hacerle una publicidad inmejorable. En su reseña para *Libération*,[13] Roy —haciendo el doble papel de editor y crítico— aclama a Semprún como «el Proust revolucionario»; él lo recordaría más tarde con gratitud: «Claude Roy, él fue quien descubrió *Le grand voyage*, fue gracias a él que me publicaron, que existo como escritor».[14]

La publicación del libro fue el debut del autor como el hombre de letras europeo comprometido del momento. En 1963 esta primera novela fue galardonada con el Premio Formentor, desbancando *La ciudad y los perros*, de Mario Vargas Llosa.

El Formentor era un premio importante en aquel momento y el jurado sabía que su decisión haría despegar la carrera del escritor. El editor español Carlos Barral habló del concurso y de la tensión entre los miembros del jurado de la siguiente manera:

> Hubo guerras, escaramuzas, tal vez no siempre limpias. En mayo del 63, en Corfú, en el primer exilio, eran candidatos principales al Premio Formentor la novela de Mario Vargas Llosa *La ciudad y los perros* [...] y la novela en lengua francesa de Jorge Semprún *Le grand voyage*... Vargas Llosa tenía en contra el hecho de que el año anterior se había llevado el premio un escritor en castellano, Juan García Hortelano, con *Tormenta de verano*... y quiérase o no, en este tipo de premios internacionales la rotación de lenguas y naciones es ley secreta, implícita, que generalmente se respeta... A favor de Vargas, estaba, en cambio, el hecho de que Semprún fuese de todos modos un escritor español, aunque su novela fuese francesa, y la evidencia de que el intento literario de Vargas Llosa era mucho más ambicioso. La opinión de los seis editores votantes estaba, al parecer, dividida y equilibrada. El español, el escandinavo y el inglés estaban por la novela de Vargas; el italiano y el norteamericano, además del francés, por la de Semprún. No hacía falta una sagacidad excepcional para comprender que el grupo parisino que aglutinaba Monique Lange estaba detrás de la candidatura del amigo Semprún.[15]

Juan Goytisolo también recuerda el entusiasmo de Monique Lange por el libro de Jorge Semprún: «Fuimos a veranear a Capri, Monique Lange y yo, y estaba Jorge (ya sabía que era Federico Sánchez) y nos conocimos entonces, nos vimos a menudo. Fue a raíz de esto que

Jorge habló de su manuscrito *Le grand voyage* y se lo pasó a Monique. A Monique le entusiasmó y fue ella quien lo propuso para el premio internacional de novela [...] me parece que se celebró en Corfú, que lo ganó Jorge con esta novela».[16]

Gracias al premio y la entusiasta recepción de la prensa, Semprún recibió ofertas editoriales excepcionales: *El largo viaje* fue traducido y publicado simultáneamente en catorce idiomas.

El gran secreto de la identidad de Federico Sánchez no era tan fácil de ocultar una vez que se había convertido en figura pública. El escritor Fernando Sánchez Dragó, que había sido reclutado por Federico Sánchez, se quedó de piedra al ver una fotografía de su antiguo gurú político en un periódico italiano. El pie de foto decía que se llamaba Jorge Semprún y que era novelista:

> Fue a comienzos de los sesenta —en el 63, me parece— cuando dejó de existir Federico Sánchez y salió a escena Jorge Semprún. Mi sorpresa fue morrocotuda. Estaba yo desayunando en el mostrador de un café de Padua. Desplegué *L'Unità*, leí en su primera página la noticia de que Carlos Barral, Gallimard, Einaudi y otros editores de prestigio habían concedido [...] el Premio Formentor a un tal Jorge Semprún, bajé los ojos, los posé sobre la foto que servía de soporte al titular y se me cayó la taza de café al suelo y el alma a los pies al comprobar que era Federico Sánchez, Agustín, mi amigo, mi enlace con el partido y mi superior en él, quien había conseguido ese premio con una novela titulada *El largo viaje*.[17]

El escritor se había distanciado ya de la dirección del PCE. Había tenido varias oportunidades de ver de cerca la Unión Soviética y no le había convencido. Los excesos de pompa y la decadencia que se daba entre los dirigentes mientras el proletariado pasaba frío y hambre, o perecía en un campo de trabajo, le producían rechazo. Cuenta con todo detalle un viaje en tren —un tren especial de la delegación rumana— que hizo con otros altos funcionarios de Praga a Bucarest:

> En dicho tren, protegidos por innumerables agentes de la seguridad del Estado, los miembros de la delegación oficial rumana que

> regresa de Berlín [...] con sus correspondientes ayudantes, secretarios, mayordomos e intérpretes, todo un séquito suntuoso y luego, en un vagón-salón del tren especial, Pasionaria [...] y a las horas del almuerzo y de la cena nos reuníamos todos en el amplio comedor del vagón-restaurante, brillando sus caobas y sus cobres y los camereros de guante blanco y mirada inexpresiva nos servían incontables platos, empezando por el caviar del Caspio, los arenques del Báltico, los entremeses de embutidos, las ensaladas picantes, y siguiendo por las sopas diversas y humeantes, los guisos de pescado y de carne, y terminando por los postres de repostería y los helados, acompañados por incontables copas de vodka, de vino blanco y tinto, de champán rosado del Cáucaso, de coñac de Armenia...[18]

Luego contaría que en los actos oficiales los encargados de la comida y los camareros siempre ponían cantidades exageradas de todo, no para lucirse, sino para poder llevarse después las sobras a casa y así poder alimentar a sus familias hambrientas.

También había leído *Un día en la vida de Iván Denísovich*, de Aleksandr Solzhenitsyn, y con ello había descubierto la brutalidad sistemática de los gulags. El impacto de este libro le llevó a cuestionar y revisar profundamente su pensamiento político. Sobre estos asuntos había mantenido intensas conversaciones con Fernando Claudín y Javier Pradera. Su decepción con la Unión Soviética se veía acentuada por la frustración que le causaba la lealtad retrógrada y fanática de Carrillo e Ibárruri hacia Moscú. Con el fracaso de la Huelga Nacional Pacífica de 1959, deberían haberse dado cuenta por fin de que no tenían contacto alguno con la realidad española. Tal como Semprún lo veía, basándose en sus años de experiencia en Madrid, la transición al posfranquismo solo podría darse bajo una hegemonía burguesa, no llegaría nunca provocada por un levantamiento popular. Lo mejor que podían esperar los españoles, algo que tampoco era tan malo —aunque requería una paciencia infinita—, era llegar a convertirse en una democracia europea como Italia o Francia.[19] Esta visión contradecía los rígidos ideales estalinistas del partido. Para los dirigentes del PCE, Semprún y Claudín eran «derechistas», «derrotistas», «antiestalinistas» y «socialdemócratas».[20] A finales de 1964, ambos mantuvieron fuertes discusiones con el resto de la dirección del PCE, y la situación se volvió aún más hostil en la reunión del Comité Ejecutivo que se celebró en un viejo castillo de Praga en abril de 1964. Semprún y Claudín fueron provisionalmente suspendidos de sus cargos en el comité.

En diciembre de 1964, Claudín presentó un informe al PCE, las famosas «Divergencias» donde expusieron sus diferencias con la línea del partido. En enero de 1965 fueron expulsados. Carrillo concluyó que «más vale equivocarse en el partido, dentro del partido, que tener razón fuera de él o contra él»,[21] e Ibárruri los despreció como «intelectuales con cabeza de chorlito».[22]

Carmen Claudín recuerda lo tremendo que fue descubrir y vivir la expulsión de su padre de pequeña. Para ella fue un consuelo que los dos hombres siguieran siendo amigos, cuando los lazos con el partido se rompieron:

> Mi padre y Jorge estuvieron casi todo el año 64 en discusión dentro del Partido Comunista, año en que tuvo lugar esta famosa reunión del buró político en el castillo de Praga, la que sale referida en muchas de sus novelas. Yo ignoraba todo esto, no sabía nada de esta situación, pero tanto mi padre como Jorge sabían perfectamente el *aboutissement*, sabían perfectamente que se les iba a expulsar. No era ninguna sorpresa para ellos, pero tenían claro que lo querían hacer igualmente, y además querían intentar, al menos, exponer sus posiciones. Las expusieron en un pequeño documento que titulado «El librito azul», debe de poder encontrarse en algún lugar. Ese es todo el análisis que ellos hacen para defender su posición.
>
> Yo ignoraba todo lo que estaba ocurriendo en el partido. Tampoco sabía muy bien, por otro lado, quién era mi padre en el partido. Para mí eran todos iguales: Carrillo, mi padre, los comunistas eran todos iguales, todos. El año 64 para mí fue un año totalmente *pivot*; fue el año que vine por primera vez a España. Descubrí España en verano, y esas Navidades yo seguía sin saber que mi padre había sido expulsado, pues mis padres debían de esperar algún momento más adecuado para explicárnoslo. Fue entonces cuando se produjo el incidente banal, que ahora te contaré.
>
> ¿Sabes cómo me enteré de la expulsión de mi padre? Esto es muy ilustrativo. Había un hombre del Partido Comunista que se llamaba Pepe y que venía prácticamente todos los días a casa, una casa a la que

no venía nadie más que gente «de confianza» (del partido). Pepe era un hombre que a mí, una niña tan pequeña, me parecía mayorcísimo. Tenía el pelo blanco, además, y *pépé* en francés es la palabra que usan los niños para «abuelito», así que este hombre que venía todos los días a casa, que parecía tan amigo de mi padre y siempre nos decía alguna cosa simpática, que nos daba besitos y caramelitos, y después se encerraba con papá, para luego salir y decirnos cuatro tonterías, era mi abuelo sustitutivo, el *pépé*. Y para mí era lo mismo que Semprún, que Carrillo, eran todos lo mismo.

Esas Navidades fui con mi madre a hacer unas compras al supermercado al lado de casa, en ese barrio que es la cuna, o la *banlieue* emblemática del comunismo francés, donde hacen la fiesta de *L'Humanité* y todo. Estábamos haciendo unas compras un poco especiales para la noche de Navidad, y de repente vi a Pepe, y sin que mi madre tuviera tiempo de decirme nada, me fui corriendo y me lancé a su cuello. Le adoraba, era mi *pépé*. Yo tenía trece o catorce años, él era un hombre grande, y me quedé así, colgada de su cuello, sin que mis pies tocaran el suelo. Me di cuenta de que él no reaccionaba, estaba como una estatua, petrificado totalmente, convertido en piedra. Ni me abrazaba, ni me sujetaba, ni me decía nada. Y me giré para ver a mi madre. Ella, con lágrimas que le corrían por la cara, me dijo: «Carmen, ven, ven». Pepe no se atrevió a darle un beso a una niña de trece años, no se atrevió.

A raíz de ese incidente, mi padre habló conmigo. Me acuerdo muy bien de que estábamos los dos sentados. Por cierto, hablando de Jorge, recuerdo que, cuando él me contó que todo este proceso de expulsión lo estaban llevando juntos, en mi fuero interno pensé: «Bien». Jorge era mi preferido, de lejos, de lejísimos. No te sabría decir por qué, pero en esa época toda su familia era un poco mi familia. Vivían en un piso que me fascinaba, que no era el típico piso de todos los españoles comunistas, de *banlieue française* (me los conocía de memoria todos, como el que sale en *La guerre est finie*, todos con la paloma de Picasso). He de decir que, en este sentido, mis padres siempre tuvieron una estética distinta, pero el piso en sí siempre era el mismo. El piso de Jorge en Saint-Germain-des-Prés era una maravilla. Recuerdo que pensé: «¡Bien!»; eso de que mi padre y Jorge siguieran juntos era algo importante para mí.[23]

La expulsión fue dura para ambos. Los dos eran revolucionarios profesionales y, sin su trabajo, Claudín no tendría ni papeles, ni dinero, ni casa ni ingresos. Fue difamado por el partido y presionado, intimidado incluso, para que aceptara una «oferta generosa» de traslado permanente al Este y perderse en el anonimato.[24]

La nueva realidad económica de los Claudín les hacía la vida imposible, pero contaron con la ayuda del matrimonio Semprún para salir adelante:

> Cuando expulsaron a mi padre ya no había ese sueldo de permanente del partido. Todo el apoyo logístico del partido desaparece, todos los comunistas españoles a tu alrededor te hacen un vacío total, incluyendo a las hijas. Mi hermana tendría diez años en esa época, y mis padres vivieron durante meses en la angustia y la convicción de que nos iban a sacar del piso. Y finalmente mi padre fue a hablar con un responsable del Partido Comunista de allí, del barrio, para pedirle que nos avisaran por lo menos con un mes de antelación para que pudiéramos buscar algo. No le dijo ni que sí ni que no, pero al final nos quedamos en ese piso. Yo creo que Carrillo debió de dar instrucciones para que nos dejaran en paz. Pero todo lo demás se acabó, y no había dinero para vivir.
>
> Durante un tiempo vivimos de la ayuda de los hermanos de mi padre, de un amigo suyo y de gente como Jorge, que nos ayudaba, nos llevaba de vacaciones. La verdad es que fue, para mi madre en particular, durísimo, durísimo. Aún no se ha repuesto de todo esto y tiene ya noventa años. Entonces, gracias a uno de los tres comunistas que siguieron hablando con mis padres, que no cortaron la relación con ellos, mi madre encontró un trabajo como profesora en una escuela privada; en la pública no podía trabajar porque no era francesa, pero daba clases de matemáticas, ruso, castellano. Y pasamos a vivir de este sueldo de mi madre. Mi padre pasó de estar siempre fuera, haciendo la revolución, a estar siempre en casa, y mi madre, que había estado siempre en casa, estaba ahora siempre fuera dando clases y volviendo tarde por la noche. Vivimos en economía de guerra, de verdad, y sobrevivimos gracias a la ayuda de gente como Jorge y Colette.[25]

La situación de Semprún fue totalmente distinta: residía legalmente en Francia, tenía un piso muy bonito con Colette y una prometedora carrera literaria. Aun así, ser expulsado del PCE le enfureció y le dolió profundamente. En 1977, doce años después de que ocurrieran los hechos, publicó su *Autobiografía de Federico Sánchez*, donde relata sus años de clandestinidad y su expulsión del partido. Es un gran ejemplo literario de la venganza servida en frío o, al menos, semifrío. La narración está alimentada por un *staccato* de ira intensa que brota de casi todas las páginas.

El año 1966 fue histórico en su vida. Su amiga Florence Malraux había hecho llegar al cineasta Alain Resnais un ejemplar de *El largo viaje*.[26] Resnais, que había dirigido las películas *Noche y niebla*, un corto sobre los campos nazis, *Hiroshima, mon amour* y *El año pasado en Marienbad*, quedó fascinado. Además de compartir su interés artístico e histórico por los campos, ambos se sentían atraídos por las narrativas experimentales y el tema de la memoria. Resnais le pidió que escribiera un guion sobre su trabajo clandestino en España y el resultado fue *La guerra ha terminado*. Yves Montand hizo el papel de Diego, el *alter ego* de Jorge Semprún en la ficción, y la película obtuvo varios premios.

De repente, con cuarenta y cuatro años, el excomunista se había convertido en un premiado novelista y guionista. *La guerra ha terminado* fue candidata al Oscar al mejor guion original en 1968, y su siguiente guion, el de la película *Z*, de 1970, que escribió con Costa-Gavras, quien la dirigió, fue candidata al Oscar al mejor guion «basado en material de otro medio». Semprún no se llevó ningún Oscar a casa, pero las nominaciones constituían ya un gran honor internacional, y *Z* obtuvo dos Oscar en otras categorías: mejor película extranjera y mejor montaje. También fue la primera película en la historia de Hollywood en ser candidata a las dos categorías de mejor película y mejor película extranjera.

En 1966 falleció en Roma José María Semprún Gurrea. Tenía setenta y cinco años y había vivido exiliado treinta de ellos, desde 1936, el año en que estalló la Guerra Civil. El escritor no había pasado mucho tiempo con él en las dos últimas décadas de su vida. Semprún padre y su esposa, Annette, habían encontrado un refugio acogedor en la capital italiana. Tuvo un funeral religioso con toda la pompa y circunstancia católica que hubiera deseado. Carlos Semprún cuenta que, excepto el autor, todos los hermanos se reunieron en torno al lecho de muerte de su padre: «Jorge no estaba, estaba en un festival de cine, en Karlovy Vary, creo».[27]

Las tensas relaciones padre-hijo se habían vuelto una tradición familiar. Su vástago, Jaime, cumplió veintiún años en 1968. Aunque en 1963 le había dedicado *El largo viaje* («A Jaime, porque tiene dieciséis años»), su relación estaba en declive y no tardarían en romper todos los lazos. Jorge Semprún no volvería a mencionar a su hijo en público, ni a dedicarle más libros. Según personas cercanas a Jaime, fue decisión suya no volver a hablarle a su padre.

Jaime Semprún era un chico deslumbrante, inteligente y excepcionalmente guapo, e igual que su padre, estaba implicado en el mundo del cine. Era buen amigo de Philippe Garrel, un renombrado actor y director francés. Hizo un papel en una de las películas de Garrel, *Le lit de la vierge*, que se filmó en Marruecos, y rodó también dos películas propias: el corto de título sugerente *Le meurtre du père* y el largometraje *La sainte famille*, ambos de 1968. También fue un pensador radical, discípulo de Guy Debord, muy influenciado por el movimiento situacionista. Por aquella época apareció un breve artículo sobre él en *Le Nouvel Observateur* titulado «Le repas le plus long»:

> Jaime Semprún, hijo de Loleh Bellon y de Jorge Semprún, es un guapo joven de veinte años que no tiene gran cosa aparte del bachillerato (él mismo lo dice) más que un cortometraje en color para televisión, *Le meurtre du père*, que narra la historia de un joven que desea a toda costa matar a su padre y que, finalmente, no lo hace. Según Jaime Semprún, esta película es enteramente autobiográfica. Como a pesar de todo tiene sentido de la familia, le pidió a Maurice Garrel y a su hijo Philippe que interpretaran respectivamente los papeles de padre y de hijo. Jaime Semprún posee aún hoy ese sentido de la familia: ha bautizado su primer largometraje *La sainte famille*... La historia, bastante desconcertante, es la de un almuerzo (de familia, se entiende), que se prolonga desde 1870 hasta nuestros días... A medida que «la historia» se acelera, dice Jaime Semprún, la estructura familiar se descompone [...] Se grita «A Cuba» [...] Se firman peticiones por la libertad de escritores griegos y rusos, y se oyen fragmentos de frases como «No solo está en prisión, sino que además es un gran poeta».[28]

Jaime Semprún cuestionaba todos los valores estimados por las generaciones de pre- y posguerra: la familia, la Iglesia católica y la «gran» literatura. Su irreverente farsa sobre la religión y la institución de la comida familiar, y sus ideales antiestablishment, evocan la visión subversiva y el cine experimental de Luis Buñuel.

Mantuvo una relación estrecha con su tío Carlos, e incluso escribieron juntos un libro, *Revolución y contrarrevolución en Cataluña*. El escritor excomunista se había ido distanciando de su hermano menor desde que este abandonó el Partido Comunista de España en 1956. Con el tiempo, también la enemistad con él acabaría siendo total y permanente.

La ruptura con su hijo constituye un capítulo oscuro en su vida. Jaime Semprún se parecía mucho a su padre en varios aspectos: era carismático e inteligente y estaba políticamente comprometido. Él tampoco había tenido una infancia estable, y también había sido hijastro por dos partes: Claude Roy era su padrastro y Colette Leloup, su madrastra. Sin embargo, había muchas diferencias entre ellos. Jorge Semprún había nacido en Madrid en una gran familia burguesa conservadora y católica. Durante su adolescencia había vivido el principio de la Guerra Civil, el exilio, la Segunda Guerra Mundial y Buchenwald. Había sido militante comunista durante muchos años. En cambio, Jaime era hijo único, parisino de pura cepa; su madre era una actriz conocida y su padrastro, Roy, poeta y editor de Gallimard. Alcanzó la mayoría de edad en el apogeo de Mayo del 68, y le iba perfectamente el fervor creativo antiburgués de la época. Con su pelo largo, su sonrisa arrolladora y sus amigos artistas radicales, estaba lejísimos de la ideología y de la cultura de su padre. Y no fue un rebelde sin causa: tradujo, editó y publicó buena parte de la obra de George Orwell en Francia, y escribió varios ensayos políticos sobre Portugal y España. Se sentía conectado con sus raíces medio españolas y preocupado por la evolución política del país, y hasta pensó en comprar una casa en La Fresneda, un pueblo de Aragón.[29] Pero consideraba que la transición española a la democracia era una estafa y un triunfo del capitalismo burgués. No creía en ningún sistema político, desconfiaba del pasado de su padre como líder comunista y no creía que fuera posible ser excomunista. Como se decía en París: «Estalinista un día, estalinista siempre».[30]

Uno de los guiones de Jorge Semprún, el de la película *Las rutas del sur*, de 1978 (dirigida por Joseph Losey), aborda esta relación paternofilial. Era una especie de continuación de *La guerra ha terminado*. El protagonista se llama Jean Larrea (Yves Montand), un juego con el nombre de Juan Larrea, uno de sus sobrenombres en la clandestinidad. En la película, Jean (que tiene aproximadamente la misma edad que el escritor, unos cincuenta y cinco años) tiene un hijo, Laurent, de la misma edad que Jaime Semprún. En una de las escenas culminantes, padre e hijo mantienen una violenta discusión. El hijo le pregunta a su padre por qué se ha quedado atrapado en el pasado y le dice que debería haber organizado el asesinato de Franco en lugar de perder «veinte años» haciendo un trabajo clandestino infructuoso. El padre trata de explicarle su punto de vista y la razón por la que el comunismo era tan importante para él. Dice que la sangre derramada por los republicanos españoles le persiguió en sueños durante cuarenta años, y afirma que el hijo no sabe nada sobre España. Este sentimiento es un *leitmotiv* en la obra de Jorge Semprún, que, a través del personaje de Diego en *La guerra ha terminado*, les dice lo mismo a algunas amistades bienintencionadas de París: «¡No sabéis nada de España!». Los franceses, por muy vecinos que sean, no entienden la realidad española, piensan que es un país de clichés folclóricos. Jaime Semprún, a diferencia de su padre, era francés. Entre ellos se manifestaba tanto la diferencia de edad como una enorme brecha cultural.

En *Las rutas del sur* no hay esperanza para la relación padre-hijo. Laurent/Jaime le dice a su padre que está cansado de oír siempre la misma historia y las mismas batallitas del pasado. Defiende que los únicos sueños que cuentan son los del futuro. Jean le contesta que nadie puede entender el futuro sin conocer el pasado, manda a su hijo a paseo, se sube al coche y cierra la puerta de un portazo. Esta película es la única reflexión artística sobre ese distanciamiento real. El autor veterano era incapaz de aceptar que, pocos años después de haber sido aclamado como el «Proust revolucionario», su propio hijo lo viera como un estalinista carroza, impotente y atrapado en el pasado. Las revueltas culturales de mediados y finales de la década de 1960 habían abierto una brecha entre la nueva y la vieja generación, y París fue el epicentro occidental de ese terremoto. En un abrir y cerrar de ojos, Semprún había pasado de tenerlo todo —credibilidad política, una vida cómoda, amigos famosos— a ser desplazado por la cultura juvenil radical. Era un antiguo miembro de la Resistencia, superviviente de un campo de concentración nazi y agente antifranquista clandestino retirado. Estas hazañas ya no impresionaban a la generación de su hijo. Es fácil imaginar la tensión entre ambos: él, de repente, convertido en un escritor y guionista famosísimo, su hogar con Colette y su adorable hija Dominique, y Jaime, el hijo de otro matrimonio que le echaba todo en cara. Jorge Semprún era escritor, un intelectual comprometido, pero desde su ruptura con el PCE, Colette y él llevaban un estilo de vida decididamente burgués y cosmopolita. De hecho, por primera vez desde 1936, volvía a vivir un poco como un «alto burgués», como él se denominaba. Desde la guerra solo había podido vislumbrar brevemente el lujo y el confort durante la época en la que estuvo bajo la tutela de Édouard-Auguste Frick, a finales de la década de 1930, pero esta había terminado bruscamente y fue seguida por su participación en la resistencia, Buchenwald y su vida como comunista. A estas alturas, no estaba dispuesto a sacrificar su imagen, su estabilidad ni su *lifestyle* a causa de los caprichos de su melenudo, apasionado e impetuoso hijo adolescente. [31]

Desde el punto de vista del joven, las contradicciones de la *gauche caviar* no eran admisibles. Se trataba de un clásico choque cultural generacional que se manifestaba con el sesgo específico de los sesentayochistas, con su violento rechazo de los valores e ideologías existentes. Las tensiones que dominaron la relación entre padre e hijo son similares a las que había vivido el ya famoso autor con su propio padre. Cuando se unió a la Resistencia, José María Semprún se había mostrado horrorizado y asustado —en parte, por su propia seguridad—. Él también había rechazado tener un papel activo como padre y decidió invertir su tiempo casi exclusivamente en su nueva esposa. El entonces joven militante se sintió decepcionado por su padre, al que veía como alguien anticuado e incapaz, y esta dinámica se reprodujo —con sus propias peculiaridades— en la relación con su hijo.

A medida que se desintegraban estas relaciones familiares, Yves Montand se fue convirtiendo en la figura masculina más importante de su vida. Llevó a la gran pantalla a todos los protagonistas creados por su amigo escritor: además de *Las rutas del sur* y *La guerra ha terminado*, también hicieron *Z* y *La confesión* (de 1970 e igualmente dirigida por Costa-Gavras). *La confesión* estaba basada en el libro homónimo autobiográfico de Artur London sobre los juicios de Praga. Yves Montand y Costa-Gavras sustituyeron a Carrillo y a Claudín como nuevos ejes en la vida de Semprún. Los tres eran mediterráneos, franceses de adopción, apasionadamente creativos y políticamente comprometidos. Formaron un equipo de cine de renombre internacional que ocupó unos pocos años de su vida, desde 1968 hasta 1970. Durante esta época, pasaban los fines de semana en la lujosa casa de campo de Montand en Autheuil, y fue en este ambiente glamuroso y relajado donde Costa-Gavras le propuso que trabajara en la adaptación de *Z*, la novela de Vassilis Vassilikos, en un guion cinematográfico. La película cuenta la historia de Grigoris Lambrakis, pacifista, antifascista y diputado griego, que fue asesinado por miembros de la extrema derecha en 1963. Jorge aceptó entusiasmado, pues ya conocía la historia de Lambrakis y se identificaba con la lucha griega contra las dictaduras militares.[32]

Costa-Gavras recuerda la importancia que tuvieron la amistad y la colaboración con Semprún y Montand, primero en la época de la película *Z*:

> ¡Éramos «los mediterráneos»! Simone Signoret decía: «Jorge es el español, Montand el italiano y Costa el griego», así que cubríamos casi todo el Mediterráneo. Un día le dije que quería hacer la película *Z*, y le pregunté: «¿Conoces la historia de Lambrakis?».[33] Y me dijo: «Conozco muy bien la historia de Lambrakis». En París nadie sabía nada. Era una historia profundamente política, profundamente conectada a Grecia, que vivía un período de cambio; con la guerra civil griega, de la que habíamos hablado, algo que para Jorge era el análogo a la Guerra Civil española... Le dije que quería hacer la película y le pedí que colaborara, aunque apenas había dinero para el proyecto. Me dijo: «Cuando quieras. Ahora mismo...». Jorge estaba muy solicitado en esa época, así que en París no podíamos trabajar tranquilos. Lo mejor, le dije, para escribir la película rápidamente, era irnos a una casa de algún amigo en el campo; pero yo no tenía amigos que tuvieran casa

> de campo, salvo los Montand, y allí no nos podíamos aislar porque ellos iban a menudo [...] Al final, encontramos una casa de unos amigos de Jorge, médicos creo, a unos sesenta kilómetros de París. Nos pusimos a trabajar allí y estuvimos más de un mes, todos los días. Solo parábamos para comer; a veces cocinábamos nosotros, a veces íbamos a un pequeño restaurante que estaba al lado... A veces jugábamos al *pinball*. Se me daba muy bien. Nuestras mujeres vinieron a vernos un par de veces, y ni queríamos que estuvieran porque nos interrumpían. Y así fue que en cinco semanas, a una velocidad impresionante, escribimos el guion de *Z*... Discutimos mucho, pero Jorge vio enseguida lo que ya había aprendido con *La guerre est finie*: que una imagen puede sustituir a muchas palabras y descripciones. [...] En fin, fue un trabajo serio. De hecho, el guion tenía doscientas páginas, y eso asustó un poco a la gente.[34]

Después de *Z*, Costa-Gavras habló de la siguiente colaboración con Semprún, *La confesión*:

> Yo había leído el libro de Artur London, y le pedí a Jorge que escribiera el guion. Le dije: «¿Tú crees que todo esto es verdad?». Y me contestó: «¡Claro que es verdad!». Jorge había conocido, en el campo de concentración, a Josef Frank, uno de los acusados que fue ejecutado. Me decía que habían acusado a Frank de ser de la CIA, pero que él sabía que eso era imposible... Le dije que Montand debía hacer el papel. A Montand, naturalmente, le interesaba la historia por razones personales. Estaba ligado al Partido Comunista, sin llegar nunca a militar, aunque su hermano fue dirigente... Jorge y yo nos pusimos a trabajar, y como ya teníamos la experiencia de *Z* esta vez fue más fácil, se conocía el tema a fondo. [...] La idea era enseñar el reflejo que impulsa a que alguien se autoacuse por salvar el partido. Jorge conocía muy bien estos reflejos, o mecanismos psicológicos, porque intentaron someterle a lo mismo en un momento dado, y no se dejó. Prefería abandonar el partido, como prefirió más tarde, que fue de una gran honestidad por su parte, abandonar el Gobierno de Felipe González... [Después de *La confesión*] siempre dijimos que teníamos que volver a trabajar juntos... Por fin hicimos *Section spéciale* (1975) [...] luego pasó el tiempo, él se hizo ministro (1988). Yo quería haber hecho *Missing* (1982) con él, tendríamos que haberla hecho juntos, pero

> Jorge ya había empezado a relacionarse mucho con Felipe... Su relación con Felipe fue intensa, y ya no podía dedicarse a otros temas; incluso, en un momento dado, le dije: «Oye, igual podemos rodar *Missing* en Barcelona». Y me dijo que lo hablara con Felipe Gónzalez, y fui a verlo. Estuvimos a punto de hacerlo, yo creía que podíamos rodar en Barcelona y hacer parecer que era Chile [...] En fin, él estaba muy consagrado ya a Felipe, porque ya veía lo que este llegaría a ser, y que el PSOE era el camino. Lo entendí más tarde [...] Para él España siempre fue lo más importante. Siempre España... Muy poco antes de su muerte volvimos a la idea de hacer un proyecto nuevo; habíamos pensado hacer la película de *L'espoir* de Malraux... pero al poco tiempo acabó hospitalizado.[35]

Aunque Semprún se distanciara algo de Costa-Gavras en los años ochenta y noventa, Montand siguió siendo un amigo muy cercano durante casi treinta años, desde 1963 hasta su muerte en 1991. El español conoció a Yves Montand en 1963, gracias a la hija de Colette, Dominique Martinet, que asistía a la École Alsacienne de París con la hija de Simone Signoret, Catherine Allégret.

El primer encuentro entre Montand y Semprún fue todo un flechazo, como cuenta el propio actor y cantante:

> Lo nuestro fue casi amor a primera vista. Nos conocimos en la Colombe d'Or. Estaba en nuestra mesa, con Simone y su esposa, Colette, Jorge sentado en mi silla contra la pared. Entré y pensé: «¿Quién es este tipo que ha ocupado mi sitio?». Le lancé una mirada asesina. Simone nos presentó. Durante media hora fui seco con él y luego nos dimos cuenta de que teníamos una cantidad increíble de cosas en común. Fue una historia de amor. Jorge era un hombre al que amaba de la forma en que amas a una mujer. Lo quiero de verdad —sin la menor ambigüedad— y él también me quería, a pesar de que en el fondo era más reservado que yo y mostraba menos sus sentimientos.[36]

Semprún incluso escribió un libro sobre su amigo en 1983, *Montand, la vida continúa*.[37] Es más carta de amor que biografía que habla de ambos. La razón de ser del libro fue una gira mundial de espectacular éxito que hizo Montand en 1981. Actuó ante estadios llenos en Brasil y en la Metropolitan Opera de Nueva York, entre otras paradas. Jorge Semprún lo acompañó y en el libro relata los momentos más destacados de la gira, rinde homenaje a la carrera meteórica de Montand y comparte recuerdos de su amistad. También aprovecha la oportunidad para pasar revista a algunos de los episodios más destacados de su propia vida, completamente ajenos a Montand. Entre ellos, el día en que François Mitterrand le invitó a almorzar en el Elíseo. Este tipo de digresión es típica en su escritura: en sus apartes se lanza a contar anécdotas donde siempre aparece mencionado alguien de prestigio, y que, al mismo tiempo, sirven como trampolín hacia su pasado militante, en Buchenwald o en España, rebosantes de percepciones y reflexiones fascinantes. Son una especie de miniautobiografías bonsái que aparecen en libros aparentemente no autobiográficos. En el caso de la anécdota del Elíseo que aparece en el libro sobre Montand, el asunto de la invitación se menciona como sin darle importancia, pero para el autor fue claramente una ocasión trascendental y dedica un párrafo entero a describir lo puntualmente que llegó a la cita. Su puntualidad no se debió —dice— a su entusiasmo por ir al Elíseo, sino a la disciplina que le inculcaron sus años en la clandestinidad. Este hilo doble organizador, de glamour y compromiso político, vertebra su vida y gran parte de su obra.

Montand y Semprún, efectivamente, tenían mucho en común —incluidas sus respectivas relaciones difíciles con sus hermanos— y también eran muy distintos. Se complementaban como el yin y el yang. El escritor tenía una formación muy buena y había nacido entre lujos, mientras que el cantante había empezado como un verdadero pícaro, con ingenio pero sin educación. Semprún podía mostrarse reservado y distante en sociedad, mientras que Montand podía hechizar a cualquiera con solo pronunciar «bonjour» con su famosa voz seductora. Pero este siempre había tenido ganas de aprender sobre política e ideas. En su amigo del alma encontró al profesor ideal.[38]

Desde principios de la década de 1960, Semprún fue un torbellino imparable de creatividad. Sus múltiples papeles como guionista, novelista, escritor de memorias e intelectual público alcanzaron su cima en las décadas de 1960 y 1970. También constituye una verdadera hazaña que lograra este gran éxito expresándose en un idioma que no era su lengua materna. A pesar de que con trece años se había visto obligado a aprender rápidamente a hablar bien francés, es sorprendente que pudiera llegar a ser un escritor tan admirado en su tercera lengua. Según él, se obligó a dominar el francés para sobrevivir, así como Antonio Maura se había obligado a perfeccionar el castellano. El niño que salía al exilio se dio cuenta nada más llegar a Francia de que, si no aprendía perfectamente la lengua, su vida iba a ser una humillación tras otra y sería rechazado por los franceses. Como cuenta en *Adieu, vive clarté*, con una experiencia le bastó para entenderlo: había entrado en una pastelería de París para comprarse un *croissant*. La mujer que le atendía hizo como que no le entendía, y aunque él repitió varias veces la palabra «croissant», seguía sin hacerle caso. Al final, la panadera se hartó y comentó entre los demás clientes que los extranjeros eran insoportables, sobre todo los «rojos» españoles que les habían invadido y ni siquiera hablaban francés. Desde luego que no deseaba que le atacaran por su nacionalidad, su identidad política y su lengua cada vez que quería comprarse un bollo.

Había pocos ejemplos a seguir de escritores que habían llegado a ser autores consagrados en una lengua adquirida después de la infancia. Hay excepciones, como Joseph Conrad, que dominó el inglés en la veintena, y el irlandés Samuel Beckett, que escribía en francés; Vladimir Nabokov, que escribía en inglés, o la danesa Isak Dinesen, que publicaba en inglés y francés. Además de escribir en una lengua extranjera, Jorge Semprún tuvo que hacer frente —como muchos escritores españoles exiliados— al obstáculo añadido de la censura vigente en España. Sus libros no fueron traducidos y publicados en su propio país hasta después de la muerte de Franco.

Al leer la obra de Jorge Semprún y escuchar sus entrevistas, está claro que tenía un don para el francés. Su dominio de esta lengua se enriqueció enormemente gracias a su pasión por la literatura francesa. Además de Malraux y Baudelaire, Queneau, Guilloux, Valéry y Stendhal son algunos de los muchos autores que citaba entre sus favoritos.[39]

En 1972 dirigió su primera película, el documental *Las dos memorias*, rodado durante el crepúsculo del régimen de Franco. Es un retrato fascinante de distintos españoles pertenecientes a todo el espectro político, y de sus puntos de vista sobre la Guerra Civil. El reparto cuenta con un elenco estelar, entre ellos: Juan Goytisolo, Fernando Claudín, su hija Carmen Claudín, Dionisio Ridruejo y Santiago Carrillo. La película está dividida en cinco partes, cada una de las cuales se centra en algún episodio fundamental de la República o la Guerra Civil española. Las secuencias, fieles al estilo sempruniano, no son cronológicas. Arranca en febrero de 1939 con el éxodo republicano cruzando la frontera hacia Francia, luego salta hasta julio de 1936 con un segmento titulado «Guerra y revolución en España»; la siguiente sección da otro salto atrás hasta la «República burguesa» y los orígenes de la Guerra Civil; el penúltimo tema trata de la ayuda soviética a la República española, y la película concluye explorando el final de la guerra en marzo de 1939. La mayoría de los entrevistados son partidarios de la República, pero sus perspectivas no son de ningún modo homogéneas. Semprún eligió el título para sugerir que «siempre hay dos memorias para el mismo acontecimiento, incluso dentro del campo republicano».[40]

Casi toda la película se rodó en el Château de Roche, propiedad del estadounidense Herbert Southworth, historiador, coleccionista de libros y antifranquista. De hecho, se suponía que la película era una colaboración entre Southworth y Semprún. Sin embargo, como cuenta uno de los entrevistados, el historiador Gabriel Jackson, el escritor tomó las riendas inmediatamente y no las soltó. Realizó las entrevistas y dirigió la cámara. El relato de Jackson da una idea de la tensa atmósfera que se respiraba en el rodaje y de la frustración de Southworth:

> Lo que recuerdo con claridad son las circunstancias del rodaje. Herbert Southworth me había telegrafiado desde Francia, a la Universidad de California en San Diego (UCSD), para que cogiera el primer avión disponible. Me dijo que Semprún y su mujer estaban a punto de llegar a la casa de Southworth (en ese momento un castillo destartalado en el centro de Francia) y que Semprún y él estaban haciendo una película, que describió como una colaboración entre los dos. Estaba claro que para Herbert esto representaba la opor-

> tunidad de dar a conocer su trabajo a un público más amplio. Puesto que el rectorado de la UCSD no había oído hablar ni de Semprún ni de Southworth, tuve que emplear todos mis poderes de persuasión para obtener permiso para ir a un castillo perdido en Francia (¡ni siquiera a París o a una institución francesa importante!) durante una semana en pleno semestre de primavera. El avión aterrizó a media mañana después de una noche, que pasé prácticamente sin dormir, cruzando el continente y el Atlántico. El taxista no sabía dónde vivía Southworth y me dejó en el centro del pueblo, y cuando estaba preguntando en una tienda si conocían a Southworth, apareció por la calle. En el castillo me presentaron a Semprún y después me mandaron a dormir unas horas en un dormitorio en una de las torres del castillo. A media tarde tomamos un almuerzo suntuoso, con un hermoso pescado de color rojo que, según decían, es el orgullo del lugar. Después vino la sesión de rodaje, de la que guardo sentimientos personales ambivalentes. Por un lado, estaba favorablemente impresionado por todo el proyecto y por la personalidad de Semprún, pero por otro me daba cuenta de que Herbert se sentía «apartado» por el control total de Semprún y su actitud más bien desdeñosa hacia Herbert.

Se ve que Semprún había abandonado el PCE, pero no su condición de líder. El proyecto de *Las dos memorias* implicó a muchos de sus amigos y familiares: Colette, Dominique y el cineasta Chris Marker montaron la película; el hermano menor, Paco Semprún, compuso la música. Es una película fascinante que merece la pena ver. También demuestra que, al menos en 1972, Jorge Semprún y Santiago Carrillo, a pesar de todo, todavía se hablaban.

Hasta hace muy poco, ha sido casi imposible ver o conseguir una copia de *Las dos memorias*, pero después de la muerte del autor se ha restaurado y proyectado en París, Barcelona y Madrid. Carmen Claudín dice que volver a verla ha sido todo un descubrimiento:

> Yo no la había vuelto a ver desde que se estrenó. Y salen mi padre, Carrillo, Jorge... Me interesó más ahora que antes. Más que «dos memorias», es una, la de los vencidos. Una reflexión que he hecho ahora al verla es que fue muy difícil hablar con los vencedores, por lo menos con los que de verdad eran representativos del sistema. Hay un

obispo facha que sale, el único que habla mucho tiempo: es Dionisio Ridruejo, y lo que dice es apasionante, pero claro, él ya no es un hombre del sistema. Hasta entonces no se había dado voz a los vencidos, por lo menos no de una forma sistemática. Pero un documental donde se pregunte a todos los vencidos, no solo a los comunistas, sino a los anarquistas, trotskistas, republicanos no de izquierdas, a todos los antifranquistas, un documental que se interese por su punto de vista y sus recuerdos no se había hecho. Y en ese sentido es un documento único... La película se presentó en Francia en un circuito comercial. Es todo menos comercial. Es un tema que en Francia es para eruditos o para un público español. En su momento, en España no tuvo ninguna repercusión, porque en esa época había temas más candentes, como la consolidación de la democracia y el tema del consenso, en relación con la memoria, en no ahondar. Y esta película, sin quererlo, porque Jorge en esos momentos estaba totalmente de acuerdo con eso, esa película no entraba en este *mainstream*. No fue nada deliberado, fue sencillamente que no llegó... *Les deux mémoires* es una película árida, hay que estar muy conectado a nuestra historia para querer verla, aunque la gente joven de hoy que fue a verla quedó impresionada.[41]

Jorge Semprún tenía ganas de poder volver a España cuando quisiera, pero cuando solicitó el pasaporte español por primera vez, en 1967, le fue denegado. Le había pedido a Luis Miguel Dominguín que abogara por él. Dominguín fue un amigo importante para él y otros comunistas y excomunistas, aunque era más bien apolítico. Juan Goytisolo cuenta una anécdota graciosa del torero en una cena en Rusia:

Fue un viaje muy curioso, mientras estábamos en el hotel Astoria en Leningrado —así se llamaba en la época— estaban allí Sartre y Simone de Beauvoir, y mientras estábamos almorzando llegó Luis Miguel. Presenté a Luis Miguel a Sartre y a Simone, era muy divertido, y luego hubo una cena en la que estaba Luis Miguel y había una traductora del ruso al español [...] le hizo una pregunta a Luis Miguel: «¿Cómo vive el pobre pueblo español sometido a la tiranía de Francisco Franco?», así como una cosa... Entonces él dijo: «La mar de bien». «¿Cómo que la mar de bien?». «Sí, sí, muy bien». «Pero

¿cómo piensa usted?». «¿Aquí quién manda en la Unión Soviética?». «El Partido Comunista». «Pues si yo estuviera en Rusia estaría con el Partido Comunista, pero como en España está Franco pues estoy con Franco». Entonces ella dijo: «Pero esto es muy cínico». «Exactamente, muy cínico». Le estaba tomando el pelo, era un hombre muy divertido, Luis Miguel.[42]

A pesar del poder de Dominguín y de sus buenas relaciones con el régimen, según la respuesta del ministro de Gobernación, Camilo Alonso Vega, Semprún era *persona non grata*. Curiosamente, aunque el informe de la Dirección General de Seguridad indica que están al tanto de su doble identidad como Federico Sánchez, la DGS parecía más preocupada por las actividades del exmilitante en el extranjero que en España. Alonso Vega le escribe a Dominguín: «Siento mucho no poder darte buenas noticias sobre el caso, ya que por su comportamiento durante los últimos veinticinco años, y especialmente por sus actividades en el extranjero, es posible que se le plantee una querella por la Autoridad Judicial».[43] Alonso Vega también le manda un informe sobre Semprún, tan pueril y lleno de errores que lo reproduce al completo en la *Autobiografía de Federico Sánchez*. El informe critica duramente su obra, sobre todo *La guerra ha terminado* (aunque nadie parecía haberla visto): «Según referencias al argumento de esta película alude al exiliado que se ve obligado a volver a España, pero no para ver a su madre anciana, sino para combatir al frente de un grupo de guerrilleros del que es jefe y que se ve amenazado de aniquilamiento por la "policía fascista"».[44] También apunta que «con el seudónimo Federico Sánchez, Jorge Semprún Maura fue elegido miembro del Comité Central del Partido Comunista de España en el V Congreso verificado en Praga en 1954».[45]

¿Desde cuándo sabía la DGS que Federico Sánchez era Jorge Semprún? ¿Por qué no habla el informe de las actividades de Federico Sánchez en la universidad y con los intelectuales y artistas españoles? ¿Qué grado de despiste tenían? A pesar de mencionar una «posible querella», no parecen tener muchas ganas de perseguirle; tampoco le dice Alonso Vega a Dominguín: «¡Por fin nos has llevado directamente al hombre más buscado, Federico Sánchez!». Es verdad que Semprún ya no era del partido en 1967, pero tampoco había pasado tanto tiempo desde su época clandestina.

La indiferencia de la DGS respecto a este caso es curiosa. No le querían dar un pasaporte español inmediatamente —se lo darían dos años después—, pero tampoco iban a por él. Cuando finalmente obtuvo el pasaporte, en 1969, quedó un poco decepcionado. Recuperar su condición legal de español estando Franco todavía en el poder parecía un signo de fracaso. Estaba clarísimo que Federico Sánchez, el enemigo público número uno de la España franquista, había quedado desgarrado. ¿Qué más daba que la identidad de Federico Sánchez se conociera o que fuera un Semprún Maura? Una anécdota de la época cuenta que una señora de la alta burguesía le comentó a una amiga que se había descubierto que el famoso líder clandestino del PCE era un Semprún Maura, y su amiga replicó: «Si al final son los mismos apellidos en todas partes».[46] La misión revolucionaria de Semprún estaba caduca y la dictadura seguía en pie. Le resultaba todo anticlimático:

> Pues bien, sanseacabó. Ya solo era un turista más, un viajero más, un español residente en el extranjero que volvía a respirar los aires de la patria, algo así como un viejo indiano. Cosa de muy poco alcance y de dudosa importancia en realidad. Ya no era más que un escritor francés de origen español. Como para llorar, vamos.[47]

Pero no tuvo mucho tiempo para llorar por el pasado, porque se había adaptado rápidamente a su nuevo papel de escritor famoso. En 1969 escribió *La segunda muerte de Ramón Mercader*, el agente estalinista español que asesinó a Trotski con un piolet. Mercader se había infiltrado en casa de Trotski y se había ganado su confianza mientras escogía el momento oportuno para atacar. La novela estaba inspirada libremente en el personaje de Mercader; es la historia de un agente clandestino del KGB, perseguido por estalinistas y por la CIA, que aparece muerto en una habitación de hotel en Amsterdam. La novela no se lee tan bien como *El largo viaje*, pero es una lectura recomendable para los amantes de las historias de espías complicadas. Para Semprún/Federico Sánchez, Mercader era claramente una especie de oscuro *alter ego* y el libro constituye, tal vez, una exploración hipotética de cómo la historia de Jorge Semprún podría haber acabado de mala manera. Podría verse también como una forma de exorcizar sus miedos y como un modo de buscar la seguridad en la esfera pública, fuera del partido. Una forma literaria de mecanismo de defensa literario, para anunciar a sus enemigos reales o imaginarios, de la derecha o de la izquierda: «Estoy a salvo, y no voy a acabar asesinado en una habitación de hotel porque ya se me ha ocurrido y he escrito una novela sobre ello».

A Claude Roy, el primer fan oficial de Semprún al dar luz verde a *El largo viaje* para su publicación en Gallimard, no le gustó tanto esta laberíntica novela por el uso, para él excesivo, de las técnicas del *nouveau roman*. El autor negó rotundamente tener cualquier vínculo con esta tendencia literaria y respondió al comentario de Roy diciendo: «Pero ahí, él se equivoca completamente, yo no sé nada del "nouveau roman". Si tengo defectos, evidentemente, son otros... Se me reprocha un exceso de lustre, de virtuosismo: lo que prueba que tengo una mala tendencia natural. Deberé trabajar un poco más para volverme más simple... Soy barroco y sofisticado espontáneamente... No tacho lo suficiente».[48]

En cualquier caso, la novela le granjeó su segundo premio literario importante, el Prix Femina de 1969. Esto constituyó un gran logro y contribuyó a hacerle un lugar entre los grandes autores. En 1968 el Femina había sido otorgado a Marguerite Yourcenar.

Este premio le proporcionó también una nueva ráfaga de atención mediática, aunque muchos artículos dejan claro que la prensa aún no sabía muy bien cómo clasificarlo. ¿Era escritor o activista político? ¿Comunista o excomunista? En una extensa entrevista realizada en una mesa redonda que publicó la revista francesa *L'Express*, los escritores Michèle Cotta, Jean-Louis Ferrier y Françoise Giroud lo pasaron a cuchillo.

Entre las incisivas preguntas que le hicieron se encontraban: ¿qué hacía un revolucionario como él en el circuito de los premios literarios? ¿Qué sentido tenía? El escritor español abordó las preguntas con calma y respondió con elocuencia a todas salvo una. Cuando le preguntaron si había querido volver a España tras la liberación de Francia, contestó que sí, pero que sabía que no tenía sentido regresar después de la Segunda Guerra Mundial, pues estaba claro que no había ninguna esperanza de cambiar nada. Había, dijo, un acuerdo entre los Aliados y la URSS para dejar a España bajo el poder de Franco. Las grandes potencias tenían bastantes problemas que resolver sin meterse en la cuestión española. El entrevistador le respondió que, aun así, había vuelto a España en 1952-1962, con un nombre falso, para reclutar estudiantes e intelectuales para el Partido Comunista clandestino. También le objetó que era un dirigente de alto rango en el partido y un antifranquista entregado, como el personaje que interpreta Yves Montand en *La guerra ha terminado*. ¿Acaso no era así? Semprún responde indirectamente: «Digamos que yo no soy el tipo de intelectual que ha descubierto de golpe, a su muerte, que Stalin era un villano. Pero no responderé a su pregunta».

¿Qué querían los periodistas, que reconociera su fracaso o algún tipo de incoherencia política? Estaba claro que España aún seguía bajo la misma dictadura militar, así que parecían insinuar que de qué había servido el trabajo de Semprún. Puesto que había escrito un guion sobre esta faceta de su vida, debieron de pensar que el tema era «juego limpio». En cualquier caso, la respuesta de Semprún resultó arrogante, a la defensiva y condescendiente; como si se burlara de esos intelectuales «occidentales» a los que aún les parecía un descubrimiento enterarse de que Stalin era «el malo de la película».

A lo largo de los años, mantuvo una relación estable, con tiras y aflojas, con su editorial, Gallimard. La correspondencia entre el escritor y Claude Gallimard, y con otras colaboradoras de la editorial como Catherine von Bulow y Odette Laigle, refleja la trayectoria de un escritor y su relación con su editor: un título para este libro, plazos, problemas con el contrato, venta de derechos en el extranjero. También se aprecia en las cartas de Semprún que le gustaba mucho irse largas temporadas a su casa de campo, pues le rendía mucho más el tiempo para escribir que en París. Necesitaba, como todo escritor serio, la soledad para concentrarse y producir. Siempre dijo que, de vivir en Madrid, donde la gente se reúne todos los días, habla sin parar y se queda hasta las tantas, no hubiese podido escribir una palabra. En la correspondencia con Gallimard, surge un tema curioso relacionado con Juan Goytisolo. En agosto de 1974, Catherine von Bulow le había mandado un manuscrito de un libro de Goytisolo (no se nombra, pero por la fecha debe de ser *Juan sin tierra*) para que hiciera un informe recomendando, o no, su publicación en Gallimard. Que redactara —como autor y español— el informe era relevante, pues Goytisolo escribía artículos en francés, pero la narrativa en castellano.

Semprún contestó directamente a Claude Gallimard, diciendo que hacer el informe del manuscrito «no me parece una idea muy oportuna. De hecho, nunca he hecho nada semejante para Gallimard. Además, mi amistad con Juan podría irritar a los que habitualmente hacen los informes para la casa».[49] A continuación dice que el manuscrito le parece «bastante extraordinario», y que no le importaría charlar con el editor y compartir sus impresiones informalmente. Catherine von Bulow, en una respuesta a Claude Gallimard del 28 de agosto, dice que no entiende en absoluto que Semprún se haya negado a hacer el infome, ya que «acabo de llamar por teléfono a Goytisolo y me ha confirmado que Semprún está totalmente de acuerdo... Parece que hay un malentendido».[50] La correspondencia no indica cómo se resolvió la situación, pero la carta en la que Semprún dice que no puede hacer el informe por su amistad con Goytisolo es llamativa. ¿El obstáculo era la amistad, o, al contario, pasaban por un momento tenso? Parece raro que a Semprún, cuya carrera fue lanzada por Claude Roy, el marido de su exmujer, le preocupase tanto el tema del intrusismo profesional a la hora de echar una mano.

En 1969 se había lanzado *Z*, y Semprún viajó a Nueva York para el estreno. Pasó también parte del año en Praga con Costa-Gavras preparando el rodaje de *La confesión*, que se estrenaría en 1970.

A lo largo de estos años viajó mucho. En 1967 había hecho un viaje a Cuba, donde se había sentido profundamente decepcionado con Fidel Castro, como orador y como dirigente político. Según cuenta en *Autobiografía*, cuando por fin apareció el «Líder Máximo», después de hacer esperar horas al público, «comenzó su discurso y a los diez minutos ya estabas hasta la coronilla de tanta castellana retórica: y es que Fidel Castro, en un país de campesinos y razas mezcladas, hablaba la lengua del imperio, la lengua de la burguesía colonial española: se te antojaba estar escuchando un discurso de tu abuelo

Antonio Maura...».[51] Después del discurso, tuvieron todos que ver a Castro jugar al baloncesto hasta altas horas de la madrugada, las mujeres sentadas separadas de los hombres.

Juan Goytisolo estuvo con Semprún en este viaje, y cuenta una anécdota genial de su experiencia con Castro:

> Fuimos con Jorge a Cuba en el año 67. Yo había estado en Cuba en el año 61 y volví entusiasmado, estuve durante la crisis de los misiles, fui enviado por el *Express*. Les pedí que me enviasen con la idea de entrevistar a Fidel Castro, la entrevista fue imposible por una serie de razones muy divertidas [...] Yo era muy amigo de Carlos Franqui, que era el director del periódico *Revolución* del Movimiento 26 de Julio, que ya se estaba distanciando interiormente del régimen, y me dijo: «Mira, si quieres entrevistar a Fidel va todos los domingos a una granja experimental que hay cerca de La Habana, vamos allí y te lo voy a presentar». En efecto, estábamos con Carlos Franqui y llegaron todos los comandantes con sus habanos...
>
> Entonces me presentó y dijo: «Aquí está este gallego [porque llaman "gallegos" a los españoles], que en lugar de irse de Cuba [como mucha gente, que se escapó porque había el peligro del ataque] ha venido aquí a entrevistarte».
>
> Esto le hizo mucha gracia a Fidel, me cogió del brazo y dijo: «Ahora te voy a enseñar mi criadero de vinagre», que era una bodega. Yo tengo una alergia mortal al vinagre, así que al cabo de un minuto de estar allí, me llevaba del brazo, empecé a asfixiarme y le digo: «Comandante, me excusará, no me encuentro bien». Y salí porque el olor [...] Entonces me quedé esperándole fuera y al salir me miró, lo tomó como un rechazo de su obra y no hubo entrevista. Para que veas los caprichos de los dictadores.[52]

En 1971, Semprún hizo un viaje a Israel, y de él queda una de las pocas cartas a uno de sus hermanos, a Gonzalo, el mayor. Las dedicatorias que le escribía en sus libros son cortísimas, y no revelan mucho de su relación ni una faceta más íntima. Son bastante bana les. Esta carta, con membrete del American Colony Hotel de Jerusalén, en cambio, es larga, divertida, y saca a la luz un Semprún más familiar:

17 de noviembre de 1971

Esto es de risa, o de miedo (depende del humor): en cuanto te descuidas te encuentras en otro siglo, milenio: la Biblia en pasta. ¿Aquel jardín? El de Getsemaní. ¿Aquel monte? El de Sión. ¿Aquel poblacho inmóvil bajo el sol de siempre? Jericó. ¿Aquel mar muerto? Pues el mar Muerto... Bromas o menos bromas aparte: un viaje interesantísimo. Vine a ver los paisajes, las gentes y las complicaciones de este país, para preparar el guion de una película basada en *Oh, Jerusalén*. Llevo diez días y es apasionante. El chófer que me trae y me lleva es de una familia sefardí instalada aquí desde que la Santa Inquisición expulsó a los judíos, habla ladino, o un castellano antiguo entreverado de árabe. Nos entendemos perfectamente. He recorrido el país entero... He hablado con mucha gente... He esuchado a contentos y descontentos, tanto judíos como árabes. Como siempre, en semejantes casos, se han ido a hacer puñetas todas las ideas apriorísticas. ¡No se termina de aprender, hermano! Abrazos mil, recuerdos en torno,

Jorge

Su siguiente proyecto cinematográfico fue otra colaboración con Alain Resnais, *Stavisky*, protagonizada por Jean-Paul Belmondo. La película está basada en la verdadera historia de Alexandre Stavisky, empresario, estafador y *bon vivant*. No se escatimaron gastos, pero los lujosos escenarios y el vestuario no fueron garantía de éxito internacional. La historia se complicaba con una subtrama un tanto superflua en la que Trotski aparece en la Costa Azul. La película fue bien recibida en Francia cuando se estrenó en 1974, pero el hijo real de Stavisky se opuso al retrato que se hacía de sus padres y obstaculizó la distribución de la película.

En 1973 Francisco Franco, con ochenta y un años y muy enfermo, renunció por fin al cargo de presidente del Gobierno y escogió como sucesor a su mano derecha, el almirante Luis Carrero Blanco, de sesenta y nueve años. A los pocos meses de ocupar el cargo, Carrero Blanco fue asesinado por ETA mediante un coche bomba. El atentado fue una conmoción para un país que ya estaba al límite, sin saber la dirección política que tomaría España después de la muerte de

Franco. El régimen se había preparado a fondo para asegurar su perdurabilidad y dejar todo «atado y bien atado». Por eso se había escogido a Carrero Blanco como presidente y se había designado como heredero oficial del trono de España a Juan Carlos de Borbón en vez de a su padre, Juan de Borbón, el heredero legítimo. Juan Carlos fue nombrado príncipe de España en 1969. Franco se saltó una generación en el linaje real porque temía que don Juan fuera demasiado liberal y antifranquista, y no defendiera su legado ni asegurara la continuidad del régimen. Por otro lado su hijo, un hombre alto y apuesto de treinta años, que pronto sería don Juan Carlos I, había sido personalmente elegido y educado por Franco. El dictador estaba seguro de que había invertido en un fiel aliado para perpetuar sus valores.

Después del asesinato de Carrero Blanco, Carlos Arias Navarro, de sesenta y seis años, entonces ministro de la Gobernación, fue ascendido a presidente del Gobierno. Arias Navarro, otro franquista acérrimo y experimentado, se había forjado una reputación durante la Guerra Civil por su dura represión de los republicanos, tanto que se ganó el apodo de «el Carnicero de Málaga». El nuevo presidente del Gobierno no parecía el mejor candidato para llevar a España a la democracia, pero no había muchas opciones. Después de casi cuatro décadas sin elecciones, partidos políticos ni derechos civiles, los españoles querían cambiar, sin saber muy bien cómo. España caminaba hacia delante sin pararse a examinar su pasado reciente. La transición que vendría fue tildada por algunos de «pacto de la amnesia».

El 30 de octubre de 1975, Franco otorgó plenos poderes como jefe del Estado a Juan Carlos de Borbón y, dos días después de la muerte del dictador, el príncipe fue proclamado rey Juan Carlos I. El nuevo rey eligió a Adolfo Suárez como presidente del Gobierno y bajo su mandato se aprobó la Ley para la Reforma Política. Se ponía en marcha la tan esperada «transición a la democracia», y el 15 de junio de 1977 España celebró sus primeras elecciones democráticas en cuarenta años. Suárez fue reelegido. El presidente había sido parte integral del aparato franquista pero, con cuarenta y cuatro años, era más joven que la mayor parte de los aliados del dictador y vio rápidamente la oportunidad de convertirse en una persona clave en esa época de cambio. El partido político que creó, y que ganó las elecciones, la

Unión de Centro Democrático (UCD), era demasiado conservador para algunos y demasiado democrático para otros, pero su mandato fue pacífico y fundamental para la evolución política española, y la elección de Juan Carlos I había sido astuta. En 1978 entraba en vigor una Constitución democrática. El rey siguió siendo jefe del Estado y capitán general de las fuerzas armadas. Aunque no tenía poderes ejecutivos, Juan Carlos I tuvo que hacer frente a grandes retos y demostró ser un verdadero demócrata.

El 23 de febrero de 1981, se produjo un golpe de Estado militar. El naciente Parlamento español fue asaltado por guardias civiles armados que afirmaban falsamente contar con el apoyo del rey. Juan Carlos I pasó una larga noche resolviendo la situación e hizo una aparición en televisión para tranquilizar a los españoles asegurando que nada haría peligrar la democracia constitucional. Este fallido golpe de Estado tenía el objetivo de desestabilizar la Transición, pero produjo el efecto contrario. Unió de forma insólita a los españoles en defensa de sus nuevas libertades políticas, y la respuesta del rey hizo aumentar su popularidad. Pasó de ser una incógnita y un designado por Franco a convertirse en el héroe del pueblo. En las elecciones de 1982, Felipe González, del PSOE, fue elegido presidente del Gobierno. España tenía su primer Gobierno socialista desde hacía casi medio siglo.

En 1978, *The New York Times* había publicado, dándole mucha importancia, un artículo sobre Jorge Semprún y España titulado «Ex comunista enfurece a partido español con libro sobre su pasado». Su *Autobiografía* se había publicado en inglés y el artículo lo elogia, a la vez que critica el papel destructivo del Partido Comunista de España:

> Un volumen de memorias de 342 páginas bajo el inocuo título de *Autobiografía de Federico Sánchez* ha estallado como una bomba de relojería dentro del Partido Comunista de España y ha puesto a su secretario general, Santiago Carrillo, a la defensiva. El libro, que parece estar convirtiéndose en uno de los *best sellers* de la España posfranquista, es el relato de un ex comunista en forma de novela sobre sus años en la clandestinidad. Está escrito por Jorge Semprún, escritor de cincuenta y cuatro años que en 1964 fue expulsado del Comité Ejecutivo del

> partido junto con otro comunista por adelantar algunos de los argumentos que el señor Carrillo ha adoptado desde entonces e incorporado al ideario de su eurocomunismo. Si bien incluso los no comunistas han criticado los ataques viscerales y unilaterales del señor Semprún hacia el señor Carrillo y otros comunistas españoles, «Federico Sánchez» ha metido el dedo en la llaga acusando de estalinismo a un partido que afirma haber dejado atrás a Stalin y a Lenin. [...] En los círculos intelectuales de la izquierda española, el libro del señor Semprún se ha recibido con incomodidad, en parte debido a su fuerte tono personal, que a veces hace que parezca un acto de venganza por su expulsión.[53]

En su explosivo libro de memorias, el autor acusa al PCE de haber orquestado el asesinato de Trotski, y a Carrillo de haber colaborado en el asesinato de Julián Grimau. Hasta Javier Pradera, a quien está dedicado el libro, encontró inquietantes algunas de sus «verdades parciales».[54] Le resultaba embarazoso que le hubiese dedicado un libro consagrado a despotricar contra los demás, y también le parecía un libro *démodé*, que seguía la tradición caduca de

> los antiguos comunistas que dedican su vida y dedican su esfuerzo a contar lo mal que lo pasaron en el partido, cómo el partido les maltrató... Yo creo que publicar la autobiografía de Federico Sánchez en la forma que Jorge lo ha hecho es lo que resulta sorprendente e inquietante porque es como la elección política: es aparecer ante el país al cabo de trece años de inactividad política con una definición como ex comunista, porque este no es un libro político en el que se trate de analizar la vieja tradición de los ex comunistas.[55]

Aunque las críticas de Pradera sean acertadas, *Autobiografía de Federico Sánchez* es una obra entretenida, y causó un gran revuelo en el ambiente comunista, en España y fuera. Semprún llevaba años enfadado y, ahora que se había legalizado al PCE, podía decir abiertamente lo que pensaba, y la gente tendría que escucharle. Fue su primer libro escrito en español, que abordaba el tema de forma autobiográfica y que iba destinado al público español. Se publicó en noviembre de 1977 y en febrero de 1978 había vendido cerca de 150.000 ejemplares. Llegaría a alcanzar los 300.000 y seguiría siendo su libro más vendido en cualquier idioma y en cualquier país hasta la publicación de *La escritura o la vida*, en 1994. En 1965, Santiago Carrillo no solo expulsó a Semprún del PCE; para más inri, ese mismo año publicó un volumen titulado *Después de Franco, ¿qué? La democracia política y social que preconizamos los comunistas*,[56] en el que plagiaba descaradamente las mismas ideas que Jorge Semprún y Fernando Claudín habían incluido en su informe final, las ideas que provocaron su expulsión del partido. En otro libro de 1974, de título *Mañana España. Conversaciones con Régis Debray y Max Gallo*, Carrillo lo identificó oficialmente como Federico Sánchez, menospreciando la importancia de su papel clandestino.

En las conversaciones, Debray habla de la película *La guerra ha terminado*, y sugiere que es un análisis acertado de la realidad política española. A una pregunta sobre Semprún, Carrillo responde diciendo que estaba demostrado que Federico Sánchez —lo llama por su alias y desvela, así, su identidad— estaba equivocado. Afirma que su idea de que España era un país «neocapitalista» y de que se podía acabar con la dictadura pacíficamente, desde dentro, era una interpretación equivocada. También sostiene que los dos militantes provocaron su propia expulsión con su comportamiento intransigente e impulsivo, y que los dirigentes del PCE habían intentado convencerlos de que esperaran unos años para presentar sus puntos de vista ante el público más amplio del XX Congreso. Carrillo vuelve a su teoría recurrente de que Sánchez (Semprún) estaba buscando únicamente una excusa para largarse y satisfacer su deseo de convertirse en escritor:

> El caso de Federico Sánchez es algo diferente. Yo estaba convencido de que se asfixiaba con las tareas del partido, no especialmente en el plano político, sino más bien porque no había realizado su vocación de escritor, de creador, y que el trabajo político clandestino le agobiaba, cosa que yo comprendía muy bien, y le dije: «Si quieres escribir, puedes hacerlo, pero no vale la pena que hagas por ello un escándalo político». Puede que estuviese sinceramente convencido de que el movimiento comunista alcanzaba un estadio sin perspectiva y que, para abrirse paso como escritor, le era preciso alejarse. Siguió pues su camino. Recuerdo, con ocasión de mis últimas explicaciones,

> haber dicho a Federico Sánchez: «Escucha, estás excluido del partido, pero mi casa está abierta para ti».[57]

Además de insultarlo al exponer su verdadera identidad, Carrillo bien podía estar poniéndolo en peligro. Franco aún estaba vivo cuando se publicó el texto, y no era prudente llamar la atención sobre su doble identidad y su trabajo clandestino. Jorge Semprún podría haberse convertido en objetivo de los extremistas de cualquier grupo del espectro político.

En retrospectiva, el ex presidente del Gobierno español Felipe González considera que el comportamiento de Carrillo era predecible.

> Vio [Carrillo] el informe [de Semprún y Claudín] y le pareció que se habían salido de la disciplina que él controla férreamente, y lo primero que hace es expulsarlos, porque se les ha ocurrido una idea brillante y no era suya. Primero los expulsa, y luego se queda con la idea, porque si ves el libro de Santiago Carrillo [...] Y se veía que el *Después de Franco* estaba copiado del informe de Semprún y de Claudín, y que Carrillo había cambiado de posición. Pero como suele ocurrir cuando cambias de posición, primero echas al que se le ha ocurrido la idea.[58]

En 1977, dos años después de la muerte de Franco, el PCE fue legalizado en España y Carrillo, elegido diputado del Congreso español. Desempeñó un papel importante en la transición española a la democracia, y gran parte de su rétorica se basó en la estrategia de la «reconciliación» que Semprún había defendido veinte años antes. El líder comunista disfrutó de los laureles de la atención política española, en gran parte gracias a las ideas del exmilitante, que en ese momento era una estrella literaria, pero que políticamente no era nadie en el nuevo panorama, ni en España ni en Francia. Tenía cincuenta y cuatro años, y se sentía excluido de la nueva España a cuya construcción había dedicado años de trabajo.

Toda la amargura que sentía la vertió en *Autobiografía de Federico Sánchez* (1978), una historia de conversión, una autocrítica política y un relato de venganza. Comienza, y termina, con la Pasionaria hablando desde un podio durante la última reunión del PCE a la que asisten Semprún y Claudín, que tuvo lugar en un castillo «kafkiano» de Bohemia, en abril de 1964. El libro está enmarcado por el proceso en el que la Pasionaria reúne sus pensamientos, empieza a hablar y termina, finalmente, llamándolos «cabezas de chorlito». En las primeras páginas, recuerda el momento en que conoció a Ibárruri y el poema que escribió en su honor. Cuando la conoció en 1947 en París, en la época en la que él creía sin fisuras en el PCE, quedó totalmente seducido por ella. La narración la presenta como una figura casi religiosa y como una madre. Era una líder carismática y española. No es extraño que el joven de veinticuatro años cayera rendido a sus pies, ni que conocerla fuera una ocasión trascendental en su vida. Ella también había estado en la cárcel y había instado a miles de soldados a seguir defendiendo la República española cuando les quedaban ya pocas esperanzas para luchar. El magnetismo de Dolores Ibárruri era legendario y de ahí su alias, Pasionaria. Aun en las últimas páginas de *Autobiografía de Federico Sánchez*, cuando ella lo está insultando, él habla de su «espléndida voz metálica, rugosa y armoniosa».[59]

El libro detalla el doloroso proceso desde la conversión entusiasta y total del joven Semprún y su lento ascenso en el PCE, hasta su amarga desilusión y su expulsión. En el libro, emplea alternativamente la primera y la segunda personas narrativas, y experimenta con el uso de los paréntesis, las mayúsculas y la cronología. Resulta una lectura chispeante.

Tras la publicación del libro, se convirtió en el enemigo público número uno del PCE y de la dirección central del Partido Comunista en Moscú. Su archivo «top secret», que se guarda en el Archivo Estatal Ruso de Historia Contemporánea (RGANI), contiene varios informes sobre él, redactados por agentes secretos, que durante años fueron enviados al Departamento Internacional del Comité Central del PCUS. Hasta hoy nunca han sido publicados ni estudiados, pero ofrecen una visión fascinante de la evolución de Jorge Semprún desde la perspectiva soviética. Los primeros informes siguen el formato de las típicas minibiografías del partido —contexto personal, conocimientos y habilidades útiles—, y los últimos acusan a Semprún de traidor. Él hubiera estado encantado de saber que tanto sus críticas al PCE como su talento como escritor se percibían como un peligro serio.

En épocas anteriores, Moscú había considerado que era un fichaje excepcional: un eficaz «propagandista» o «publicista», con una esmerada educación y una capacidad inigualable de seducir a nuevos reclutas. No les gustaba que hubiese cambiado de ideas y que ahora empleara estas habilidades y destrezas contra ellos. Se le llegó a considerar un traidor y una gran amenaza anticomunista:

> Poseedor de un talento indiscutible, J. Semprún, que escribe en francés, realiza actualmente enormes esfuerzos en el frente antisoviético y anticomunista. Sirvan de ejemplo buenas películas desde el punto de vista artístico como *La guerra ha terminado*, *Z* y *Testimonio*, cuyos guiones ha escrito J. Semprún, y que contienen una abierta difamación (calumnia) de la Unión Soviética y del movimiento comunista (*La guerra ha terminado* y *Testimonio*), o bien lo hace de forma velada (*Z*). En palabras de Balaguer,[60] el ejemplo de J. Semprún pone de manifiesto la necesidad de que el PC de España se esfuerce en aumentar la influencia marxista-leninista entre los representantes de la intelectualidad en las filas del PC.[61]

La *Autobiografía de Federico Sánchez* desató por sí sola una campaña anticomunista «burguesa» en la prensa española. Al mismo tiempo, Enrique Líster, exgeneral comunista de la Guerra Civil, abandonó el PCE y creó una escisión, el Partido Obrero Español. Entre el «publicista Semprún» y el «general», el PCE contaba con nuevos enemigos que lo hacían tambalearse: sus exintegrantes. Estos desafiaban la nueva adhesión de Carrillo al eurocomunismo y afirmaban que era realmente un «eurooportunista». Los fieles del partido se mostraban especialmente preocupados porque, desde su perspectiva, Semprún contaba con el respaldo del editor «millonario» y «reaccionario» José Manuel Lara Hernández. Lara, propietario de la editorial Planeta, era un magnate de los medios de comunicación que había luchado en el bando franquista durante la Guerra Civil. *Autobiografía de Federico Sánchez* ganó el Premio Planeta en 1977, lo que, para el escritor, supuso una enorme publicidad y un premio de cuatro millones de pesetas. Los soviéticos veían todo esto como un complot de la derecha anticomunista. Un informe soviético del 12 de enero de 1978 reza:

> El corresponsal en Madrid, Taniug, informa de la campaña que se está desplegando en la prensa burguesa contra el Partido Comunista de España. Tales ataques contra los comunistas, observa el corresponsal, está motivado en dos sucesos relacionados con dos excomunistas: un general desconocido de la República, E. Líster, y el publicista J. Semprún.
>
> En estos días se ha celebrado en Madrid el congreso del Partido Obrero Español, fundado por Líster sobre la base de su facción prosoviética. Durante el congreso, en la intervención de Líster y en el transcurso del debate, se acusó a Carrillo y a «su partido» de «eurooportunismo», de «desviaciones revisionistas» y de «traición a la causa de la clase trabajadora y del internacionalismo proletario». Profetizando «la caída del partido de Carrillo», Líster anunció que su propio partido (en realidad facción) se mantiene fiel a la doctrina «nacida de la Revolución de Octubre», es un «partido marxista-leninista» que se apoya en el principio de la «dictadura del proletariado y el internacionalismo proletario». La prensa burguesa ha dedicado gran atención a las acusaciones de Líster contra Carrillo y el PC español, informa el corresponsal. Por eso es difícil decir hasta qué punto estas acusaciones pueden perjudicar o ser útiles para Carrillo.
>
> Con Jorge Semprún, continúa el corresponsal, la situación es distinta, ya que puede tener serias consecuencias.
>
> Los comunistas españoles. El famoso editor, millonario y reaccionario español Lara ha publicitado el libro *Autobiografía de Federico Sánchez* como libro del año y le ha otorgado el mayor premio literario español, dotado con 4 millones de pesetas.
>
> En este momento el libro no es solo un éxito de ventas, sino motivo de una amplia campaña contra el PC español y su secretario general. En su libro, Semprún, indicando nombres, y en tono agrio y polémico, llegando incluso al insulto, acusa a Carrillo, Pasionaria y otros miembros del PC de España de estalinismo, sectarismo y muchos otros errores y desviaciones del ideal en su lucha por el poder. Semprún escribe todo esto magistralmente y con parsimonia, utilizando materiales contrastables y conversaciones a las que tuvo acceso como miembro del círculo más interno de la directiva del partido. La *Autobiografía de Federico Sánchez*, que los enemigos del comunismo en

España y en Occidente divulgan por los cuatros costados, es probablemente uno de los libros más anticomunistas que se han escrito en Europa en los últimos diez años, afirma el corresponsal Taniug.

El informe prosigue afirmando que el libro es «subjetivo» y que solo tiene valor político (no literario). Se acusa a Semprún de desvelar la identidad de varios miembros del partido, de insultar a Santiago Carrillo y de atribuirse el mérito, junto con Fernando Claudín, de inventar el concepto de «eurocomunismo». Se incluye también un resumen de la reseña que publicó *Cambio 16*, entonces una revista política española de gran relevancia:

> Conviene señalar, no obstante, que el haber suscitado tanta atención, así como el hecho de que el libro haya recibido un premio tan importante, no se debe a su valor literario, sino exclusivamente a motivos políticos. La *Autobiografía de Federico Sánchez* es un relato histórico subjetivo sobre uno de los períodos del Partido Comunista de España, exactamente el año 1964, cuando un grupo de miembros del Comité Ejecutivo protestó contra la línea política del partido que estaba dirigiendo su secretario general, Santiago Carrillo. También suscita gran interés la circunstancia de que en el libro se explican características y rasgos muy completos de muchos miembros públicos del PCE, incluidos el propio S. Carrillo así como Dolores Ibárruri, S. Sánchez Montero, Romero Marina, Gregorio López Raimundo y algunos otros.
>
> En el año 1964, el autor de la *Autobiografía de Federico Sánchez*, Jorge Semprún (de su pluma han salido también otras obras literarias como *El largo viaje*, *La segunda muerte de Ramón Mercader* y otras), junto con Fernando Claudín, fueron expulsados del Comité Ejecutivo del PCE y, posteriormente, de las filas del Partido Comunista por sus diferencias con Santiago Carrillo. El propio Jorge Semprún (es decir, Federico Sánchez) reconoce en su libro que, en aquella época, él y Fernando Claudín insistieron en adoptar en el partido una línea política que actualmente se denomina «eurocomunismo». «Para ser exactos y consecuentes desde el punto de vista histórico —dice el autor— hay que reconocer que fuimos precisamente Federico Sánchez (es decir, Jorge Semprún) y Fernando Claudín quienes formulamos la actual denominación de "eurocomunismo" allá por el año 1964 y sentamos sus bases

fundamentales, y para nosotros es muy grato ver que nuestras ideas encontraron su propio camino». Según afirma Jorge Semprún, Carrillo posteriormente «se nombró a sí mismo descubridor del "eurocomunismo", sin serlo en absoluto, y ahora intenta por todos los medios convencer a todo el partido de que él es el teórico del "eurocomunismo"».

Como indica a su vez la revista *Cambio 16*, puede que lo más valioso de la *Autobiografía de Federico Sánchez* resida en que, por un lado, demuestra abiertamente la evolución política de S. Carrillo (ahora mantiene la misma política que intentó aplastar en 1964), y, por otro, la falta de transparencia política del actual secretario del PCE.

Además, *Cambio 16* destaca que el protagonista del libro (que, aunque tenga un carácter autobiográfico, es ante todo un documento político) es el Partido Comunista de España, que está totalmente controlado por su secretario general S. Carrillo. De las páginas de este libro, continúa la revista, se desprende una imagen de S. Carrillo como un líder político oportunista, astuto, mañoso, calculador, frío, cínico y sin principios.

En cuanto a la unidad del Partido Comunista de España, a juzgar por el libro, sería más lógico hablar de «unión entre el Comité Ejecutivo y S. Carrillo, más que de cohesión en las organizaciones de base del partido en torno a su secretario general».

En este libro aparece otra importante personalidad activa, indica la revista: la actual generación de españoles que, por un lado, está representada en la *Autobiografía de Federico Sánchez* como aplastada por el franquismo, y por otro engañada por el partido.

El informe siguiente es del 18 de enero de 1978, una semana más tarde, y describe el contraataque de Carrillo durante una conferencia de prensa en la que afirmó que, en cualquier otro país, el libro de Semprún hubiera merecido «responsabilidad penal»:

«Algunas de las afirmaciones hechas en relación con el Partido Comunista por J. Semprún en su libro *Autobiografía de Federico Sánchez* habrían merecido en cualquier otro país, menos España, responsabilidad penal», declaró en una conferencia de prensa celebrada en Barcelona el secretario general del Partido Comunista de España, Santiago Carrillo. Esa declaración de Carrillo fue su primera reacción ante el libro.

Pero no vamos a denunciar nada, ya que entendemos que el aparato de gobierno no ha cambiado en absoluto y sigue representando el pasado. También somos conscientes de que en los tribunales siguen sentadas las mismas personas que durante décadas instruyeron procesos contra el Partido Comunista y su directiva. No contamos con poder impedir esta oleada de calumnias y mentiras, insinuaciones e infundios ultrajantes al Partido Comunista, y no descartamos que puedan aparecer nuevos libros similares a *Autobiografía de Federico Sánchez*.

S. Carrillo manifestó que próximamente el Partido Comunista pondrá a disposición de los historiadores todos sus archivos y que el propio partido publicará diversos documentos que permitirán conocer toda la verdad sobre la complicada y confusa historia de España.

«Quisiera llamar su atención —continuó S. Carrillo— sobre el hecho de que el proceso de conciliación nacional debe basarse principalmente en no remover el pasado. Esto es una especie de compromiso tácito necesario para no asfixiar a la naciente democracia. [...] Renunciamos a presentar al franquismo cualquier tipo de quejas por lo que hizo en el pasado durante cuarenta años, dejamos a un lado la crítica a las actividades del Partido Socialista Obrero Español durante el período franquista, durante la Guerra Civil y antes de ella». En relación con el libro de J. Semprún y el revuelo que ha suscitado, en opinión del secretario general del PCE no es más que una trampa anticomunista que, por diversas razones, apoyan diversas personas.

«Se trata de un intento de destruir el prestigio y la autoridad que el Partido Comunista tiene en el país —continuó—. El Partido Comunista no va a responder a estos libros. El partido responderá a la campaña anticomunista demostrando su derecho a gozar de autoridad en la preparación y realización de un verdadero congreso democrático en el cual, estoy convencido, los comunistas confirmarán y apoyarán totalmente la línea política del partido».

El último informe que incluye el expediente de Jorge Semprún es del 31 de marzo de 1978 y se titula «La situación del Partido Comunista de España». En él se afirma que la oleada de disidencia que afecta al PCE se ha intensificado y que del descontento generalizado tiene la culpa la *Autobiografía de Federico Sánchez*:

Hace ya unos días que una oleada de disidencia está convulsionando al Partido Comunista de España: en las conferencias regionales celebradas para preparar el congreso nacional, que deberá tener lugar del 19 al 23 de abril en Madrid, se han puesto de manifiesto numerosos desacuerdos.

Algunos comunistas reprochan al Comité Central el rechazar intencionadamente el término «marxista-leninista» y acusan a la directiva de Madrid de no querer iniciar un debate verdaderamente democrático sobre este tema en el seno del partido.

El primer desacuerdo surgió el sábado pasado en la conferencia de Asturias. 113 delegados de entre algo más de 500 abandonaron la sala de reuniones después de que se le prohibiera intervenir a uno de ellos, Horacio Fernández. En un extenso comunicado publicado el miércoles, estos «disidentes» afirman que en la conferencia se difundieron «listas negras» de personas que no debieran ser elegidas para el comité regional.

En Málaga (Andalucía) treinta miembros del partido publicaron el miércoles un documento en el cual protestan por los métodos utilizados por el Partido Comunista para realizar las conferencias locales hace un mes y critican la falta de democracia en el partido.

En las provincias españolas cada vez aparecen más y más manifiestos de este tipo. Muchos consideran «autoritario» el método mediante el cual el Comité Central llegó a la votación «sin profundizar en el debate» sobre el tema de la eliminación del término «partido marxista-leninista» siendo sustituido por la expresión «partido marxista democrático revolucionario».

Otros muchos tampoco están contentos con la línea excesivamente eurocomunista que mantiene el partido en los últimos tiempos por influencia directa del secretario general del PCE, Santiago Carrillo, sin consultar con los afiliados.

Este descontento empezó a extenderse a las pocas semanas de que se publicara el libro de Jorge Semprún *Autobiografía de Federico Sánchez*, en el cual el autor, expulsado del PCE en los años sesenta, acusa a Santiago Carrillo de haber utilizado siempre el partido para sus intereses particulares.

En unas declaraciones efectuadas el miércoles en Tenerife (islas Canarias), Carrillo intentó tranquilizar a los miembros del partido. «El PCE no va a renunciar al leninismo —dijo—. Simplemente constata

> la renuncia a ciertos aspectos. Sin embargo, seguimos pensando que Lenin fue el primer revolucionario de la historia», dijo en sus conclusiones.

Jorge Semprún había utilizado la literatura para participar en la política. Cuando en España se celebraron las elecciones generales de 1982, la disidencia estaba ya muy extendida dentro del PCE, y el partido pasó de 23 a 4 escaños. Carrillo se vio obligado a dimitir como jefe del partido y en 1985 fue expulsado del PCE.

7

El regreso del hijo pródigo, 1988-1993

En 1983 hacía ya veinte años que Jorge Semprún era escritor, y podía repasar su carrera con cierta objetividad y desapego.

> Respecto a saber el público al que he conseguido llegar hasta hoy, es una pregunta muy fácil de responder. He llegado a un público muy limitado. *El largo viaje* ha debido de vender, de 1963 a hoy, unos 30.000 ejemplares, más la edición de bolsillo, que también está en torno a los 30.000. *El desvanecimiento*, mi segundo libro, ha debido de vender 3.000 ejemplares. *La segunda muerte de Ramón Mercader* —Premio Femina, y dicen que el Femina suele llegar a 100.000 o 200.000 ejemplares— ha alcanzado 55.000. *Aquel domingo*, hasta el presente, ha vendido 24.000 ejemplares. Así pues, es un público bastante limitado, pero muy fiel.[1]

No era un autor de superventas, pero había cumplido su sueño de la infancia de escribir novelas, y se estaba convirtiendo en una sensación mediática permanente. En Francia, rebautizado como Georges Semprun, su nombre estaba en boca de todos. La pronunciación francesa tanto de su nombre de pila como de las letras «e» y «u» de su apellido hace que el conjunto resulte incomprensible para cualquiera que esté habituado al nombre original español. Pero lo había logrado: «Georges Semprun» era una celebridad francesa más. Otra vez, volvía a reinventarse a sí mismo, ahora como intelectual público y estrella de la televisión francesa.

Una de las personas clave en esta fase de su vida fue Bernard Pivot. Pivot presentaba un programa de entrevistas literarias en televisión, en horario de máxima audiencia, y era un personaje muy querido en Francia. Su programa de mayor duración, *Apostrophes* (1975-1990), mantuvo un público fiel de seis millones de espectadores. Para entrevistar a sus invitados, Pivot utilizaba el famoso «Cuestionario de Proust». El modelo tuvo tanto éxito que el estadounidense James Lipton copió las preguntas para su famoso programa *Inside the Actor's Studio*, y lo rebautizó como el «Cuestionario de Bernard Pivot». En Francia, Pivot fue un fenómeno cultural. Aunque sus intereses y sus invitados pertenecían al entorno de la alta cultura, conseguía que sus programas fueran entretenidos y accesibles al espectador medio. Un amigo común, Raymond Lévy, presentó a Pivot y Semprún y enseguida se cayeron de maravilla. Pivot lo entendía. Era capaz de ver el alcance y el valor de su complicada vida. Entendía las complejas situaciones por las que el escritor había pasado y supo transmitir su admiración y su respeto a millones de espectadores franceses. Sobre su amistad y su colaboración, Pivot cuenta lo siguiente:

> Así que simpatizamos de inmediato. Y eso a pesar de que éramos verdaderamente, yo diría, uno el contrario del otro. Puede ser, pero en todo caso yo estaba fascinado por él y, aunque no diría que él estuviera fascinado por mí, sí que estaba interesado por lo que yo representaba. Y éramos... Bien, explico por qué éramos tan diferentes. Lo que él era para mí, verdaderamente, es más que un español, más que un francés de París, una suerte de español que vivía en París y sabía tres idiomas: español, francés y alemán. Para mí, eso era un europeo, un verdadero europeo, puede que el primer europeo intelectual que he conocido. Evidentemente, había conocido escritores favorables a Europa, pero él era la encarnación de Europa. Encarnaba a Europa en sí, encarnaba la historia de Europa. Había sido víctima de la guerra de España, que fue una guerra internacional. Después fue miembro de la Resistencia y, por tanto, luchó contra el nazismo. Deportado a Buchenwald, allí también se encontró en medio de una población muy cosmopolita. Hablaba alemán, hablaba francés, hablaba español, y hoy sabemos que pudo sobrevivir gracias al uso de estas lenguas. Y después, su compromiso con el Partido Comunista. Pero como en España estaba prohibido, se movía por Europa, por los países occidentales, por los países comunistas. Y finalmente, cuando se convirtió en escritor, cuando abandonó el comunismo, se convirtió también

> en un escritor europeo. Y, a propósito, el primer premio literario que recibió, el Premio Formentor, por *El largo viaje*, era un premio europeo. Eso es lo extraordinario. Que se lo otorgaran por encima de otros manuscritos de autores publicados y que se le tradujera inmediatamente. Así, en el fondo, eso era para mí el intelectual europeo de referencia. He aquí al europeo de la segunda mitad del siglo XX... Entonces, yo estaba fascinado por él y diría que él me veía un poco como su contrario. Porque yo soy muy francés, soy verdaderamente un francés del centro de Francia. No hablo idiomas extranjeros, no me interesa en absoluto la política. Me encanta viajar, es verdad, pero jamás me establecería en un país extranjero, salvo si me viera obligado a ello. Y creo que una de las razones por las que mis programas han tenido tanto éxito es que la gente, el público francés, se reconoce en mí, soy uno de ellos. Es un tema acerca del que hablaba con Jorge. Y él a menudo me decía: «Evidentemente, tú eres muy francés, yo creo que a los franceses les gusta». Yo tenía un tipo de reflejos muy, muy franceses, actitudes muy francesas. Y así yo era un poco, en cierta manera, modestamente, su contrario. Eso es.[2]

Entre 1978 y 2003 Jorge Semprún hizo un total de dieciocho apariciones en los programas de Pivot: *Apostrophes*, *Bouillon de culture* y *Double je*. Le invitaba a hablar de sus nuevos libros y de acontecimientos de la actualidad, y compartía escenario con otros escritores y personalidades, entre ellos, su amigo Yves Montand. El «europeo» era un escritor prolífico e imaginativo, y tenía una fascinante biografía política internacional. Era un hombre atractivo, y podía hablar con conocimiento de causa sobre el fascismo, el comunismo, la historia europea, la filosofía y el arte. Estos factores le abrieron la puerta del reino de la élite cultural europea, pero el efecto acumulativo de veinticinco años de apariciones en la televisión francesa desempeñó un papel muy importante. Tampoco hay que olvidar que estaba dotado del encanto, la actitud y el físico ideales para brillar en los medios. Era muy fotogénico y estaba muy seguro de sí mismo. Pivot hizo posible que Jorge Semprún fuera uno de los primeros intelectuales en convertirse en estrella mediática, dándole una visibilidad que, de otro modo, no habría tenido. Se convirtió en una presencia fija en las tertulias francesas y en una celebridad, al estilo del filósofo Bernard-Henri Lévy.

A pesar de su conquista del público francés, no olvidaba España ni por un segundo. Desde 1968 le estaba permitido cruzar la frontera legalmente y lo hacía con frecuencia. Podría haberse convertido en ciudadano francés, pero nunca quiso renunciar a su nacionalidad española. Esta terca lealtad personal a su país se vería pronto recompensada.

En 1975 conoció al hombre que desempeñaría el mayor papel en la evolución del futuro democrático de España y una función clave en la vida del intelectual: Felipe González, un político socialista de Sevilla joven y brillante. Para Semprún, el encuentro fue muy importante. A medida que se desarrollaba su relación, su admiración no hacía más que crecer. González, diecinueve años menor que él, tomaría en sus manos el futuro de la España posfranquista. Ocupaba un lugar que el escritor hubiera querido para sí mismo y se contagió del entusiasmo del joven líder, que parecía tan prometedor. Tras casi cuarenta años de esperar un cambio político en el Gobierno de España, había llegado el momento, y él quería participar:

> Yo había conocido a Felipe [González] en Madrid, uno de los días de la larga agonía del dictador. Creo recordar que había sido él que había deseado encontrarse con nosotros. Nosotros: algunos intelectuales activos en la lucha contra el franquismo... El joven de treinta años que había conocido aquel día me interesó de inmediato: también hay flechazos de amistad masculina. Por entonces era prácticamente desconocido. Sabíamos que había sido nombrado secretario general del PSOE un año antes, en un congreso celebrado en los alrededores de París... Me acordaba de aquel joven con el pelo demasiado largo, con las americanas de pana, que en 1975 se lanzaba a la conquista de los cerebros y corazones de sus conciudadanos.[3]

En el contexto español, Felipe González era la persona perfecta para poder apreciar todo lo que representaba Jorge Semprún. González, que había sido militante antifranquista del bando socialista (con el nombre en clave «Isidoro»), entendía perfectamente por qué el autor se había hecho comunista y por qué después se distanció del PCE. Aunque se crió en la España de Franco, González se había educado en el extranjero, en la Universidad Católica de Lovaina, donde pudo intercambiar ideas con otros estudiantes internacionales.

Conocía bien los mundos de los españoles exiliados y de la lucha antifranquista. Quizá fuera una de las personas mejor posicionadas para entender el compromiso político que Semprún había mantenido toda su vida. Desde que lo hiciera Carrillo a principios de 1950, Felipe González fue el primero en verlo como un activo para España. Su idea, durante su segundo mandato como presidente del Gobierno, de ofrecerle el cargo de ministro de Cultura fue una decisión valiente. Jorge Semprún era un antiguo comunista y, desde la publicación de *Autobiografía de Federico Sánchez*, una figura polémica. Además, algunos españoles lo percibían con recelo como un «afrancesado», dadas las muchas décadas que llevaba viviendo al otro lado de la frontera. Pero González vio en él a un hombre de mundo y a una figura que podría aportar un barniz cosmopolita a un país internacionalmente deslustrado y embotado por décadas de dictadura militar católica.

La decisión de González le abriría nuevas puertas. Por primera vez, no sería un agente clandestino, sino que tendría un cargo político de verdad. Ya no dormía en habitaciones improvisadas, en pensiones y casas ajenas. Esta vez él y su esposa, Colette, se alojarían en un precioso piso antiguo en el número 9 de la calle Alfonso XI, enfrente del piso de sus padres y a pocos pasos de donde vivió su abuelo, Antonio Maura. Por pura casualidad, resultó ser la ubicación del piso del Gobierno que le fue asignado; la proximidad con la antigua casa de su familia parecía un buen augurio. Jorge Semprún se embarcaba finalmente en un verdadero regreso al hogar, de vuelta a los lugares de su infancia, e incluso, al menos en su imaginación, de vuelta a la infancia de su madre, a sus raíces.

> Parecía que se había cerrado el ciclo de la vida. Había abandonado esta calle una mañana de julio de 1936, para las vacaciones de verano. Toda una vida antes: medio siglo antes. Se dice rápido, de golpe. Se escribe de un solo trazo, pero pesa en la memoria del alma y el cuerpo. Medio siglo.[4]

La oferta de Felipe González entrañaba beneficios enormes en todos los aspectos: emocional, intelectual y en términos de estatus.

Estuvo encantado de que se le invitara a ser ministro de Cultura en el Gobierno de González en 1988. Era como un sueño hecho realidad. Volvería a sus viejos lugares predilectos, como el Museo del Prado, pero en un coche con chófer y guardaespaldas. Esta vez, él estaría «a cargo» del Museo del Prado.

En 1963 había empezado a cumplir la mitad de las vocaciones que le había impuesto su madre. «Serás o bien escritor, o bien presidente de la República», le había dicho. Finalmente, sería a la vez escritor y político de una democracia. Este último papel lo había deseado pacientemente, si bien nunca había contado con ello. El cargo le arrastraría a una nueva serie de aventuras. Para un autor de sesenta y cinco años, que no había vivido, abiertamente, en España desde 1936, y que ni siquiera era miembro del Partido Socialista Obrero Español (PSOE) de González, la invitación era irresistible. Algunas voces dijeron que le faltaba el tipo de experiencia necesaria para ser ministro. En un nuevo Gobierno joven y vibrante, él sería el miembro del gabinete de más edad. A otros les parecía que González había caído en una especie de obra benéfica por un veterano antifranquista, pero, entrevistado para esta biografía, el expresidente negó enfáticamente cualquier intención caritativa por su parte:

> Primero, en mi pensamiento era, desde el punto de vista simbólico, alguien de una significación extraordinaria. Segundo, desde el punto de vista intelectual, me parece un lujo tener a un ministro de Cultura de ese nivel y de esa talla. En tercer lugar, humanamente —que es lo que nadie entiende—, para mí, tenerlo cerca y allí trabajando conmigo en el equipo era un favor que él me hacía. Yo no lo percibía como un favor que le hacía a él. Se arma mucho lío con eso. Y en Francia la reacción era la misma.[5]

¿Cómo fue para Jorge Semprún el regreso a España, con un cargo de ministro y un espléndido piso? ¿Cómo serían sus relaciones con los demás ministros? A lo largo de los años había ido incontables veces a España —como Federico Sánchez y otros seudónimos, y más tarde usando su verdadero nombre—, pero París era su base desde hacía cuarenta años. En París estaba su vida cotidiana: su casa, los recados, sus rutas de transporte público (a menudo se le veía recorriendo

París en autobús), sus cafés, sus idas y venidas con su mujer a su casa de campo en Garentreville. No le faltaba nada. Aun así, en 1988, gracias a Felipe González, le apetecía muchísimo la vuelta a Madrid, y en muchos sentidos la bienvenida fue espectacular. Pero a la vez se presentaban también intensos desafíos personales y políticos relacionados con el hecho de verse trasplantado a un nuevo estilo de vida, que dependía de un trabajo en una oficina (estaba acostumbrado a escribir en casa). Para Colette también sería un reto empezar una nueva vida en Madrid.

La capital española fue un *leitmotiv* a lo largo de la vida de Jorge Semprún, y sus experiencias madrileñas se pueden dividir en tres períodos principales: «el paraíso perdido» de la infancia, sus visitas clandestinas a la ciudad como agente comunista y su celebrado regreso oficial y público como ministro de Cultura. Juntas, estas etapas claramente diferenciadas abarcan más de ochenta años. Su relación con la ciudad une pasado y presente, y el lugar donde el transcurrir del tiempo podría anclarse es el Museo del Prado, ya que ahí el arte y la memoria, el pasado y el presente, parecen fundirse.

Federico Sánchez se despide de ustedes[6] fue el segundo libro de Jorge Semprún escrito en español. En realidad redactó el manuscrito original en francés y tradujo él mismo el texto al español. En él, Semprún habla explícitamente de la importancia del arte y afirma que toda su historia vital podría contarse en relación con un cuadro en particular, *Las Meninas* de Velázquez:

> Podría contar mi vida [...] podría intentar hacerlo, sin embargo, con referencia a *Las Meninas* de Velázquez, rondando en torno a este cuadro [...] No porque no haya igualmente en otros lugares, a lo ancho de la vieja Europa, obras a las cuales, como trozos de sueño, se refieran episodios esenciales de mi vida [...] En este viaje imaginario, sin embargo, todo empieza y todo termina delante de *Las Meninas* de Velázquez. Mi vida está ligada a este cuadro fascinante, se va y vuelve a él sin parar, encontrándolo siempre de nuevo en el camino. Me acuerdo del papel que esta obra ha jugado en mi vida.[7]

A partir de *Las Meninas*, podríamos trazar una versión de la biografía de Semprún que comienza con las visitas al Prado los domingos, de la mano de su padre, cuando era niño. Al principio, cuenta, el pequeño se mostraba reacio a pasar sus domingos allí —habría preferido quedarse fuera jugando—, pero con el tiempo se encariñó de aquellos paseos escuchando a su padre por las salas vacías del museo (durante esa época, el museo estaba a menudo desierto). José María Semprún Gurrea le explicaba a su hijo la historia y la política españolas —pasado y presente— a través de las pinturas.[8] Se detenían ante los cuadros de Goya, de Velázquez, de El Greco y de Tiziano, y también ante los de un pintor flamenco menos conocido, Joachim Patinir. De este último, *El paso de la laguna Estigia* causaría al futuro escritor una profunda impresión y se convertiría en un elemento central en su propia obra. Además de desempeñar un papel clave para abrir los ojos del joven Semprún al arte, la historia y la política, en el Museo del Prado vio las primeras representaciones artísticas de las mujeres y la sexualidad. El descubrimiento de la figura femenina en las pinturas del Prado se produjo a pesar de los esfuerzos que hacía su padre por excluir de sus visitas cualquier imagen que pudiera ser peligrosa. Como cuenta Semprún en *Adiós, luz de veranos*, uno de los principales objetivos de su padre durante estas visitas era asegurarse de que los ojos de su hijo no se posaran sobre ninguna representación de una mujer desnuda. El único cuadro de una mujer que le estaba permitido observar era el retrato de la Virgen de Murillo, y a esta disciplina paterna atribuye Semprún su aversión permanente a Murillo. También relata cómo, finalmente, trató de rebelarse contra su padre, se escapó y fue a esconderse en la galería prohibida de Rubens. Esta, sin embargo, resultó decepcionante, ya que ni le gustaron las rollizas figuras femeninas del pintor, ni arrojaron ninguna luz sobre los misterios esenciales del deseo que él trataba de entender. Confundido por la nula reacción que habían provocado en él las mujeres de Rubens, se consoló finalmente al encontrar un ideal de belleza femenina en la luminosa desnudez de la *Eva* de Cranach.[9]

La siguiente fase de las visitas de Semprún al Museo del Prado presenta un contraste radical con la época en la que descubría la vida a través de sus cuadros bajo la protección y guía de la mano de su padre. El hombre que en la década de 1950 regresaba a las galerías por las que una vez vagó de niño tenía un nuevo nombre y una nueva identidad debido a su trabajo clandestino como agente del PCE. Había sobrevivido al combate en la Resistencia, a un campo de concentración nazi, y trabajaba encubierto para derrocar al Gobierno de Franco. El motivo de este regreso a España era claramente político, pero también personal. En 1953 necesitaba volver a España e intentar vivir en Madrid lo más posible. Después de diecisiete años de exilio, su español se había oxidado y no podía expresarse fácilmente en el lenguaje coloquial de las situaciones cotidianas. Hablar con un taxista o con un camarero en un café suponía un reto que exacerbaba su sentimiento de desarraigo y lo ponía en riesgo de ser descubierto. Esta alienación lingüística le hacía sentirse como un extraño en su propia ciudad. En *La escritura o la vida*, describe su primer viaje clandestino a Madrid y cuenta que lo primero que hizo después de registrarse en el hotel fue dirigirse tan rápido como pudo al número 12 de la calle Alfonso XI. Ante la casa de su infancia, Semprún se sintió desgarrado por sentimientos contradictorios: la familiaridad, de algún modo, agudizaba su estatus de exiliado. Esta confrontación traumática con el pasado estuvo seguida de muchos viajes más a Madrid, y, finalmente, Semprún comenzó a entretejer el pasado y el presente. Así llegó a establecer algunos paralelismos entre las actividades de su vida como agente clandestino —ocultarse, esperar— y sus juegos de pequeño en el parque del Retiro.

> Era como un juego de niños, en cierto modo, como aquellos que se desarrollaban en el Retiro, antaño —y en su parte más intricada y frondosa, entre el Palacio de Cristal y el tramo del paseo de Coches que va de la plazoleta del Ángel Caído a la Casa de Fieras— sigilosos, acaso brutales, cuando se trataba de rescatar a algún prisionero o de asaltar a alguna fingida diligencia, como en las novelas de Zane Grey y las películas del Oeste.[10]

El Prado llegó a ser un elemento tan central en su época clandestina como lo había sido en su infancia. En *Federico Sánchez se despide de ustedes*, describe su vuelta al museo y las muchas horas que pasó allí:

> Desde 1953, año de mi primer retorno clandestino a Madrid, me he plantado muy a menudo ante el cuadro de Velázquez, le he consagrado horas de meditación contemplativa.

> Diversas circunstancias han concurrido en esta predilección. Los recuerdos de la infancia, sin duda... En los primeros tiempos, el Prado era un lugar ideal para matar el tiempo, para hacer vivir los tiempos muertos. Y en el Prado, el emplazamiento de *Las Meninas* era privilegiado.[11]

La idea clave es que, en su regreso clandestino a Madrid, el Prado se convierte en el lugar perfecto por dos razones fundamentales: le permite pasar el tiempo y revivir el pasado perdido. Por otra parte, para Semprún —para su identidad clandestina— resultaba peligroso volver a su hotel o a un piso o pensión entre las reuniones secretas, y el Museo del Prado era el escondite perfecto. *Las Meninas* le estimulaba estética e intelectualmente y, así, aquella sala era un lugar ideal donde podía permanecer de pie horas y horas. Otra ventaja añadida era el «emplazamiento privilegiado» del cuadro: *Las Meninas* se exhibía junto a un enorme espejo que estaba colocado a su derecha para permitir que el espectador reprodujera el juego de puntos de vista que propone el cuadro. Pero Semprún le encontró a ese espejo un uso más práctico y más político: podía comprobar —mientras simulaba mirar el cuadro— si lo había seguido la Guardia Civil. Así, en su época de agente clandestino, para Semprún *Las Meninas* fue *dulcis et utilis*: una obra de arte cautivadora, una conexión con su pasado y un escondite político con un retrovisor incorporado.

Como ministro de Cultura, volvió a verse regularmente en presencia de *Las Meninas*. Muy atrás quedaba el hombre que permanecía delante del cuadro con temor. Como ministro no solo podía vagar a voluntad por las galerías del Prado, también tenía potestad para visitar el museo cuando este se encontraba cerrado al público. En esta última fase, tenía la obligación de acompañar a las visitas oficiales, como fue el caso de la reina Isabel II de Inglaterra, a contemplar los cuadros que él había visto por primera vez de la mano de su padre. El Museo del Prado se convirtió en una parte tan importante de su presente profesional público como lo había sido de su pasado íntimo.

> Visitas oficiales o privadas, recuerdos de infancia o de la clandestinidad madrileña, problemas de la acción ministerial en el dominio

> de las artes, cuya función y cuyo porvenir pueden ser simbolizados por este museo: no habría sido impensable reconstruir mi vida de estos tres años con referencia narrativa al Prado.[12]

Semprún veía reflejado en el Prado el relato de su vida y de la historia española. Fantaseaba con reescribir la del museo y con convertir la de los cuadros en la historia de España. Para ello, inventó una galería imaginaria que comenzaría con *Las Meninas*, pasaría a Goya y terminaría con el *Guernica* de Picasso. La disposición de estas obras trazaría la deriva de la figura del pintor: central en *Las Meninas*, débil y ensombrecida por el poder real en la *Familia de Carlos IV* de Goya, e inexistente en el *Guernica*. En este último cuadro, «ni siquiera la sombra del pintor. Ya solo queda la Historia, el horror desnudo de la Historia».[13]

Jorge Semprún intentó conseguir dos veces, sin éxito, que el *Guernica* se expusiera frente a frente con las «pinturas negras» de Goya. La primera vez fue siendo ministro de Cultura; la segunda, en vísperas de una visita de Jacques Chirac a Madrid. Finalmente, en 2006, se realizó en el Museo del Prado y en el Reina Sofía algo muy similar a su galería imaginaria —quizá incluso mejor que ella— con la apertura de la exposición *Picasso. Tradición y vanguardia*, en la que por fin pudieron verse las obras de Picasso junto a las de Goya y Velázquez.

Semprún había visto a Picasso un par de veces entre 1946 y 1947, primero en París y más tarde en el estudio del pintor en Cannes. En sus conversaciones, Picasso había expresado su deseo de ver el *Guernica* expuesto en el Prado, pero solo cuando hubiera acabado la dictadura de Franco. El pintor estaba convencido de que el *Guernica* por fin encontraría su sitio, por primera vez, en aquel museo, donde como afirmaba, se vería claramente «de dónde vengo, de dónde se nutre mi pintura».[14] Picasso murió antes que Franco y no pudo ver su sueño hecho realidad, pero el escritor satisfizo su deseo. La exposición fue, además, una ocasión para hablar sobre el artista y el Prado. En la conferencia que impartió, titulada «Sueño y verdad de Pablo Picasso», Jorge Semprún habló de la relevancia del cuadro con palabras que evocan sus propias obras literarias: «El *Guernica* está y seguirá estando por los siglos en el centro de la discusión de lo que es el arte y la pintura. Es el testimonio de un hecho concreto [el bombardeo de una ciudad por la Legión Cóndor], pero también una metáfora universal del dolor y de la lucha, una metáfora universal de la muerte y de la resurrección popular».[15] Por último, concluía, Picasso, que fue condenado por la izquierda por ignorar los preceptos del realismo social y por la derecha, por apoyar el comunismo, se sitúa en la encrucijada de todas las crisis y debates sobre arte y política del siglo XX. Para Semprún, ver a Velázquez, Goya y Picasso juntos en el mismo espacio suponía cumplir un viejo sueño, y fue uno de los grandes momentos de su vida. En su conferencia, ponía de relevancia el evidente diálogo entre los artistas, que es explícito en algunos casos (como la reinterpretación de Picasso de *Las Meninas*), y sutil y más complejo en otros. Aunque su conferencia se centraba en Picasso, Semprún parecía también estar hablando de sí mismo y de sus propios orígenes creativos. Se identificaba con los pintores.

Junto con Picasso y Goya, las pinturas paisajísticas de Joachim Patinir fueron fundamentales para su escritura. La de Patinir ha sido recientemente redescubierta gracias a una exposición que realizó el Museo del Prado en 2007. En su novela *La montaña blanca* (1987), Semprún confiere al cuadro de Patinir *El paso de la laguna Estigia* un papel de organización de la estructura narrativa. El primer capítulo de la novela lleva por título «Una tarjeta postal de Joachim Patinir» y el último, «El paso del Estige». En el primer capítulo, un madrileño llamado Juan Larrea acaba de visitar el Museo del Prado y le envía la postal del cuadro a un amigo de París. En el manuscrito original francés, Larrea habla de su visita de este modo: «Après, comme d'habitude, j'ai vérifié que le bleu-Patinir est encore ce qu'il était. *Solía ser.* Bleu fixe, bleu fou...».[16] Entre las frases en francés, destaca en español la expresión «Solía ser», que repite la idea ya indicada en francés. El autor de la postal es un visitante habitual del Prado y su recorrido por el museo también es habitual. Asegura a su amigo que en el museo nada ha cambiado y que, más importante aún, el tono del azul de Patinir sigue siendo el mismo azul fijo, azul loco[17] de siempre. Este color —el azul de Patinir— es el color del agua en *El paso de la laguna Estigia* y un sello distintivo de la obra del artista que Semprún define a menudo como «marino claro». El uso del azul en las zonas de la composición que parecen más lejanas del espectador es común en todos los cuadros de Patinir. Sus azules son tan intensos y característicos que casi definen la identidad del pintor. Los cielos azules que se ven en la distancia son un elevado paraíso infinito en contraste con los marrones y verdes más oscuros de los primeros planos, en los que la figura humana se ve empequeñecida y, a menudo, en fuga. Los análisis de la pintura con microscopio han demostrado que, si bien Patinir utiliza en realidad los mismos materiales que otros artistas flamencos de la época, es su técnica la que le permite lograr azules de legendaria intensidad. Durante su largo exilio, el azul de Patinir se convirtió para Semprún en el símbolo de un mundo irrecuperable: su infancia perdida en Madrid bajo cielos de ese intenso azul del pintor. Como ocurre con el ámbar, el tono es rico y a la vez transparente, y parece guardar, atrapados, tesoros del pasado. El color funciona como una piedra de toque de la memoria, se diría que los cuadros son los únicos objetos inalterados en una ciudad cuyo pasado parece haberse desvanecido. En el libro *Veinte años y un día*, el narrador recuerda una cita de Baudelaire: «La forma de una ciudad cambia más rápidamente, por desgracia, que el corazón humano», y se lamenta de que «es verdad que Madrid ha cambiado más aprisa que el viejo corazón del mortal, a cada minuto más mortal, que está narrando esta historia».[18]

En *La montaña blanca*, el personaje principal, Juan Larrea, ha regresado a Madrid con su novia francesa, Nadine. Se alojan en el hotel Ritz, a pocas manzanas del hogar de infancia de Semprún. Larrea seduce a Nadine —como ya lo ha hecho con bastantes otras mujeres— llevándola en un viaje privilegiado a sus lugares favoritos de la infancia. Su habitación del hotel tiene vistas al Museo del Prado, y van a pasear por el Retiro. Visitan el museo todos los días, pero, aunque la escapada romántica parece que sale bien, un repentino vistazo del cielo de Madrid le provoca a Larrea una completa desconexión del presente, y de las relaciones amorosas vacías y repetitivas en las que pretende implicarse:

> El cielo sobre su cabeza era del azul de antes, el azul de la infancia. El azul que precedía a la proliferación de los suburbios industria-

> les, antes de su transformación por el régimen precedente, de capital cortesana, burocrática y un poco provinciana, en una metrópolis de expansión urbana y cancerosa. El azul de antes de la corona de los vapores de la contaminación diaria, que obnubilaban el que había sido el cielo más azul de Europa.
>
> Pero este día, el azul del cielo de Madrid volvía a ser azul todo él... Azul denso pero puro, hasta purificado —purificación de azul— sin el espesor viscoso de algunos azules tropicales. Denso y ligero. Casi insostenible en su densidad ligera, su inacabable azulez... Juan había mirado el cielo azul... Ya no se encontraba en este día de abril tan bien empezado... Se encontraba tirado... Abandonado, olvidado. Dejado de la mano de Dios... El azul de un cielo de la infancia... Desenmascaraba la vida: no había nada detrás de la máscara. Nada salvo la banalidad de la vida.[19]

Al final de *La montaña blanca,* Juan Larrea se suicida ahogándose en el agua azul de un río francés. A medida que el agua va inundando su cuerpo, pasan ante sus ojos fragmentos de palabras e imágenes del azul Patinir y de su niñez: el azul de abril, el cielo intensamente azul de Madrid cerca del Retiro, el añil del río francés. Los colores se convierten en palabras no dichas, sino gritadas. Larrea muere bajo un bombardeo de palabras que describen todos los posibles tonos de azul y que suenan como los gritos del afilador tan típicos de las mañanas de Madrid que oía de pequeño, hacía tantos años.

Como ilustran estos pocos ejemplos, los cuadros del Museo del Prado ocuparon un lugar central en la vida de Jorge Semprún, su escritura, su memoria y la identidad española a la que nunca renunció. En el siguiente fragmento, podemos verlo en pleno diálogo inacabado con una de sus pinturas favoritas: «Vuelvo a mi contemplación de *Las Meninas*. Todavía me quedan algunas fracciones de segundo —una eternidad, en una narración bien trabada— para imaginar sobre esta pantalla admirable los sueños de mi vida. O la vida de mis sueños».[20]

Quizá Semprún no llegó a reencontrar su pasado en Madrid, pero sí pudo reconectarse consigo mismo en la ciudad de su infancia: «En España, tengo una identidad. A veces es confusa, a veces no es lo que me gustaría... pero está allí, y está bien viva».[21]

El escritor se había convertido en un híbrido. No importa dónde se encontrara geográficamente, psicológicamente estaba dislocado, aunque disfrutaba de momentos de arraigo. Cuando Felipe González decidió ofrecerle el cargo de ministro de Cultura, dispuso que fuera Javier Solana, el ministro saliente de Cultura, quien lo llamara a París para averiguar si seguía siendo ciudadano español. La nacionalidad era un requisito para el cargo. Tan pronto como Semprún contestó al teléfono, Solana le disparó la pregunta: «¿Qué nacionalidad tienes?», y Semprún, interesado por el tema, comenzó a divagar acerca de su identidad cultural:

> No comprendí bien la pregunta. O mejor dicho, comprendí su aspecto concreto, práctico. Me la tomé como una cuestión de principio o de cultura. «Soy bastante apátrida», le contesté. «Bilingüe, por consiguiente esquizofrénico, por consiguiente sin raíces. De hecho, mi patria no es ni siquiera la lengua, como para la mayor parte de los escritores, sino el lenguaje».

Solana le escuchó pacientemente. Al final, se rio y dijo: «La cuestión es mucho más simple que eso: ¿tienes un pasaporte español?».[22] Lo tenía.

8

Ministro de Cultura

> Habrá momentos apasionantes y habrá días grises, tediosos. Tendrás amigos, unos de verdad y otros falsos. Tendrás todo tipo de enemigos, es inevitable. No se te va a perdonar nada, no lo esperes. Esta sociedad es así, agitada todavía por provincianismos, rencores sociales, arcaísmos. Pero el día en que en tu primer viaje oficial veas a un jefe de la Guardia Civil cuadrarse ante Federico Sánchez, te darás cuenta de lo que ha cambiado este país, sabrás lo que significa tu presencia en el Gobierno...[1]
>
> FELIPE GONZÁLEZ

> [...] cuando [Jorge] era ministro de Cultura, no había día en que los periódicos de fuego amigo no lo trataran de franchute, gabacho y afrancesado.[2]
>
> EDUARDO ARROYO

Javier Solana recuerda con todo detalle la tarde en la que llamó a Semprún:

> Yo tenía un gran cariño por Jorge —Felipe González también, eran muy buenos amigos— y estaba seguro de que a Jorge le podría hacer una gran ilusión, primero el que nos acordáramos de él para que volviera a España a realizar una función, y segundo, el hacerse cargo de la vida cultural española o tener una responsabilidad en la vida cultural española desde el punto de vista de la administración. Seguramente sería lo que más le pudiera atraer. Eran sobre las seis de la tar-

> de y yo tenía que salir para la ópera, que empezaba a las ocho. No iba en función de mi cargo, sino porque tenía ganas de ir... Me acuerdo perfectamente. Aproveché el descanso de la ópera para pedirle al director su despacho y llamar a Jorge por teléfono. Se quedó muy sorprendido porque lo primero que le pregunté fue que cuál era su pasaporte... Después de hablar un ratillo, yo le dije: «¿Por qué no te vienes por Madrid mañana? Te ayudo a organizar el viaje, si quieres». Y vino. Se entrevistó con el presidente del Gobierno, le hizo la oferta más formalmente... Yo le había sugerido un poco de lo que se trataba, de sustituirme a mí, y enseguida hubo completa sintonía entre nosotros. Ambos tomamos posesión: él del Ministerio de Cultura y yo del Ministerio de Educación. Yo cambié de ministerio, él se incorporó y me acuerdo que nos vimos después del acto oficial. Nos fuimos al café Gijón a tomar un café e hicimos un poco la transferencia de poderes. Vamos, yo le expliqué lo que tenía [...] tomando un café y un cruasán. Luego ya fuimos al ministerio e hicimos los trámites que eran necesarios.[3]

En países como España, que cuenta con importantes empresas culturales subvencionadas por el Estado, el «ministro de Cultura» es responsable de la conservación y difusión —tanto en el ámbito nacional como en el internacional— de la «cultura nacional», concepto que puede incluir muchos aspectos diferentes del patrimonio de un país: sus museos, festivales de música y de cine, ferias de arte, ferias del libro, escuelas, universidades y un sinnúmero de otros ámbitos intelectuales, artísticos y educativos. Quizá «Ministerio de Cultura» no suene tan imponente como «Ministerio de Defensa», pero bien administrado puede lanzar a un país al estrellato internacional. André Malraux, viejo ídolo de Jorge Semprún, fue ministro de Cultura francés con Charles de Gaulle entre 1958 y 1969. Alcanzó la fama gracias a golpes maestros como enviar la *Mona Lisa* a Estados Unidos. Después de una visita de Malraux a la Casa Blanca de John F. Kennedy, Jackie Kennedy afirmó que era el «hombre más fascinante con el que he hablado».[4] Desde 1981, el ministro de Cultura francés Jack Lang había convertido el puesto en el cargo político más glamuroso del país. Lang llegó a ser un nombre conocido dentro y fuera de Europa, y gracias a ello su carrera política despegó.

En España y en Europa, la década de 1980 fue una época de grandes cambios y emociones. España se había mantenido aislada durante siglos, pero en 1986 se convirtió finalmente en miembro de lo que entonces se llamaba la Comunidad Económica Europea (organización transformada desde 1993 en la Unión Europea). Ser ministro de Cultura en España ya no era solo un cargo español, sino también europeo. Jorge Semprún pudo haber pensado entonces que seguiría los pasos de Lang o, al menos, que mantendría su posición ministerial durante una legislatura y que dejaría un glorioso legado.

¿Qué ofrecía Jorge Semprún a su cargo? ¿Por qué le habían escogido entre otros? Según Felipe González:

> Primero, compartimos bastante —«compartir» en el sentido más serio del termino— conversación previa. Lo recuerdo firmando libros en una feria del libro, ni siquiera sé cuál es el nombre de la ciudad francesa; lo recuerdo de innumerables conversaciones en París, o aquí cuando ya podía entrar, y entraba y visitaba tranquilamente España. Con Javier Pradera, con toda la tribu de los amigos. Por tanto, la relación con él era una relación muy fluida; con él, con Fernando Claudín, con Javier Pradera, con el juez, a ver si recupero los nombres, con Juan Benet. Por tanto, una de las cosas que más aprecio de la vida, porque me parece que es uno de los mejores placeres, es una conversación inteligente. Estar en un grupo humano que añade valor en una conversación muy inteligente es algo que siempre he valorado mucho; por tanto, la he practicado siempre que he podido. No mucho, porque he tenido demasiadas ocupaciones y demasiadas obligaciones.
>
> Es cada día más difícil encontrar a alguien, para entendernos, que te añada valor, sobre todo cuando eres mayor. Por lo tanto, volviendo al tema, yo tenía un cierto grado de comunicación, de afecto y de empatía con Jorge; ya podríamos decir que teníamos una comunidad de ideas, no ideológicas, me interesan menos las ideologías, sino una misma percepción de los acontecimientos. Además, y esa es la razón, yo tenía ganas, sin hacer ruido, de recuperar a una parte —en este caso, simbólicamente—, la más expresiva, de lo que había sido el exilio español. De recuperarlo de una vez. Entonces se me ocurre que tenía que formar parte del equipo del Gobierno, y que lo apropia-

do no era darle el Ministerio de Economía, sino darle libertad para que hiciera el Ministerio de Cultura, que tenía bastante trascendencia en ese momento. Recuerdas el año 82, digamos que todo implosiona y, sobre todo, implosiona la libertad, que se expresa en creatividad cultural. Pensé que Jorge tenía que venir, que tenía que traerlo, y el primer inconveniente que encuentro —tras una primera gestión de aproximación que hizo Solana con él— es que no tenía pasaporte español, con lo cual no tenía la nacionalidad española, teóricamente, aunque, como sabes, se había sentido, y es verdad que lo reitera, español.[5]

No cabe duda de que Semprún tenía una preparación excepcional para desarrollar este papel, pero a cualquier trabajo nuevo hay que acostumbrarse. Como recuerda Joaquín Almunia, entonces ministro de Administraciones Públicas:

Éramos vecinos de silla en el Consejo de Ministros. Yo lo conocía de antes. Ya sabía quién era Jorge Semprún, había leído sus novelas y memorias, *Autobiografía de Federico Sánchez*... pero lo conozco personalmente en los años ochenta, en algún momento de los años ochenta, a través de amigos comunes, de Javier Pradera. Recuerdo haber cenado varias veces con él y haber hablado con él de la política española. Siempre que Jorge venía a España le interesaba muchísimo, hacía muchísimas preguntas, y le encantaba analizar la política española y estar al día, implicarse en el análisis. Luego, claro, lo traté más cuando llegó de ministro, en el año 88.

Un cambio de Gobierno en el año 88 y de pronto estamos sentados juntos. Al ministro de Cultura y al ministro de Administraciones Públicas, por orden protocolario, les tocaba sentarse juntos; entonces nos sentamos juntos. Esa escena que él recuerda en el libro es posible que tuviese que ver con un debate sobre el butano, que le impresionó mucho...

Estábamos en un Consejo de Ministros y aquí no se toman decisiones de la misma manera que en la dirección de un partido. En la dirección de un partido hay un debate político en el seno de la dirección; en un Consejo de Ministros, de vez en cuando, hay un debate abierto, un «debate de orientación», lo llamamos ahora en la Comisión Europea. No recuerdo cómo lo llamábamos en la época

> nuestra... en el Gobierno... El Gobierno iba a discutir sobre la situación de China. Cada uno dice lo que le da la gana, pero cuando se trata de decisiones concretas, de aprobar un proyecto de ley, de aprobar un decreto o tomar una decisión precisa, ese debate ha venido precedido de otro tipo de debates entre ministerios; la presidencia del Gobierno, el gabinete del presidente juega un papel de coordinación (la comisión del subsecretario de Estado). Por lo tanto, en parte hay debates que, más que para preparar una decisión, son para que quienes no están de acuerdo con una decisión se desfoguen [...]. Se puede aplicar lo mismo a la Comisión Europea en este momento. [...] La primera vez que Jorge vio algunas de esas intervenciones, probablemente incendiarias, contra una propuesta que ya sabíamos que se iba a aprobar, no entendió la dinámica.[6]

Como ministro de Cultura, Semprún desempeñó un papel clave en los principales acontecimientos de la España del momento. Quizá el más significativo de todos ellos fue la continuación de un proyecto de gran repercusión iniciado por su predecesor, Javier Solana: la creación del Museo Thyssen-Bornemisza. La base de esta institución la constituyó la donación de la colección privada propiedad del barón alemán Heinrich Thyssen y de su mujer española, Carmen Cervera, quien había sido Miss España en 1961. El nuevo museo hizo saltar al coleccionista, a su mujer, e incluso al ministro, a la prensa internacional:

> El Gobierno ha firmado un acuerdo de diez años con uno de los mayores coleccionistas de arte del mundo para llevar a su país pinturas de El Greco, Goya y Velázquez para su exhibición. El contrato de préstamo con el barón Hans Heinrich Thyssen-Bornemisza llevará 787 de las obras de su valiosa colección de arte clásico y moderno a España, colocando a este país en la categoría de uno de los centros de arte más importantes del mundo. La adquisición, que los funcionarios españoles esperan que se convierta en permanente, incluye también obras de Holbein, Franz Hals, Tintoretto, Ghirlandaio, Canaletto, Max Beckmann, Van Gogh, Cézanne, Monet y Degas. El acuerdo firmado el martes por el barón y el ministro de Cultura Jorge Semprún pone el broche a años de negociaciones y representa un éxito para España sobre diferentes rivales como Alemania Occidental, Gran Bretaña

> y Suiza, y la fundación privada Getty de Malibú, California. El barón afirmó que su deseo de que puedan ver su colección tantas personas como sea posible «ha sido probablemente el motivo más importante» en su decisión de traer las obras temporalmente a España.
>
> «Después de diez años, podremos ver cómo ha funcionado y tomar una decisión», dijo el barón, en referencia al destino final de su colección. Afirma que la decisión final la tomarían él, su esposa y sus cuatro hijos.
>
> Que la colección termine en España se debe en gran parte a la influencia de la quinta esposa del barón, Carmen «Tita» Cervera, y de los esfuerzos del duque de Badajoz, Luis Gómez-Acebo, marido de la hermana del rey Juan Carlos, Pilar. La colección del barón, que incluye entre 1.200 y 1.600 obras, es solo comparable a la de la reina Isabel II como colección privada de arte más impresionante del mundo, y está valorada en dos mil millones de dólares. Cifra que tiene relativamente poca importancia, sin embargo, debido al rápido aumento de los precios en el mercado internacional del arte, tanto para los maestros antiguos como para las pinturas modernas.[7]

Durante su mandato como ministro, estuvo también encargado de distribuir el legado del artista Salvador Dalí. El reparto de las obras de arte, una extraordinaria colección de 190 pinturas, desató una acalorada batalla entre Cataluña (lugar de nacimiento de Dalí) y Madrid. Para disgusto de muchos, especialmente de Jordi Pujol, Dalí había designado al Estado español como heredero universal de todas sus obras y bienes. Semprún estaba dispuesto a resolver al asunto con diplomacia:

> Semprún señaló que la obra será administrada «desde la mayor consideración para las necesidades del público, un público que tanto es catalán como castellano, vasco o de cualquier otro sitio». El Patrimonio del Estado tomó ayer posesión del legado.
>
> Pujol y Semprún se verán el próximo lunes en Barcelona, horas antes de que el gobierno catalán analice el testamento del pintor durante su habitual reunión semanal. «Parece que nosotros hubiéramos manipulado el testamento y no ha sido así. Ha sido una sorpresa agradable, pero sorpresa total porque yo mismo pensaba que el testamento era otro y no entiendo las reacciones airadas que

se están produciendo», dijo Semprún sobre las declaraciones de Jordi Pujol.[8]

Tras un año de controversia y complejas negociaciones, la colección fue finalmente dividida —injustamente, en opinión de la mayoría de los catalanistas—. Madrid se quedó con algunas de las obras más importantes de Dalí.

Carlos Solchaga, entonces ministro de Economía y Hacienda, y compañero de Semprún, cuenta lo bien equipado que este estaba para hacer frente a las negociaciones en asuntos culturales:

> [...] él desde el primer momento se sintió muy tranquilo en lo que se podría llamar la competencia que él tenía que gestionar. Todo lo que tuviera que ver con las bellas artes, los museos, la Dirección General del Libro, las exposiciones, el mundo del teatro, del cine y de las artes escénicas. Todo eso era un lugar donde él se movía como pez en el agua, y, si quieres, un poco con el estilo más elegante propio de los funcionarios parisinos.[9]

El ministro estaba tan satisfecho con la forma en que transcurrían las cosas que hasta pensó en trasladarse a España de forma permanente. Lo veía como el comienzo de una posible carrera política importante:

> No habrá autobiografía de ministro. Saldrá quizá mediatizado, de forma conceptual, en algún ensayo, pero no en forma de novela ni de libro de retratos. Eso se ha terminado. [...] Cuando salga del Gobierno seguiré viviendo en este país y seguiré todavía más metido en política que hasta ahora.[10]

Pero no todo iba bien en el Gobierno del PSOE, y si es verdad que él hizo algunos nuevos amigos leales, también se enfrentó con el muy poderoso vicepresidente Alfonso Guerra, entre otros. La franqueza que Semprún mostró durante y después de su mandato le granjeó muchos enemigos. Podía ser muy encantador, era un pensador lúcido y mesurado, pero también poseía un carácter a menudo intransigente e impaciente. Creó el Decreto de Ayuda a la Cinematografía de 1989, que sería conocido como el «Decreto Semprún».[11] Se puso en contra de buena parte de la industria cinematográfica española proponiendo recortes y reformas radicales en el programa de ayudas del Gobierno, y acusó de nepotismo a la presidenta de Televisión Española, Pilar Miró. Como no era en realidad un político profesional ni miembro del partido que representaba, no medía las palabras. ¿Qué tenía que perder? Pero la mayor hostilidad la manifestó hacia Alfonso Guerra. Debido a las acusaciones de corrupción que se vertieron sobre su hermano, Juan Guerra, que dirigía una importante sección del partido, y a los polémicos comentarios que Semprún hizo sobre el asunto a los medios, el vicepresidente se vio obligado a dimitir. Felipe González pidió también la dimisión del ministro de Cultura después de una entrevista, escandalosamente sincera, que este concedió al diario *El País* en julio de 1990. En ella llamaba a Guerra y a sus seguidores «oportunistas de izquierdas», y afirmaba que el Gobierno estaba en crisis y que nadie hablaba de las causas políticas de la misma. Esta fue la segunda vez, y la última, que Jorge Semprún fue despedido de su cargo en un partido político español por decir abiertamente lo que pensaba y rebelarse contra sus superiores. La entrevista es, verdaderamente, poco diplomática:

> P. ¿Cómo se incrusta en su proceso el caso Juan Guerra?
>
> R. De la peor manera posible. Es cierto que ha habido una atención privilegiada de los medios hacia ese caso, pero el caso existe, no ha sido inventado, hay una conspiración. Y el caso existe porque hay una coincidencia de tres factores: hermano de vicepresidente, despacho oficial y enriquecimiento rápido. La cuestión se agrava por una reacción de aparato lenta, arrogante, con una explicación inicial confusa. Las cosas salían porque los medios iban sacándolas.
>
> [...]
>
> A eso me refiero cuando hablo del debate de la socialdemocracia, que ha vivido durante decenios contra el capitalismo y el comunismo. Una de esas referencias se ha caído. El único marco que queda es un mercado mundial con predominio capitalista. A veces se dice que España necesita un giro a la izquierda. ¿Qué giro? Es la izquierda la que necesita un giro a la realidad.[12]

Carlos Solchaga, exministro de Economía y Hacienda, que también era contrario a Guerra y que siempre tuvo un gran aprecio por

Semprún, habla de los obstáculos que este encontró y de los que se creó él mismo:

> Todo eso funcionó durante un tiempo, hasta que Jorge fue tomando partido en la disputa entre Guerra y yo, sobre todo con la historia de su hermano [Juan Guerra]. Fue tomando partido por mí y, sobre todo, en contra de Guerra; eso le descarriló un poco su idea a Felipe de cuál podría ser el papel de Jorge en el Gobierno y en el complejo gobierno-partido. Se dio cuenta de que, de alguna manera, Jorge era un tipo muy respetado pero que no era alguien de los nuestros, no era alguien del partido, y no sabían muy bien cuándo entraba en fase de choque con las querencias mayores del partido, los mayores prejuicios. No sabía muy bien cómo encajar en la situación.
>
> [...]
>
> Duró un año, porque, desde que Felipe llega a la conclusión de que es muy difícil sostener a Alfonso Guerra hasta que finalmente en enero del año 91, en plena guerra del Golfo, Alfonso Guerra dimite, ha pasado un año largo. Y en medio de eso es cuando, en el verano de 1990, y antes de la [Operación] Tormenta del Desierto, de la entrada de los norteamericanos en Kuwait, escribe ese artículo Jorge, indignado contra el guerrismo y lo que este representa dentro del partido. Felipe debe de recibir unas presiones tremendas, del tipo: «¿Quién es este, que después de todo ni siquiera tiene el carnet del partido, para decirnos qué es lo que debemos hacer?». [...] Lo más importante aquí era «este no es de los nuestros». Cuando la gente no tiene muchos méritos propios, generalmente utiliza los de *belonging*, los de la pertenencia: «Yo no soy el más listo, pero soy el más antiguo aquí».
>
> Me llamó entonces Jorge, el día antes del Consejo de Ministros, y me dice: «¿Estás en Madrid?». Cuando le digo que sí, me dice: «¿Por qué no cenamos?». Fuimos a cenar los dos, a un sitio que se llama la Casa Vasca y que está donde el teatro de la Zarzuela, al lado de las Cortes. Enfrente hay un edificio donde hay unas instituciones vascas, próximas a la sede del Partido Nacionalista Vasco. Allí cenamos los dos, mano a mano, y me enseña la carta de Felipe y me pregunta: «¿Qué te parece? ¿Qué significa esto?». Yo le dije: «Te está pidiendo que dimitas». Yo creo que, a esas alturas, Felipe ya estaba arrepentido de lo que había hecho. Había sido un momento de rabia, o de lo que sea, y no le hubiera gustado [que dimitiera]. La prueba es que, al final (Jor-

> ge, quien no sé si hablaría, aunque supongo que sí, que hablaría en su momento con Felipe), esto no se trata de una dimisión inmediata, sino que ocurre cuando se forma un nuevo Gobierno en marzo del año 91, cuando ya Jorge sale de ese Gobierno. [...] Colette tenía la impresión permanente de que este país era tremendamente ingrato con su marido, sobre todo con lo que le debía a él como intelectual y como político.[13]

Semprún no se quedó en España, ni tampoco siguió en la política. Su poético regreso al barrio de su infancia y su incorporación a las filas ministeriales que una vez ocupara su abuelo no iban a ser el gran final de su complicada vida. El regreso permanente a España, tan soñado, nunca lo consiguió.

Contrariamente a lo que había previsto y anunciado, sí escribió un explícito libro de memorias sobre su experiencia como ministro de Cultura. Se tituló *Federico Sánchez se despide de ustedes* y fue publicado en 1993. Es, a su manera, otro relato de venganza que recuerda a la *Autobiografía de Federico Sánchez* de 1977. De nuevo, el autor vuelve a ser el exiliado bienintencionado que regresa a su patria a asumir un papel político. De nuevo se enfrenta a líderes que subestiman su sabiduría y su talento, y de nuevo se ve obligado a regresar a Francia. Hay algunas diferencias significativas, por supuesto. Uno de los relatos versa sobre el PCE y el otro, sobre el PSOE; uno se desarrolla durante la dictadura de Franco y el otro, después de la Transición. Pero ambas son airadas narraciones de venganza. En este sentido, la diferencia es que el tono de *Federico Sánchez se despide de ustedes* es más amargo. En 1977, el exmilitante tenía todavía esperanzas de hacer una reaparición y desempeñar un papel en el futuro político de España. En 1993, la vuelta soñada era agua pasada, él era mucho mayor y la despedida oficial parecía definitiva. Felipe González, mucho más joven que él, le pedía que se fuera. Semprún sobrevivió a Franco, pero las nuevas generaciones de políticos le sobrevivirían a él. Aunque decepcionado, Semprún nunca culpó a González. Estaba demasiado ocupado echándole la culpa a su vicepresidente, Alfonso Guerra. Para él, Guerra se había convertido en su archienemigo, y se regodea insultándole insistentemente en *Federico Sánchez se despide de ustedes*. Si tuviéramos que reducir a una sola la razón de ser de esas memorias, sería la de atacar a los hermanos Guerra:

> Es verdad que había tomado públicamente posición en el asunto de tráfico de influencias y de enriquecimiento personal ilícito, del cual era presunto culpable un hermano del vicepresidente. Aquel Guerra, de nombre Juan, parado en 1982, en el momento de la victoria socialista en las elecciones legislativas, se había convertido más tarde en su ciudad natal, Sevilla, en una especie de secretario o factótum de su potente pariente... Como quiera que sea, Juan Guerra ocupó un despacho oficial...Y aprovechó aquel puesto, aprovechó el aura de autoridad e influencia que su apellido y la utilización de este despacho oficial le conferían para conseguir en unos años una fortuna aparentemente importante.[14]

Además de su antagonismo moral con los hermanos Guerra, Semprún sentía también una aversión visceral hacia el vicepresidente. En el extenso retrato que ofrece, dice que no podía soportar los gruesos cristales de las gafas de Guerra, su cara delgada, sus gustos literarios, su voz «sorda» ni su acento sevillano. Antes de la llegada del que sería ministro de Cultura, Guerra era considerado el intelectual del PSOE. Así pues, la rivalidad entre ellos es comprensible, pero para el escritor esa tensión se convirtió en un odio intenso. Sus críticas se repiten como disparos de ametralladora en la página, el adjetivo «sordo» aparece cuatro veces en tres párrafos:

> Entonces pidió la palabra el vicepresidente Alfonso Guerra. Hablaba con una voz bastante débil, sorda [...] *su acento andaluz, muy pronunciado, laceraba las palabras del castellano*, escamoteando algunas letras o diptongos, deformando otros [...] he terminado por suponer que Guerra hablaba así para obligar a sus interlocutores a prestar una atención vigilante [...] Le oía hablar con su voz sorda, lacerada su dicción por el acento andaluz.[15]

Aunque Jorge Semprún abandonara España de nuevo, se nota que había recuperado la peor parte de su verdadera identidad como niño bien madrileño de principios del siglo XX, presto a mirar por encima del hombro a un rival que veía como un advenedizo provinciano. Su retrato de Guerra es injusto, sin duda, pero, como cuenta Joaquín Almunia (entonces ministro de Administraciones Públicas), Guerra tampoco fue justo con Semprún. El desprecio era mutuo y Guerra nunca entendió por qué Felipe González le había ofrecido a Jorge Semprún un cargo.[16] Pero, por otra parte, había sido ministro de Cultura y había tenido un papel político en una España demócratica. Según Carlos Solchaga, *Federico Sánchez se despide de ustedes* también lo escribió por otros motivos:

> Siente la satisfacción, eso se nota en este libro, está lleno de satisfacción, de que España por fin se puede sumar a Europa, que es un país con democracia. Y tiene la necesidad de contarlo, de decir: «Mire usted lo que yo hice en otros tiempos, y aquí estamos». Aunque trate de decirlo con cierto *détachement*, no puede. Además, es un libro de punto final, de decir: «Yo les quiero contar por lo que he pasado y tal, porque ahora este país ya es normal».[17]

En suma, entre 1953 y 1991, nuestro biografiado vivió en España aventuras emocionantes, gratificantes y frustrantes. Fue agente secreto comunista y ministro del Gobierno socialista. Desde que se convirtió en ministro y regresó al barrio de su infancia, se sintió reconectado con su lado Maura y con el pasado. Su abuelo había servido al rey Alfonso XIII, y él había servido a su nieto, el rey Juan Carlos. El encuentro de los dos nietos de exiliados en Madrid cerraba una especie de círculo que había quedado violentamente interrumpido por la Guerra Civil, el fascismo y una dictadura inconcebiblemente larga. Era insólito que la monarquía hubiera sido reinstaurada y que durante tres años Jorge Semprún colaborara con Juan Carlos y con su mujer, la reina Sofía. La reina estaba especialmente implicada en los mundos del arte y de la música, y el ministro de Cultura sentía gran admiración por su refinamiento personal y cultural. En todas las fotos en las que salen juntos se aprecia complicidad y alegría. Su animadversión hacia Alfonso Guerra y sus seguidores aparte, había desarrollado cierto apego hacia muchas personas en España, entre ellas, la familia real. Los antiguos vínculos comunistas de Jorge Semprún no interfirieron en absoluto en su nueva vida entre la élite internacional. Al contrario, disfrutaba de su trabajo con el rey y la reina, y con los demás miembros de la realeza a quienes tuvo la oportunidad de conocer en el Prado, entre ellos la reina Isabel II, de quien habló elogiosamente. Cuenta que el barón Heinrich von Thyssen y él hicieron buenas migas al instante, y también escribe con admiración sobre la baronesa, Carmen «Tita» Cervera. Por contra, le horrorizó el comportamiento egoísta e ignorante de la primera dama soviética, Raísa Gorbachova.

Durante la dictadura, de 1939 a 1975, Jorge había tenido una prioridad clara: luchar para derrocar a Franco. Ahora Franco ya no estaba, el PCE había sido legalizado, Carrillo vivía cerca del parque del Retiro de Madrid y cada noche podía irse tranquilamente a casa. El exdirigente comunista hablaba por la radio todas las noches. Gente de todo el espectro político le aclamaba como un héroe de la Transición. ¿Por qué pudo encajar Carrillo y no Semprún? Al final, con o sin Franco, su propio país siempre parecía resistírsele. Su hermano Carlos escribió sucintamente sobre la actitud de España hacia sus propios exiliados: «La verdad es que la España posfranquista —que ya lo era antes de la muerte del dictador— no ha aceptado jamás el exilio, sus causas y sus consecuencias. El exilio es como un minusválido en una familia bien».[18]

Su deseo confeso había sido pasar el resto de su vida en España y seguir en política. A pesar de que era muy respetado por sus conocimientos culturales y su talento literario, su arrogancia y tendencia a un exceso de franqueza le habían dado una imagen de hombre problemático.

Aunque habría muchos más viajes a España —para ver a los amigos, impartir conferencias y firmar libros—, no volvería a vivir en su país. El poder político que durante décadas había perseguido con tanto fervor le fue esquivo.

Tampoco como ministro había logrado deshacerse de su estatus de forastero. Su amigo y antiguo colega Carlos Solchaga afirma sobre España: «A la gente no le gusta que vengan de fuera a rectificarle o a enseñarle lo que tiene que hacer, que decir o tal, y miran siempre con recelo y desconfianza».[19]

A pesar de haber perdido el cargo, solicitó una reunión de despedida con el rey. Según Felipe González, era una solicitud insólita:

> De todos los ministros que he tenido, el único que pidió audiencia para despedirse del rey fue él, cuando cesó. El único. Entonces el rey me dijo: «Oye, ¿no te resulta extraño?». No tuve muchos ministros, pero estuve muchos años (llegué a tener sesenta en todo el período; la cifra es arbitraria, pero sería sobre ese número, y uno de ellos fue Jorge). Él fue el único que, cuando cesó, le pidió una audiencia al rey para despedirse. Y el rey, con el sentido que tiene de las cosas, me decía: «Bueno, resulta que es el comunista, el que ha estado en el campo de concentración, el republicano, el no sé cuántos. ¿Y es el único que viene a despedirse de mí? ¿El único que me pide audiencia? ¿Qué explicación tiene?». Entonces yo le dije al rey: «Bueno, no se olvide que, además de Semprún, se llama Maura, y a uno le imprime carácter llamarse Semprún Maura». Puedes ser comunista, revolucionario, pero eres de una familia que sabe que hay unos códigos de conducta más allá de las ideologías. Y es solo por eso, no creas que hay nada más allá. Es exactamente que Jorge cree que ha prestado un servicio a la España democrática, a la monarquía constitucional, como ministro, y que cuando cesa en su tarea tiene que decirle adiós al jefe de Estado antes de irse. Esa es la razón. Y fue el único del Gobierno que lo hizo.[20]

Para Javier Solana, el hecho de que tuviera que abandonar su cargo de ministro no hace mella en su gran trayectoria política. Al preguntarle si cree que Semprún tenía vocación, contesta: «Vocación política, sin duda. Lo que no sé es si tenía vocación de ministro... vocación política, toda su vida. Toda su vida tuvo una vocación política extraordinaria, entendida como el servicio a una sociedad en transformación, en cambio, que es lo que él quería para España...».[21]

El pintor Eduardo Arroyo, viejo amigo del exministro de Cultura, veía su salida del Gobierno del PSOE con otra perspectiva. Según Arroyo, Semprún había sido utilizado y descartado cuando se convirtió en una persona inconveniente. Su relato del último día que Semprún pasó en Madrid como ministro es una imagen patética, que otras versiones contradicen. Habla de un hombre —temporalmente— sin hogar, vagando con su mujer por las calles, arrastrando sus pertenencias después de haber sido expulsados abruptamente del piso que era su hogar.

Semprún estaba condenado a vivir en un estado fronterizo, porque Francia tampoco terminaba de darle la bienvenida. Siempre había alguien dispuesto a señalar su condición de «extranjero». Como comenta Arroyo:

> Y no es que los franceses lo trataran mejor. Eso sí, sin rencor pero con firmeza. Jean d'Ormesson y Hélène Carrère d'Encausse le insistieron para que postulase a un sillón a la Academia Francesa. Lo hizo y se equivocó —como si no los conociera—. El caso es que bastantes académicos impidieron su ingreso porque fue comunista y porque era español. Él, que escribía en un francés rico y preciso bellas páginas conmovedoras. Sin rencor. No obstante, aquel episodio me lleva a evocar su elección como miembro de la Academia Goncourt, una institución que solo requiere que el integrante sea autor... de lengua francesa.[22]

Uno de los homenajes más interesantes que se han hecho a la época en la que ejerció como ministro lo escribió, poco después de su muerte, su directora de gabinete en el Ministerio de Cultura, Juby Bustamante. Lo veía a diario y durante esos años mantuvieron una relación muy cercana, aunque, como ella misma dice, no era fácil estar «cerca» de él en el sentido habitual. Pero Bustamante era consciente de su lucha y de los insuperables obstáculos a los que tuvo que hacer frente tratando de integrarse en la España contemporánea:

> Nunca sé muy bien qué contestar ante la afirmación categórica de «tú que conociste tan bien a Jorge Semprún», porque, sinceramente, creo que a Jorge Semprún muy bien, muy bien, no le conocía casi nadie.
>
> Excluyo a su mujer, Colette, y quizá a alguno de los viejos amigos, muchos de los cuales se le han adelantado en el largo viaje que él inició el pasado martes. El resto, entre los que me incluyo, creo que solo entrevimos retazos de una personalidad tan atractiva como secreta, tan rica como aparentemente contradictoria, tan cálida como distante, tan sociable como solitaria. Puedo decir, sí, que le conocí entrevistándole para *Diario 16*, allá por los finales de los setenta. Que compartí muchas horas en largas tertulias junto a sus históricos ami-

> gos de Madrid en sus frecuentes viajes a España. Y, sobre todo, que trabajé junto a él durante los tres años que permaneció al frente del Ministerio de Cultura del Gobierno de Felipe González. Que durante muchos días, muchas horas cada día, le vi decidir, reflexionar, luchar; enfrentarse a burocracias que le producían perplejidad, a maneras de hacer política que no eran las suyas, a situaciones y personajes demasiado romos, demasiado ruines, sobrados de astucia y carentes de verdadero talento. Como ministro trató con maneras de hacer política que no eran las suyas.[23]

El desfase entre Jorge Semprún y la vida española le empujó de nuevo hacia Francia. Aunque siempre volvería a España, nunca logró integrarse del todo, y su obra tampoco ha conseguido encajar en el canon de la literatura española, aunque tenga un grupo fiel de seguidores, especialmente en este, su año centenario.

9

Paris encore

El 24 de febrero de 1991, Jorge Semprún e Yves Montand hicieron una aparición conjunta en la televisión española.[1] Aunque ambos eran principalmente artistas —del mundo de la literatura y del espectáculo, respectivamente—, se les había invitado al programa para hablar de política actual. El escritor era todavía ministro de Cultura, aunque ya había acordado su dimisión en privado con Felipe González, y Montand había considerado seriamente presentarse a las presidenciales francesas en 1988. Los dos viejos amigos se habían convertido en figuras públicas que gozaban de credibilidad, y ambos parecían haber dado un giro a la derecha. En una entrevista algo incómoda, a Semprún se le ve tenso durante algunas de las intervenciones con tono de arenga de Montand, quien murió en noviembre de ese año de un ataque al corazón, a la edad de setenta años.

Durante la entrevista, el ministro de Cultura mantiene su habitual calma imperturbable; no era dado a despotricar, pero sus respuestas a la joven presentadora, Concha García Campoy,[2] son un poco sarcásticas. La entrevistadora tenía unos cuarenta años menos que sus invitados y en sus preguntas, centradas en la guerra del Golfo, mantiene un tono cortés pero firme.

Al ver hoy el programa es fácil preguntarse qué hacían aquellos dos tipos opinando públicamente sobre esa guerra. Ambos se muestran abiertamente a favor de la guerra y se ubican fervorosamente del lado del presidente de Estados Unidos, George Bush. Cuando García Campoy intenta explorar las tensiones entre sus puntos de vista actuales y su pasado comunista, Semprún se pone a la defensiva. El punto culminante de la conversación se produce cuando le pregunta cómo un superviviente de la Segunda Guerra Mundial, exprisionero de un campo nazi, puede estar a favor de la intervención militar. El escritor le responde que, si Estados Unidos hubiera intervenido cuando debía a finales de la década de 1930 y principios de la de 1940, él nunca habría sido un prisionero. La impaciencia de Semprún indica que no tenía nada que decirle a una presentadora guapa y joven. La guerra de Irak no era, en realidad, lo suyo, y pronto redirigiría su vida y su carrera de escritor de vuelta al asunto que mejor controlaba: Buchenwald.

Poco después de dejar su cargo ministerial, Semprún volvió a París y empezó una obra centrada de nuevo en el campo de concentración. Esto supone un claro paralelismo con la época que siguió a su expulsión del PCE, con la publicación de *El largo viaje* en 1963. Cada vez que tenía que hacer frente al rechazo político, regresaba a la literatura y al pasado como si fueran redes de seguridad, y porque le encantaba escribir. Cuando se veía excluido por España, volvía a viajar —en su imaginación— a Buchenwald. En 1994 publicó un libro de memorias que se convertiría en su mayor éxito, *La escritura o la vida*.[3] El triunfo internacional que alcanzó este libro de memorias constituía su mejor venganza hasta la fecha; tenía setenta y un años cuando se publicó.

En esta última entrega sobre Buchenwald consiguió dar un giro a los campos nazis y proyectar el tema no solo como algo relevante, sino también sumamente atractivo. A lo largo del libro, el autor emplea un tono irónico y una narrativa en primera persona aparentemente franca y directa. Los capítulos, divididos en secciones independientes y fascinantes, están generosamente salpicados de nombres famosos —Louis Armstrong, Pablo Picasso, Thomas Mann—. Habla de jazz, de cigarrillos, de poesía y de revólveres Smith & Wesson. El volumen de memorias es una celebración de la vida y la cultura, y una oda al siglo XX, libre de amargura y de resentimiento. En la categoría de «memorias de campos nazis», *La escritura o la vida* destaca como uno de los libros más asequibles, menos desagradables. Por supuesto, se incluyen referencias a los horrores que sufrió y de los que fue testigo, pero el éxito entre los lectores se debía a una visión poética y bella del horror. La trágica muerte de un prisionero judío queda señalada por la gloria de los lazos fraternales y la belleza del *kaddish*; la sensación de alienación que el deportado experimentó al llegar al centro de repatriación de Ettersburg tras la liberación de Buchenwald, se convierte en alegría y deseo cuando el narrador baila con una chica al son de «The Sunny Side of the Street». No hay ajustes de cuentas con los alemanes, ni críticas hacia la turbia colaboración de los franceses con los nazis. Todos podían leer el libro sin sentirse incómodos. Jorge Semprún había dado en la diana.

La idea del libro se le ocurrió, decía, cuando oyó hablar, por primera vez, del suicidio de Primo Levi, escritor, químico y superviviente de Auschwitz, el 11 de abril de 1987. Pero no abordó *La escritura o la vida* inmediatamente después de la muerte de Levi, porque la idea coincidió con su cargo de ministro de Cultura. El proyecto tuvo que esperar a que él volviera de España (1991) y acabara de contar sus batallas con los socialistas españoles en *Federico Sánchez se despide de ustedes* (1993).

En *La escritura o la vida* dedica un capítulo a Levi, y lo identifica como la inspiración del libro. Dice que se tomó la noticia de su suicidio como algo personal y que quedó perturbado por los significativos paralelismos que encontró entre las vidas de ambos:

> Pese a la diferencia del recorrido biográfico, de las vivencias, una coincidencia permanece, no obstante, turbadora. El espacio del tiempo histórico, en efecto, entre el primer libro de Levi —éxito magistral en el plano de la escritura; total fracaso en el plano de la lectura, de la recepción del público— y su segundo relato, *La tregua*, es el mismo que separa mi incapacidad de escribir en 1945 y *El largo viaje*. Estos dos últimos libros han sido escritos en la misma época, y publicados casi simultáneamente: en abril de 1963, el de Levi, en mayo el mío.[4]

El suicidio de Primo Levi es, en efecto, la semilla de *La escritura o la vida*. Semprún consideraba que, al escribir *Si esto es un hombre* (1947) poco después de que acabara la guerra, Levi había elegido «la literatura y la vida». En la inmediata posguerra, el español exiliado se había visto incapaz tanto de regresar al campo en su memoria como de escribir, por lo que eligió la «vida» o la acción política sobre la literatura. Tuvo que esperar casi veinte años, hasta *El largo viaje*, para poder recrear su experiencia. Con su suicidio, en 1987, Levi encarnó la teoría de Semprún: los supervivientes de un trauma deben elegir entre la literatura —definida vagamente como una creación que consiste en bucear en los recuerdos dolorosos— o la vida —entendida como acción en el presente, vistas al futuro y negación del pasado—. De ahí el título del libro. El autor parece perplejo y desconcertado por la muerte voluntaria de Levi. De algún modo, había creído que Levi había sido capaz de escapar de las garras de tener que elegir, que había podido compaginar vida y literatura. ¿Demostraba el suicidio de Levi que la vida y la literatura eran, como él había pensado, incompatibles? Las evocaciones y meditaciones semprunianas sobre Levi le permiten rendir homenaje al fallecido escritor turinés y, al mismo tiempo, establecer cierto parentesco literario con él y con el discurso del Holocausto. En 1997, su libro fue galardonado con el Premio Jerusalén por la Libertad del Individuo en la Sociedad. Con este libro, Semprún se identificó claramente como testigo y superviviente del Holocausto, en parte gracias a su asociación con Levi, y fue recibido como un escritor judío adoptivo.

Mantenía que la «autoficción», la autobiografía novelada que reclamó como género literario propio, era el único modo de dar voz al testimonio. Insistía en que el recuerdo puro y la escritura testimonial no resultan eficaces para retratar los horrores de la historia. Para lograr representarlos con éxito uno tenía que ser a la vez testigo y artista. *La escritura o la vida* aborda explícitamente las posibilidades de la memoria, y la relación entre memoria y arte en el contexto de la escritura sobre los campos nazis:

> Habrá supervivientes, por supuesto. Yo, por ejemplo. Aquí estoy como superviviente de turno, oportunamente aparecido ante esos tres oficiales de una misión aliada para contarles lo del humo del crematorio, el olor a carne quemada sobre el Ettersberg, las listas interminables bajo la nieve, los trabajos mortíferos, el agotamiento de la vida, la esperanza inagotable, el salvajismo del animal humano, la grandeza del hombre, la desnudez fraterna y devastada de la mirada de los

> compañeros. Pero ¿se puede contar? ¿Podría contarse alguna vez?... No hay más que dejarse llevar. La realidad está ahí, disponible. La palabra también. No obstante, una duda me asalta sobre la posibilidad de contar. No porque la experiencia vivida sea indecible. Ha sido invivible, algo del todo diferente, como se comprende sin dificultad. Algo que no atañe a la forma de un relato posible, sino a su sustancia. No a su articulación, sino a su densidad. Solo alcanzarán esta sustancia, esta densidad transparente, aquellos que sepan convertir su testimonio en un objeto artístico, en un espacio de creación. O de recreación. Únicamente el artificio de un relato dominado conseguirá transmitir parcialmente la verdad del testimonio... Siempre puede expresarse todo, en suma. Lo inefable de que tanto se habla no es más que una coartada.[5]

Numerosos críticos y lectores están de acuerdo con el argumento en defensa del testimonio artístico, y muchos afirmarían que no existe otro tipo de testimonio. Nos guste o no, nuestra experiencia está inevitablemente moldeada por nuestra percepción, nuestra memoria y nuestra imaginación. Por otro lado, también están quienes consideraron que la estrategia del escritor presentaba peligros. Él, que había asumido un papel principal en el discurso sobre el Holocausto, estaba diciendo que inventarse el pasado era aceptable, y que también era necesario. Esto planteaba algunas cuestiones espinosas frente a los negacionistas del Holocausto, siempre intentando retorcer el pasado en favor de sus propios argumentos engañosos.

En un debate organizado por la revista francesa *L'Express*, Alain Finkielkraut desafió a Semprún preguntándole si, para mantener a raya a los negacionistas del Holocausto, no sería mejor establecer unas reglas para la ficción sobre la Segunda Guerra Mundial. El autor no se incomodó en absoluto por la pregunta de Finkielkraut y respondió que la única regla era «no hacer trampa». Sostuvo que él era libre de hacer lo que quisiera, siempre y cuando «no inventara cosas que comprometieran moralmente el testimonio». Ofreció un ejemplo:[6]

> ¡La condición esencial es no mentir! No construir la ficción sobre hechos que comprometan moralmente el testimonio. No tengo

derecho, por ejemplo, a inventar al judío moribundo que canta el *kaddish* en el moridero de Buchenwald. Es una regla que me he impuesto desde siempre. Pero la aparición del negacionismo no ha hecho más que reforzar su necesidad.[7]

Semprún mantuvo también discusiones públicas sobre la representación del Holocausto con Claude Lanzmann, director de la película *Shoah*. Pero, a esas alturas, toda controversia en torno a *La escritura o la vida* no hacía más que avivar el ascenso de su creador como estrella mediática y autoridad moral. El momento en que se publicó fue también crucial para que su último trabajo adquiriera tal relevancia. Las ventas en Francia y en el extranjero alcanzaron su punto álgido en 1995, coincidiendo con las celebraciones europeas del 50.° aniversario del final de la Segunda Guerra Mundial. De pronto, Jorge Semprún, que había sido expulsado del PCE y cesado de su cargo como ministro español de Cultura, estaba muy por delante de sus compatriotas españoles. Muy pocas personas fuera de España habían oído hablar de Santiago Carrillo o de Alfonso Guerra, pero Jorge Semprún acumulaba honores y premios en todo el mundo. Fue rebautizado como un héroe, una autoridad moral, y se convirtió en la viva imagen de una Europa libre y en uno de los escritores más célebres de Francia, Alemania e Israel. Se transformó en el rostro literario e intelectual del Holocausto, lo que suponía un giro curioso para un escritor no judío. El libro también se vendió bien en España, donde su autor pudo disfrutar de una nueva atención mediática. Siempre es más fácil triunfar en casa cuando uno es una estrella internacional.

A sus setenta y un años, Francia y Alemania celebraron el bautismo de Jorge Semprún como fenómeno mediático e hijo adoptivo. Le cubrieron con un flujo constante de admiración que disfrutaría durante el resto de su vida. Hay decenas de titulares de periódicos y revistas sobre él que datan de esta época, casi todos relacionándole con Buchenwald. La línea destacada de un artículo que publicó *Le Parisien* el 18 de enero de 1995 reza: «Es un año un poco duro para los supervivientes de los campos».[8] En las entrevistas se le pregunta casi exclusivamente sobre su experiencia como prisionero, y sobre la posibilidad del perdón. Se convirtió en el experto al que se consultaba por defecto sobre el tema de los campos alemanes, incluidos los campos de exterminio. Semprún respondía con elocuencia sobre el mal, los nazis y el futuro de Europa. Se convirtió en el hombre del siglo, un testigo de las atrocidades alemanas, y encabezó las listas de *best sellers*. En 1999, Francis Girod y Olivier Barrot hicieron un documental de dos horas para la televisión francesa sobre Semprún: *Le siècle de Semprun*.

La relación completa de los honores que recibió es demasiado larga para detallarla aquí, pero en ella se incluyen el Premio de la Paz de los Libreros Alemanes en 1994, el Premio de la Ciudad de Weimar en 1995, en 1996 fue elegido miembro de la prestigiosa Academia Goncourt, en 1999 ganó el premio italiano Nonino, en 2002 el Premio Blanquerna, la Medalla Goethe en 2003 y, en 2007, la Universidad de Potsdam lo invistió doctor *honoris causa*.[9] En Francia recibió numerosos galardones y honores: el Prix Femina Vacaresco en 1994 y el Prix Littéraire des Droits de l'Homme en 1995. En su minibiografía de Semprún, la página web del Buchenwald Memorial enumera con orgullo todos los galardones alemanes que recibió. La web incluye biografías de varias personas notables, entre ellas Semprún, Elie Wiesel, Maurice Halbwachs y Robert Antelme. Y un párrafo explica el proceso de selección:

> Las biografías seleccionadas presentan a artistas, escritores, políticos e intelectuales. Muchas de estas personas se presentaron por primera vez en la exposición «Leben-Terror-Geist» («Vida-Terror-Mente»), organizada por la Fundación Memoriales de Buchenwald y Mittelbau-Dora en 1999. Representan a muchos otros, e ilustran la vida y obra de personas que, a pesar de lo heterogéneo de su patrimonio, creencias y biografías, siguen vinculadas por un hecho: su encarcelamiento en el campo de concentración de Buchenwald.[10]

Resulta un tanto desconcertante que, en la página oficial alemana que honra la memoria de Buchenwald, solo estén representados un porcentaje minúsculo de los presos de «élite» del campo. ¿Cómo puede afirmarse que «representan a muchos otros»? ¿Dónde están los otros?

Por otra parte, la versión en inglés de su biografía en la web de Buchenwald de hace unos años incluye una cita desorientadora, mal traducida, en la que Semprún parece que pinte en vez de escribir:

> Mi pintura no está basada en impresiones aleatorias, sino en mis recuerdos. Pero los tiempos han exigido algo más de mí: entender lo que he vivido, tratar de descubrir qué hilos unen pasado y presente.[11]

Si se consulta la versión alemana de la misma página de la biografía —con la misma foto y la misma maquetación— la cita es muy diferente, y Semprún habla de Europa:

> Una de las posibilidades más eficaces de abrir un camino a una Europa unida, o, mejor dicho, una Europa reunificada, consiste en compartir nuestro pasado, nuestros recuerdos, nuestra memoria que hasta ahora han estado separados.[12]

No cabe duda, había muchos Jorges.

Jorge Semprún regresó a Buchenwald en tres ocasiones: en 1992, con sus nietos, otra vez en 1995 y por última vez en 2010. En 1995, año de la conmemoración oficial del 50.° aniversario de la liberación, abogó por ofrecer una visión imparcial de la historia. Fue muy claro al afirmar que no deseaba celebrar la liberación de los campos nazis gracias al Ejército Rojo, porque no quería glorificar a los soviéticos pasando por alto la existencia de los gulags:

> ¿Qué conmemoramos? Hemos empezado por conmemorar la liberación de Auschwitz por el Ejército Rojo en enero de 1945. Muy bien, pero ¿por qué no recordar que este ejército venía de un país donde también había campos? Estas conmemoraciones son siempre

un poco hemipléjicas. Si decidimos hacer obra de la memoria, tendremos que conmemorar el centenario del gulag.[13]

Según este enfoque, Alemania no era el único país que había tenido campos de concentración, y, es más, se les recordaba que habían combatido a un enemigo formidable. Esta visión más indulgente con Alemania resultó útil y apreciada no solo porque el país iba enfrentándose con su pasado, sino, más importante aún, porque el país avanzaba hasta convertirse en líder de una nueva Europa.

Al escritor le encantaba visitar Alemania y su cariño era correspondido. Aceptó muchas invitaciones para dar charlas y siempre le gustaba tener la oportunidad de hablar el idioma que sus *fräuleins* le habían enseñado hacía casi un siglo en Madrid; la lengua que posiblemente le salvó la vida.

En una conferencia titulada «Estalinismo y fascismo» que dio en español en 1986,[14] rememoró la escena de la liberación de la que fue testigo en Buchenwald en abril de 1945, un momento sobre el que ya había escrito otras veces. Esta versión se centra, una vez más, en el haya de Goethe y en la posibilidad de la esperanza, ejemplificada en su renacimiento:

> ¿Se me permitirá una evocación, un recuerdo personal? Finales de abril, en 1945: aquella iba a ser mi última tarde en el Ettersberg. Iban a ser las últimas horas de mi estancia en Buchenwald antes del regreso a París. Aunque los camiones que iban a transportarnos durante aquel viaje dependieran administrativamente de la francesa Mission de Rapatriement, no iba a ser para mí un retorno a la patria. Como quiera que sea, aproveché los últimos minutos de mi presencia en Buchenwald para despedirme del árbol de Goethe. Se encontraba aquella haya —que los nazis habían preservado cuando talaron el bosque para edificar los primeros barracones del campo— en una explanada entre la cocina y el almacén general. Un año antes, en el verano de 1944 durante el bombardeo de las instalaciones por la aviación norteamericana, una bomba de fósforo había tocado el haya de Goethe. Aquel día, sin embargo, aquella tarde, con el retorno de la primavera que anunciaba el fin de una guerra mundial, algunas ramas del árbol incendiado volvían a reverdecer.[15]

Fue esta habilidad, de poder ver y retratar Buchenwald como un lugar de esperanza y nueva vida, la que concedió a Jorge Semprún un particular éxito literario y moral en el nuevo escenario europeo de finales de las décadas de 1980 y 1990 y principios de la de 2000. ¿Brotaron de verdad nuevas ramas verdes en el árbol de Goethe después de que fuera destruido por una bomba incendiaria? Tal vez la respuesta más sencilla sea la que le gustaba dar acerca de lo que contaba, citando a Boris Vian: «Todo es verdad, porque yo lo he inventado».

En 2003 Semprún volvió con éxito a España con su primera novela escrita en español, *Veinte años y un día*.[16] El acontecimiento central del libro es el asesinato, ocurrido en un pueblo de Toledo en 1936, de un miembro de la acomodada familia Avendaño a manos de los campesinos locales arrastrados por el frenesí de la revolución. Después de la victoria de Franco, los Avendaño se cobran su venganza obligando a los campesinos a conmemorar el aniversario del crimen con una recreación anual del asesinato. La novela comienza veinte años más tarde, en 1956, y sigue los pasos de un académico estadounidense llamado Michael Leidson, quien había viajado a Toledo para investigar acerca de la ceremonia. Los antepasados de la madre de Leidson eran judíos sefardíes de Toledo que guardaban cuidadosamente la llave de su casa ancestral toledana. Esta llave tiene la función simbólica de abrir las puertas del pasado, y la perpetuación de la memoria es el epicentro de la exploración que hace la novela de las historias enterradas en la España franquista. La trama se desplaza entre la historia familiar, los acontecimientos de la guerra y el movimiento comunista clandestino de la España de la década de 1950. La novela cuenta la historia de la familia Avendaño y de Leidson, pero es también una nueva versión de la propia autobiografía de Semprún. En toda la novela aparecen personajes reales (Ernest Hemingway, Domingo Dominguín, el padre de Semprún) mezclados con los personajes de ficción. El Narrador (con «N» mayúscula) nos guía a través de complejas combinaciones de personas y períodos. También interviene para educar al lector con sus digresiones sobre los principales acontecimientos históricos. Los lectores habituales de Semprún no tardarán en averiguar quién es el narrador.

Los temas que impregnan la novela —la inocencia perdida y los horrores de la guerra, pero también una conexión vital con el pasado y la continuidad de una vida marcada por la ruptura y la tragedia— no solo se unen a la obra de Semprún, sino también al tipo de exploración de la historia —o de la «memoria histórica»— que prevalecía en la ficción española contemporánea hasta hace muy poco. Este complejo libro es un intrincado tapiz de muchos de los temas que dominaron su vida, e incluye afiladas críticas sobre la estrategia de los comunistas antifranquistas en la década de 1950, pero también de los franquistas. Los personajes adinerados que han cosechado los beneficios de la dictadura son retratados como seres decadentes y perversos. Y la novela sugiere que ellos mismos son culpables de su caída.[17]

Veinte años y un día fue galardonada con el Premio Fundación José Manuel Lara Hernández, que suponía un montante de 150.000 euros a gastar en promoción. Fue un homenaje a la primera y última novela de Jorge Semprún en español. También era un homenaje simbólico tardío a un español exiliado de ochenta y un años que había participado todo lo posible en la vida política e intelectual de su país.

Pero, a pesar de los elogios, las frenéticas sesiones de autógrafos en las ferias del libro de Madrid y Barcelona, y las apariciones regulares en los medios, las personas más cercanas a él tenían la sensación de que nunca tuvo en España el aprecio que se merecía. Su gran amigo Javier Pradera, su mejor recluta de los días de Federico Sánchez, se lamentaba de ello en el obituario de Jorge Semprún que escribió en junio de 2011:

> Semprún nunca llegó a recibir en España el reconocimiento que hubiera sido exigible en términos políticos y literarios. Si el origen dolorido y las metas transformadoras de una pasión política forjada en la lucha contra el fascismo internacional y contra el franquismo le hicieron un extraño en un planeta de técnicos secularizados en ingeniería social, la extraterritorialidad de su condición ciudadana —a caballo entre España y Francia— tampoco permite su encaje en el estereotipo admirado exigido por los aduladores de la caspa carpetovetónica.[18]

10

Biriatou-Garentreville

En ese lugar fronterizo, patria posible de los apátridas, entre los dos ámbitos a los que pertenezco —el español, que es de nacimiento, con toda la perentoriedad, a veces abrumadora, de lo que cae de su propio peso; el francés, que es electivo, con toda la incertidumbre, a veces angustiosa, de la pasión—, en la vieja tierra de Euskal Herria. Ese es el lugar, a mi entender, que mejor perpetuaría mi ausencia.

Es más, si me dejara llevar por ese deseo profundo, de cuya inconveniencia me hago perfecto cargo, o al menos de los inconvenientes que supondría para quienes se creyesen obligados a ejecutarlo, pediría asimismo que mi cuerpo fuera envuelto en la bandera tricolor —rojo, gualda, morado— de la República.[1]

Jorge Semprún

María Teresa León, otra escritora exiliada de la España de Franco, se lamentaba a menudo de estar «cansada de no saber dónde morirme». Ser desterrado significa no solo tener que solucionar la cuestión de dónde vivir, sino también, si uno es de los que piensan en esas cosas, la de dónde morir. Jorge Semprún lo era. En uno de sus libros más conmovedores, *Adiós, luz de veranos* (1998), con setenta y cinco años pide ser enterrado en Biriatou. Biriatou era aquel hermoso lugar al que Édouard-Auguste Frick le había llevado —casi sesenta años antes— a pasar una temporada en casa del magnate armador y su bella mujer. Era el primer sitio desde donde había vuelto a ver España desde el exilio.

Para él, el encanto geográfico de Biriatou residía en su situación a solo unos minutos de la frontera española. Allí es posible estar en dos sitios a la vez: sentado en un café en Francia mientras ves España. Era un emplazamiento fronterizo, ideal para un ser fronterizo, y pensó que se sentiría en casa por toda la eternidad. También es destacable su petición de que lo enterrasen envuelto en los colores rojo, gualda y morado de la bandera de la República española, una bandera que había perdido su significado real en 1939, pero que seguía —y sigue— estando cargada de poder simbólico. Es así como Jorge Semprún pidió morir: en un lugar «sin país», jurando lealtad a una bandera desaparecida. Esa era la bandera de su madre y de su infancia. Un mundo que se había roto de manera irrevocable aun antes de que él llegara a entrar en la adolescencia.

Antonio Maura, que está enterrado en el panteón familiar en el cementerio de San Isidro de Madrid, se habría sorprendido al saber que uno de sus nietos se enfrentaría con las cuestiones de dónde vivir y dónde morir. Cuando construyó el panteón para sus descendientes, no imaginaba que muchos de ellos terminarían embarcados en una diáspora permanente hasta lugares remotos. Cada uno de ellos tendría que escoger su lugar de enterramiento, en ciudades y países diferentes. Tal como su bisnieto Jaime Semprún quiso mostrar en su película *La sainte famille*, de 1968, la historia se había acelerado y la familia se había desintegrado.

Colette murió en 2007, cuando el autor tenía ochenta y cuatro años. Algunos de sus amigos recuerdan que a partir de entonces Semprún no acostumbraba a estar solo en París; lo único que quería era volver a vivir en Madrid, pero al final el traslado no cuajó. Según su amigo (y ministro de Industria y Energía con Felipe González) Claudio Aranzadi, es posible que se hubiese sentido decepcionado de haberse instalado en España:

> Discutíamos mucho y cuando Jorge venía aquí decía: «Oye, qué divertido vivir aquí tan cerca. ¿Por qué no me buscáis otro piso? Y yo me vengo...». Pero yo siempre le decía a [mi mujer] Inés: «Mira que no, que Jorge tiene una idea de España». Porque no es lo mismo venirse de París y estar una semana y hablar con los amigos, que vivir

> aquí siempre; a pesar de que, curiosamente, Florence [Malraux] dice que los verdaderos amigos de Jorge estaban en España. Pero Jorge no era francés, se marchó siendo muy pequeño de España y su experiencia vital de España no era la de un español, era una experiencia vital absolutamente singular. Vivir de niño como sobrino de un ministro de la República, nieto de don Antonio Maura, hijo de uno que cenaba con García Lorca... Luego desapareces y vuelves a España de dirigente clandestino del PCE. Evidentemente, es una vida que no tiene nada que ver con nada parecido, y el tiempo que vives aquí es de ministro y, cuando acabas de ser ministro, te vuelves otra vez a París. Y luego cuando vuelves a ver a tus amigos y estás una semana todos los días comiendo y cenando con ellos. Al final, le decía a Inés, si viene a vivir aquí se va a encontrar el día a día, la gente se va a sus trabajos y... Creo que habría sido un error que hubiera venido. De todas maneras, creo que él fantaseó con la idea de residir en España al final, pero no creo que se lo plantease realmente en serio. Aunque siempre lo decía: «¿Por qué no me buscáis un piso?». Pero si hubiese querido... Ten en cuenta que, desde el punto de vista, por así decirlo y entre comillas, de intelectual, su vínculo con Francia era más fuerte que con España.[2]

El menor de los hijos Semprún Maura, Paco, murió en 1986. Está enterrado en Presinges, donde todos los hermanos habían estado juntos en 1936. Álvaro nunca se casó y murió también muy joven en Suiza, en 1978. Susana, la hermana mayor que se volvió a vivir a España, murió en 2001. Carlos Semprún falleció en 2009. Su hijo, Jaime Semprún, murió a los sesenta y tres años, en 2010, sin descendencia. El escritor había perdido el contacto con él treinta años antes y solo se enteró de su muerte cuando recibió un telegrama con un mensaje de pésame de Bertrand Delanoë, alcalde de París.

De todos sus hermanos, Jorge Semprún era quien tenía mejor relación con su hermana mayor, Maribel, y con su hermano mayor, Gonzalo. Los tres murieron en el año 2011.

Antes de morir de cáncer el 7 de junio de 2011, fue sometido a una operación complicada y pasó mucho tiempo en el hospital, en París, sufriendo terribles dolores. Uno de sus consuelos en esta última fase de su vida era hablar español y ver a los amigos de España, entre ellos Felipe González, que fue a París a visitarle al hospital.[3]

A pesar de su soñado Biriatou, finalmente fue enterrado en Garentreville, junto a su mujer, Colette. Su ataúd fue envuelto en la bandera republicana. Le sobreviven su hija, Dominique, y sus hijos y nietos.

El 26 de noviembre de 2011, su familia y amigos le hicieron un acto de homenaje en Biriatou. La pena es que Javier Pradera, instigador del acto, muriera justo unos días antes y no llegara a ver la conmovedora reunión al aire libre, ni escuchar a los amigos que hablaron de su reclutador, ni ver instalada la estela de Eduardo Arroyo, una piedra gris de casi una tonelada, con un dibujo de la cara de Jorge Semprún y una cita de *Adiós, luz de veranos*, que dice, en el francés original: «J'aurais désiré que mon corps fût enterré à Biriatou» («Me hubiera gustado que mi cuerpo fuera enterrado en Biriatou»).

A este acto asistieron las personas más cercanas al autor, franceses y españoles, de todas las épocas de su vida: desde sus nietos, Michel Piccoli y Florence Malraux, hasta Carmen Claudín y los que habían sido ministros con él, entre ellos Joaquín Almunia, que afirma: «Yo sé o he oído varias veces que Jorge quería ser enterrado en Biriatou, que es territorio francés, mirando a España. Y es que desde Biriatou estás en lo alto, donde hicimos el acto, al lado del cementerio, y justo debajo de la cuesta está la frontera con un riachuelo y al otro lado estás viendo Navarra».

Al recordarlo, Almunia también destaca la condición de Jorge Semprún como auténtico europeo:

> Es un tipo que se ha jugado la vida en la Resistencia contra los alemanes, que luego ha sufrido el campo de concentración, que se ha jugado la vida en España por el Partido Comunista luchando contra Franco... Es un caso muy único, singular, y era un europeísta profundo, convencido; no de conveniencia, de los de «me gustan el Fondo de Cohesión y el dinero que recibo del presupuesto europeo para no sé qué interés particular». Era su convicción de que este era el espacio en el que se podían realizar sus objetivos, sus ambiciones, y desde ese punto de vista no hay mucha gente... Hay, de su generación, quien ha jugado, que sigue jugando todavía, en algunos casos, el mismo papel, aunque ya son pocos.[4]

Empecé este libro con una cita de Jorge Semprún sobre las biografías: «Los secretos no cambian nada. Cambian si haces una biografía de verdad, pero mejor hacerla cuando el biografiado haya muerto».

El biógrafo quiere saberlo todo, pero la verdad es que los biografiados siempre son enigmáticos; Jorge Semprún, en particular. Como ha dicho Javier Solana:

> Era un hombre muy reservado, en cierta manera un poco misterioso, que se abría totalmente de forma poco común. Las poquísimas veces que se abría, se le notaba; pero siempre transmitía un calor humano desde mi punto de vista; otros dicen lo contrario. Yo siempre le encontré un hombre tierno y afectuoso, dejando a un lado esa distancia que él tenía, quizá por la experiencia de haber tenido que pasar por tantas circunstancias tan raras y tan distintas en su vida. Tenía algo de secreto no revelado dentro de sí.[5]

Narrar la vida de una persona supone colocar una serie de acontecimientos, arbitrarios hasta cierto punto, en una secuencia significativa y cronológica. Hay que intentar transformar hechos sueltos en narración. Jorge Semprún es un personaje atractivo porque lo que él hizo con su propia vida durante décadas fue exactamente eso: convertirla en literatura. Desde luego, es más fácil decirlo que hacerlo.

Tal como se preguntaba Régis Debray en 2012: «¿Nos gusta Jorge Semprún por lo que fue o por lo que hizo de lo que fue?».[6] A pesar de enfrentarse a circunstancias difíciles, llegó a vivir muchas vidas y consiguió alcanzar el éxito, la fama, el reconocimiento y el poder con los que había soñado de niño. Tenía talento y dones de los que partir, pero el mayor de ellos fue la capacidad para inventar y reinventarse a sí mismo, para reaccionar y sacar partido de los contextos culturales y políticos que le tocaron vivir. Durante muchos años fue algo casi imposible: un político sin país. Supo sacar el jugo y el arte de su complicado destino. Fue, en este sentido, un genio camaleónico, y escribir sobre él ha sido una experiencia llena de sorpresas y jamás aburrida. Semprún llegó a ser una persona entregada a la acción y a la escritura, así como al sueño de Europa. En nuestra época digital de polaridades virtuales y guerras reales, se echa de menos la experiencia y visión de un ser analógico como Jorge Semprún.

Agradecimientos

Hace doce años que este proyecto se puso en marcha y muchas personas han contribuido a hacer posible la investigación para este libro. Gracias por su apoyo y generosidad. Entre ellas están mis colegas del Departamento de Lenguas Romances del Williams College, el decano adjunto John Gerry y dos rectores: Peter Murphy y Denise Buell.

Estoy muy agradecida a mis editores: Miguel Aguilar, de Debate, sello de Penguin Random House Grupo Editorial, en Barcelona, Maxime Catroux, de Flammarion, en París, y Jeannette Seaver, de Arcade, en Nueva York, por haber confiado en mí y por sus sugerencias y paciencia.

Escribir esta biografía no hubiera sido posible sin la ayuda de Dominique Landman.

También doy las gracias a los sobrinos y sobrinas de Jorge Semprún: Georges-Henri Soutou, Danielle de la Gorce, Isabelle Semprún Camenen, Luis Aguirregomezcorta, Rubén de Semprún, Diego de Semprún y Sylvia Nicolas por compartir sus recuerdos, documentos y fotografías personales.

Y a otros familiares y amigos que también compartieron conmigo sus impresiones y materiales inéditos: Santiago-Valentín Gamazo, Roger Kase, Yannick Bellon y Natalia Rodríguez Salmones.

A Alfonso Pérez-Maura, que me dio acceso a los materiales de la Fundación Antonio Maura.

A Óscar Fanjul y Plácido Arango, por su generosidad al ponerme en contacto con muchos de los colegas y amigos de Jorge Semprún.

A las siguientes personas, por compartir sus recuerdos conmigo: Joaquín Almunia, Claudio Aranzadi, Eduardo Arroyo, Leo Barblan,

Josep Maria Castellet, Carmen Claudín, Konstantinos Costa-Gavras, Xavier Folch, Felipe González, Juan Goytisolo, Jordi Gracia, Roger Grenier, Elsa Grobety, Gabriel Jackson, Florence Malraux, Evelyn Mesquida, Beatriz de Moura, Berta Muñoz, Bernard Pivot, Rossana Rossanda, Javier Solana, Carlos Solchaga y Jeannine Verdes-Lerroux.

Al historiador y editor de Gallimard Jean-Louis Panné, que organizó la maravillosa y extensa cronología de Jorge Semprún en *Le fer rouge de la mémoire* (Gallimard).

A Alan Riding, por compartir materiales inéditos y consejos.

A Axel Braisz, del Servicio Internacional de Búsquedas en Bad Arolsen; a Daniel Palmieri, de la Unidad de Bibliotecas y Archivos Públicos, Comité Internacional de la Cruz Roja, Ginebra; al personal de la Bibliothèque Littéraire Jacques Doucet de París; a Ron Coleman, de la Biblioteca y Archivos del United States Holocaust Memorial Museum, Washington; a Ilona Denner, del Bundesarchiv, Berlín; a Victoria Ramos, del Archivo Histórico del Partido Comunista de España (PCE), y a Michael Yashinsky, del Yiddish Book Center, Amherst.

A Laura Díaz Herrera, por su trabajo en Madrid y en Alcalá de Henares en el Archivo Histórico del Ministerio de Asuntos Exteriores, el Archivo Histórico del Partido Comunista de España y el Archivo General de la Administración; a Maria Thomas, por su investigación en el Archivo Histórico del Partido Comunista de España, y a Amaury Nauroy, por su ayuda en París.

A Esther Gómez Parro, por su excepcional destreza en acceder al Archivo de Historia Contemporánea del Gobierno Ruso (RGANI) de Moscú, y por su traducción de los materiales del Ruso. Gracias a Juan José Herrera de la Muela, por ponerme en contacto con Esther.

A Caroline Delerue, en Londres, y a Antonia Riera Vales, en Madrid, por las excelentes y veloces transcripciones de las entrevistas. Gracias a Arantxa Aguirre por la sugerencia.

A Julia Munemo, por su cuidadosa corrección del texto y por la elaboración de la bibliografía.

A Nora Grosse, Lorena Bou y a todo el equipo de Penguin Random House.

Helga Druxes, Peter Starenko y Betsy Kolbert me ayudaron con rapidez y pericia con las traducciones del alemán, y Alex Mihailovic tradujo del ruso correspondencia que me permitió contactar con el RGANI. Mijaíl Iampolski me ayudó a localizar a un posible investigador ruso.

Florence Malraux ha sido una guía constante. Compartió conmigo décadas de experiencias vitales al lado de Jorge Semprún, y cuando me dijo que iba bien encaminada, me quedé tranquila. *Merci*, Florence.

Juby Bustamante me animó desde el primer momento a abordar este tema.

La bibliografía refleja también las valiosas aportaciones de otros especialistas.

John me ha animado cada vez que pensaba que me pasaría el resto de la vida escribiendo este libro.

Notas

Nota preliminar

1. Correo electrónico de Florence Malraux, 26 de febrero de 2017.

2. <https://www.france-memoire.fr/dossiers/naissance-de-jorge-semprun/>.

3. Jorge Semprún, *Veinte años y un día*, Barcelona, Tusquets, 2003, p. 249.

Introducción

1. Juan Cruz, «Lo único que he traicionado es a mí mismo», entrevista con Jorge Semprún, *El País Semanal*, 19 de diciembre de 2010, <http://elpais.com/diario/2010/12/19/eps/1292743618_850215.html>.

2. Entrevista de la autora con Juan Goytisolo.

1. Orígenes

1. Jorge Semprún, *Adiós, luz de veranos*, Barcelona, Tusquets, 1999, pp. 34-35.

2. Legajo 113, Carpeta 24 del Fondo Documental de Antonio Maura Montaner, Archivo Histórico de la Fundación Antonio Maura.

3. George Sand, *Un invierno en Mallorca*, traducido y anotado por Pedro Estelrich Fuster, Palma, Imprenta de José Tous, 1932, p. 10.

4. Manuel Maura, «La isla del ayer», manuscrito inédito, colección de Marisol Maura.

5. Hoy la calle Gonzalo Jiménez de Quesada, <http://antiguoscafes

demadrid.blogspot.com.es/2012/01/el-cafe-del-desengano-el-toxpirode.html>.

6. Entrevista con Robert Graves, *La Vanguardia*, 1979. Véase <http://hemeroteca.lavanguardia.com/preview/1979/01/20/pagina-7/33424742/pdf.html>.

7. César Silió, *Vida y empresas de un gran español. Maura*, Madrid, Espasa-Calpe, 1934, p. 31.

8. *Ibid.*

9. *Ibid.*, p. 32.

10. *Ibid.*, pp. 34-35.

11. Carlos Semprún Maura, «¿Soy judío?», *La Ilustración Liberal*, n.º 15, <http://www.ilustracionliberal.com/15/soy-judio-carlos-semprun-maura.html>.

12. Alfonso Pérez Maura, «Valldemossa», *Balearides Digital*, 8 de enero de 2014, <http://balearidesdigital.com/?p=11144>.

13. «Un sanatorio antituberculoso en Zaragoza», *Blanco y Negro*, Madrid, 26 de diciembre de 1915, <http://hemeroteca.abc.es/nav/Navigate.exe/hemeroteca/madrid/blanco.y.negro/1915/12/26/039.html>.

14. *ABC*, 11 de diciembre de 1918.

15. *ABC*, 2 de marzo de 1919.

16. Carta de José María Semprún Gurrea a Antonio Maura, 5 de octubre de 1924. Fundación Antonio Maura, 298/11.

17. Gonzalo Semprún Maura, «¿La odicea, o la Odisea?», memoria inédita, p. 8, Archivo de Santiago Valentín Gamazo.

18. Jorge Semprún, *Adiós, luz de veranos*, *op. cit.*, p. 74.

19. *Ibid.*, pp. 19-20.

20. Gonzalo Semprún Maura, *op. cit.*, pp. 8-9.

21. *ABC*, 26 de enero de 1932.

22. Jorge Semprún, *Adiós, luz de veranos*, *op. cit.*, p. 74.

23. Carlos Semprún Maura, *A orillas del Sena, un español...*, Madrid, Libertad Digital/Hoja Perenne, 2006, p. 10.

24. Jorge Semprún, *Adiós, luz de veranos*, *op. cit.*, p. 63.

25. Barbara Probst Solomon, «Partisan», *Tablet*, 18 de agosto de 2011, <http://www.tabletmag.com/jewish-arts-and-culture/books/75272/partisan>.

26. En conversación con la periodista Tamara García.

27. Tamara García, «Los Semprún, retrato de familia», *Diario de Cádiz*, 11 de junio de 2011, <http://www.diariodecadiz.es/article/ocio/997017/los/semprun/retrato/familia.html>.

2. Exilio, 1936-1945

1. Edward Said, *Reflexiones sobre el exilio*, Barcelona, Debate, 2013.

2. Jorge Semprún, *Adiós, luz de veranos*, Barcelona, Tusquets, 1999, p. 153.

3. Louis Stein, *Beyond Death and Exile. The Spanish Republicans in France 1939-1955*, Cambridge, Harvard University Press, 1980, p. 54. [Hay trad. cast.: *Más allá de la muerte y el exilio. Los republicanos españoles en Francia, 1939-1955*, Barcelona, Plaza y Janés, 1983.]

4. Jean-Marie Soutou, *Un diplomate engagé*, París, Éditions de Fallois, 2011, p. 15.

5. Jorge Semprún, *Aquel domingo*, Barcelona, Tusquets, 1999, pp. 121-123.

6. Jorge Semprún, *Adiós, luz de veranos, op. cit.* Casi treinta años después, en 1964, Paulding publicó una reseña muy elogiosa de la edición en inglés de *El largo viaje* («A Time to Hate», *The Reporter*, 21 de mayo de 1964).

7. Gouverneur Paulding, «A Time to Hate», *op. cit.*

8. Jorge Semprún, *Adiós, luz de veranos, op. cit.*

9. *Ibid.*, p. 93.

10. *Ibid.*, p. 63.

11. Jorge Semprún, *Aquel domingo, op. cit.*, p. 120.

12. «Atrocities in Spain Charged by Bishop», *The New York Times*, 21 de julio de 1938.

13. Susana fue acogida como pensionista por unos familiares no republicanos de los Semprún que habían permanecido en Madrid y terminó casándose con un naviero y trasladándose a Cádiz.

14. Jorge Semprún, *Autobiografía de Federico Sánchez*, Barcelona, Biblioteca Premios Planeta, 1977, p. 97.

15. Véase <http://commons.wikimedia.org/wiki/File:Grafsteen_Malva_Marina_Reijes.jpg>.

16. Jorge Semprún, *Adiós, luz de veranos, op. cit.*

17. Jean-Marie Soutou, *Un diplomate engagé*, París, Éditions de Fallois, 2011.

18. Jorge Semprún, *Adiós, luz de veranos, op. cit.*, pp. 32-33.

19. Carlos Semprún Maura, *A orillas del Sena, un español...*, Madrid, Libertad Digital/Hoja Perenne, 2006, p. 17.

20. Jorge Semprún, *Adiós, luz de veranos, op. cit.*, pp. 75-76.

21. *Ibid.*, pp. 95-96.

22. *Ibid.*, pp. 98-99.

23. *Ibid.*

24. Carlos Semprún, *A orillas del Sena, un español…*, *op. cit.*, p. 51.

25. Jorge Semprún, *Adiós, luz de veranos*, *op. cit.*, p. 203.

26. «Los caminos de la memoria», *Revista de Libros*, 1 de julio, 1998.

27. Jorge Semprún, *Adiós, luz de veranos*, op. cit., p. 153.

28. *Ibid.*, p. 230.

29. *Ibid.*, p. 161.

30. *Ibid.*, p. 93.

31. *Paideia* era la teoría educativa de la Grecia clásica, cuyo objetivo era la creación de ciudadanos ideales.

32. Jorge Semprún, *Adiós, luz de veranos*, *op. cit.*, pp. 94-95.

33. Jorge Semprún, *Le fer rouge de la mémoire*, antología de Jean-Louis Panné, París, Quarto Gallimard, 2012, p. 34.

34. Jorge Semprún, *Le langage est ma patrie. Entretiens avec Franck Apprederis*, París, Libella, 2013, p. 60.

35. *Ibid.*, p. 61.

36. Entrevista de la autora con Felipe González.

37. Jorge Semprún, *Adiós, luz de veranos*, *op. cit.*

38. Felipe Nieto, *La aventura comunista de Jorge Semprún. Exilio, clandestinidad y ruptura*, Barcelona, Tusquets, 2014, pp. 31-32.

39. Carlos Semprún Maura, *A orillas del Sena, un español…*, *op. cit.*, p. 49.

40. *Ibid.*, p. 40.

41. *Ibid.*, p. 41.

42. *Ibid.*, p. 18.

43. Entrevista inédita de Jorge Semprún con Alan Riding. Archivo personal de Alan Riding.

44. Jorge Semprún, *Le fer rouge de la mémoire*, *op. cit.*, p. 33.

45. *Ibid.*

46. *Ibid.*, p. 34.

47. «11.45» se refiere al calibre, en milímetros.

48. Jorge Semprún, *Exercices de survie*, París, Gallimard, 2012, p. 38. [Hay trad. cast.: *Ejercicios de supervivencia*, Barcelona, Tusquets, 2016.]

49. Véase <http://www.auxerretv.com/content/index.php?post/2011/06/08/Gérard-Sorel%2C-jardinier-à-Villeneuve>.

50. Jorge Semprún, *Exercices de survie*, *op. cit.*, p. 56.

51. En ocasiones el autor se refiere a sí mismo como Gérard, en tercera persona.

52. «Paul» era el nombre en código de Henri Frager.

53. Jorge Semprún, *Aquel domingo*, *op. cit.*

54. *Ibid.*

55. Carlos Semprún Maura, «Amigos, amores y conflictos de posguerra», *Libertad Digital*, 2 de septiembre de 2001, <http://www.libertaddigital.com/opinion/carlos-semprun-maura/amigos-amores-y-conflictos-de-posguerra-5496/>.

56. Felipe Nieto, *op. cit.*, p. 33, del Archivo General de la Administración, Madrid, Interior 44/10887, exp. 72.

57. Carlos Semprún Maura, *El exilio fue una fiesta*, Barcelona, Planeta, 1998, p. 135.

58. Léon Rollin, «Incertitudes espagnoles», *Politique Étrangère*, n.º 10.1 (1945), pp. 53-60.

59. Carlos Semprún Maura, *El exilio fue una fiesta*, *op. cit.*, pp. 49-50.

60. Alan Riding, *And the Show Went On*, Nueva York, Vintage, 2011. [Hay trad. cast.: Y *siguió la fiesta*, Barcelona, Galaxia Gutenberg, 2011.]

61. *Ibid.*, p. 183.

62. *Ibid.*, p. 229.

63. Louis Steiner, *Beyond Death and Exile. The Spanish Republicans in France 1939-1955*, Cambridge, Harvard University Press, 1980, p. 125.

64. *Ibid.*

65. Carta del cónsul español Alfonso Fiscowich a Pedro Urraca, inspector de policía en París, 30 de octubre de 1943.

66. Francisco Ferrer fue ejecutado en 1909 por encabezar en Barcelona la revuelta que llegaría a ser conocida como la Semana Trágica.

67. RAV París, «Länderakte Spanien», 1943-1944, número de referencia 2386, y RAV París, Strafrecht, Rechtshilfe in Strafsachen, Interventionen, Auslieferung, Strafvollzug, «Gefangenenaustausch allgemein und Namen A-Z», 1942-1944, número de referencia 2488.

68. Carta de Otto Abetz a Lequerica, Vichy, 28 de enero de 1944. RAV, París.

69. *Ibid.*

70. *Ibid.*

71. El carlismo fue un movimiento tradicionalista del siglo XIX que apoyaba una línea monárquica alternativa de la dinastía borbónica y que después apoyó a Franco.

72. Miguel Maura, *Así cayó Alfonso XIII*, Madrid, Marcial Pons, 2007, p. 558.

73. *Ibid.*

74. *Ibid.*, p. 559.

75. Entrevista telefónica de la autora con Joaquín Romero-Maura, el 7 de noviembre de 2014.

76. Jorge Semprún, *Exercices de survie*, *op. cit.*, p. 47.

77. Veronika Heyde, *De l'esprit de la Résistance jusqu'à l'idée de l'Europe*, Bruselas, Peter Lang, 2010, pp. 197-198.

78. *Ibid.*, p. 133, nota 272.

79. Carta de Juan Schwartz a Jean-Marie Soutou, 30 de enero de 1945. Colección de Georges-Henri Soutou.

80. Carta de Juan Schwartz a Jean-Marie Soutou, 22 de mayo de 1945. Colección de Georges-Henri Soutou.

81. Entrevista de la autora con Georges-Henri Soutou.

82. El título original en francés de este libro es *Le mort qu'il faut*.

3. Buchenwald

1. Entrevista preliminar en Jorge Semprún, *Le mort qu'il faut*, París, La Bibliothèque Gallimard, p. 12. [Hay trad. cast.: *Viviré con su nombre, morirá con el mío*, Barcelona, Tusquets, 2011.]

2. Véase <http://www.theparisreview.org/interviews/5740/the-art-of-fiction-no-192-jorge-semprun>.

3. Harry Stein, ed., *Buchenwald Concentration Camp 1937-1945. A Guide to the Permanent Historical Exhibition*, Wallstein Verlag, 2004, p. 41.

4. Jorge Semprún, *Exercices de survie*, París, Gallimard, 2012. [Hay trad. cast.: *Ejercicios de supervivencia*, Barcelona, Tusquets, 2016.]

5. Jorge Semprún, *El largo viaje*, Barcelona, Seix Barral, 1976, p. 55.

6. *Ibid.*, p. 25.

7. Jorge Semprún, *La escritura o la vida*, Barcelona, Tusquets, 1995, p. 318.

8. *Ibid.*

9. *Ibid.*, p. 321.

10. David Wingeate Pike, *Spaniards in the Holocaust. Mauthausen, Horror on the Danube*, Nueva York, Routledge, 2000, p. 17. [Hay trad. cast.: *Españoles en el Holocausto. Vida y muerte de los republicanos en Mauthausen*, Barcelona, Debolsillo, 2003.]

11. *The Buchenwald Report*, traducido al inglés por David A. Hackett, Boulder, San Francisco, Oxford, The Westview Press, 1995, p. 29.

12. Jorge Semprún, *La escritura o la vida*, *op. cit.*, p. 51.

13. Jorge Semprún, *Aquel domingo*, Barcelona, Tusquets, 1999, p. 155.

14. Jorge Semprún, *El largo viaje*, *op. cit.*, p. 196.

15. Primo Levi, *If This is a Man*, traducción al inglés de Charles Woolf, Nueva York, Abacus, 1991, p. 193. [Hay trad. cast.: *Si esto es un hombre*, Barcelona, Península, 2014.]

16. Elie Wiesel, *La noche, el alba, el día*, Madrid, Anaya & Mario Muchnik, 1996, p. 49.

17. Jorge Semprún, *El largo viaje*, *op. cit.*, p. 20.

18. Jorge Semprún, *Aquel domingo*, *op. cit.*, pp. 155-156.

19. *Ibid.*, p. 129.

20. *Ibid.*, p. 155.

21. Conversación de la autora con Miguel Aguilar.

22. Pierre Testard y Gwénaël Pouliquen, «Interview with Jorge Semprún», *The With Review*, junio de 2011, <http://www.thewhitereview.org/interviews/interview-with-Semprún-semprun/>. La entrevista original en francés fue publicada en nonfiction.fr.

23. David Wroe, «Petrol Station Used Nazi Slogan on Posters», *The Telegraph*, 14 de enero de 2009, <http://www.telegraph.co.uk/news/worldnews/europe/germany/4239663/Petrol-station-used-Nazi-slogan-on-posters.html>.

24. Felipe Nieto, *La aventura comunista de Jorge Semprún. Exilio, clandestinidad y ruptura*, Barcelona, Tusquets, 2014.

25. *Ibid.*, p. 30.

26. Jorge Semprún, *Semprún: Si la vie continue... Entretiens avec Jean Lacoutoure*, París, Grasset, 2012, pp. 47-48.

27. *Ibid.*, p. 69.

28. *Ibid.*, p. 71.

29. André Sellier, *A History of the Dora Camp*, Ivan R. Dee Publisher, 2003, p. 156.

30. Pierre Julitte, *Block 26*, Nueva York, Doubleday and Company, 1971, p. 24.

31. *Ibid.*, pp. 48-49.

32. *Ibid.*, p. 49.

33. Entrevista de la autora con Georges-Henri Soutou.

34. Jorge Semprún, *Le mort qu'il faut*, *op. cit.*, p. 51.

35. *Ibid.*

36. *Ibid.*, p. 155.

37. *Ibid.*, pp. 54-55.

38. Eugen Kogon (prisionero del campo de concentración de Buchenwald destinado como trabajador en la oficina de registro), *Der SS-Staat. Das System der deutschen Konzentrationslager*, Munich, Wilhelm Heyne Verlag, 15.ª ed., 1985. [Hay trad. cast.: *El Estado de la SS. El sistema de los campos de concentración alemanes*, Barcelona, Alba, 2005.]

39. «Kapo» deriva de la expresión alemana «Kameradschafts-Polizei».

40. Franziska Augstein, *Lealtad y traición. Jorge Semprún y su siglo*, traducción de Rosa Pilar Blanco, Barcelona, Tusquets, 2010, p. 179.

41. Jorge Semprún, *Aquel domingo*, *op. cit.*, pp. 161-162.

42. Elie Wiesel, *Todos los torrentes van al mar*, Barcelona, Muchnik Editores, 1975, p. 110.

43. C. N. Trueman, «The Red Cross And World War Two», The History Learning Site, 25 de mayo de 2015, <http://www.historylearningsite.co.uk/red_cross_and_world_war_two.htm>.

44. Entrevista por correo electrónico con Daniel Palmieri, Historical Research Officer, IRCR, 27 de agosto de 2014.

45. Dirección confirmada por Elsa Grobéty.

46. Jorge Semprún, *La escritura o la vida*, Barcelona, Tusquets, 1995, p. 16.

47. *El largo viaje*, citado en Kertész, *Fiasco* (Kindle Edition), pp. 46-48. [Hay trad. cast.: Imre Kertész, *Fiasco*, Barcelona, Acantilado, 2003.]

48. Imre Kertész, *op. cit.*, p. 49.

49. Luisa Zielinski, entrevista con Imre Kertész en *The Paris Review*, n.º 205 (verano de 2013), <http://www.theparisreview.org/interviews/6235/the-art-of-fiction-no-220-imre-kertesz>.

50. Jorge Semprún, *Le mort qu'il faut*, *op. cit.*, p. 102.

51. Jorge Semprún, *El largo viaje*, *op. cit.*, p. 71.

52. Entrevista de la autora con Florence Malraux.

53. Jorge Semprún, *El largo viaje*, *op. cit.*, p. 82.

54. *Ibid.*, p. 118.

55. *Ibid.*

56. *La guerre est finie. Scenario by Jorge Semprún*, Nueva York, Grove Press, 1967; París, Gallimard, 1966.

57. Conversación de la autora con Florence Malraux.

58. Jorge Semprún, *El largo viaje*, *op. cit.*, p. 85.

59. *Ibid.*, pp. 54-55.

60. Jorge Semprún, *La escritura o la vida*, *op. cit.*, p. 54.

61. Jorge Semprún, *El largo viaje*, *op. cit.*, p. 140.

62. Véase <http://en.wikipedia.org/wiki/Buchenwald_concentration_camp>.

63. Jorge Semprún, *La escritura o la vida*, *op. cit.*, p. 17.

64. Véase <http://en.wikipedia.org/wiki/Buchenwald_concentration_camp>.

65. Jorge Semprún, *La escritura o la vida*, *op. cit.*, pp. 103-104.

66. Jorge Semprún, *El largo viaje*, *op. cit.*, p. 90.

4. Regreso a Francia: posguerra, 1945-1952

1. Jorge Semprún, *El largo viaje*, Barcelona, Seix Barral, 1976, p. 129.

2. *Ibid.*, pp. 121-122.

3. *Ibid.*, p. 117.

4. Carlos Semprún Maura, *El exilio fue una fiesta*, Barcelona, Planeta, 1998, pp. 54-57.

5. Carlos Semprún Maura, «Luces y sombras de agosto», *La Ilustración Liberal*, n.º 25, <http://www.ilustracionliberal.com/25/luces-y-sombras-de-agosto-carlos-semprun-maura.html>.

6. Correo electrónico de Georges-Henri Soutou, 1 de abril de 2013.

7. En *La escritura o la vida* Semprún menciona que su visado expiraba en enero de 1946.

8. Carlos Semprún Maura, «Luces y sombras de agosto», *op. cit.*

9. Correo electrónico de Georges-Henri Soutou, 1 de abril de 2014.

10. Tony Judt, *Pasado imperfecto*, Madrid, Taurus, 2012, p. 13.

11. Véase <http://www.regietheatrale.com/index/index/thematiques/auteurs/bellon/loleh-bellon-1.html>.

12. Jorge Semprún, *Adiós, luz de veranos*, Barcelona, Tusquets, 1999, p. 210.

13. Gérard Streiff, *Procès stalinien à Saint-Germain-des-Prés*, París, Éditions Syllepse, 1999, p. 10.

14. *Ibid.*, p. 14.

15. *Ibid.*, p. 91.

16. *Ibid.*, p. 18.

17. *Ibid.*, p. 15.

18. *Ibid.*, p. 120.

19. Laure Adler, *Marguerite Duras. A Life*, Londres, Phoenix, 2001, pp. 176-177. [Hay trad. cast.: *Marguerite Duras*, Barcelona, Anagrama, 2000.]

20. Entrevista de la autora con Florence Malraux.

21. Gérard Streiff, *op. cit.*, p. 45.

22. Laure Adler, entrevista con Jorge Semprún, en *Marguerite Duras*, *op. cit.*, p. 174.

23. Monique Antelme, «Jorge Semprun n'a pas dit la vérité», *Le Monde*, 8 de julio de 1998.

24. Carlos Semprún Maura, *A orillas del Sena, un español...*, Madrid, Libertad Digital/Hoja Perenne, 2006, p. 144.

25. *Ibid.*, pp. 143-144.

26. Felipe Nieto, *La aventura comunista de Jorge Semprún. Exilio, clandestinidad y ruptura*, Barcelona, Tusquets, 2014, p. 168.

27. Jorge Semprún, *Autobiografía de Federico Sánchez*, Barcelona, Planeta, 1977, p. 10.

28. *Ibid.*, p. 16.

29. *Ibid.*, p. 102.

30. Laure Adler, *op. cit.*, p. 171.

5. Federico Sánchez: los años comunistas españoles, 1952-1963

1. Jorge Semprún, *Autobiografía de Federico Sánchez*, Barcelona, Planeta, 1977, p. 25.

2. Caja 92, Carpeta 64 (1954). Actividades, Cartas, Informes sobre Madrid. AHPCE.

3. Entrevista de la autora con Juan Goytisolo.

4. Para saber más sobre Carrillo, véase Paul Preston, *El zorro rojo*, Barcelona, Debate, 2013.

5. Santiago Carrillo, *Los viejos camaradas*, Barcelona, Planeta, 2011.

6. *Ibid.*, p. 175.

7. *Ibid.*, p. 176.

8. Caja 92, Carpeta 64 (22-2-1954). AHPCE.

9. José María García Ascot fue el marido de la escritora María Luisa Elío, autora de obras tan importantes como *Tiempo de llorar* y el guion cinematográfico *En el balcón vacío*. La pareja también es conocida por su gran

amistad con Gabriel García Márquez. Este les dedica su obra *Cien años de soledad.* Agradezco a Diego García Elío por compartir el original de la traducción del «Sueño antiguo».

10. Jorge Semprún, *Autobiografía de Federico Sánchez*, *op. cit.*, p. 100.

11. *Ibid.*, p. 101.

12. *¡Libertad para los 34 de Barcelona!*, acto VII, editado por la Federación de Juventudes Socialistas Unificadas de España, 1953. Archivo Histórico del Partido Comunista de España, Dirigentes, Jorge Semprún 26/17.

13. Jorge Semprún, *Autobiografía de Federico Sánchez*, *op. cit.*, p. 17.

14. Antonio López Pina, *La Generación del 56*, Madrid, Marcial Pons, 2010, p. 168.

15. Entrevista de la autora con Konstantinos Costa-Gavras.

16. Mariano Asenjo y Victoria Ramos, *Malagón. Autobiografía de un falsificador*, Barcelona, El Viejo Topo, 2008, p. 223.

17. *Ibid.*, p. 178.

18. *Ibid.*

19. Biblioteca del Congreso de Estados Unidos, <http://countrystudies.us/spain/51.htm>.

20. Bernard Gordon, *Hollywood Exile. Or How I Learned to Love the Blacklist*, Austin, University of Texas Press, 1999, p. 115.

21. Jacq 24, Fuerzas de la Cultura. AHPCE.

22. Jacques 665 (1), microfilm, p. 4. AHPCE.

23. *Ibid.*

24. *Ibid.*

25. Caja 92, Carpeta 64 (16-2-1954). AHPCE.

26. «Del retorno de la memoria», entrevista con Jorge Semprún, *ABC*, 23 de marzo de 2013, p. 8, <http://hemeroteca.abc.es/nav/Navigate.exe/hemeroteca/madrid/abc/2003/03/23/008.html>.

27. *Ibid.*

28. Jacq 665 (1), Fuerzas de la Cultura. AHPCE.

29. Jacques 665 (1), microfilm, p. 4. AHPCE.

30. Jacq 665 (1), Fuerzas de la Cultura. AHPCE.

31. Gregorio Morán, *Miseria y grandeza del Partido Comunista de España, 1939-1985*, Barcelona, Planeta, 1986, p. 223.

32. Andrea Fernández-Montesinos Gurruchaga, «Los primeros pasos del movimiento estudiantil», <http://earchivo.uc3m.es/bitstream/handle/10016/13919/primeros_fernandez_CIAN_2009.pdf?sequence=2>.

33. Caja 92, Carpeta 64 (1954). AHPCE.

34. Andrea Fernández-Montesinos Gurruchaga, *op. cit.*

35. Caja 92, Carpeta 64 (1954). AHPCE.

36. *Ibid.*

37. *Ibid.*

38. *Ibid*

39. *Ibid.*

40. *Ibid.*

41. *Clavileño. Revista de la Asociación Internacional de Hispanismo* se publicó entre 1950 y 1957. Véase Juan Carlos Mainer, «*Clavileño.* Cultura de Estado bajo el franquismo», *Bulletin Hispanique*, vol. 104, n.° 102-104 (2002), pp. 941-963.

42. Caja 92, Carpeta 64 (1954). AHPCE

43. *Ibid.*

44. *Ibid.*

45. *Ibid.*

46. *Ibid.*

47. Santos Juliá, *Camarada Javier Pradera*, Barcelona, Galaxia Gutenberg, 212, p. 233.

48. Pleno del Comité Central del PCE. 1956. Actas, tomo I. Documentos PCE. AHPCE.

49. *Ibid.*

50. *Ibid.*

51. *Ibid.*

52. Microfilm 1960, Reunión del Comité Ejecutivo del 23-2-1960. AHPCE.

53. Josep Maria Castellet, *Seductores, ilustrados y visionarios*, Barcelona, Anagrama, 2010, pp. 122-123.

54. *Ibid.*, p. 125.

55. Domingo Dominguín, *Dominguín contra Dominguines*, Madrid, Espasa, 2008, p. 189.

56. *Ibid.*

57. Entrevista de la autora con Carmen Claudín.

58. Carlos Semprún Maura, *El exilio fue una fiesta*, Barcelona, Planeta, 1998. p. 71.

59. *Ibid.*, p. 66.

60. Entrevista de la autora con Sylvia Nicolas.

61. Esteve Riambau, *Ricardo Muñoz Suay. Una vida en sombras*, Barcelona, Tusquets, 2007, p. 195.

62. Entrevista de la autora con Berta Muñoz.

63. Jorge Semprún, *Montand, la vida continúa*, Planeta, Barcelona, 1983.
64. Esteve Riambau, *op. cit.*, p. 200.
65. Carlos Semprún, «Gros Noyer y la familia», *Libertad Digital*, 13 de julio de 2001, <http://www.libertaddigital.com/opinion/ideas/gros-noyer-y-la-familia-1394.html>.
66. Gregorio Morán, *Miseria y grandeza del Partido Comunista de España, 1939-1985*, Barcelona, Planeta, 1986, p. 205.
67. Jorge Semprún, *Le fer rouge de la mémoire*, antología de Jean-Louis Panné, París, Quarto Gallimard, 2012, p. 50.
68. Julio Diamante es director de cine y guionista.
69. Santos Juliá, *Camarada Javier Pradera*, *op. cit.*, p. 38.
70. Paul Preston, *El zorro rojo*, *op. cit.*, p. 231.
71. *Ibid.*
72. Jorge Semprún, *Le fer rouge de la mémoire*, *op. cit.*, p. 52.
73. Paul Preston, *El zorro rojo*, *op. cit.*, p. 228.
74. Jorge Semprún, *La escritura o la vida*, Barcelona, Tusquets, 1997, p. 257.
75. Santiago Carrillo, *Los viejos camaradas*, *op. cit.*, p. 175.
76. Fernando Sánchez Dragó, «¿Jorge o Federico?», *Especiales El Mundo*, <http://www.elmundo.es/especiales/2011/06/cultura/jorge-semprun/firmas_sanchez_drago.html>.
77. Entrevista de la autora con Roger Grenier.

6. Ha nacido una estrella, 1963-1988

1. Michèle Cota, Jean-Louis Ferrier y François Giroud, «*L'Express* va plus loin avec Jorge Semprún», *L'Express*, 8-14 de diciembre de 1969, p. 153.
2. Jorge Semprún, *Autobiografía de Federico Sánchez*, Barcelona, Biblioteca Premios Planeta, 1977.
3. Jaiver G. Caso Oviedo, «Adiós a un viejo comunista», *La Voz de Asturias*, <http://www.apmadrid.es/images/stories/JoseSandoval.pdf>.
4. Véase <http://www.fiesta.pce.es/2012/espacios.htm>.
5. Jorge Semprún, *Autobiografía de Federico Sanchez*, *op. cit.*
6. Sobre la relación entre Jean-Marie Soutou y Glasberg, véase el capítulo 2.
7. Jorge Semprún, *Montand, la vida continúa*, Planeta, Barcelona, 1983.
8. *Ibid.*

9. Juan Goytisolo, *En los reinos de taifa*, Madrid, Alianza Editorial, 1986, p. 71.

10. Jorge Semprún, *Autobiografía de Federico Sánchez*, *op. cit.*, p. 222.

11. Juan Goytisolo, *En los reinos de taifa*, *op. cit.*, p. 82.

12. Entrevista de la autora con Florence Malraux.

13. *Libération*, 7 de mayo de 1963. Citado en Jorge Semprún, *Le fer rouge de la mémoire*, antología de Jean-Louis Panné, París, Quarto Gallimard, 2012, p. 53.

14. Michèle Cota, Jean-Louis Ferrier y Françoise Giroud, *op. cit.*, p. 171.

15. Carlos Barral, *Cuando las horas veloces*, Barcelona, Tusquets, 1988, p. 45.

16. Entrevista de la autora con Juan Goytisolo.

17. Fernando Sánchez Dragó, «¿Jorge o Federico?», *El Mundo*, junio de 2011, <http://www.elmundo.es/especiales/2011/06/cultura/jorge-semprun/firmas_sanchez_drago.html>.

18. Jorge Semprún, *El largo viaje*, *op. cit.*, p. 220.

19. Jorge Semprún, *Le fer rouge de la mémoire*, *op. cit.*, p. 56.

20. Juan Goytisolo, *En los reinos de taifa*, *op. cit.*, p. 95.

21. Jorge Semprún, *Autobiografía de Federico Sánchez*, *op. cit.*, p. 336.

22. *Ibid.*, p. 342.

23. Entrevista de la autora con Carmen Claudín.

24. Juan Goytisolo, *En los reinos de taifa*, *op. cit.*, p. 95.

25. Entrevista de la autora con Carmen Claudín.

26. Jorge Semprún, *Le fer rouge de la mémoire*, *op. cit.*, p. 57.

27. Carlos Semprún Maura, *El exilio fue una fiesta. Memoria informal de un español de París*, Barcelona, Planeta, 1998, p. 316.

28. Yvette Romi, «Les bruits de la ville», *Le Nouvel Observateur*, 27 de marzo de 1968, pp. 38-39.

29. Entrevista de la autora con Sofia de Semprún-Roy.

30. *Ibid.*

31. *Ibid.*

32. Jorge Semprún, *Le fer rouge de la mémoire*, *op. cit.*, p. 59.

33. Grigoris Lambrakis fue un político griego. En 1963 fue atacado y asesinado por dos derechistas. Su muerte suscitó una reacción masiva contra la dictadura militar en Grecia.

34. Entrevista de la autora con Konstantin Costa-Gavras.

35. *Ibid.*

36. Hervé Hamon y Patrick Rotman, *You See. I Haven't Forgotten*, tra-

ducción del francés de Jeremy Leggatt, Nueva York, Alfred A. Knopf, 1992, pp. 345-347.

37. Jorge Semprún, *Montand, la vida continúa*, Barcelona, Planeta, 1983.

38. Entrevista de la autora con Florence Malraux.

39. Karl Kohut, *Escribir en París*, Frankfurt, Klaus Dieter Vervuert, 1983, p. 176.

40. Jaime Céspedes Gallego, «Un eslabón perdido en la historiografía documental», *República de las Letras, Revista de la Asociación Colegial de Escritores de España*, n.º 124 (noviembre de 2011), p. 40.

41. Entrevista de la autora con Carmen Claudín.

42. Entrevista de la autora con Juan Goytisolo.

43. Jorge Semprún, *Autobiografía de Federico Sánchez*, *op. cit.*, p. 70.

44. *Ibid.*, p. 64.

45. *Ibid.*, p. 72.

46. Entrevista de la autora con Miguel Aguilar.

47. Jorge Semprún, *Autobiografía de Federico Sánchez*, *op. cit.*, p. 69.

48. Michèle Cota, Jean-Louis Ferrier y Françoise Giroud, *op. cit.*, p. 174.

49. Carta de Jorge Semprún a Claude Gallimard, 13 de agosto de 1974. Archivos Jorge Semprún, Colección de Gallimard.

50. Carta de Catherine von Bulow a Claude Gallimard, 24 de agosto de 1974. Archivos Jorge Semprún, Colección de Gallimard, París.

51. Jorge Semprún, *Autobiografía de Federico Sánchez*, *op. cit.*, p. 167.

52. Entrevista de la autora con Juan Goytisolo.

53. James M. Markham, «Ex-Communist Upsets Spanish Party with a Book About its Past», *The New York Times*, 24 de febrero de 1978.

54. Javier Pradera, «Las verdades parciales de Semprún», *Cambio 16*, n.º 317 (8 de enero de 1978).

55. José Martí Gómez y Josep Ramoneda, «Javier Pradera, en el balneario, ante la realidad desencantada», *Por Favor*, 16 de enero de 1978. Reproducido en Santos Juliá, *Camarada Javier Pradera*, *op. cit.*, p. 368.

56. Santiago Carrillo, *Después de Franco, ¿qué? La democracia política y social que preconizamos los comunistas*, París, Éditions Sociales, 1965.

57. Santiago Carrillo, *Mañana España. Conversaciones con Régis Debray y Max Gallo*, París, Colección Ebro, p. 149.

58. Entrevista de la autora con Felipe González.

59. Jorge Semprún, *Autobiografía de Federico Sánchez*, *op. cit.*, p. 302.

60. Luis Balaguer, miembro del Comité Central del PCE.

61. Todos los documentos del RGANI han sido traducidos por Esther Gómez-Parra. Rossiiskii Gosudarstvennii Arkhiv Noveishii Istorii (RGANI Archivo Estatal Ruso de Historia Contemporánea), Fondo: 5; Listado: 109; Documento: 5012, folios 2, 4, 6, 15-19 y 21-34. Ejemplar n.° 65 del 12 de noviembre de 2013.

7. El regreso del hijo pródigo, 1988-1993

1. Karl Kohut, *Escribir en París*, Frankfurt, Klaus Dieter Verveurt, 1983, pp. 179-180.

2. Entrevista de la autora con Bernard Pivot.

3. Jorge Semprún, *Federico Sánchez se despide de ustedes*, Barcelona, Tusquets, 1993.

4. *Ibid.*, p. 16.

5. Entrevista de la autora con Felipe González.

6. Este volumen de memorias, publicado en 1993, es en cierto modo la secuela política de *Autobiografía de Federico Sánchez*.

7. Jorge Semprún, *Federico Sánchez se despide de ustedes*, *op. cit.*, p. 181.

8. Gérard de Cortanze, *Le Madrid de Jorge Semprún*, París, Éditions du Chêne-Hachette Livre, 1977, p. 50.

9. Jorge Semprún, *Adiós, luz de veranos*, Barcelona, Tusquets, 1999.

10. Jorge Semprún, *Autobiografía de Federico Sánchez*, Barcelona, Biblioteca Premios Planeta, 1977, pp. 45-46.

11. Jorge Semprún, *Federico Sánchez se despide de ustedes*, *op. cit.*, p. 184.

12. *Ibid.*, p. 202.

13. *Ibid.*, p. 203.

14. F. Samaniego, «Jorge Semprún define el *Guernica* como metáfora universal del dolor y de la lucha», *El País*, 7 de julio de 2006.

15. *Ibid.*

16. Jorge Semprún, *La montagne blanche*, París, Gallimard, 1986, p. 17. [Hay trad. cast.: *La montaña blanca*, Madrid, Alfaguara, 1986.] [«Después, como siempre, verifiqué que el azul Patinir es aún el que solía ser. *Solía ser.* Un azul fijo, un azul loco».]

17. Jorge Semprún, *La montaña blanca*, Madrid, Alfaguara, 1986, p. 21.

18. Jorge Semprún, *Veinte años y un día*, Barcelona, Tusquets, 2003, p. 238.

19. Jorge Semprún, *La montagne blanche*, *op. cit.*, pp. 196-198.

20. Jorge Semprún, *Federico Sánchez se despide de ustedes*, *op. cit.*, p. 184.

21. Gérard de Cortanze, *Le Madrid...*, *op. cit.*, p. 144.

22. Jorge Semprún, *Federico Sánchez se despide de ustedes*, *op. cit.*, p. 19.

8. Ministro de Cultura

1. Jorge Semprún, *Federico Sánchez se despide de ustedes*, Barcelona, Tusquets, 1993, p. 23.

2. Eduardo Arroyo, «El hombre que no conoció el rencor», *El País*, 7 de junio de 2011.

3. Entrevista de la autora con Javier Solana.

4. Janny Scott, «In Oral History, Jacqueline Kennedy Speaks Candidly After the Assassination», *The New York Times*, 11 de septiembre de 2011.

5. Entrevista de la autora con Felipe González.

6. Entrevista de la autora con Joaquín Almunia.

7. Francisco Conde, «Spain Signs Agreement for Classic Painting Collection», Associated Press News Archive, 22 de diciembre de 1988.

8. «Semprún asegura que no habrá tensiones en el reparto de la herencia de Salvador Dalí», *El País*, 3 de febrero de 1989, <http://elpais.com/diario/1989/02/03/cultura/602463605_850215.html>.

9. Entrevista de la autora con Carlos Solchaga.

10. Jesús Ceberio, «Este gobierno discute poco de política», entrevista a Jorge Semprún en *El País*, 29 de julio de 1990, <http://elpais.com/diario/1990/07/29/espana/649202403_850215.html>.

11. Véase <http://www.elmundo.es/especiales/2011/06/cultura/jorge-semprun/legado.html>.

12. Jesús Ceberio, «Este gobierno...», art. cit.

13. Entrevista de la autora con Carlos Solchaga.

14. Jorge Semprún, *Federico Sánchez se despide de ustedes*, *op. cit.*, p. 59.

15. *Ibid.*, p. 77.

16. En 1995, tras cuatro años de batallas legales, Juan Guerra fue condenado por fraude fiscal.

17. Entrevista de la autora con Carlos Solchaga.

18. Carlos Semprún Maura, *El exilio fue una fiesta. Memoria informal de un español de París*, Barcelona, Planeta, 1998, p. 174.

19. Entrevista de la autora con Carlos Solchaga.

20. Entrevista de la autora con Felipe González.

21. Entrevista de la autora con Javier Solana.

22. Eduardo Arroyo, «El hombre que no conoció el rencor», art. cit.

23. Juby Bustamante, «Extranjero en el mundo», *Público*, 10 de junio de 2011.

9. «Paris encore»

1. Véase <http://www.rtve.es/alacarta/videos/personajes-en-el-archivo-de-rtve/coloquio-entre-yves-montand-jorge-semprun-1991/1123748/>.

2. Concha García Campoy siguió siendo una presentadora de éxito hasta su muerte, a causa de la leucemia, en 2013.

3. Véase el capítulo 3 para un análisis de las representaciones de la experiencia del campo.

4. Jorge Semprún, *La escritura o la vida*, Barcelona, Tusquets, 1997.

5. *Ibid.*, pp. 25-26.

6. La línea que separa el testimonio de la ficción se discute de forma más extendida en el capítulo 3. Para un estudio reciente sobre el tema, véase Ruth Franklin, *Lies and Truth in Holocaust Fiction*, Nueva York, Oxford University Press, 2011.

7. Jorge Semprún, *Le fer rouge de la mémoire*, antología de Jean-Louis Panné, París, Quarto Gallimard, 2012, p. 75.

8. Philippe Séclier, *Le Parisien*, 18 de enero de 1995.

9. Véase <http://www.buchenwald.de/en/1251/#sthash.o20C-8Zg2.dpuf>.

10. Véase <http://www.buchenwald.de/en/1182/#sthash.hnQEi 7GY.dpuf>.

11. Véase <http://www.buchenwald.de/en/1251/>. [«My painting has not been based on random impressions but on my memories. But the times have demanded something else from me: to understand what I have lived through, to seek to discover what threads link past and present».]

12. Doy las gracias a Helga Druxes por su traducción del alemán. [«Eine der wirksamsten Möglichkeiten, der Zukunft eines Vereinten Europas, gesagt Besser, des wiedervereinten Europas einen Weg zu Bahnen, besteht darin, unsere Vergangenheit miteinander zu comparte, unser Gedächtnis, unsere bislang getrennten Erinnerungen zu einen».]

13. Jorge Semprún, *Le fer rouge de la mémoire*, *op. cit.*, p. 76.

14. En la compilación francesa de ensayos en la que aparece este texto, su título es «L'arbre de Goethe»; véase Jorge Semprún, *Une tombe au creux des nuages*, París, Flammarion, 2010.

15. Jorge Semprún, «Estalinismo y fascismo», en *Pensar en Europa*, Barcelona, Tusquets, 2006, p. 24.

16. Una reseña mía de este libro puede leerse en *World Literature Today*, n.º 78 (septiembre-diciembre de 2004), pp. 3-4.

17. Joaquín Marco, «Veinte años y un día», *El Cultural*, 4 de septiembre de 2003, <http://m.elcultural.com/revista/letras/Veinte-anos-y-un-dia/7686>.

18. Javier Pradera, «La segunda muerte de Jorge Semprún», *El País*, 8 de junio de 2011, <http://cultura.elpais.com/cultura/2011/06/08/actualidad/1307484006_850215.html>.

10. Biriatou-Garentreville

1. Jorge Semprún, *Adiós, luz de veranos*, Barcelona, Tusquets, 1999, p. 203.

2. Entrevista de la autora con Claudio Aranzadi.

3. *Ibid.*

4. Entrevista de la autora con Joaquín Almunia.

5. Entrevista de la autora con Javier Solana.

6. Régis Debray, prefacio a Jorge Semprún, *Exercices de survie*, París, Gallimard, 2012. [Hay trad. cast.: *Ejercicios de supervivencia*, Barcelona, Tusquets, 2016.]

Bibliografía

Archivos y colecciones especiales

Archivo Histórico del Partido Comunista de España, Madrid.
Archivo General de la Administración, Alcalá de Henares, Madrid.
Archivo Histórico del Ministerio de Asuntos Exteriores, Madrid.
Bibliothèque Littéraire Jacques Doucet, París.
Bundesarchiv, Berlín.
Fundación Antonio Maura, Madrid.
Gallimard Archives, París.
International Tracing Service, Bad Arolsen.
Library and Archives Reference Desk of the United States Holocaust Memorial Museum, Washington.
Library and Public Archives Unit, International Committee of the Red Cross, Ginebra.
Politisches Archiv des Auswärtigen Amtes Paris, Berlín.
Russian Government Archive of Contemporary History (RGANI), Moscú.

Obras de Jorge Semprún

¡Libertad para los 34 de Barcelona!, editado por la Federación de Juventudes Socialistas Unificadas de España, 1953. MS. Archivo Histórico del Partido Comunista de España, Dirigentes, 26/17.

The Long Voyage, Nueva York, The Overlook Press, 2005. [Hay trad. cast.: *El largo viaje*, Barcelona, Seix Barral, 1976.]

Autobiografía de Federico Sánchez, Barcelona, Biblioteca Premios Planeta, 1977.

Quel beau dimanche!, París, Les Cahiers-Rouges-Grasset y Fasquelle, 1980. [Hay trad. cast.: *Aquel domingo*, Barcelona, Planeta, 1981.]

Montand, la vida continúa, Barcelona, Planeta, 1983. [Edición francesa: *Montand, la vie continue*, París, France Loisirs, 1983.]
La montagne blanche, París, Gallimard, 1986. [Hay trad. cast.: *La montaña blanca*, Madrid, Alfaguara, 1987.]
Federico Sánchez se despide de ustedes, Barcelona, Tusquets, 1993. [Edición francesa: *Federico Sánchez vous salue bien*, París, Grasset, 1993.]
La guerre est finie, París, Gallimard, 1966.
L'écriture ou la vie, París, Gallimard, 1996. [Hay trad. cast.: *La escritura o la vida*, Barcelona, Tusquets, 1997.]
Adieu vive clarté, París, Gallimard, 1998. [Hay trad. cast.: *Adiós, luz de veranos*, Barcelona, Tusquets, 1999.]
Veinte años y un día, Barcelona, Tusquets, 2003. [Edición francesa: *Vingt ans et un jour*, París, Gallimard, 2004.]
«Estalinismo y fascismo», en *Pensar en Europa*, Barcelona, Tusquets, 2006.
Une tombe au creux des nuages, París, Flammarion, 2010. [Hay trad. cast.: *Una tumba en las nubes*, Barcelona, Tusquets, 1994.]
Si la vie continue... Entretiens avec Jean Lacoutoure, París, Grasset, 2012.
Exercices de survie, París, Gallimard, 2012. [Hay trad. cast.: *Ejercicios de supervivencia*, Barcelona, Tusquets, 2016.]
Le fer rouge de la memoire, antología de Jean-Louis Panné, París, Quarto Gallimard, 2012.
Le langage est ma patrie. Entretiens avec Franck Apprederis, París, Libella, 2013. [Hay trad. cast.; *Vivir es resistir. Tres conferencias y una conversación*, Barcelona, Tusquets, 2014.]
Le métier d'homme. Husserl, Bloch, Orwell. Morales de résistance, París, Climats, 2013. [Hay trad. cast.: *Vivir es resistir. Tres conferencias y una conversación*, Barcelona, Tusquets, 2014.]

Entrevistas citadas

Semprún, Jorge, «Este gobierno discute poco de política», entrevista con Jesús Ceberio, *El País*, 29 de julio de 1990, <http://elpais.com/diario/1990/07/29/espana/ 649202403_850215.html>.
—, «Lo único que he traicionado es a mí mismo», entrevista con Juan Cruz, *El País Semanal*, 19 de diciembre de 2010, <http://elpais.com/diario/2010/12/19/eps/ 1292743618_850215.html>.
—, entrevista con Alan Riding, 12 de junio de 2014, archivo personal de Alan Riding, París.

Selección de obras cinematográficas y para televisión

Temps du silence, *script* y diálogos para televisión, dirigido por Franck Apprederis, emitido en TV5 Monde, France 2, 2011.

Les routes du sud, guion, dirigido por Joseph Losey, Société Française de Production, Trinacra Films, France 3, Profilmes, 1978.

Section spéciale, coescrito con Konstantinos Costa-Gavras, Reggane Films, Les Productions Artistes Associés, Goriz Film, Janus Film, 1975.

Les deux mémoires, dirección y guion, Aldebaran Films, Fildebroc, Les Films Molière, Uranus Productions France, 1974.

Stavisky, guion, dirigido por Alain Resnais, Cerito Films, Les Films Ariane, Simar Films, Euro-International Film, 1974.

L'aveu, adaptación y guion, dirigido por Konstantinos Costa-Gavras, Les Films Corona, Les Films Pomereu, Produzione Internazionale Cinematografica, Fono Roma, Selena Cinematografica, 1970.

Z, guion, dirigido por Konstantinos Costa-Gavras, Office Nationale pour le Commerce et l'Industrie Cinématographique, Reggane Films, Valoria Films, 1969.

La guerre est finie, guion, dirigido por Alain Resnais, Europa Film, Sofracima, 1966.

Objectif: 500 millions, diálogos, coescrito con el director, Pierre Schoendorffer, Laetitia Films, Rome Paris Films, Société Nouvelle de Cinématographie, 1966.

Obras de otros autores

«Atrocities in Spain Charged by Bishop», *The New York Times*, 21 de julio de 1938.

«The Franco Era, 1939-75», *Country Studies*, página web de la Biblioteca del Congreso de Estados Unidos, <http://countrystudies.us/spain/51.htm.>.

Adler, Laure, *Marguerite Duras. A Life*, Londres, Phoenix, 2001. [Hay trad. cast: *Marguerite Duras*, Barcelona, Anagrama, 2000.]

Antelme, Monique, «Jorge Semprún n'a pas dit la vérité», *Le Monde*, 8 de julio de 1998.

Arroyo, Eduardo, «El hombre que no conoció el rencor», *El País*, 7 de junio de 2011.

Asenjo, Mariano, y Victoria Ramos, *Malagón. Autobiografía de un falsificador*, Barcelona, El Viejo Topo, 2008.

Augstein, Franziska, *Lealtad y traición. Jorge Semprún y su siglo*, traducción de Rosa Pilar Blanco, Barcelona, Tusquets, 2010.

Barral, Carlos, *Cuando las horas veloces*, Barcelona, Tusquets, 1988.

Boyers, Robert, *Atrocity and Amnesia. The Political Novel Since 1945*, Nueva York y Oxford, Oxford University Press, 1985.

Brodzki, Bella, *Can These Bones Live? Translation, Survival, and Cultural Memory*, Stanford, Stanford University Press, 2007.

Bustamante, Juby, «Extranjero en el mundo», *Público*, 10 de junio de 2011.

Carrillo, Santiago, *Mañana España. Conversaciones con Régis Debray y Max Gallo*, París, Colección Ebro, 1975.

—, *Los viejos camaradas*, Barcelona, Planeta, 2011.

Caso Oviedo, Javier G., «Adiós a un viejo comunista», *La Voz de Asturias*, 25 de febrero de 2012, <http://www.apmadrid.es/images/stories/JoseSandoval.pdf>.

Castellet, J. M., *Seductores, ilustrados y visionarios*, Barcelona, Anagrama, 2010.

Céspedes Gallego, Jaime, «Un eslabón perdido en la historiografía documental», *República de las Letras. Revista de la Asociación Colegial de Escritores de España*, n.º 124 (noviembre de 2011), p. 40.

Conde, Francisco, «Spain Signs Agreement for Classic Painting Collection», Associated Press News Archive, 22 de diciembre de 1988.

Cortanze, Gérard de, *Le Madrid de Jorge Semprún*, París, Éditions du Chêne-Hachette Livre, 1977.

Cota, Michèle, Jean-Louis Ferrier y Françoise Giroud, «*L'Express* va plus loin avec Jorge Semprún», *L'Express*, 8-14 de diciembre de 1969.

Debray, Régis, prólogo a Jorge Semprún, *Exercices de survie*, París, Gallimard, 2012.

Dominguín, Domingo, *Dominguín contra Dominguines*, Madrid, Espasa, 2008.

Fernández-Montesinos Gurruchaga, Andrea, «Los primeros pasos del movimiento estudiantil», <http://e-archivo.uc3m.es/bitstream/handle/10016/13919/ primeros_fernandez_CIAN_2009.pdf?sequence=2>.

Ferrán, Ofelia, y Gina Herrmann, *A Critical Companion to Jorge Semprún. Buchenwald, Before and After*, Basingstoke y Nueva York, Palgrave Macmillan, 2014.

Fox Maura, Soledad, reseña de *Veinte años y un día* de Jorge Semprún, *World Literature Today*, n.º 78 (septiembre-diciembre de 2004), pp. 3-4.

—, «Jorge Semprún. Extraño en todas partes», *Revista de Libros* (9 de enero de 2011).

Franklin, Ruth, *Lies and Truth in Holocaust Fiction*, Nueva York, Oxford University Press, 2011.

Gordon, Bernard, *Hollywood Exile. Or How I Learned to Love the Blacklist*, Austin, University of Texas Press, 1999.

Goytisolo, Juan, *En los reinos de taifa*, Madrid, Alianza Editorial, 1986.

Gracia, Jordi, «Novelar la memoria o la libertad del escritor», en Xavier Pla, ed., *Jorge Semprún o las espirales de la memoria*, Kassel, Reichenberger, 2010, pp. 87-109.

Graves, Tomás, y Lucia Graves de Farran, carta al director, *La Vanguardia*, 20 de enero de 1979.

Hackett, David A., *The Buchenwald Report*, Boulder, Westview Press, 1995.

Hamon, Hervé, y Patrick Rotman, *You See. I Haven't Forgotten*, traducción de Jeremy Leggatt, Nueva York, Alfred A. Knopf, 1992.

Hessel, Stéphane, *Danse avec le siècle*, París, Seuil, 1997. [Hay trad. cast.: *Mi baile con el siglo. Memorias*, Barcelona, Destino, 2011.]

Heyde, Veronika, *De l'esprit de la Résistance jusqu'à l'idée de l'Europe*, Bruselas, Peter Lang, 2010.

Irving, Washington, *Tales of the Alhambra*, Londres, Henry Colburn & Richard Bentley, 1832. [Hay trad. cast.: *Cuentos de la Alhambra*, traducción de J. Ventura Traveset, Madrid, Espasa-Calpe, 1987.]

Judt, Tony, *Past Imperfect. French Intellectuals 1944-1956*, Nueva York, New York University Press, 2011. [Hay trad. cast.: *Pasado imperfecto*, Barcelona, Taurus, 2012.]

Julitte, Pierre, *Block 26*, Nueva York, Doubleday and Company, 1971.

Kertész, Imre, «The Art of Fiction», entrevista de Luisa Zielinski, *The Paris Review* (28 de mayo de 2013), <http://www.theparisreview.org/interviews/6235/the-art-of-fiction-no-220-imre-kertesz>.

Kogon, Eugen, *Der SS-Staat. Das System der deutschen Konzentrationslager*, Munich, Heyne Verlag, 1985. [Hay trad. cast.: *El Estado de la SS. El sistema de los campos de concentración alemanes*, Barcelona, Alba, 2005.]

Kohut, Karl, *Escribir en París*, Frankfurt, Klaus Dieter Verveurt, 1983.

Levi, Primo, *If This is a Man*, traducción de Charles Woolf, Nueva York, Abacus, 1991. [Hay trad. cast.: *Si esto es un hombre*, Barcelona, Península, 2014.]

López Pina, Antonio, *La Generación del 56*, Madrid, Marcial Pons, 2010.

Mainer, Juan Carlos, «*Clavileño*. Cultura de Estado bajo el franquismo», *Bulletin Hispanique*, vol. 104, n.° 102-104 (2002), pp. 941-963.

Marco, Joaquín, «Veinte años y un día», *El Cultural*, 4 de septiembre de 2003, <http://m.elcultural.com/revista/letras/Veinte-anos-y-un-dia/7686>.

Markham, James M., «Ex-Communist Upsets Spanish Party with a Book About its Past», *The New York Times*, 24 de febrero de 1978.

Maura, Manuel, «La isla del ayer», manuscrito inédito, Colección de Marisol Maura, Madrid.

Maura, Miguel, *Así cayó Alfonso XIII*, Madrid, Marcial Pons, 2007.

Morán, Gregorio, *Miseria y grandeza del Partido Comunista de España, 1939-1985*, Barcelona, Planeta, 1986.

Nieto, Felipe, *La aventura comunista de Jorge Semprún. Exilio, clandestinidad y ruptura*, Barcelona, Tusquets, 2014.

Paulding, Gouverneur, «A Time to Hate», *The Reporter*, 21 de mayo de 1964.

Pérez Maura, Alfonso, «Valldemossa», *Balearides Digital*, 8 de enero de 2014, <http://balearidesdigital.com/?p=11144>.

Pike, David Wingeate, *Spaniards in the Holocaust. Mauthausen, the Horror on the Danube*, Nueva York, Routledge, 2000. [Hay trad. cast.: *Españoles en el Holocausto. Vida y muerte de los republicanos*, Barcelona, Debolsillo, 2004.]

Pradera, Javier, «La segunda muerte de Jorge Semprún», *El País*, 8 de junio de 2011, <http://cultura.elpais.com/cultura/2011/06/08/actualidad/1307484006_850215.html>.

Preston, Paul, *El zorro rojo*, Barcelona, Debate, 2013.

Riambau, Esteve, *Ricardo Muñoz Suay. Una vida en sombras*, Barcelona, Tusquets, 2007.

Rico, Francisco, *La novela picaresca y el punto de vista*, Barcelona, Seix Barral, 2000.

Riding, Alan, *And the Show Went On*, Nueva York, Vintage, 2011. [Hay trad. cast.: *Y siguió la fiesta. La vida cultural en el París ocupado*, Barcelona, Galaxia Gutenberg, 2011.]

Rollin, Léon, «Incertitudes espagnoles», *Politique Étrangère*, 1 de octubre de 1945, pp. 53-60.

Said, Edward, *Reflections on Exile and Other Essays*, Cambridge, Harvard University Press, 2002. [Hay trad. cast.: *Reflexiones sobre el exilio*, Barcelona, Debate, 2013.]

Samaniego, Fernando, «Jorge Semprún define el *Guernica* como metáfora universal del dolor y de la lucha», *El País*, 7 de julio de 2006.

Scott, Janny, «In Oral History. Jacqueline Kennedy Speaks Candidly After the Assassination», *The New York Times*, 11 de septiembre de 2011.

Séclier, Philippe, *Le Parisien*, 18 de enero de 1995.

Sellier, André, *A History of the Dora Camp*, Lanham, Ivan R. Dee Publisher, 2003.

Semprún Gurrea, José María, «A Catholic Looks at Spain», <http://collections.mun.ca/PDFs/radical/ACatholicLooksAtSpain.pdf>.

Semprún Maura, Carlos, «Luces y sombras de agosto», *La Ilustración Liberal*, n.° 25, <http://www.ilustracionliberal.com/25/luces-y-sombras-de-agosto-carlos-semprun-maura.html>.

—, *El exilio fue una fiesta*, Barcelona, Planeta, 1998.

—, *A orillas del Sena, un español...*, Madrid, Libertad Digital/Hoja Perenne, 2006.

Semprún Maura, Gonzalo, «¿La odicea, o la Odisea?», manuscrito inédito, Archivo de Santiago Valentín Gamazo.

—, «Gros Noyer y la familia», *Libertad Digital*, 13 de julio de 2001, <http://www.libertaddigital.com/opinion/ideas/gros-noyer-y-la-familia-1394.html>.

Silió, César, *Vida y empresas de un gran español. Maura*, Madrid, Espasa-Calpe, 1934.

Soutou, Jean-Marie, *Un diplomate engagé*, París, Éditions de Fallois, 2011.

Stein, Harry, *Buchenwald Concentration Camp 1937-1945. A Guide to the Permanent Historical Exhibition*, Wallstein Verlag, 2004.

Stein, Louis, *Beyond Death and Exile. The Spanish Republicans in France 1939-1955*, Cambridge, Harvard University Press, 1980. [Hay trad. cast.: *Más allá de la muerte y el exilio. Los republicanos españoles en Francia, 1939-1955*, Barcelona, Plaza y Janés, 1983.]

Streiff, Gérard, *Procès stalinien à Saint-Germain-des-Prés*, París, Éditions Syllepse, 1999.

Wiesel, Elie, *Todos los torrentes van al mar*, Barcelona, Muchnik Editores, 1975.

—, *La noche, el alba, el día*, Madrid, Anaya & Mario Muchnik, 1996.

Entrevistas y materiales de archivo

Abetz, Otto, correspondencia con José Félix Lequerica, Vichy, 28 de enero de 1944. MS. «Länderakte Spanien», 1943-1944, número de referencia 2386, y RAV París, Strafrecht, Rechtshilfe in Strafsachen, Interventionen, Auslieferung, Strafvollzug. «Gefangenenaustausch allgemein und Namen A-Z», 1942-1944, número de referencia 2488. Politisches Archiv des Auswärtigen Amtes RAV París, Berlín.

Almunia, Joaquín, entrevista personal, 19 de febrero de 2013.

Claudín, Carmen, entrevista personal, 25 de junio de 2012.

Costa-Gavras, Konstantinos, entrevista personal, 19 de marzo de 2013.

Fiscowich, Alfonso (cónsul español), carta a Pedro Urraca (inspector de la policía española en París), 30 de octubre de 1943. MS. Politisches Archiv des Auswärtigen Amtes, Berlín.

González, Felipe, entrevista personal, 10 de julio de 2012.

Goytisolo, Juan, entrevista personal, 9 de marzo de 2013.

Malraux, Florence, entrevista personal, 9 de junio de 2012.

Nicolas, Sylvia, entrevista personal, 3 de agosto de 2012.

Pivot, Bernard, entrevista personal, 21 de marzo de 2013.

Schwartz, Juan, cartas a Jean-Marie Soutou, 30 de enero y 22 de mayo de 1945. Colección de Georges-Henri Soutou, París.

Semprún, Jorge, carta a Gonzalo Semprún, 17 de noviembre de 1971. Colección de Danielle de la Gorce.

—, correspondencia seleccionada con Claude Gallimard y Odette Laigle, 1966-1977. Archivos Gallimard.

Semprún Gurrea, José María, carta a Antonio Maura, 5 de octubre de 1924. Fundación Antonio Maura, 298/11.

Semprún-Roy, Sofia, entrevista personal, 20 de marzo de 2013.

Smith Semprún, Moraima, conversación con Jorge Semprún, octubre de 2002. Grabación. Colección de Moraima Smith Semprún, cortesía de Roger Kase.

Solana, Javier, entrevista personal, 14 de junio de 2012.

Solchaga, Carlos, entrevista personal, 1 de junio de 2012.

Soutou, Georges-Henri, correo electrónico a la autora, 1 de abril de 2014.

Índice alfabético

Abetz, Otto, embajador en Vichy, 88, 89-92, 96, 117, 122
Academia Francesa, 293
Academia Goncourt, 27, 293
Acción Católica, 187
Acción Democrática, 187
Action, revista, 158
Aguirregomezcorta Soria, José Antonio, 149
Alfonso XIII, rey, 37, 43, 290
Alicata, Mario, director de *L'Unità*, 218
Allégret, Catherine, 233
Almunia, Joaquín, ministro de Administraciones Públicas, 282, 290, 314
Alonso Vega, Camilo, ministro de Gobernación, 239
Álvarez del Vayo, Julio, ministro de Estado, 65
Améry, Jean, 139
Amitié Judéo-chrétienne de France (AJCF), 67
Antelme, Robert, 139, 152, 158-163, 165, 303
  La especie humana, 158
Apollinaire, Guillaume, 137
Apostrophes, programa literario de televisión, 28
Aragon, Louis, 137
Aranzadi, Claudio, 312
Archivo Estatal Ruso de Historia Contemporánea (RGANI), 251
Arias Navarro, Carlos, presidente del Gobierno, 246
Armstrong, Louis, 137, 298
Arrazola, Nieves, 202
Arroyo, Eduardo, 279, 292, 293, 314
Auschwitz, campo de, 88, 113, 114, 115, 116, 129, 132, 299, 304
Azaustre, Manuel, 209-210

Bakunin, Mijaíl, 137
Barbie, Klaus, capitán de las SS, 217
Bardem, Juan Antonio, 190
Baroja, Pío, 189
Barral, Carlos, editor, 220
Barrot, Olivier, 303
Bataille, Georges, 157
Baudelaire, Charles, 139, 235
  Las flores del mal, 67
Beauvoir, Simone de, 76
  La fuerza de las cosas, 156
Beckett, Samuel, 235
Bellon, Denise, 156
Bellon, Loleh, primera esposa de JS, 156, 162
Bellon, Yannick, 156
Belmondo, Jean-Paul, 165, 245
Benet, Juan, 281

Benjamin, Walter, 181
Bergamín, José, 68
Bergen-Belsen, campo de exterminio de, 117
Bernanos, Georges, 61
Blum, Léon, presidente francés, 143
Bogart, Humphrey: *Casablanca*, 102
Borges, Jorge Luis, 38, 137
Bouillon de Culture, programa literario de televisión, 28
Brenan, Gerald: *El laberinto español*, 43
Breton, André, 137
Bronston, Samuel, 182-183
Brook, Peter: *Moderato cantabile*, 165
Buchenwald, campo de concentración de, 12, 13, 18, 19, 22, 25, 26, 30, 31, 67, 82, 83, 87, 92, 95, 97, 99, 101, 104-118, 126, 130-133, 136, 138, 142, 144, 148, 150, 151, 154, 155, 158, 160, 163, 170, 174, 201, 210, 228, 230, 234, 262, 298, 302, 303, 304, 306
  Arbeitsstatistik, 84, 96, 97, 119, 120, 121, 122, 123, 124, 125, 127, 143, 165
  kommando Dora, 120, 124
  liberación de, 125, 134, 139, 141, 147, 155, 299, 305
  «Oficina de Estadísticas del Trabajo», 119
Buchenwald Memorial, web del, 303
Bulow, Catherine von, 242
Buñuel, Luis, 228
Bush, George H.W., presidente, 297
Bustamante, Juby, 293

Calvo Serer, Rafael, 187
Cambio 16, revista, 254, 255
Camus, Albert, 156
Cara al Sol, himno falangista, 192
Cárdenas, Lázaro, presidente mexicano, 53, 68
Carrère d'Encausse, Hélène, 293
Carrero Blanco, Luis, asesinato de, 245
Carril, Delia del, segunda esposa de Neruda, 66
Carrillo, Santiago, 19, 20, 157, 165, 170-172, 177-179, 188, 190, 198, 199, 201, 202, 204-208, 210, 211, 215, 216, 218, 219, 222-225, 231, 236, 237, 247-250, 252-258, 265, 291, 302
  Después de Franco ¿qué? La democracia política y social que preconizamos los comunistas, 249
  Mañana España. Conversaciones con Régis Debray y Max Gallo, 249
Carrillo, Wenceslao, 171
Casado, Segismundo, golpe de, 171
Castellet, Josep Maria, 196
Castro, Fidel, 243
Cervantes, Miguel de, 41
Cervera, Carmen «Tita», baronesa, 283, 284, 291
Chiang Kai Chek, 78
Char, René, 137
Chiot, Irène, 81, 82, 117
Chirac, Jacques, 271
Chopin, Frédéric, 38
CIA, Agencia Central de Inteligencia, 190
Cité Universelle, editorial, 158
Claudín, Carmen, 223, 225, 236, 237, 314
Claudín, Fernando, 162, 208, 219, 222, 223, 225, 231, 236, 249, 250, 251, 254, 281
  expulsión del PCE (1965), 223, 225
Clavileño, revista, 193
Cocteau, Jean, 88

Colette, *véase* Leloup, Colette
Comunidad Económica Europea, 281
Congreso Nacional de Estudiantes, 194-196
Congress for Cultural Freedom, 190
Conrad, Joseph, 235
Costa-Gavras, Konstantinos, 27, 179, 226, 231, 232, 233, 243
La confesión, 231-232, 243
Missing, 232
Section Speciale, 232
Z, 21, 27, 226, 231, 232, 243, 252
Cotta, Michèle, 241
Cruz Roja, 128, 152
Comité Internacional de la (ICRC), 128
Cultura y Democracia, revista, 176, 189

Dachau, campo de exterminio de, 116, 158, 160
Dalí, Salvador, 284
Darío, Rubén, 48
Davet («René»), general, 94
Debord, Guy, 227
Debray, Régis, 249, 315
Delanoë, Bertrand, alcalde de París, 313
Diamante, Julio, 206, 211
Diario 16, 293
Dinesen, Isak, 235
Dirección General de Seguridad (DGS), 239
Dominguín, Domingo, 186, 306
Dominguín, Luis Miguel, 173, 198, 238, 239
Dostoievski, Fiódor M., 131
Duras, Marguerite, 27, 157, 158, 159, 160, 161, 165

Eckermann, Johann Peter, 22
Eisenhower, Dwight, presidente, 182, 183, 187
Epstein, Michel, 88
Esprit, revista católica francesa, 60, 61, 62, 63, 68, 70, 71, 94, 126
Esteban, Pepe, 211
ETA, atentado contra Carrero Blanco, 245
Express, L', revista, 241, 244, 301

Falange Española, 187, 192
Falcó, comunista, 118
Faulkner, William, 139, 176
Fernández, Horacio, 257
Ferrier, Jean-Louis, 241
Finkielkraut, Alain, 301
Fiscowich, Alfonso, cónsul en París, 86, 89, 95
Folch, Xavier, 197
Frager, Henri, 80, 82, 117
Franco, Francisco, general, 20, 26, 27, 53, 60, 67, 77, 78, 85, 86, 88, 144, 177, 181, 182, 183, 186, 188, 192, 198, 204, 205, 207, 216, 229, 235, 245, 246, 250, 288, 291
acuerdo con Estados Unidos, 187
Frank, Josef, 22, 232
Franqui, Carlos, 244
Fresnay, Pierre, 137
Frick, Édouard-Auguste, 70-76, 79, 97, 165, 230, 311

Gabin, Jean, 137
Gallimard, Claude, 242, 243
Gallimard, editorial, 27, 219, 241, 242, 243
Gamazo, Constancia, abuela de JS, 42
Gamazo, Germán, 42
Gamazo, Honorio, 42
Gamazo, Trifino, 42

Gannon, John Mark, obispo, 64
García Ascot, José Miguel, 174
García Campoy, Concha, 297
García Hortelano, Juan: *Tormenta de verano*, 220
García Lorca, familia, 48
García Lorca, Federico, 48, 53, 72, 136, 137, 178, 313
Gardner, Ava, 173
Pandora y el holandés errante, 183
Garrel, Maurice, 227
Garrel, Philippe, 227
Le lit de la vierge, 227
Gary, Romain, 157
Gaulle, Charles de, general, 86, 158, 280
Gestapo, 18, 81, 82, 84, 88, 89, 94, 111, 117
detención de Jorge Semprún por la, 26, 81, 105, 106, 110
Giner de los Ríos, Francisco, 49
Girod, Francis, 303
Giroud, Françoise, 241
Glasberg, Alexandre, reverendo, 67, 217
Goethe, Johann Wolfgang von, 22, 111, 112, 115, 121, 141, 143
Gómez-Acebo, Luis, duque de Badajoz, 284
González, Ángel, 211
González, Felipe, presidente, 18, 27, 30, 76, 232, 233, 247, 250, 264-267, 275, 279, 281, 286, 288, 290, 291, 294, 297, 312, 313
González Lucas, Domingo, 180, 198
Gorbachova, Raísa, 291
Gordon, Bernard, 182
Goya, Francisco de, 137
Familia de Carlos IV, 271
Goytisolo, Juan, 29, 171, 218, 219, 220, 236, 238, 242, 243, 244
Grabner, fräulein, 84
Grador, Jacques, alias de Jorge Semprún, 178
Graves, Robert, 40
Greco, Juliette, 157
Grimau, Julián, 179, 208, 216
detención y ejecución, 208-209, 216, 248
Grobéty, Elsa, 63, 154, 155
Grobéty, Yvonne, 63
Guernica, bombardeo de, 133
Guerra Civil española, 18, 23, 26, 29, 35, 37, 52, 53, 61, 65, 77, 104, 106, 133, 136, 143, 149, 164, 170, 171, 173, 177, 178, 187, 192, 195, 197, 205, 206, 207, 208, 209, 226, 228, 236, 246, 252, 290
Guerra Fría, 27, 180
Guerra Mundial, Primera, 71, 80, 137, 217
Guerra Mundial, Segunda, 26, 27, 35, 66, 67, 69, 78, 86, 93, 105, 129, 150, 155, 172, 192, 228, 242, 298, 301, 302
véase también Buchenwald
Guerra, Alfonso, vicepresidente, 18, 285, 286, 287, 288, 289, 290, 302
Guerra, Juan, 286, 287
Guillochon, Bernard, 161
Guilloux, Louis, 235

Hagenaar, María Antonieta, primera esposa de Neruda, 65-66
Halbwachs, Maurice, 139, 140, 303
Hass, jefe de la Gestapo de Auxerre, 82
Hegel, Georg Wilhelm Friedrich, 137
Heidegger, Martin, 137
Heller, Gerhard, 88
Hemingway, Ernest, 102, 104, 110, 137, 173, 186, 306
Henri-Lévy, Bernard, 25, 263

Hepburn, Audrey, 158
Hernández, José Antonio, 201
Herr, Lucien, 80
Herr, Michel, 80, 81, 84
Hitler, Adolf, 49, 53, 85, 88, 144
Holocausto, 27, 31, 83, 114, 130, 140, 300, 301, 302
Huelga Nacional Pacífica (HNP) en 1959, fracaso de la, 207, 222
Hugo, Victor, 137
Hungría, revolución en (1956), 205
Husserl, Edmund, 77, 137

Ibárruri, Dolores, la Pasionaria, 165, 170, 175, 177, 222, 223, 251, 254
Institución Libre de Enseñanza, 49
Isabel II, reina de España, 40
Isabel II, reina de Inglaterra, 270, 284, 291
Izcaray, Jesús, 216

Jackson, Gabriel, 236
Jacob, Max, 88
Jean-Marie Action, red, 77, 80, 117, 118
Jóvenes Mauristas, 46
Jrushchov, Nikita, 205
Juan de Borbón, 246
Juan Carlos I de Borbón, rey, 246, 247, 284, 290
Juliá, Santos, 206
Julitte, Pierre, 121, 122, 139
    L'arbre de Goethe, 120, 121
Juventudes Socialistas, 171
Juventudes Socialistas Unificadas (JSU), 201

Kafka, Franz, 137
Kant, Immanuel, 143
Kaltenbach, fräulein, 84
Kennedy, Jackie, 280
Kennedy, John F., presidente, 280
Kertész, Imre, 130, 131, 133, 134, 139
    Sin destino, 131
KGB, 240
Koch, Ilse «Bruja de Buchenwald», 130, 131, 132, 133
Koch, Karl Otto, 130
Kogon, Eugen, 124
Komintern, 172
Kraus, Karl Christian Friedrich, filósofo, 49

Lacan, Jacques, 157
Lacoutoure, Jean, 118
Laforet, Carmen: *Nada*, 176
Laigle, Odette, 242
Laín Entralgo, Pedro, 187
Laloy, Jean, 94
Lamartine, Alphonse de, 137
Lampedusa, Giuseppe Tomasi di: *El Gatopardo*, 39
Landman, Mathieu y Thomas, nietos de JS, 108
Lang, Jack, ministro de Cultura francés, 280
Lange, Monique, 218, 219, 220
Lanzmann, Claude: *Shoah*, 302
Lara Hernández, José Manuel, editor, 252
Larrea, Juan, alias de Jorge Semprún, 178
Legión Cóndor, 64, 133, 272
Leiris, Michel, 157
Leloup, Colette, segunda esposa de Jorge Semprún, 133, 134, 160, 162, 163, 165, 170, 172, 178, 180, 188, 206, 211, 217, 225, 228, 230, 233, 265, 267, 288, 293
    muerte de (2007), 70, 312
Leloup, Marcel, 217

Lenin, Vladimir Ilich Ulianov, 248, 258
León, María Teresa, 311
Lequerica, José Félix de, embajador en Vichy, 85-90, 92, 93, 95-97, 117, 122, 152
Levi, Primo, 103, 113, 114, 116, 137, 139, 299, 300
Si esto es un hombre, 113, 299
Lévinas, Emmanuel, 77, 137
Lévy, Bernard Henri, 263
Lévy, Raymond, 262
Ley para la Reforma Política, 246
Libération, 220
Lipton, James, 262
Líster, Enrique, general, 164, 206, 252, 253
Litschi, Annette, madrastra de JS, 50, 51, 73
Liu, embajador chino, 78
London, Artur: *La confesión*, 231, 232
López Raimundo, Gregorio, 254
López Salinas, Armando, 198
Losey, Joseph: *Las rutas del sur*, 229
Lukács, Georg, 77

Maestro, Jaime, 211
Main d'Oeuvre Immigrée (MOI), 77
Majdanek, campo de concentración de, 133
Malagón, Domingo, 179
Mallarmé, Stéphane, 137
Malraux, André, 18, 77, 79, 102, 110, 133, 137, 143, 218, 280
La esperanza, 77
Malraux, Clara, 157
Malraux, Florence, 13, 133, 134, 218, 226, 313, 314
Manglano, Sebastián, 136
Mann, Thomas, 298
Mannoni, Eugène, 161
Mao Tse Tung, 176
Marcos, Julián, 211
Maritain, Jacques, 126
Marker, Chris, 237
Marshall, Plan, 160
Martinet, Dominique, hijastra de JS, 166, 233
Martinet, Jacques, 159, 162, 178, 217
Marx, Karl, 77, 137
El Capital, 29
Mascolo, Dionys, 157, 159, 160, 161, 162
Matwejew, Boris, 109
Maura Gamazo, Gabriel, 181
Maura Gamazo, Honorio, 53, 206
Maura Gamazo, Miguel, 46, 47, 54, 68, 85, 86, 87, 92, 95, 96, 117, 181, 193
Maura Gamazo, Susana, madre de JS, 45, 46, 48, 50
matrimonio de, 46
muerte de, 50
sistema educativo para sus hijos, 49
Maura Montaner, Antonio, abuelo de JS, 29, 43, 44, 46, 50, 90, 92, 111, 135, 172, 235, 244, 265
muerte de, 312
origen judío de, 43
presidente de la Real Academia Española, 43
presidente del Gobierno, 29, 37
Maura Montaner, Francisco, 45
Maura Montaner, Gabriel, 44
Maura Montaner, Miguel, 50
Maura y Gelabart, Bartolomé, 39
Mauthausen, campo de, 96, 110, 209, 210
Mercader, Ramon, 240
Merleau-Ponty, Maurice, 137
México, exiliados españoles en, 53, 68, 174

Mibau, fábrica de misiles alemana, 121
Miró, Pilar, 286
Misión Francesa, grupo en la liberación de Buchenwald, 134
Mitterrand, François, 158, 160, 234
Monde, Le, 161, 162
Monique, segunda mujer de Robert Antelme, 161
Montand, Julien, 219
Montand, Yves, 21, 26, 27, 157, 179, 209, 219, 226, 229-234, 242, 263, 297
Montaner Llampayes, Margarita, 39
Moreau, Jeanne, 165
Morin, Edgar, 157
Mounier, Emmanuel, 61, 94
Mouvements Unis de la Résistance (MUR), 94
Moya, Manolo, 211
Múgica, Enrique, 190, 199, 200, 211
Muguerza, Javier, 211
Muñoz, Berta, 202
Muñoz Suay, Ricardo, 180, 189, 201, 202, 203
Mussolini, Benito, 53

Nabokov, Vladimir, 235
Nansen, pasaportes, 71
Negrín, Juan, presidente, 164, 171
Nemirovsky, Irène: *Suite francesa*, 88
Neruda, Pablo, 65, 66
New York Times, The, 64, 247
Nieto, Felipe, 118
Nietzsche, Friedrich, 115, 131, 137
Nora, Eugenio de, 200
Northwestern Victory, barco de guerra estadounidense, 185
Nouvel Observateur, Le, 227
Nouvelle Revue Française, La, 77
Novio a la vista, película, 193

Oltramare, líder de cantón suizo, 63
Opus Dei, 187
Organización de las Naciones Unidas (ONU), 205
Ormesson, Jean d', 293
Ortega y Gasset, José, 189
Orwell, George, 228
Otero, Alejandro, 199

País, El, diario, 286
Pajetta, Giancarlo, 218
Partido Comunista Alemán (KPD), 109
Partido Comunista de España (PCE), 14, 17, 19, 23, 26, 29, 77, 118, 123, 136, 157, 163, 173, 176, 207, 211, 215, 217, 223, 225, 228, 232, 242, 253, 256, 262, 314, 318
  Comité Central del, 172, 206, 239, 257
  Comité Ejecutivo del, 196, 197, 208, 216, 219, 247, 254, 255
  XX Congreso del, 196
  legalización del, 248
Partido Comunista de la Unión Soviética (PCUS), 196, 251
Partido Comunista Francés, 22, 118, 119, 157, 158, 159
Partido Obrero Español, 252, 253
Partido Socialista Obrero Español (PSOE), 12, 18, 29, 179, 233, 247, 256, 264, 266, 285, 288, 289, 292
Patinir, Joachim, 273, 274
  El paso de la laguna Estigia, 268, 272
Paulding, Gouverneur, periodista, 62
Perlican, secretario del PCF, 161
Pétain, Henri Philippe, mariscal, 88
Picasso, Pablo, 26, 88, 137, 224, 271, 272, 298
  Guernica, 133, 271

Piccoli, Michel, 314
Pike, David Wingeate, 109
Pilar de Borbón, 284
Pivot, Bernard, 28, 261, 262
Plievier, Theodor: *Stalingrado*, 158
Pradera, Javier, 180, 194, 199, 206, 207, 208, 211, 222, 248, 281, 282, 307, 314
Presencia, revista, 174
Preston, Paul, 208
Prieto, Indalecio, 53
Primo de Rivera, Miguel, general, 37, 52
Proust, Marcel, 138, 220
  En busca del tiempo perdido, 137
Pujol, Jordi, presidente de la Generalitat, 284

Queneau, Raymond, 157, 235
Quevedo, Francisco de, 41

Ravensbrück, campo de exterminio de, 82, 117
Renoir, Jean: *La gran ilusión*, 137
Resnais, Alain, 218, 226
  La guerra ha terminado, 21
  Noche y niebla, 226
  Stavisky, 245
Reymond, Hélène, 62, 63
Ribbentrop-Mólotov, Pacto, 160
Ribera, José de, 137
Riding, Alan, 88
Ridruejo, Dionisio, 187, 192, 236, 238
Rimbaud, Arthur, 137
Rodríguez, Benigno, 164
Romero Marina, 254
Romero Maura, Joaquín, 93
Roosevelt, Franklin D., presidente, 64
Roosevelt, Theodore W., presidente, 141
Rosenberg, Albert G., teniente, 142-143
Rossanda, Rossana, 218
Roth, Joseph: *La marcha Radetzky*, 37
Roy, Claude, 157

Said, Edward, 59
Sánchez Dragó, Fernando, 211, 221
Sánchez Montero, Simón, 254
Sand, George: *Un invierno en Mallorca*, 38, 181
Sandoval, José, 216
Sangroniz, José Antonio de, embajador, 86
Santayana, George, 62
Sanz Hurtado, Emilio, 211
Saoner, Alberto, 211
Sargent, John Singer, 38
Sartre, Jean-Paul, 76, 157, 209, 238
Schelling, Friedrich, 137
Schwartz, Juan, 94, 95
Seifert, Willi, *kapo*, 123, 124, 126, 127
Sellier, André, 119
Semprún de Smith, Mercedes, 204
Semprún Gurrea, Íñigo, 51
Semprún Gurrea, José María, padre de JS, 45, 46, 47, 51, 52, 55, 64, 65, 73, 87, 95, 230, 268
  «A Catholic Looks at Spain», 63
  como ministro sin cartera en el Vaticano, 153
  detención de Jorge y, 26, 81, 105, 106, 110
  exilio, 60, 62, 67, 68
  muerte de (1966), 226
Semprún Maura, Álvaro, 71, 149, 150
  muerte de, 313
Semprún Maura, Carlos, 29, 71, 73, 78, 79, 84, 85, 86, 87, 88, 97, 149, 150, 152, 199, 200, 201, 203, 219, 291
  muerte de, 313
  Revolución y contrarrevolución en Cataluña, 228

Semprún Maura, Francisco, 46, 51, 73, 76, 78, 79, 122, 151, 153, 154, 199, 237
muerte de, 313
Semprún Maura, Gonzalo, 67, 149, 152, 153, 193, 244
muerte de, 313
Semprún Maura, Jorge
actividades clandestinas como Federico Sánchez, 30, 170, 175, 178, 189, 190, 197
boda con Colette, 217
detención por la Gestapo (1943) y deportación a Buchenwald, 26, 81, 105, 106, 110
en Buchenwald, 92, 95, 96, 101, 105, 106, 107, 108, 109, 298-299
en el PCE (1952-1962), 18, 29, 30, 118, 157, 163, 165, 173-176
en la *cellule* 722 del PCF, 157-158
en la prisión de Auxerre, 82, 85, 87, 89, 105, 106
en la Resistencia, 18, 23, 26, 31, 35, 70, 76, 77, 79-80, 81, 91, 106, 117, 127, 133
exiliado a Francia cuando estalla la Guerra Civil, 26
exilio en La Haya, 65, 67
expulsión del PCE (1965), 19, 20, 211, 215, 225, 226
identidad lingüística, 134
inicio del exilio, 60-65
ministro de Cultura, 18, 27, 29, 30, 265, 266, 267, 270, 271, 275, 279-294
muerte de (2011), 313
nacimiento (1923), 46
personajes femeninos de, 130-133
Premio de la Ciudad de Weimar, 303
Premio de la Paz de los Libreros Alemanes (1994), 27, 303
Premio Formentor (1963), 220-221, 263
Premio Jerusalén por la Libertad del Individuo en la Sociedad, 27, 141
Premio Planeta (1978), 252
premios y honores diversos, 302
Prix Femina (1969), 241, 303
regreso clandestino a España, 163, 169-171
relación con su madrastra, 51
ruptura con su hijo Jaime, 227-228
sobre su madre, 43, 45-46
sobre su padre, 68, 69-70, 226-227
y el PSOE, 29
y la expulsión de Robert Antelme del PCF, 160-163
Obras
Adiós, luz de veranos..., 67, 68, 71, 132, 268, 311, 314
Aquel domingo, 21, 22, 23, 105, 107, 114, 115, 261
Autobiografía de Federico Sánchez, 19, 22, 65, 175, 211, 226, 239, 247, 248, 250, 251, 252, 253, 254, 255, 256, 257, 265, 282, 288
El desvanecimiento, 261
El exilio fue una fiesta, 97
El largo viaje, 18, 21, 26, 83, 102, 103, 105, 106, 107, 110, 112, 114, 115, 122, 130, 131, 133, 134, 135, 137, 138, 144, 147, 155, 156, 210, 219, 221, 226, 227, 240, 241, 254, 261, 263, 298, 299, 300
Exercices de survie, 82, 106

Federico Sánchez se despide de ustedes, 267, 269, 288, 290, 299
La escritura o la vida, 105, 107, 137, 141, 144, 154, 249, 269, 298, 299, 300, 302
La montaña blanca, 272, 273, 274
La segunda muerte de Ramón Mercader, 240, 254, 261
¡Libertad para los 34 de Barcelona!, 175
Montand, la vida continúa, 233
Veinte años y un día, 273, 306
Viviré con su nombre, morirá con el mío, 96, 97, 107, 132, 136
obra teatral *Soledad*, 175
poema «Canto a Dolores», 175
poema «El sueño antiguo», 174
Cine
dirección del documental *Las dos memorias*, 235-237
guion de *La confesión*, 231, 232, 243
guion de *La guerra ha terminado*, 226, 229, 231, 239, 242, 249, 252
guion de *Las rutas del sur*, 229, 231
guion de *Z*, 226, 231, 232, 243, 252
guion de *Section Speciale*, 232
película *Las dos memorias*, 18, 28, 235, 237
Semprún Maura, María Isabel (Maribel), hermana, 46, 63, 65, 67, 77, 78, 80, 94, 95, 96, 129, 152, 153, 154, 155, 313
muerte de, 313
Semprún Maura, Susana, hermana, 46, 54, 55, 203, 204
retorno a España, 65, 78, 149, 313
muerte de, 313
Semprún, Jaime, hijo de JS y Loleh Bellon, 29, 157, 163, 165, 211, 212, 217, 227, 228, 229, 230
muerte de, 313
película *Le meurtre du père*, 227
película *La sainte famille*, 227, 312
Revolución y contrarrevolución en Cataluña, 228
Serrano Suñer, Ramón, 95
Shalámov, Varlam, 115, 116
Relatos de Kolymá, 116
Signoret, Simone, 157, 179, 209, 219, 231, 233
Silió, César, 40, 41
Sindicato Español Universitario (SEU), 187, 190, 192, 195
Sofía de Grecia, reina de España, 271
Solana, Javier, 275, 279, 282, 283, 292, 315
Solchaga, Carlos, ministro de Economía, 285, 286, 290, 291
Solomon, Barbara Probst, periodista, 54
Solzhenitsyn, Aleksandr, 126, 137
Un día en la vida de Iván Denísovich, 222
Sorel, Gérard, alias de Jorge Semprún, 18, 21, 23, 77, 81, 108
Southworth, Herbert, 236-237
Soutou, Georges-Henri, 12, 13, 96, 122, 152, 153, 156
Soutou, Jean-Marie, cuñado de JS, 60, 61, 65, 66, 67, 68, 77, 78, 79, 85, 94, 95, 117, 119, 129, 149, 152, 153, 165, 217
Special Operations Executive (SOE) de Inglaterra, 80
Stalin, Josef Visarionovic Dzugasvili, 175, 205, 242, 248

Stalingrado, batalla de, 175
Stavisky, Alexandre, 245
Stendhal, Henri Beyle, 235
Suárez, Adolfo, presidente del Gobierno, 246
Súslov, Mijaíl, ideólogo soviético, 205

Tamames, Ramón, 211
Thomas, Hugh, 43
Thyssen, Heinrich von, barón, 283, 291
Touchard, Pierre-Aimé, 70
Trotski, Lev Davidovich Bronstein, 240, 245, 248
Truffaut, François, 114

Unión de Centro Democrático (UCD), 247
Unión Soviética: y la entrada de España en la ONU, 205
Urraca, Pedro, 89

Valéry, Paul, 235
Valle-Inclán, Ramón María del: *Luces de bohemia*, 43
Vargas Llosa, Mario: *La ciudad y los perros*, 83, 220
Vassilikos, Vassilis: *Z*, 231
23-F, intento de golpe de Estado del, 247
Velázquez, Diego, 137
Las Meninas, 267, 270, 271, 272, 274
Vian, Boris, 306
Vichy, régimen francés de, 79, 80, 86, 88
Villepin, Dominique de, primer ministro, 26
Vitold, Michel, 156

Weidlich, adjunto en Buchenwald, 124
Wiesel, Elie, 114, 127, 139, 303
La noche, 83, 113
Wittgenstein, Ludwig, 137

Yourcenar, Marguerite, 241

Zanganeh, Lilah Azem, 103